Rants Werke
Akademie Textausgabe

康德著作全集（注释本） 第 **3** 卷

纯粹理性批判
（第2版）

李秋零 主编

中国人民大学出版社
·北京·

目录

伊曼努尔·康德
1787 年

纯粹理性批判（第2版）

1787 年

纯粹理性批判

（第 2 版）

伊曼努尔·康德硕士

哥尼斯贝格大学教授

柏林王家科学院院士

李秋零　译

科学院版编者导言
本诺·埃德曼（Benno Erdmann）

康德在新的、最终的修订版的前言中，开诚布公地谈到在他修改第一版时引导他的根据和目标，以及这番修改的规模和意义。

根据康德的猜测，出版商［在 1786 年 4 月初之前］就已经把这本书的全部印量销售一空了。他的催促为新的修订提供了契机。①

康德在写下这几行字的时间里，忙于构思这件工作。②

关于这番构思的内容，我们只知道，康德在根本之处不打算做任何改变，因为他在把这些东西形成文字之前，已经对它们进行了足够长时间的通盘考虑，在此之后又对属于这个体系的所有命题反复进行过整理和审查，但发现它们在任何时候，无论是独立存在，还是在与整体的关系中，都是合适的。关于修改的规模，他的说明是：许多东西要减缩，与此相反要附加上一些有助于更好地说明的新东西。他在这里把正在构思其阐述的新版本称为一个**修改颇多**的版本，并且最终宣布，它不久之后（大约在半年之后）就将会问世。

然而，康德在 1786 年 3 月底就已经从事的这项工作③，

---

① 据康德 1786 年 4 月 7 日致约翰·贝林的信，《康德全集》，第 Ⅹ 卷，418 页。［参见《康德书信百封》，104～105 页。——译者注］
②"如果我能够像现在所构思的那样完成这件工作……"。
③ 哈曼在 1786 年 3 月 25 日写信告诉雅各比："康德现在忙于他的《批判》的一个新版本。"（《F. H. 雅各比著作集》，第 Ⅳ／3 卷，188 页）

其结束却不像他当时所假定的那样临近。他在同年 4 月 23 日第一次成为大学校长①，这件范围广泛的学术事务……如他 5 月 26 日写信告诉雅各布（Jakob）的那样，令他恼火的是夺去了他从事这项工作的几乎所有时间。②尽管如此，他也在这些日子里把零碎的时间用来处理《批判》的第二版，以及澄清其误解造成迄今所有指责的那些部分。

在致许茨（Schütz）的一封莱克（Reicke）为其注上日期（5 月 26 日）的信中，康德似乎也对许茨预告了第二版的出版。在 9 月 24 日的一封信中，他不得不如此远远地退回到这个点上，以至于许茨在 11 月 3 日回复说："关于您的《批判》的新版本，我相信它已经有了预告。因此，请原谅我事务繁多，以至于没有通报这个对我也和对许多人来说感兴趣的新闻；但现在，我很快就给印刷厂寄去了简讯。"③这个简讯登在 11 月 21 日由许茨和胡弗兰德（Hufeland）编审的《文汇报》（第 276 期）的"短消息"栏目上。它的内容是："哥尼斯贝格的康德先生在处理他的《纯粹理性批判》的第二版，它应当在下一个复活节出版。在这个第二版中，他虽然经过极其苛刻的审查和对迄今向他提出的所有提醒的利用而认为在根本之处没有必要改动，但有些地方在阐述上有所改动，他希望对阐述的改进，使得它通过解除误会而比所有的反驳（他反正没有时间理它们）都更好地和更持久地消除迄今的困难和预防未来的困难，并在第二版中给在第一版中所包含的**纯粹思辨理性批判**附

① 这里指出克劳斯于 1786 年 3 月 19 日和 21 日致康德的两封信（《康德全集》，第 X 卷，410 页以下）以及哈曼于 1786 年 3 月 25 日和 4 月 23 日致雅各比的两封信（《F. H. 雅各比著作集》，第 IV / 3 卷，188、207 页）就够了。
②《康德全集》，第 X 卷，427 页。
③ 同上书，445~446 页。

加上一个**纯粹实践理性批判**①，它同样有助于面对已有的或者将有的指责来确保道德性的原则，并完成必须先行于纯粹理性哲学体系的批判研究的整体。"

毫无疑问，这个简讯的内容回溯到康德的一次通报，或者是通过康德在 5 月或 9 月的信，或者是通过两封信；其措辞甚至极有可能是康德两次表述的综合。

从肯定是康德关于第二版是一个有些地方改进了的、与该版的标题说明相一致的版本的称谓中，可以推论出，康德当时已经综观了改动的根本性内容。如果上述简讯的最后部分精确符合康德的表述这一点没有疑问，那么就会得出，康德在致许茨的这几封信的时间里，因而也许还在 1786 年的 9 月里，又重拾了旧计划，即用关于作为其姊妹篇②的**实践理性批判**的阐述来补充**纯粹理性批判**。因为在 1787 年 6 月 25 日，康德就已经给许茨写信说，他的《实践理性批判》已经大功告成，**他打算下星期把它寄往哈勒付印**。③然而，就连这个假定也是不可靠的。因为康德在上面引用的那段话接着说："这本书［《实践理性批判》］要比与费德尔（Feder）和阿贝尔（Abel）的所有争论……都更好地证明和解释我通过纯粹实践理性所做的补充以及这种补充的可能性，这些东西是我过去拒绝给予思辨理性的。正是这一点，成为激怒那些人物的真正原因……"据此，康德实际上已有了计划，并把它暗示给自己的学生许茨，即为

---

① 参见第一版前言（《康德全集》，第 Ⅳ 卷，13～14 页），以及我的《关于康德的〈导论〉的历史学研究》，哈勒，1904 年，58～59、60～61、62～63、76～77 页。

②《康德全集》，第 Ⅹ 卷，418 页。[参见《康德书信百封》，105 页。——译者注]

③ 同上书，467 页。[参见《康德书信百封》，107 页。——译者注]

了用实践理性批判的肯定来补充纯粹理性批判的否定而把尽管普遍地讲述但却特别是针对费德尔和阿贝尔的批判讨论附在他的代表作上；这样一来，就从所引用的话中同时得出，他为什么放弃了这个计划。

这样的补充性说明的计划如果确实存在，则在多大程度上获得较为固定的形态，我们不得而知。很可能，康德想把它们附在这部著作的最后一章。差不多肯定的是，这个意图在1787年年初就已经放弃了。因为哈曼在1787年1月30日向雅各比（Jacobi）报告说，他在这年的第一次出行时也拜访了康德，"他正在忙于《批判》的新版本，而且抱怨难弄"。他还补充说："此后一星期脱稿了。"① 这个简讯像哈曼的许多偶尔书信报告一样并不精确。如果我们假定它的最后说明是基于可靠的消息，那么就得出，书稿在1787年年初就已经如此完成，以至于可以开印了②，确切地说是对于有根本性改动的部分在誊清之后，如果康德对前言的偶尔提及③可以像可能的那样沿用到其余较大的修改的话。

书稿在1787年1月至少没有完全完成。因为哈曼在1787年3月15日向雅各比报告说："康德在努力地忙于他的《批判》的新版本的一篇篇幅很大的前言。"④ 这个前言从一切迹象来看只是在1787年4月才完稿。不过，新版本的绝大部分必定在当时就已经就绪了，因为康德在1787年6月25日致许茨

---

① 基尔德迈斯特：《J. G. 哈曼的生平和著作》，第Ⅴ卷，452页。
② 参见许茨在1787年3月23日致康德的信："一旦印刷结束。"（《康德全集》，第Ⅹ卷，456页）
③《康德全集》，第Ⅹ卷，466页。[参见《康德书信百封》，106页。——译者注]
④ 基尔德迈斯特：《J. G. 哈曼的生平和著作》，第Ⅴ卷，466页。

的信中说，许茨已经通过哈勒的格鲁内特得到了第二版的一本样书。①

※　　　　　※　　　　　※

康德在第二版前言中关于两个版本的关系的详细说明并不非常仔细。

且不说扉页上的添加，附上了一段格言，在给策德利茨的附信中作了更改，还有应归于新版的语言上的变化，他认为设想日益减少地贯穿这部著作的小小文风变化是多余的。他同样认为没有必要提及扩大了"论纯粹的知性概念或者范畴"这一章的精细考察的第一个（第11节）和对古人的先验哲学中的一个重要部分的解释（第12节）；同样没有必要列举少数简短的说明性注释，其最后一个还出现在先验辩证论的第二卷中。他也没有指出他对这部著作的导论所做的插入性的、扩展性的改写；同样没有提及第一版的前言被取消。

然而，改动的根本性内容包括改写的前言和大大扩写的导论，直到"纯粹理性的谬误推理"由康德标出的结尾（A 405；B 432）。

①《康德全集》，第Ⅹ卷，466页。[参见《康德书信百封》，106页。——译者注]

题词

〔2〕

BⅡ

BACO DE VERULAMIO
Instauratio magna. Praefatio

De nobis ipsis silemus: De re autem, quae agitur, petimus: ut homines eam non opinionem, sed opus esse cogitent; ac pro certo habeant, non sectae nos alicuius, aut placiti, sed utilitatis et amplitudinis humanae fundamenta moliri. Deinde ut suis commodis aequi-in commune consulant et ipsi in partem veniant. Praeterea ut bene sperent, neque instaurationem nostam ut quiddam infinitum et ultra mortale fingant, et animo concipiant; cum revera sit infiniti erroris finis et terminus legitimus.

《伟大的复兴》序言
维鲁兰姆的培根

我们不谈我们自己。但关于这里讨论的事情，我们却希望人们考虑到它不是意见，而是事业；而且确信我们不是在为某个学派或者观点，而是在为人类的福利和威望奠定基础。其次，希望正直的人们在方便的时候——为公共事务考虑——参与此事。此外，就像大家都殷切期望的那样，不要把我们的复兴想象成某种无限的、超越人间的事情，要诚心诚意地接受它；因为它确实是无限谬误的终结和正当的界限。

献词

献给

王家国务大臣

策德利茨男爵阁下

先生！

　　尽自己的职分促进科学的发展，也就是为**阁下**您自己的旨趣而工作；因为后者与科学密切相关，不仅是由于一个保护者的崇高地位，而且还由于一个爱好者和明察秋毫的行家更亲密得多的关系。因此，我也利用自己在某种程度上力所能及的手段，表示我的感激之情；阁下慷慨的信赖赐我以荣耀，就好像我真能为此目的作出某种贡献似的。

　　阁下曾对本书第一版慷慨予以关注，如今我也将第二版，同时以此将我著述使命的其余所有事务呈献给这种关注。谨致　　　BVI
深深的敬意。

阁下恭顺的仆人**伊曼努尔·康德**
哥尼斯贝格
1787 年 4 月 23 日

〔7〕
BVⅡ

第 2 版前言

对属于理性工作的知识所做的探讨是否在一门科学的可靠道路上进行，很快就可以从结果出发作出评判。如果这种探讨在作出许多部署和准备之后，一旦要达到目的就陷入停滞，或者，为了达到目的而常常不得不重新返回、选择另一条道路；此外，如果不可能使不同的合作者就为实现共同的目的所应当采取的方式取得一致；那么，人们就总是可以确信，这样一种研究还远远没有选取一门科学的可靠道路，而只是在来回摸索。而尽可能地找到这条道路，哪怕是不得不把事先未加思索就接受的目的所包含的某些东西当做徒劳无益的而予以放弃，也已经是为理性立下功劳了。

BVⅢ 　至于逻辑学自古以来就已经走上这条可靠的道路，这从以下事实就可以看出：自**亚里士多德**以来，如果人们不愿意把例如删除一些多余的细节或者对讲述的东西作出更清晰的规定当做改善归于它的话，那么，逻辑学是不曾允许后退一步的；而上述事情与其说属于这门科学的可靠性，倒不如说属于它的修饰。逻辑学值得注意的还有：它直到今天也未能前进一步，因而就一切迹象来看似乎已经封闭和完成了。因为如果一些近代〔8〕 人打算扩展逻辑学，有的人插进若干章关于各种认识能力（想象力、机智）的**心理学**，有的人插进若干章关于认识的起源或者因客体不同（唯心论、怀疑论等等）而来的不同种类的确定性的起源的**形而上学**，有的人插进若干章关于成见（成见的原因及对付成见的手段）的**人类学**，这都是源自他们对这门科学的独特本性的无知。如果有人让各门科学互相越界，则这并不是对它们有所增益，而是使它们面目全非；但逻辑学的界限已经有完全精确的规定，它是一门仅仅详尽地阐明和严格地证明一切思维（无论它是先天的还是经验性的，具有什么样的起源或者客体，在我们的心灵中遇到偶然的还是自然的障碍）的形式规则的科学。 BIX

至于逻辑学取得如此巨大的成功，它具有这种长处却仅仅得益于自己的局限性，这种局限性使它有权利，甚至有义务抽掉知识的一切客体和区别，从而在它里面知性除了自己本身及其形式之外，不和任何别的东西打交道。当然，对于理性来说，既然它不仅要与自己本身，而且要与客体发生关系，选取科学的可靠道路就必定远为困难得多；因此，逻辑学也作为预科仿佛仅仅构成各门科学的前庭，如果谈到知识，则人们虽然以一门逻辑学为评判知识的前提条件，但知识的获取却必须到各门堪称真正的和客观的科学中去寻求。

如今，只要在这些科学中应当有理性，那么，在其中就必定有某种东西被先天地认识，它们的知识也就能够以两种方式与对象发生关系，要么是仅仅**规定**这个对象及其概念（它必须在别的地方被给予），要么是还把它**现实地创造**出来。前者是理性的**理论知识**，后者是理性的**实践知识**。二者的纯粹部分， BX
即理性在其中完全先天地规定其客体的部分，无论其内容或多或少，都必须事先单独地予以讲述，不得与出自别的来源的东西相混杂；因为如果人们盲目地花掉收入的东西，不能事后在经济陷入困境的时候辨别收入的哪一部分开支是能够承受的、哪一部分开支是必须裁减的，那就是一种糟糕的经济了。 〔9〕

数学和**物理学**是两种理论的理性知识，应当先天地规定其**客体**；前者是完全纯粹地进行规定，后者至少是部分纯粹地进行规定，但在这种情况下还按照不同于理性来源的其他知识来源的尺度进行规定。

　　数学从人类理性的历史所及的极早时代以来，就在值得惊赞的希腊民族中走上了一门科学的可靠道路。但是，不要以为数学与理性在其中仅仅同自己本身打交道的逻辑学一样，很容易就遇到或者毋宁说为自己开辟了那条康庄大道；我宁可相信，数学（尤其是在埃及人那里）曾长时期停留在来回摸索之中，而这种转变应归功于个别人物在一次尝试中的幸运灵感所造成的**革命**，由此人们必须选取的道路就不会再被错过，而科学的可靠进程就永远地、无限地被选定、被标示出来。这场比发现绕过著名海角的道路更为重要得多的思维方式的革命，以及实现这场革命的幸运者的历史并没有给我们保留下来。然而，**第欧根尼·拉尔修**提到过据称是几何学证明的那些最微不足道、按照常人判断根本就不需要证明的原理的发现者，他留给我们的那些传说表明，对于由发现这条新道路的最初迹象所造成的这场变革的怀念，必定对于数学家们来说显得极为重要，从而变得难以忘怀。在第一个演证**等腰三角形**的人（无论他是**泰勒士**还是任何其他人）的心中升起了一道光明；因为他发现，他不必探究自己在图形中看到的东西，或者也不必探究图形的纯然概念，仿佛从中学到它的属性似的，而是必须通过他根据概念自身先天地设想进去并加以表现的东西（通过构图）来产生。①而且为了可靠地先天知道某种东西，除了从他根据自己的概念自己置于事物之中的东西必然得出的结果之外，不必给事物附加任何东西。

　　① 听凭读者自己去补充按照康德的用语必不可少的直接宾语的"构图"，其意思是：而是必须通过他根据概念自身先天地设想进直观去并加以表现的东西，亦即通过构图来产生与概念相应的对象，因而是产生一个等腰三角形的图形。——科学院版编者注

自然科学遇到这条科学的康庄大道要更为缓慢得多；因为〔10〕
这只不过是一个半世纪的事情：思虑周全的维鲁兰姆的**培根**的
建议部分地引起这一发现、部分地由于人们已经有了这一发现
的迹象而进一步推动这一发现，而这一发现同样只有通过一场
迅速发生的思维方式的革命才能够得到解释。我在这里只考虑
建立在**经验性**的原则之上的自然科学。

当**伽利略**让他的球以他自己选定的重量向下滚过斜面时，
当**托里拆利**让空气托住一个他事先设想与一个他已知的水柱的
重量相等的重量时，或者在更晚近的时候，当**施塔尔**通过抽出
和归还某种东西而使金属变成钙盐又把钙盐再变成金属时①，　BXIII
在所有的自然研究者心中升起了一道光明。他们理解到，理性
只洞察它自己根据自己的规划产生的东西，它必须以自己按照
不变的规律进行判断的原则走在前面，强迫自然回答自己的问
题，必须不让自己仿佛是被自然独自用襻带牵着走；因为若不
然，偶然的、不按照任何事先制订的计划进行的观察就根本不
在理性毕竟寻求和需要的一条必然规律中彼此关联。理性必须
一手执其原则（惟有依照其原则，协调一致的显象［Erschei-
nung］才能被视为规律），另一手执它按照其原则设想出来的
实验走向自然，虽然是为了受教于自然，但却不是以一个学生
的身份让自己背诵老师希望的一切，而是以一个受任命的法官
的身份迫使证人们回答自己向他们提出的问题。这样，甚至物
理学也应当把它的思维方式的这场如此有益的革命归功于这样
一个灵感，即依照理性自己置入自然之中的东西在自然中寻找　BXIV
（而不是为自然捏造）它必须从自然学习，而且它本来可能一
无所知的东西。由此，自然科学才被带上了一门科学的可靠道

---

① 我在这里并不精确地探究实验方法的历史线索，它
的最初开端人们知道的也并不清楚。

路，它在这里曾历经许多个世纪，却无非是来回摸索。

〔11〕 　　**形而上学**是一种完全孤立的、思辨的理性知识，它完全超越了经验的教导，确切地说凭借的仅仅是概念（不像数学凭借的是将概念运用于直观），因而在这里理性自己是它自己的学生；尽管形而上学比其余一切科学都更为古老，而且即使其余的科学统统在一场毁灭一切的野蛮之深渊中被完全吞噬，它也会留存下来，但迄今为止命运还不曾如此惠顾它，使它能够选取一门科学的可靠道路。因为在形而上学中，理性不断地陷入困境，即便是在它想先天地洞察最普通的经验（如它自以为能够的那样）所证实的那些规律时也是这样。在形而上学中，人们不得不无数次地走回头路，因为人们发现那条路并不通向人们想去的地方；至于形而上学的信徒们在论断中的一致，还是

BXV 非常遥远的事情，毋宁说它是一个战场，这个战场似乎本来就只是为在战斗游戏中演练它的各种力量而设立的，在这个战场上还从来没有一个武士能够夺得哪怕一寸土地，基于自己的胜利而建立起一种稳定的占领。因此毫无疑问，形而上学的做法迄今为止还只是一种来回摸索，而最糟糕的是仅仅在概念中间来回摸索。

　　那么，这里还没有能够找到一条科学的可靠道路的原因何在呢？也许这样的道路是不可能的吗？究竟大自然是怎样使我们的理性迷恋上这种孜孜不倦的努力，把这条道路当做自己最重要的事务之一来探究呢？更有甚者，如果我们的理性在我们求知欲的一个最重要的部分中不仅离开了我们，而且用一些假象拖住并最终欺骗我们，我们还有什么理由来信任它！或者，如果这条道路迄今为止只是被错过了，我们能够利用什么迹象来在新的探索中希望，我们将比我们之前的其他人更为幸运呢？

　　我应当认为，通过一场突然发生的革命成为今天这个样子

的数学和自然科学的实例值得充分注意，以便反省对这两门科 BXVI
学来说变得如此有益的思维方式变革的本质性部分，并在这里
就它们作为理性知识与形而上学的类似所允许，至少尝试效仿
它们。迄今为止，人们假定，我们的一切知识都必须遵照对
象；但是，关于对象先天地通过概念来澄清某种东西以扩展我 〔12〕
们的知识的一切尝试，在这一预设下都归于失败了。因此，人
们可以尝试一下，如果我们假定对象必须遵照我们的认识，
我们在形而上学的任务中是否会有更好的进展。这种假定已
经与对象的一种在对象被给予我们之前就应当有所断定的先
天知识所要求的可能性有更大的一致性。这里的情况与**哥白尼**
最初的思想是相同的。哥白尼在假定整个星群都围绕观察者旋
转，对天体运动的解释就无法顺利进行之后，试一试让观察者
旋转而星体静止，是否可以更为成功。如今在形而上学中，就
对象的**直观**而言，人们也可以用类似的方式作出尝试。如果直 BXVII
观必须遵照对象的性状，那么，我就看不出人们怎样才能先天
地对对象有所知晓；但如果对象（作为感官的客体）必须遵照
我们的直观能力的性状，那么，我就可以清楚地想象这种可能
性。但由于如果这些直观应当成为知识，我就不能停留在它们
这里，而是必须把它们作为表象与某种作为对象的东西发生关
系，并通过那些表象来规定这个对象，所以我要么可以假定，
我用来作出这种规定的那些**概念**也遵照该对象，这样一来我就
由于能够先天地对它有所知晓的方式而重新陷入了同样的困
境；要么我假定，对象或者——这是一回事——对象惟有在其
中（作为被给予的对象）被认识的**经验**遵照这些概念，这样我
就马上看到一条更为简易的出路，因为经验自身就是一种需要
知性的认识方式，我必须早在对象被给予我之前，从而是先天
地就在我里面将知性的规则作为前提，它在先天概念中得到表
述，因而经验的所有对象都必然地遵照这些概念，而且必须与

BXⅧ

〔13〕

它们一致。至于仅仅通过理性亦即必然地被思维，但却根本不能在经验中（至少不能像理性所设想的那样）被给予的对象，思维它们的尝试（因为它们毕竟必须能够被思维）据此就提供了一块极好的试金石，检验我们假定为思维方式的改变了的方法的东西，即我们关于事物只是先天地认识我们置于它们里面的东西。①

这一尝试如愿得以成功，并且在形而上学探讨先天概念（它们在经验中的相应对象能够与它们相适合地被给予出来）的第一部分中，向形而上学许诺了一门科学的可靠道路。因为根据思维方式的这种变革，人们完全可以很好地解释一种先天知识的可能性，并且更进一步，给为作为经验对象之总和的自然先天地提供基础的那些规律配备它们令人满意的证明，这二者按照迄今为止的行事方式是不可能的。但是，从我们先天认识能力的这一演绎中，在形而上学的第一部分里，却得出了一个令人感到奇怪的、对于第二部分所探讨的形而上学的整个目的就一切迹象来看非常不利的结果，即我们不能凭借这种能力超越可能经验的界限，而这恰恰是这门科学最本质的事务。不

BXⅨ

① 因此，这一仿效自然研究者的方法就在于：在**可以通过一次实验予以证实或者反驳的东西**中寻找纯粹理性的各种要素。如今，为了检验纯粹理性的各种定理，尤其是在它们冒险越过可能经验的所有界限时，就不能（像在自然科学中那样）对它的对象作出任何实验；因此，对于我们先天地假定的**概念**和**原理**，只有通过如此安排它们，使同样的对象**一方面**作为对经验而言的感官和知性的对象，但**另一方面**却作为充其量对孤立的、努力超出经验界限的理性而言的人们仅仅思维的对象，从而能够从两个不同的方面被考察，实验才是可行的。如果现在的情况是，倘若人们从那个双重的观点考察事物，与纯粹理性的原则的协调一致就是成立的，但从单方面的观点看就会产生理性与自己本身的不可避免的冲突，那么，实验就裁定了那种区分是正确的。

过，这里也正好蕴涵着反证对我们先天理性知识的那第一个评
价之结果的真理性的实验，即这种知识只涉及显象，而事物
自身与此相反虽然是就其自身而言现实的，但却不能为我们所
认识。因为必然地推动我们超越经验和一切显象之界限的东
西，就是理性在物自身中必然地并且完全有理由为一切有条件
者要求的，从而条件的序列作为已经完成了的而要求的**无条件
者**。现在，如果人们假定，我们的经验知识遵照作为物自身的
对象，将发生的情况就是：**根本不能无矛盾地思维无条件者；**
与此相反，如果人们假定，我们对事物的表象如同它们被给予
我们的那样，并不遵照作为物自身的对象，而是毋宁说这些对
象作为显象遵照我们的表象方式，那么，**矛盾就被取消了；**因
此，无条件者必然不是在我们认识的物（它们被给予我们）那
里找到的，但却是在我们不认识的、作为事物自身的物那里找
到的：这就表明，我们一开始只是为尝试而假定的东西是有
道理的。① 如今，在否认了思辨理性在这个超感性事物领域里
的一切进展之后，始终还给我们剩下的是进行一番尝试，
看在它的实践知识中是否有一些材料，来规定无条件者那个
超验的理性概念，并以这样的方式按照形而上学的愿望，凭
借我们惟有在实践方面才可能的先天知识来超出一切可能经
验的界限。而就这样一种方法而言，思辨理性却总是至少为
我们作出这样的扩展创造了地盘，尽管它必然让这地盘闲置
着；因此，在我们可能的情况下用思辨理性的实践**素材**去充

BXX
[14]
BXXI
BXXII

① 纯粹理性的这一实验与化学家们有时称为**还原试验**，
但一般称为**综合的方法**的实验有许多类似之处。**形
而上学家**的**分析**把纯粹的先天知识划分成两种十分
异类的要素，即作为显象的物的知识和物自身的知
识。**辩证法**又把这二者结合起来，达到与**无条件者**
的必然理性理念的**一致**，并且发现，这种一致惟有
凭借那种区分才出现，所以那种区分是真实的区分。

实这一地盘，依然是听便于我们的，我们甚至还受到了思辨理性的敦促。①

〔15〕 如今，纯粹思辨理性的这一批判的工作就在于那种尝试，即通过我们按照几何学家和自然研究者的范例对形而上学进行一场完全的革命，来变革形而上学迄今为止的做法。这项批判是一部关于方法的书，而不是一个科学体系自身；但是，它尽管如此仍然既在这门科学的界限方面，也在它的整个内部构造

BXXⅢ 方面描画了它的整个轮廓。因为纯粹思辨理性自身具有的特征是：它能够而且应当根据它为自己选择思维客体的方式的不同来衡量它自己的能力，甚至完备地列举出为自己提出任务的各种方式，并这样来描画形而上学体系的整个轮廓；因为，就第一点而言，在先天知识中能够附加给客体的无非是思维主体从自己本身取出的东西，而就第二点来说，它在认识原则方面是一个完全分离的、独立存在的统一体，其中每一个环节都像在一个有机体中那样为着所有其他环节存在，而所有环节也都为着一个环节存在，没有一个原则不同时在与整个纯粹理性应用的**普遍**关系中得到研究而能够在**一种**关系中被可靠地接受。但作为补偿，形而上学也有罕见的幸运，别的任何与客体打交道的理性科学（因为**逻辑学**只研究思维的一般形式）都不能分享

> ① 天体运动的核心规律就是这样为**哥白尼**最初只是作为假说所假定的东西提供了十足的确定性，同时证明了联结世界大厦的不可见的力（**牛顿**的引力）；如果不是哥白尼大胆地以一种违背感官但却真实的方式不是在天穹的对象中，而是在这些对象的观察者中寻找被观察的运动的话，引力是永远不会被发现的。尽管在这本书自身中，在批判中阐明的、类似于上述假说的思维方式变革从我们空间和时间表象的性状和知性的基本概念得到的并不是假说性的，而是无可争辩的证明，但在这篇前言里，我也只是把这一变革当做假说提出，为的只是使人们注意到这样一种每次都是假说性的变革的最初尝试。

这种幸运，即在它被这种批判带上一门科学的可靠道路之后，它就能够完全把握住属于它的知识的整个领域，从而完成自己的事业，并把它作为一个永远不增设的主座奠放给后世供其使用，因为它只与原则和由原则自己决定的其使用的限制打交道。因此，它作为基础科学也有义务实现这种完备性，而关于它我们必须能够说：nil actum reputans, si quid superesset agendum［只要还剩有该做的，那就算什么也没做］。

BXXIV

〔16〕

　　但是人们要问：我们凭借这样一种通过批判澄清的，但因此也达到一种恒定状态的形而上学打算给后人留下的，究竟是一笔什么样的财富呢？浮光掠影地浏览一番这部著作，人们将认为察觉到，它的用处毕竟只是**消极的**，也就是说，永远不要冒险凭借思辨理性去超越经验的界限；事实上这也是它的第一个用处。但是，如果人们注意到，思辨理性冒险超越经验界限所凭借的那些原理，事实上其不可避免的结果不是**扩展**我们的理性应用，倘若更仔细地考察，倒是缩小这种应用，因为它们确实有把它们原本所属的感性的界限扩展到无所不包，从而完全排斥纯粹的（实践的）理性应用的危险，那么，上述用处也就成为**积极的**。因此，一项限制思辨理性的批判，虽然就此而言是**消极的**，但由于它借此同时排除了限制或者有完全根除理性的实践应用的危险的障碍，事实上却具有**积极的**和非常重要的用处，只要人们确信，纯粹理性有一种绝对必要的实践应用（道德上的应用），在这种应用中它不可避免地扩展越过感性的界限，为此它虽然不需要从思辨理性得到任何帮助，但尽管如此却必须针对它的反作用得到保障，以便不陷入与自己本身的矛盾。否认批判的这种服务有**积极的**用处，如同说警察不产生积极的用处，因为警察的主要工作毕竟只不过是阻止一些公民可能担忧来自其他公民的暴力行为，以便使每一个公民都能够安居乐业罢了。在批判的分析部分将证明，空间和时间只不过是感

BXXV

性直观的形式，因而只不过是作为显象的物实存的条件，此外除非能够被给予与知性概念相应的直观，否则我们就没有任何知性概念，从而也根本没有任何达到物的知识的要素，于是我们对于任何作为物自身的对象都不可能有知识，而只有在它作为感性直观的客体，即作为显象时才能有知识；由此当然也就得出，一切思辨的理性知识只要可能，就都仅仅限制在**经验**的对象之上。尽管如此，必须注意的是，在这方面毕竟始终有所保留，即正是这些也作为物自身的对象，我们即使不能**认识**，至少也必须能够**思维**。① 因为若不然，就会从中得出荒谬的命题：没有某种在此显现的东西却有显象。现在，如果我们假定，由于我们的批判而成为必要的作为经验对象的物与作为物自身的物的区分根本不曾作出，那么，因果性原理，从而还有自然机械性，就必然在规定这些物时绝对地适用于一切一般地作为作用因的物。因此，关于同一个存在物，例如人的灵魂，我将不能说：它的意志是自由的，而同时又是服从自然必然性的，也就是说不是自由的，却不陷入一种明显的矛盾，因为我在两个命题中是**在同一个意义上**对待灵魂的，即把它当做一般的物（当做事物自身），而且没有先行的批判也不可能以别的方式对待它。但是，既然批判在这里教导要**在两种不同的意义**

① 要**认识**一个对象，就要求我能够证明它的可能性（无论是按照经验出自其现实性的证词，还是先天地通过理性来证明）。但是，我能够**思维**我想思维的任何东西，只要我不与自己本身相矛盾，也就是说，只要我的概念是一个可能的思想，即使我不能担保在所有可能性的总和中是否也有一个客体与它相应。但是，要赋予这样一个概念以客观有效性（实在的可能性，因为前面那种可能性仅仅是逻辑的可能性），就要求某种更多的东西。但这种更多的东西恰好不需要在理论的知识来源中寻找，它也可能存在于实践的知识来源之中。

上对待客体，即作为显象或者作为物自身，如果它没有搞错的话；如果它的知性概念的演绎是正确的，从而因果性的原理只是就第一种意义而言，即就物是经验的对象而言与物相关，但同一些物并不按照第二种意义服从因果性原理；那么，同一个意志就在显象（可见的行动）中被设想为必然遵循自然规律的，就此而言是**不自由的**，但在另一方面又被设想为属于一个物自身而不服从自然规律的，从而就被设想为**自由的**；这里并不会发生矛盾。现在，即使我从后一方面来考察，并不能凭借思辨理性（更不能凭借经验性的观察）**认识**我的灵魂，从而也不能**认识**作为一个我将感官世界的效果归因于它的存在物的属性的自由，因为我必须按照这样一个存在物的实存来认识它，但又不能在时间中确定地认识它（这是不可能的，因为我不能给我的概念配上任何直观），然而，我毕竟可以**思维**自由，也就是说，如果我们对两种（感性的和理智的）表象方式的区分和由此产生的对知性概念的限制，从而还有对从它们产生的原理的限制成立的话，自由的表象至少自身不包含任何矛盾。现在假定，道德必然预设自由（在最严格的意义上）是我们的意志的属性，因为道德援引蕴涵在我们的理性之中的、源始的实践原理作为自己的先天材料，而不预设自由，这些原理是绝对不可能的，但思辨理性却证明根本不能够思维自由；这样，那个预设，即道德上的预设，就必然地不得不让位于其反面包含着一种明显矛盾的预设，从而自由连同其道德性（因为如果不是已经预设自由，道德性的反面就不包含任何矛盾）也就必然地不得不让位于**自然机械性**。但这样一来，既然我为了道德不再需要别的任何东西，只要自由不与自己本身矛盾，从而毕竟至少是可以被思维的，没有必要进一步洞察它，从而它根本不给同一个行动的自然机械性（在别的关系中看）制造什么障碍，那么，道德性的学说就保住了它自己的地盘，自然学说也

BXXVⅢ
〔18〕

BXXIX

保住了自己的地盘；然而，如果不是批判事先教导我们就物自身而言我们不可避免的无知，并把我们在理论上能够**认识**的一切都仅仅限制在显象上，上述一切就都不会发生。对纯粹理性的批判原理的积极用处所作的这种探讨，也可以在**上帝**和我们**灵魂的单纯本性**的概念上表现出来，但为了简短起见我略而不谈。因此，如果不同时**取消**思辨理性越界洞察的僭妄，我就连为了我的理性必要的实践应用而**假定上帝、自由**和**不死**也不能，因为思辨理性为了达到这些洞识就必须利用这样一些原理，这些原理由于事实上只及于可能经验的对象，如果它尽管如此仍然被运用于不能是经验对象的东西，实际上就总是会把这东西转化为显象，这样就把纯粹理性的所有**实践的扩展**都宣布为不可能的。因此，我不得不扬弃**知识**，以便为**信念**腾出地盘，而形而上学的独断论，即认为无须纯粹理性的批判就在形而上学中前进的成见，是所有与道德性相冲突的无信念的真正来源，无信念在任何时候都是完全独断的。因此，对于一门按照纯粹理性批判的尺度拟定的系统的形而上学来说，如果给后人留下一笔遗产可能不太困难，那么，这绝不是一件可以小瞧的赠礼；且请一般地与理性未经过批判的无根据的摸索和轻率的漫游比较，看一看凭借一门科学的可靠道路对理性的培养，或者也看一看一个好学的青年对时间的更好利用，青年人在通常的独断论那里如此早并且如此多地受到鼓励，对他们一点也不理解的事物，对他们在其中看不出任何东西、世界上没有任何人看出某种东西的事物随意作出玄想，或者甚至企图杜撰新的思想和意见，这样就忽视了去学习缜密的科学；但最重要的是，要考虑到一种无法估量的好处，即在未来所有的时代里，以**苏格拉底**的方式，也就是说通过最清晰地证明对手的无知来结束一切针对道德性和宗教的异议。因为世界上一直有某种形而上学存在，并且将继续存在，但是与它一起还可以遇到一种纯粹理性的辩证法，因为辩证法对于纯粹理性来说是自然的。因此，哲学最初也是最重要的事务就是通过堵塞错误的来源而一劳永逸地取消它的一切不利影响。

即便在各门科学的领域里发生了这一重要的变化，而思辨理性不得不在它迄今为止自负的财产方面蒙受**损失**，但普遍的 BXXXII
人类事务和世界迄今为止从纯粹理性的学说中得出的好处却全部保持在曾经有过的最有利的状态中，损失所触及的只是**学派的垄断**，却根本没有触及**人们的利益**。我要问最固执的独断论 〔20〕
者，关于从实体的单纯性得出的我们灵魂在死后的存续的证明，关于通过对主观的实践必然性和客观的实践必然性进行的虽然无力但却精细的区分得出的与普遍的机械性相对立的自由的证明，或者关于从一个最实在的存在物的概念（从可变者的偶然性和一个第一推动者的必然性的概念）得出的上帝存在的证明，在它们从各学派走出之后，是否曾经能够一直到达公众那里，并对公众的确信产生过丝毫的影响呢？如果这种情况并没有发生过，如果由于普通的人类知性不适宜于进行如此精细的思辨，它永远是不可期待的；毋宁说，如果就第一个证明而言，单是对每一个人来说都可察觉到的自己本性的禀赋，即从来不能被暂时的东西（它对于人的整个规定性的禀赋来说是不够的）所满足，就已经必定造成一种**来世生活**的希望了；就第二个证明而言，单是对义务的清晰表述，在与偏好的一切要求 BXXXIII
的对立中，就已经必定造成自由的意识；最后，就第三个证明而言，单是在大自然中到处都表现出来的庄严的秩序、美和预先筹谋，就已经必定造成对一位智慧的和伟大的**世界创造者**的信仰，单凭这就必定造成在公众中流行的依据理性根据的确信，那么，就不仅仅是这笔财产依然原封不动，而是它毋宁说由此还赢得了威望，即各学派从此学会，在涉及普遍人类事务的问题上不自诩拥有的洞识比广大（对于我们来说最值得关注的）群众同样轻而易举就能够达到的洞识更高更广，从而把自己仅仅限制在对这些普遍可理解的、在道德方面充足的证明根据的培养上。因此，变革仅仅涉及各学派狂妄自大的要求，它们喜欢在这里（在其他许多地方它们通常是有权这样做的）让人把自己看做是这样一些真理惟一的鉴赏家和保管者，它们只是把这些真理的用法传达给公众，但真理的钥匙却自己保管（quod mecum nescit, solus vult scire videri ［凡是他和我都不知道的，他就想显得独自知道］）。尽管如此，思辨哲学家的一项合理要求毕竟也被考虑到了。他依然始终独自是一门无须公众的知识就对公众有用的科学亦即理性批判的保管人；因为批判是永远不能大众化的，但是它也没有必要大众化，因为对有用真理的那些精心编织出来的论证很少会进入民众的大脑，对它们的同样精细的反驳也同样很少进入他们的意识；与此相反，由于学派以及每一个起而进行思辨的人都不可避免地陷入论证和反驳这二者，所以学派就有义务通过对思辨理性权利的缜密研究，来一劳永逸地预防甚至民众也由于形而上学家们（而且最后还有作为形而上学家的神职人员）不经过批判就不可避免地卷入，事后又伪造出自己的学说的那些争论而迟早必然遇到的那种丑闻。惟有凭借批判，才能甚至连根铲除可能普遍有害的**唯物论、宿命论、无神论**、自由思想的**无信念、狂信**和**迷信**，最后还有更多地对学派有害而难以进入公众的**唯心论**和**怀疑论**。如果各国政府认为关心学者们的事务是好的，那么，就它们对科学和人们的睿智关怀而言，促进惟一能使理性的工作立足于一个坚实基础之上的这样一种批判的自由，要比支持各学派可笑的专制更为合适得多，这些学派在人们撕裂其蛛网时就大声疾呼公共的危险，而公众却对它们的蛛网毫不在意，因而也绝不会感受到它们的损失。

批判并不与理性在其作为科学的纯粹知识中的**独断方法**对

BXXXIV

〔21〕

BXXXV

立（因为科学在任何时候都必须是独断的，即从可靠的先天原则出发严格地证明的），而是与**独断论**对立；也就是说，与凭借一种从概念（哲学概念）出发的纯粹知识按照理性早已运用的原则、从不调查理性达到这种知识的方式和权利就能前进的僭妄对立。因此，独断论就是纯粹理性**没有先行批判它自己的能力**的独断方法。所以，这一对立并不是要以僭越的大众化名义来为饶舌的浅薄说话，或者根本不是要为断然否定整个形而上学的怀疑论说话；毋宁说，批判是为了促进一门缜密的、作为科学的形而上学所采取的必要的、暂时的措施，这种形而上学不得不必然是独断地、按照最严格的要求系统化地，从而符合学院要求地（不是大众化地）予以阐述的，因为既然它自告奋勇要去完全先天地，从而使思辨理性完全满意地进行自己的工作，对它的这种要求也就是毫不含糊的。因此，在批判规定的这一计划的实施中，也就是说，在未来的形而上学体系中，我们将必须遵循所有独断论哲学家中最伟大的哲学家、著名的**沃尔夫**的严格方法，他率先作出榜样（凭借这一榜样，他成为德国迄今为止尚未熄灭的缜密精神的创始人），如何能够通过合规律地确立原则、清晰地规定概念、力求严格地证明、在推论中防止大胆的跳跃，来选取一门科学的可靠进程，正因为此，假如他曾经想到通过对工具论亦即对纯粹理性自身的批判事先为自己准备好场地的话，他本来也特别适合于使形而上学这样一门科学达到这一水平：这是一个不能归咎于他，毋宁应归咎于他那个时代独断的思维方式的缺陷，无论是他那个时代的，还是所有以前时代的哲学家们在这一点上都没有什么好相互指责的。那些既拒斥他的治学方式，同时又拒斥纯粹理性批判的方法的人们，其用意无非是完全摆脱**科学**的羁绊，把工作变成儿戏，把确定性变成意见，把哲学变成偏见。

　　至于这个第二版，我当然不想放过这个机会来尽可能地纠

BXXXVI

〔22〕

BXXXVII

正有可能产生某些误解的费解和晦涩之处，思想敏锐的人们在
评价本书时遇到这些误解，也许我难辞其咎。就命题自身及其
证明根据，此外就形式和计划的完整性而言，我没有发现要修
改的地方；这部分地应归功于我在将它交付出版之前对它进行
的长期审查，部分地应归功于事情本身的性质，即一种纯粹的
思辨理性的本性，它包含着一个真实的构造，其中一切都是有
机器官，也就是说，一切都是为了一个，而每一个个别的都是
为了一切，因而任何哪怕很小的弱点，无论它是错误（失误）
还是缺陷，在应用中都不可避免地暴露出来。我希望，这个体
系今后也将保持这种不变性。使我有理由产生这种信心的不是
自负，而是从纯粹理性的最小要素出发直到它的整体和从整体
（因为就连整体也是特别通过纯粹理性在实践领域中的终极目
的给予的）返回到每个部分的结果相等的试验所造成的自明
性，因为哪怕修改极小的部分的尝试，都将马上不仅引起体系
的矛盾，而且引起普遍的人类理性的矛盾。不过，在**表述**方面
还有许多事情要做，而我在这里试图对第一版作出的改进，有
的是要纠正对感性论的误解，尤其是时间概念中的误解，有的
是要纠正知性概念演绎的晦涩，有的是要纠正在对纯粹知性的
原理的证明中被认为在充分自明性方面的欠缺，最后，有的是
要纠正对从理性心理学得出的谬误推理的误解。到此为止（也
就是说，直到先验辩证论第一篇结束），我没有对后面的部分
作表述方式的修改①，因为时间太短，而我就其他部分而言也

BXXXVIII
〔23〕

BXXXIX
〔24〕

① 真正的，但毕竟只是在证明方式上所作的增加，我
只能列举出我在第 275 页通过对心理学**唯心论**的一
个新反驳和对外部直观的客观实在性的一个严格的
（我相信也是惟一可能的）证明所作的增加。就形而
上学的本质性目的而言，唯心论尽可以被视为仍然
无辜的（事实上它并非如此），然而，不得不仅仅根
据信仰来假定我们之外的物的存在（我们毕竟从它
们那里为我们的内感官获得了认识本身的全部材料），

而且当有人想到怀疑这种存在的时候，却不能以令人满意的证明反驳他，这始终还是哲学和普遍的人类理性的丑闻。由于在该证明的表达上从第 3 行到第 6 行有些晦涩，所以请将这一段改为：**"但是，这一持久的东西不可能是我心中的一个直观。因为在我心中能够遇到的关于我的存在的一切规定根据都是表象，而且作为表象自身就需要一个与它们有别的持久的东西，在与这个东西的关系中表象的变更，从而表象在其中变更的我在时间中的存在就能够得到规定。"**人们也许会反对这个证明说：我毕竟仅仅直接意识到在我心中的东西，即我关于外部事物的**表象**；因此，某物是否是我之外与表象相应的东西，依然始终未得到澄清。然而，我通过内部经验意识到**我在时间中的存在**（因而也意识到它在时间中的可规定性），这就不仅仅是意识到我的表象，但与**我的存在的经验性意识**毕竟是一回事，这个意识只有通过与某种和我的实存相结合**在我外部存在**的东西的关系才能得到规定。因此，我在时间中的存在的这种意识是与对同我之外的某物的一种关系的意识一致地相结合的，因此，把外部的东西与我的内感官不可分割地联结起来的，是经验而不是虚构，是感觉而不是想象力；因为外感官本身就已经是直观与我之外的某种现实的东西的关系，它的实在性与想象不同，所依据的仅仅是它作为内部经验可能的条件与内部经验自身不可分割地结合在一起，此处发生的就是这种情况。如果我能够凭借**理智直观**，在伴随着我的一切判断和知性活动的表象**"我在"**中同时把我的存在的一种规定与我的存在的**理智意识**结合起来，那么，对同我之外的某物的一种关系的意识就不必然地属于理智直观了。但现在，那个理智意识虽然先行，但我的存在惟一能在其中得到规定的内直观却是感性的，并且受时间条件制约，但这种规定，从而内部经验自身都依赖于某种不存在于我心中，因而只存在于在我外面的某物之中的持久的东西，我必须在与它的关系中观察我自己：这样，为了一般经验的可能，外感官的实在性与内感官的实在性必然地相结合，也就是说，我肯定地意识到存在着外在于我、与我的感官发生关系之物，正如我肯定地意识到我本人在时间中确定地实存着一样。但现在，我之外的客体究竟是现实地与哪些被给予的直观相应，因而这些直观是属于外部**感官**的，它们应归因于外部感官而不是归因于想象力，这

没有发觉内行且无偏见的审查者有任何误解；即便我没有以这
BXL 些审查者当之无愧的赞词提到他们，他们也将会在相应的位置
上发现我对他们的提醒所给予的重视。但是，这番修改也给读
〔25〕 者带来一个小小的损失，而不使本书过于庞大，就无法防止这
BXLI 种损失，也就是说，我不得不删除或者缩写了一些部分，它们
BXLII 虽然并不在根本上属于整体的完整性，但某些读者却会不愿看
到这一点，因为它们通常在别的方面还可以有所裨益；删节为的
是给我像我相信的那样现在更易理解的表述腾出位置，这种表述
在根本上就命题，甚至就它们的证明根据而言绝对没有改变任何
东西，但毕竟在陈述方法上有时偏离了以前的表述，不是插入一
些话就能做到的。每一个人只要愿意，这种小小的损失毕竟可以
通过与第一版进行比较来加以补偿，而由于更大的可理解性，它
就像我所希望的那样将得到超量的补偿。我在一些公开发表的作
品中（有的是借对某些书作出评论之际，有的是在专门的文章中）
怀着感激的愉悦发现，缜密精神在德国并没有死灭，而只是一时
被思维中的一种符合天才的自由的流行口吻盖过了，而批判的
BXLIII 那条通向一门符合学院规范的，但惟有这样才持久的，并且因此

> 必须在每一特殊场合按照一般经验（甚至内部经验）
> 与想象区别开来所依据的规则来弄清，在此永远作
> 为基础的命题是：存在着外部经验。对此人们还可
> 以补充说明：存在中某种**持久的东西**的表象与**持久**
> **的表象**并不是一回事；因为后者与我们的一切表象，
> 甚至无知的表象一样，可能是非常游移不定、变幻
> 无常的，但毕竟与某种持久的东西相关，因而持久
> 的东西必须是一个与我的所有表象有别的、外在的
> 物，它的实存必然地被一起包括进对我自己的存在
> 的**规定**中，并与这个规定一起构成一个惟一的经
> 验，这经验如果不（部分地）同时是外部的，它就
> 连在内部发生也不可能。怎么是这样呢？在此无法
> 作出进一步的解释，就像无法解释我们一般来说如
> 何在时间中思维那个与变幻之物共存将产生变化的
> 概念的常驻之物一样。

才极具必然性的纯粹理性科学的荆棘小路也并没有阻碍勇敢且聪明的人们去掌握批判。有这些还把一种明晰表述的才能（我恰恰在自身觉察不到这种才能）与洞识的缜密结合起来的有功之士，我将把自己在明晰表述的才能方面时而还有缺陷的处理留给他们去完成；因为在这一场合，危险并不是遭到反驳，而是不被理解。在我这方面，尽管我将仔细地关注无论是来自朋友还是来自论敌的一切提示，以便把它们用于将来按照这一预科建造体系，但我从现在起可能不参与争论了。因为我在做这些工作的时候已经相当高龄了（在这个月已经 64 岁了），所以如果我要想完成自己的 〔26〕计划，提交自然形而上学和道德形而上学，作为思辨理性批判和实践理性批判的正确性的证明，我就必须抓紧时间进行，至于澄清本书中一开始几乎无法避免的晦涩之处以及为整体作辩护，我期待由把这当做自己的事情来做的有功之士来完成。任 BXLIV何哲学陈述都会在一些个别地方遭人攻击（因为它不可能像数学陈述那样防卫谨严），但体系的构造作为统一体来看却在这方面没有任何危险；当体系新出现的时候，只有少数人具有机敏的精神综览它；而由于对他们来说一切革新都是不适宜的，所以有兴趣综览它的人就更少了。如果人们把一些段落与其上下文割裂开来相互进行比较，那么，在任何一部尤其是作为自由谈论进行的作品中也都可以挑出表面上的矛盾；在人云亦云的人眼中，这些表面上的矛盾将给作品带来不利的影响，而对于在整体上把握了思想的人来说，它们是很容易解决的。然而，如果一个理论本身具有持久性，那么，最初给它带来极大危险的作用和反作用随着时间的推移就只会有助于磨平其不平整之处，而如果是无偏见、有洞察力、真正享有盛名的人来从事这一工作，则也可以在短时间内使它获得所要求的优美。

哥尼斯贝格
1787 年 4 月

〔27〕
B1

导论

一、论纯粹知识与经验性知识的区别

我们的一切知识都以经验开始，这是无可置疑的；因为认识能力受到激发而行动，如果这不是由于对象激动我们的感官，一方面由自己造成表象，另一方面使我们的知性行动运作起来，对这些表象加以比较，把它们联结起来或者分离开来，并这样把感性印象的原始材料加工成叫做经验的对象的知识，那又是由于什么呢？因此**在时间上**，我们没有任何知识先行于经验，一切知识都从经验开始。

但是，尽管我们的一切知识都**以**经验开始，它们却并不因此就都产生**自**经验。因为很可能即便我们的经验知识，也是由我们通过印象所接受的东西和我们自己的认识能力（通过仅仅由感性印象所诱发）从自己本身提供的东西的一个复合物；至于我们的这个附加，在长期的训练使我们注意到它并善于将它分离出来之前，我们还不会把它与那种基本材料区别开来。

B2
〔28〕

因此，至少有一个还需要进一步研究，不能乍一看就马上打发掉的问题：是否有一种这样独立于经验，甚至独立于一切感官印象的知识。人们称这样的**知识为先天的**，并把它们与那些具有后天的来源，即在经验中具有其来源的**经验性的**知识区别开来。

然而，那个表述还没有确定得足以合适地表示上述问题的全部意义。因为就某些从经验来源派生的知识而言，人们习惯于说，我们能够先天地产生它或者享有它，因为我们并不是直接地从经验中，而是从一个普遍的规则引申出这些知识的，但我们尽管如此还是从经验获得这个规则的。这样，关于某个在挖自己房子墙脚的人，人们会说：他能够先天地知道房子会倒，也就是说，他不必等待这房子真的倒下来而获得经验。然而，他毕竟还不能完全先天地知道这一点。因为他毕竟必须通过经验才能事先得知，物体是有重量的，因而如果抽去它们的支撑物，它们就会倒下来。

因此，我们在下面将不是把先天知识理解为不依赖于这个或者那个经验而发生的知识，而是理解为绝对不依赖于一切经验而发生的知识。与这些知识相反的是经验性的知识，或者是仅仅后天地，即通过经验才可能的知识。但先天知识中根本不掺杂任何经验性因素的知识叫做**纯粹的**。这样，例如"每一变化皆有其原因"这个命题就是一个先天命题，但并不是纯粹的，因为变化是一个只能从经验中取得的概念。 B3

二、我们拥有某些先天知识，甚至
普通的知性也从不缺少它们

这里，重要的是要有一种我们能够用来可靠地将一种纯粹知识与经验性知识区别开来的标志。经验虽然告诉我们某物是如此这般，但却没有告诉我们它不能是别的样子。因此首先，如果有一个命题与它的**必然性**一同被思维，那么它就是一个先天判断；此外，如果除了自身又是作为一个必然命题而有效的命题之外，它也不是从任何命题派生出的①，那么，它就是绝 〔29〕

---

① 按照康德的用语应是"它也不是从任何别的命题派生出的"。在康德这里，虽然有关于先天知识的新的、批判的意指的引导性说明，"先天"的传统演绎意义依然保持着，而且不仅是在分析判断，因而也包括使用经验性主词的分析判断无一例外的先天性

对先天的。**其次**，经验永远不赋予自己的判断以真正的或者严格的**普遍性**，而是只赋予它们以假定的、相对的**普遍性**（通过归纳），以至于原本就必须说：就我们迄今为止所觉察到的而言，这个或者那个规则还没有发生例外。因此，如果一个判断在严格的普遍性上被思维，也就是说，根本不允许任何例外是可能的，那么，它就不是由经验派生的，而是绝对先天地有效的。因此，经验性的普遍性只是把有效性任意地从大多数场合适用的有效性提高到在所有场合适用的有效性，例如在"一切物体皆有重量"这个命题中；与此相反，当严格的普遍性在本质上属于一个判断的时候，这种普遍性就指示着该判断的一个特殊的知识来源，即一种先天的知识能力。因此必然性和严格的普遍性是一种先天知识的可靠标志，而且也不可分割地相互从属。但是，由于在它们的使用中，有时指出判断的经验性局限比指出判断中的偶然性要更为容易，或者在许多时候指出我们赋予一个判断的无限制的普遍性比指出它的必然性要更为明确，所以，不妨把上述两个标准分开来使用，它们每一个就其自身而言都是不会出错的。①

之中，而且除此之外也多次出现，例如在"论理性的纯粹应用"的讨论中（B362－364），在关于科学性的理性概念及其图型（建筑术，B860－862）的阐述中。因此，"因此首先，如果有一个命题与它的必然性一同被思维，那么它就是一个先天判断"这句话，必须一起与演绎的或者分析的先天相关联。这几个词和后面的"绝对"这个词所证明的一样，指向批判的先天。由此诸原理被排除，这种不精确性不能消除。——科学院版编者注

① 如果把后句前置，并使之对论证性的前句的思想进程作出裁定，则句子就必然是如下："但是，不妨把上述两个标准分开来使用，它们每一个就其自身而言都是不会出错的，因为在先天知识的使用中，有时指出判断中的必然性比指出判断的严格普遍性要更为容易，或者在许多时候指出我们赋予一个判断

轻而易举地就可以表明，在人类的知识中确实有诸如此类必然的，在严格意义上普遍的，从而纯粹的先天判断。如果想从科学中举出一个实例，那么，人们只需要看一看数学的所有命题；如果想从最普通的知性使用中举出这样一个实例，那么，"一切变化都必然有其原因"这一命题就可以充任；的确，在后一个实例中，甚至一个原因的概念如此明显地包含着一种与结果相联结的必然性和一种规则的严格普遍性的概念，以至于如果有人像**休谟**所做的那样，想从所发生的事情与先行的事情经常的相伴随中、从由此产生的联结种种表象的习惯（从而仅仅是主观的必然性）中引申出这个概念，那么，这个概念就会完全丧失。人们甚至不需要诸如此类的实例来证明我们知识中纯粹的先天原理的现实性，就也可以阐明，从而是先天地阐明这些原理对于经验自身的可能性来说是不可或缺的。因为如果经验运行所遵循的所有规则都是经验性的，从而是偶然的，那么，经验又还想从哪里取得自己的确定性；因此，人们很难让这些规则来充当第一原理。然而，我们在这里可以满足于已阐明我们认识能力的纯粹应用这种事实，以及已阐明这种应用的诸般标志。但这些先天原理中的一些的起源不仅表现在判断中，而是甚至在概念中就已经表现出来。即使你们从自己关于一个**物体**的经验概念中将经验性的一切：颜色、硬或者软、重量，甚至不可入性，都逐一去掉，但毕竟还剩下它（它现在已

B5

〔30〕

的无限制的普遍性比指出它的必然性要更为明确"。而且相应的东西也适用于后天知识的标志。尽管在我们眼前的文本中这几个句子中前两个的语法关系不清楚，尽管在它里面所包含的论证包括一个思想跳跃，并且结果是同义反复，但它看起来却毕竟是康德式的。法兴格（Vahinger）在他的评注中建议的挪动"指出判断中的偶然性比指出判断的经验性局限"只是消除了同义反复，但却是在其前置使得思想走样的那个部分中。——科学院版编者注

B6 经完全消失了）所占据的空间，空间是你们去不掉的。同样，即使你们从自己关于任何一个有形客体或者无形客体的经验性概念中去掉经验告诉你们的一切属性，你们也不能剥夺你们把它设想为**实体**或者**依附**一个实体所凭借的那种属性（虽然这个概念比一般客体的概念包含着更多的规定）。因此，为这一概念迫使你们接受它所凭借的必然性所引导，你们不得不承认，它在你们的先天认识能力中拥有自己的位置。

三、哲学需要一门规定一切先天知识的可能性、原则和范围的科学

想说得比前面的一切都远为更多的是这样一点，即某些知识甚至离开了一切可能经验的领域，并通过任何地方都不能为其提供经验中的相应对象的概念，而具有把我们的判断的范围扩展到超出经验的一切界限的外观。

而恰恰是在这后一种超出感官世界的知识中，在经验根本不能提供任何线索，也不能提供校正的地方，蕴涵着对理性的研究；与知性在显象领域能够学到的一切相比，我们认为这种

〔31〕
B7
研究在重要性上要优越得多，其最终目的也要崇高得多，我们在这方面甚至冒着出错的危险宁可做一切，也不愿出自某种顾虑的理由或者出自蔑视和漠视而放弃如此令人关注的研究。纯粹理性自身的这些不可回避的课题就是**上帝**、**自由**和**不死**。但是，其最终目的及其所有准备都本来只是为了解决这些课题的科学，就叫做**形而上学**，它的做法最初是**独断的**，也就是说，不经对理性有无能力从事一项如此庞大的计划先行进行检验，就信心十足地承担了它的实施。

虽然现在看来自然而然的是，一旦离开经验的基地，人们就不要凭借自己拥有却不知从何而来的知识、基于不知其来源

的原理的信誉而马上建造大厦，却没有事先通过仔细的研究为大厦的奠基作出保障；因此，人们毋宁说早就要提出这样的问题：知性究竟如何能够达到所有这些先天知识，它们会有怎样的范围、有效性和价值。事实上，如果人们把**自然的**这个词理解为应当以正当的、理性的方式发生的事情，那也就没有任何东西更自然了；但如果人们把它理解为按照通常的尺度发生的，那就又没有什么比这一研究必然长期被搁置更为自然、更可理解的了。因为这种知识的一个部分，作为数学知识，早就具有了可靠性，并由此使人也对其他部分产生一种乐观的期望，而不管它们可能具有完全不同的本性。此外，如果超出经验的范围，则人们肯定不会受到经验的反驳。扩展自己知识的诱惑是如此巨大，以至于人们只会被自己遇到的明显的矛盾阻止住前进的步伐。但是，只要人们小心谨慎地作出自己的虚构，使这种虚构并不因此就很少是虚构，那么，这种矛盾还是能够避免的。至于我们不依赖于经验在先天知识中能够走出多远，数学给我们提供了一个光辉的范例。数学虽然只是在对象和知识能够表现在直观中的程度上研究它们，但这一情况很容易被忽略，因为上述直观可以先天地被给予，从而与一个纯然的纯粹概念几乎没有区别。被理性力量的这样一种证明所吸引，扩展的冲动看不到任何界限。轻盈的鸽子在自由飞翔时分开空气，感受到空气的阻力，也许会想象在没有空气的空间里可以更好地飞翔。同样，**柏拉图**因为感官世界给知性设置了如此狭窄的界限而离开了感官世界，冒险在感官世界的彼岸鼓起理念的双翼飞入纯粹知性的真空。他没有发觉，他竭尽全力却毫无进展，因为他没有任何支撑物仿佛是作为基础，使他支撑起自己，并在上面用力，以便发动知性。但是，尽可能早地完成思辨的大厦，然后才来研究它的基础是否扎实，这是人类理性在思辨中的通常命运。但在这种情况下，各种各样的溢美之

B8

〔32〕

B9

辞就被找出来，使我们因大厦的出色而感到安慰，或者还宁可干脆拒绝这样一种迟到的、危险的检验。但是，在建造期间使我们摆脱任何担忧和疑虑并以表面上的缜密迎合我们的，就是这种东西。我们理性的工作的一大部分，也许是最大的部分，就在于**分析**我们关于对象已经拥有的概念。这一工作给我们提供了大量的知识，这些知识虽然无非是对在我们的概念中（尽管还是以模糊的方式）思维过的东西所作出的澄清和阐明，但至少就形式而言仍被认为如同新的洞识，尽管它们就质料或者内容而言并没有扩展，而是仅仅解析了我们所拥有的概念。如今，既然这种方法提供了具有一种可靠有用的进展的现实的先天知识，于是，理性就不知不觉地在这种假象下骗取了完全异类的主张，其中理性为被给予的概念添加了完全异己的，而且是先天地添加的，人们却不知道它是如何做到这一点的，而且不让这样一个问题哪怕是仅仅进入思想。因此，我想一开始就探讨这种双重的认识方式的区别。

[33]

B10

四、论分析判断与综合判断的区别

在所有思维主词与谓词之关系的判断（如果我只考虑肯定判断的话，因为随后运用到否定判断上是轻而易举的）中，这种关系以两种不同的方式是可能的。要么谓词 **B** 属于主词 **A**，作为（以隐蔽的方式）包含在概念 **A** 中的某种东西；要么 **B** 虽然与概念 **A** 有关联，但却完全在它之外。在第一种场合里，我把判断称为**分析的**，在第二种场合里我则把它称为**综合的**。因此，（肯定的）分析判断是其中借助同一性来思维谓词与主词的联结的判断，而其中不借助同一性来思维这种联结的判断则应当叫做综合判断。前一些判断也可以称为**解释**判断，后一些则也可以称为**扩展**判断，因为前者通过谓词未给主词的概念

B11

增添任何东西，而是只通过分析把它分解成它的在它里面已经
（虽然是模糊地）思维过的分概念；与此相反，后者则给主词
的概念增添一个在它里面根本未被思维过，且不能通过对它的 〔34〕
任何分析得出的谓词。例如，如果我说：一切物体皆有广延，
这就是一个分析判断。因为要把广延视为与我结合在物体这个
词上的概念相关联的，我可以不超出这个概念，而是只分析这
个概念，也就是说，只意识到我随时在它里面所思维的杂多，
就可以在它里面遇到这个谓词；因此，这是一个分析判断。与
此相反，如果我说：一切物体皆有重量，则谓词是某种完全不
同于我仅仅在一般物体的概念中所思维着的东西。因此，这样
一个谓词的附加就提供了一个综合判断。

经验判断就其自身而言全部是综合的。把一个分析判断建
立在经验之上是件荒唐的事情，因为我可以根本不超出我的概
念来构成判断，所以为此不需要经验的见证。说一个物体是有
广延的，这是一个先天确定的命题，而不是一个经验判断。因 B12
为在我诉诸经验之前，我已经在概念中拥有我作出这个判断的
所有条件，我只能从这个概念中按照矛盾律抽绎出谓词，并由
此同时意识到判断的必然性，这种必然性是经验从来不会告诉
我的。与此相反，尽管我根本不把重量的谓词包括在一般物体
的概念中，但那个概念毕竟通过经验的某个部分表明了一个经
验对象，从而我还可以给这个部分再附加上同一个经验的与隶
属于那个概念的部分不同的部分①，作为隶属于该对象的东 〔35〕

① 很可能第二版的不同文句基于一种疏忽。至少，惟
有第一版的文本符合当前的上下文和康德关于"一
切物体都有重量"这个综合判断的其他阐述。根据
下文，在一个综合判断中主词和谓词互相隶属；它
们彼此相属，确切地说，在经验性的综合判断中只
是以偶然的方式，在先天综合判断中甚至是必然的。
在"一切物体都有重量"这个经验判断中，我们甚

西。我可以事先**分析地**通过广延、不可入性、形状等等所有在物体的概念中被思维的标志来认识物体的概念。但如今，我扩展我的知识，并通过回顾我从中抽象出物体的这个概念的经验，我发现还有重量也在任何时候都与上述标志联结在一起，因而**综合地**把重量作为谓词附加给那个概念。所以，重量的谓词与物体概念的综合的可能性所依据的是经验，因为两个概念虽然并非一个包含在另一个之中，但却作为一个整体，即自身是直观的一个综合性结合的经验的各个部分而互相隶属，虽然这种隶属采用的是偶然的方式。

B13　　但在先天综合判断那里，则完全没有这种辅助手段。如果我应当超出概念 A 来把另一个概念 B 认识为与之结合的，我依据的是什么呢？而既然我在这里并没有在经验的领域里寻找它的那种有利条件，综合又是凭借什么成为可能的呢？请看这个命题：凡是发生的事情，都有其原因。在发生的某物的概念中，我虽然思维了一种存在，在它之前经过了一段时间等等，并且从中可以引出分析的判断。但是，原因的概念是完全在那个概念之外的，并且表现着某种与发生的事情不同的东西，因而根本不包含在后一种表象之中。我究竟是怎样做到，关于发

至发现也有重量在任何时候都与主词概念中所思维的特征联结在一起。根据 B142，在任何判断中，即便判断本身是经验性的，从而是偶然的，例如"物体是有重量的"，主词和谓词也凭借直观的综合中统觉的必然统一而相互隶属。最后，在康德为这里成为问题的判断的综合品性给出的论证（《自然科学的形而上学初始根据》，第二章，定理 5，附释）所阐明的是，吸引同样属于物质的概念，尽管它并不包含在这个概念中，它甚至是为物质的可能性而源始地要求的，因而必然属于物质的基本力（第 Ⅳ 卷，509～510 页 [参见李秋零主编：《康德著作全集》，第 4 卷，521～522 页，北京，中国人民大学出版社，2005]）。——科学院版编者注

生的事物说出某种与之完全不同的东西，并且把虽然不属于它的原因的概念却认识为属于它，甚至是必然属于它的呢？在这里，如果知性相信可以在 A 的概念之外发现一个与它异样，但尽管如此仍被视为与它相联结的谓词 B 的话，知性所依据的未知之物＝X 是什么呢？它不可能是经验，因为所援引的原理不仅以比经验能够提供的更大的普遍性，而且以必然性的表〔36〕述，从而是完全先天地，仅仅从概念出发把第二种表象加在前面的表象之上的。如今，我们先天的思辨知识的全部最终目的都是依据这样一些综合的，即扩展的原理的；因为分析的原理虽然极为重要而且必需，但却只是为了达到概念的清晰，这种 B14清晰对于一种可靠而且广泛的综合，亦即对于一种确实新的收获来说，是必不可少的。

五、在理性的所有理论科学中都包含着
作为原则的先天综合判断

1. **数学的判断全部是综合的**。这一命题虽然具有不可辩驳的确定性并且就其结果而言非常重要，但看来却迄今为止没有被人类理性的分析家们注意到，甚至与他们的猜测截然相反。这是因为，由于发现数学家们的推论都是按照矛盾律进行的（这是任何一种不容争辩的确定性的本性所要求的），所以人们就使自己相信，原理也是从矛盾律出发认识到的；他们在这里犯了错误；因为一个综合的命题当然可以按照矛盾律来认识，但却是这样来认识的，即以另一个综合命题为前提条件，从这另一个综合命题推论出它，而绝不是就其自身来认识的。

首先必须说明：真正的数学命题在任何时候都是先天判断，而不是经验的，因为它们自身就有不能从经验取得的必然性。但是，如果人们不愿意承认这一点，那么好，我就把我的 〔37〕

B15 命题限制在**纯粹数学**上，它的概念自己就已经具有它不包含经验的，而只包含纯粹的先天知识的含义。

虽然人们最初会想：7＋5＝12 的命题完全是一个按照矛盾律从 7 与 5 之和的概念中推论出来的分析命题。但是，如果更为仔细地考察一下，人们就会发现，7 与 5 之和的概念除了两个数字结合成为一个数字之外，不包含任何别的东西，而通过这种结合也根本不能设想这个总括两个数字的单一数字是什么东西。12 的概念绝不是通过我仅仅思维 7 和 5 的那种结合就已经被思维的，而且无论我用多长时间来分析我关于这样一个可能的总和的概念，我都毕竟不能在其中发现 12。人们必须超出这些概念，求助于与这二者之一相应的直观，例如 5 根手指或者（如**谢格奈**在其《算术》中那样）5 个点，这样逐一地把在直观中被给予的 5 的各个单位加到 7 的概念上去。因为我首先取的是 7 这个数字，并且由于我为了 5 的这个数字的概B16 念而求助于我的手指作为直观，所以我就把我事先为了澄清 5 这个数字而集中起来的各个单位凭借我的那个图像逐一地加到 7 的数字上，并就这样看到 12 这个数字的产生。至于 5 应当加在 7 上，这一点我虽然在一个等于 7＋5 的和的概念中已经想到了，但并不是说这个和就等于 12 这个数字。因此，算术命题在任何时候都是综合的，采用的数字越大一些，人们就越是清晰地意识到这一点，因为这样一来就清晰地显示出，无论我们怎样任意地把自己的概念颠来倒去，若不求助于直观，仅凭分析我们的概念，我们绝不能发现这个和。

〔38〕 纯粹几何学的任何一个原理也都同样不是分析的。说两点之间直线最短，这是一个综合命题。因为我的**直**的概念并不包含关于大小的任何东西，而是只包含一种性质。因此，最短的概念完全是附加的，是不能通过分析从直线的概念中得出的。所以，在这里必须求助于直观，只有凭借直观，综合才是可

能的。

几何学家作为前提条件的少数几条原理虽然确实是分析的，并且依据的是矛盾律，但它们与同一性命题一样，也只是充当方法的链环，而不是充当原则。例如 a ＝ a，即整体与自身相等，或者 （a ＋ b） ＞ a，即整体大于其部分。而即便是这些原理，虽然仅就概念而言就是有效的，但在数学中之所以被允许，也仅仅是因为它们能够在直观中体现出来。在这里，通常使我们相信这样一些不容争辩的判断的谓词已经蕴涵在我们的概念之中，判断因而是分析判断的东西，仅仅是表述的含混。①也就是说，我们**应当**为一个被给予的概念再想出某个谓词，而这种必要性已经为概念所固有。但是，问题不是我们为被给予的概念**应当**再想出什么，而是我们**确实**在它里面——尽管只是模糊地——**想到**了什么；而这就表现出，谓词虽然必然地依附于那些概念，但并不是在概念中被设想的，而是借助于一种必然属于概念的直观。

B17

2. **自然科学**（physica ［物理学］）**在自身包含着作为原则的先天综合判断**。我只想援引两个命题作为例证。一个命题是：在形体世界的一切变化中，物质的量保持不变；另一个命题是：在运动的传递中，作用和反作用在任何时候都必然彼此相等。就这两个命题而言，不仅必然性，从而其先天的起源，而且它们是综合的命题，这都是清楚明白的。因为在物质的概

① 上下文要求把"在这里"和"这样一些"与并非前面刚说的数学综合判断联系起来。回顾 B15 的评论，甚至适当的是让整个讨论回溯到特别是算术的综合判断。至于为什么不允许像法兴格那样假定《未来形而上学导论》中的一种"位置倒错"，我在对这部作品的导论各节的分析中已经指出来了（《对康德的〈未来形而上学导论〉的历史学研究》，121～122 页，1904）。——科学院版编者注

念中，我设想的不是持久不变，而是它通过对空间的填充而在空间里在场。因此，为了先天地为物质概念再想出我在它里面没有思维过的东西，我确实超出了物质概念。所以，命题并不是分析的，而是综合的，尽管如此却是被先天地思维的，在自然科学的纯粹部分的其他命题中亦复如是。

B18
〔39〕

3. **在形而上学中**，即使人们把它也仅仅看做一门迄今为止只是在阐释，但由于人类理性的本性却不可缺乏的科学，也应当**包含着综合的先天知识**，而且它所涉及的根本不是仅仅分析并由此分析地说明我们关于事物先天地形成的概念，相反，我们要扩展我们的先天知识，为此我们必须利用这样一些原理，它们在被给予的概念之上附加在它里面不曾包含的某种东西，并通过先天综合判断远远地超出，以至于经验自身也不能追随那么远，例如在"世界必须有一个最初的开端等等"的命题中；这样，形而上学至少**就其目的而言**纯粹是由先天综合命题组成的。

B19

六、纯粹理性的普遍课题

如果能够把大量研究纳入到惟一一个课题的公式之下，那么，人们由此已经是收获颇丰了。因为这样一来，人们就不仅通过精确地规定自己的工作而使之减轻，而且也使得其他任何想要检查它的人都易于判断我们是否实现了自己的计划。如今，纯粹理性的真正课题就包含在这一问题中：**先天综合判断是如何可能的**？

形而上学迄今为止还停留在摇摆不定的不确定和矛盾的状态中，这只能归咎于一个原因，即人们没有让自己更早地思考这一课题，也许甚至没有思考**分析的**判断和**综合的**判断的区别。如今，形而上学的成败就基于这一课题的解决，或者基于令人满意地证明这一课题要求知道已得到说明的可能性实际上根本不存在。但是，在所有的哲学家当中，最接近这一课题的 [40] **大卫·休谟**还远远没有确定地并在其普遍性中思考它，而是仅仅停留在结果与其原因的联结的综合命题上（Prinzipium causalitatis［因果律］），相信能够澄清这样一种先天命题是完全 B20 不可能的。而按照他的推论，一切我们称为形而上学的东西，其结果都纯粹是一种妄想，自以为对事实上仅仅是从经验借来的并通过习惯留下必然性外观的东西有理性的洞识；如果他注意到我们的课题的普遍性的话，他绝不会陷入这种摧毁一切纯粹哲学的主张，因为这样的话他就会看出，按照他的论证甚至不可能有纯粹数学，因为纯粹数学无疑包含着先天综合判断，这样，他的健全知性也许就会保护他，不致得出那种主张了。

在解决上述课题的同时，也就理解了纯粹的理性应用在论证和解释一切包含着关于对象的先天理论知识的科学方面的可能性，即对下述问题的回答：

纯粹数学是如何可能的？

纯粹自然科学是如何可能的？

既然这些科学是现实地已被给予的，关于它们就可以恰如其分地提问道：它们是**如何**可能的；因为它们必定是可能的，这一点通过它们的现实性就得到了证明。① 但就**形而上学**而言， B21 它迄今为止的糟糕进程，而且由于就它的根本目的而言不能说

---

① 关于纯粹的自然科学，某些人可能对这种证明还持有怀疑。然而，只要看一看在真正的（经验性的）物理学的开端出现的各种定理，例如关于物质的量保持不变的定理，关于惯性、作用与反作用相等的定理等等，人们就会马上确信，它们构成了一门 Physicam puram［纯粹物理学］（或者 rationalem［理性的］物理学），这门科学很值得作为独特的科学以其或窄或宽但却完整的范围独立地得到创建。

任何一个迄今为止所陈述的形而上学是现实地存在的，就必然使每一个人都有理由怀疑它的可能性。

〔41〕 但现在，这一**类**知识在某种意义上毕竟也可以被视为已被给予的，而且形而上学虽然不是作为科学，但毕竟作为自然禀赋（metaphysica naturalis［自然而然的形而上学］）是现实的。因为人类理性并不是纯然由博学的虚荣心所推动，而是受自己的需要所驱动，不停顿地前进，直到这样一些不能通过理性的经验应用，从而不能通过借来的原则回答的问题；这样，在所有的人心中，一旦理性在他们心中扩展到了思辨，在所有的时代都曾现实地存在过，并还将永远存在某种形而上学。于是，关于形而上学也就有如下问题：**作为自然禀赋的形而上学是如何可能的?** 也就是说，纯粹理性向自己提出，并为自己的独特

B22 需要所驱动要尽可能好地回答的那些问题，是如何从普遍的人类理性的本性中产生的？

但是，对于这些自然而然的问题，例如世界是否有一个开端，是否亘古以来就存在等等，由于就迄今为止的所有回答尝试而言在任何时候都曾出现过不可避免的矛盾，所以人们不能仅限于形而上学的自然禀赋，即纯粹的理性能力自身，哪怕从它总是能产生出某种形而上学（无论它是哪一种），相反，必须有可能使理性达到一种确定性：要么知晓对象，要么不知对象；也就是说，要么对自己的问题的对象作出裁定，要么对理性在形而上学方面有无能力判断某种东西作出裁定；因而要么可靠地扩展我们的纯粹理性，要么设置它的确定的和可靠的限制。从以上普遍的课题产生的这最后一个问题，有理由是这样一个问题：**作为科学的形而上学是如何可能的?**

因此，理性的批判最终必然导致科学，与此相反，理性不经批判的独断应用则会导向无根据的、人们可以用同样明显的

B23 截然相反的主张与之对立的主张，从而导致**怀疑论**。

这门科学也不会具有庞大的、可怕的繁复性，因为它所打交道的不是杂多得无穷尽的理性客体，而仅仅是它自己本身，是完全从它自己内部产生的课题，这些课题不是由与它不同的事物的本性，而是由它自己的本性给它提出的；因为一旦理性事先完全了解到它自己就经验中可能呈现给它的对象而言所具有的能力，完全并且可靠地确定它试图超出经验界限的应用的范围和界限，这就必然成为轻而易举的事情。 〔42〕

因此，人们可以而且必须把迄今为止所做的**独断地**建立形而上学的一切尝试都视为不曾发生的；因为在这种或者那种形而上学中是分析性的东西，亦即仅仅对我们理性先天固有的概念的分析，还根本不是真正的形而上学的目的，而只是导向它的一种行动；它的目的是综合地扩展自己的先天知识；对于这个目的来说，概念的分析是不适用的，因为它仅仅表明在这些概念中包含着什么，但却并不表明我们如何先天地达到这样一些概念，以便此后也能够规定它们在所有知识的一般对象方面的有效应用。要放弃所有这些要求，也只需要很少的自我克 B24 制，因为理性不可否认的、在独断的方法中也不可避免的矛盾早就已经自行使任何迄今为止的形而上学名声扫地了。为此需要更多的坚韧精神，内不为困难、外不为阻力所阻挡，通过另一种与迄今为止所用的截然相反的处理方式，来促进一门人类理性不可或缺的科学最终有朝一日达到繁荣昌盛、成果丰硕；人们可以砍掉这门科学的每一个生出的枝干，但却不可挖掉它的根。

七、一门名为纯粹理性批判的特殊科学的观念和划分

如今，从所有这一切得出一门可以叫做**纯粹理性批判**的特殊科学的理念。因为理性是提供先天知识**原则**的能力。所以，

〔43〕 纯粹的理性是包含着绝对先天地认识某种对象的原则的理性。纯粹理性的一种**工具论**就会是能够获得并现实地完成所有的纯粹先天知识所遵循的那些原则的总和。这样一种工具论的详尽

B25 应用就会造就一个纯粹理性的体系。但由于这一体系要求颇多，且在这里一般来说，我们知识的一种扩展是否可能，以及在什么样的场合是可能的，尚不能肯定，所以我们可以把纯然判断纯粹理性及其来源和界限的科学视为纯粹理性体系的**预科**。这样一门科学就不能叫做纯粹理性的**学说**，而是必须叫做纯粹理性的**批判**，而它的用途在思辨方面就确实只是消极的，不是用于扩展我们的理性，而是用于澄清我们的理性，使它避免失误，这已是收获颇丰了。我把一切不研究对象，而是一般地研究我们关于对象的认识方式——就这种方式是先天地可能的而言——的知识① 称为**先验的**。这样一些概念的体系可以叫做**先验哲学**。但是，这种哲学对于开端来说又还是太多。因为既然这样一门科学必须完备地既包含分析的也包含综合的先天知识，所以就与我们的目的相关而言，它的范围过于庞大，因

① "而是一般地研究我们关于对象的认识方式——就这种方式是先天地可能的而言——的知识"在第一版中为"而是研究我们关于一般对象的先天概念的知识"。很可能，"一般"在第二版的文本中只是出自疏忽而留下的，尽管它在我们获得的康德第一版手写样书中没有被划去。（《康德〈纯粹理性批判〉补遗》，11 页）它在第二版中作为对"研究"的更详细的规定是多余的，就如同在第一版中作为对"对象"的补充是必要的一样。第一版在这个地方对先验知识的这种名词定义比第二版的措辞狭窄得多，后者与 B81 的更宽泛的，包括关于空间和时间的知识的规定是一致的。第一版的定义排除了直观的形式，因为一般对象仅仅表示作为纯粹范畴之对象的物自身。它并不符合改写版的思想联系，而是符合其在第一版导论中简短描绘的约自 1772 年以来的早期阶段。——科学院版编者注

为我们只可以把分析推进到为在整个范围内洞察我们惟一所要
探讨的先天综合的原理所必需的程度。这种研究真正说来不能
称为学说，而只能称为先验的批判，因为它不以扩展知识自身
为目的，而仅仅以纠正知识为目的，并应为一切先天知识是否
具有价值提供试金石。这种研究就是我们现在所从事的事情。
据此，如果可能的话，这样一种批判乃是为先天知识的一种工
具论所作的准备，而如果这一点做不到，则至少是为先天知识
的一部法规作准备，按照这部法规，也许有朝一日就能够既分
析又综合地阐述纯粹理性哲学的完备体系，不管它是在于扩展
纯粹理性的知识还是仅仅在于限制它的知识。因为这种体系是
可能的，以及这样一种体系的范围不能非常庞大，以便可以希
望全部完成它，这一点从以下事实即可以事先得到证明，即这
里构成对象的不是不可穷尽的事物之本性，而是对事物本性作
出判断的知性，而且知性又是仅仅就其先天知识而言的；这种
对象的储备因我们不可以在外面寻找它而对于我们不可能保持
为隐秘的，且根据一切猜测小得足以完备无遗地对它是否具有
价值作出判断，并作出正确的评价。人们在这里可以期待的，
更不是一种对书本和纯粹理性体系的批判，而是对纯粹理性能
力自身的批判。只不过，如果以这种批判为基础，人们就有了
一种可靠的试金石，来测定这一领域里的新旧著作的哲学价
值；否则，未经授权的历史著述家和评论家就将用自己同样无
根据的主张来判断他人无根据的主张。

先验哲学是纯粹理性批判**以建筑术的方式**亦即从原则出发
为之设计出整个蓝图的一门科学的理念，要完全保证构成这一
大厦的各个部分的完备性和可靠性。它是纯粹理性的所有原则
的体系。至于这一批判自己还不叫做先验哲学，仅仅因为要成
为一个完备的体系，它就必须也包含着对全部人类先天知识的
详尽分析。如今，尽管我们的批判当然提供了对构成上述纯粹

B26

〔44〕

B27

[45]

B28

知识的所有基本概念的一种完备列举，但它却合理地放弃了对这些概念自身的详尽分析，也放弃了对由此派生的概念的完备评论，这部分是因为这种分析由于不具有在综合中遇到的、本来整个批判为之存在的那种不可靠性而不合目的，部分是因为承担这样一种分析和推导的完备性的责任，与计划的同一性相抵触，就自己的目的而言，人们毕竟是可以解除这种责任的。无论是分析还是从下面要提供的先天概念作出推导，只要它们首先作为详尽的综合原则存在，并且就这一根本的目的而言不缺少什么东西，其完备性可以轻而易举地予以补齐。

据此，构成先验哲学的一切都属于纯粹理性批判，而纯粹理性批判是先验哲学的完备理念，但还不是这门科学自身，因为它在分析中只能前进到对先天综合知识作出完备的判断所必需的程度。

在划分这样一门科学的时候，最需要注意的是：根本不必有任何自身包含着某种经验性的东西的概念掺杂其中，或者说，先天知识是完全纯粹的。因此，虽然道德性的至上原理及其基本概念是先天知识，但它们却不属于先验哲学，因为它们虽不以快乐和不快、欲望和偏好等都具有经验性起源的概念为

B29

其规定的基础，但在义务的概念中毕竟必须把它们或者作为应当克服的障碍，或者作为不可当做动因的诱惑而一起纳入道德性体系的制订。因此，先验哲学是一种纯粹的、全然思辨的理性的世俗智慧。因为一切实践的东西，就其包含着动机而言，都与情感相关，而情感属于经验性的知识来源。

[46]

如今，如果人们想从一个一般体系的普遍立场出发划分这门科学，那么，我们现在所陈述的这门科学就必须首先包含着纯粹理性的**要素论**，其次包含着纯粹理性的**方法论**。这两个主要部分的每一个都将有其进一步的划分，尽管如此，其理由在这里尚不能陈述。对于导论或者预先提醒来说，看来有必要指

出的无非是：人类知识有两个主干，它们也许出自一个共同的，但不为我们所知的根源，这两个主干就是**感性**和**知性**，对象通过前者**被给予**我们，但通过后者**被思维**。现在，如果感性包含着构成对象被给予我们的条件的先天表象，那么，它就会属于先验哲学。先验的感性论将必然属于要素论的第一部分，因为人类知识的对象被给予的惟一条件先行于这些对象被思维的条件。

B30

第一部
先验要素论

第一部分　先验感性论

第1节

无论一种知识以什么方式以及通过什么手段与对象发生关系，它与对象直接发生关系所凭借的，以及一切思维当做手段所追求的，就是**直观**。但直观只是在对象被给予我们时才发生；而这对于我们人来说，又至少只是通过对象以某种方式刺激心灵才是可能的。通过我们被对象刺激的方式获得表象的能力（感受性）叫做**感性**。因此，借助于感性，对象**被给予**我们，而且惟有感性才给我们提供**直观**；但直观通过知性**被思维**，从知性产生出**概念**。不过，一切思维，无论它是直截了当地（直接地），还是转弯抹角地（间接地），都必须借助于某些标志最终与直观，从而在我们这里与感性发生关系，因为对象不能被以别的方式给予我们。

如果我们被一个对象所刺激，则对象对表象能力的作用就是**感觉**。通过感觉与对象发生关系的那些直观就叫做**经验性的**。一个经验性直观的未被规定的对象就叫做**显象**。

在显象中，我把与感觉相应的东西称为显象的**质料**，而把使得显象的杂多能够在某些关系中得到整理的东西称为显象的**形式**。由于感觉惟有在其中才能得到整理并被置于某种形式之中的东西，自身不可能又是感觉，所以，虽然一切显象的质料只是后天被给予我们的，但显象的形式却为了显象而必须全都已经先天地蕴涵在心灵中，因而可以与一切感觉分离开来予以考察。

我把一切在其中找不到任何属于感觉的东西的表象称为**纯**

粹的（在先验的意义上）。据此，一般感性直观的纯粹形式将在心灵中先天地找到，显象的一切杂多将以这种形式在某些关系中被直观。感性的这种纯形式自身也叫做**纯直观**。这样，如果我从一个物体的表象中把知性所思维的东西如实体、力、可分性等都除去，此外把属于感觉的东西如不可入性、硬、颜色等也除去，那么，从这个经验性的直观中还给我剩下了某种东西，即广延和形状。它们属于纯直观，即便没有感官或者感觉的一个现实的对象，纯直观也先天地作为一个纯然的感性形式存在于心灵中。

一门关于感性的一切先天原则的科学，我称为**先验感性论**。①因此，必须有这样一门科学，它构成先验要素论的第一部分，与包含着纯思维的原则、被称为先验逻辑的学说相对照。

因此，在先验感性论中，我们首先通过把知性在此凭借自己的概念所思维的一切都除去，来把感性**孤立**起来，以便仅仅留下经验性的直观。其次，我们将从经验性的直观中把属于感觉的一切都分离开来，以便只留下纯直观和显象的纯然形式，

---

① 惟有德国人如今在用**感性论**这个词来表示别人叫做鉴赏力批判的东西。在此，作为基础的是杰出的分析家**鲍姆嘉登**所持有的一种不适当的希望，即把对美的批判性判断置于理性原则之下，并把这种判断的规则提升为科学。然而，这种努力是徒劳的。因为上述规则或者标准就其最主要的来源而言仅仅是经验性的，因而决不能充当我们的鉴赏判断必须遵循的确定的先天规律；毋宁说，鉴赏判断构成了那些规则的正确性的真正试金石。因此可取的是，要么使这一称谓再次死亡，并把它仅保留给是真正的科学的学说（这样一来，人们也就会更为接近古人的语言和意义，在古人那里把知识划分为 αισθητα και νοητα？[可感觉的和可思想的] 是很著名的），要么与思辨哲学分享这一称谓，并部分地在先验的意义上、部分地在心理学的意义上接受感性论。

这是惟一能够提供先天感性的方法。在进行这一研究时，将发现两种作为先天知识原则的感性直观纯形式，即空间和时间，我们现在就将考虑它们。

第一章
论空间

第 2 节　空间概念的形而上学阐明

借助于外感官（我们心灵的一种属性），我们把对象表象为外在于我们的，它们全都在空间之中。在空间中，它们的形状、大小和相互之间的关系得到规定，或者是可规定的。借助于内感官，心灵直观自己本身或者其内在状态；虽然内感官并不提供关于灵魂自身作为一个客体的任何直观，但毕竟有一种确定的形式，惟有在这形式下灵魂内部状态的直观才有可能，以至于一切属于内部规定的东西都在时间的关系中被表象出来。时间不能在外部被直观到，就像空间不能被直观为我们内部的某物一样。那么，空间和时间是什么呢？是现实的存在物吗？它们虽然只是事物的规定或者关系，但却是即便事物不被直观也仍然本来属于事物的规定或者关系吗？或者说，它们是仅仅依附于直观的形式，从而依附于我们心灵的主观性状、没有心灵的主观性状这些谓词就根本不能被赋予任何事物的规定或者关系吗？为了澄清这一点，我们首先要阐明空间的概念。但是，我把**阐明**（expositio）理解为清晰地（尽管并非详尽地）表象属于一个概念的东西；但是，如果阐明包含着把概念作为**先天给予的**来描述的东西，它就是**形而上学的**。

〔52〕

1. 空间不是一个从外部经验抽象得来的经验性概念。因为要使某些感觉与我之外的某物发生关系（也就是说，与在空间的不同于我所在的另一地点上的某物发生关系），此外要使我能够把它们表象为彼此外在和彼此**并列**，从而不仅各不相同，而且是在不同的地点的，这就必须已经有空间的表象作为基础了。据此，空间的表象不能通过经验从外部显象的关系借来，相反，这种外部经验自身只有通过上述表象才是可能的。

2. 空间是作为一切外部直观的基础的一个必不可少的先天表象。人们虽然完全能够设想在空间中找不到任何对象，但却绝不能形成一个没有空间存在的表象。因此，空间被视为显象可能性的条件，而不是一个依赖于显象的规定，是一个以必然的方式作为外部显象之基础的先天表象。

3. 空间不是一个关于一般事物的关系的推理概念，或者如人们所说是一个普遍概念，而是一个纯直观。因为首先，人们只能表象一个惟一的空间，而当人们谈论多个空间时，人们只是把它们理解为同一个独一无二的空间的各个部分。这些部分也不能仿佛是作为惟一的无所不包的空间的组成部分（有可能用这些部分复合成它）先行于它，而是只有在它里面才能被设想。它在本质上是惟一的，它里面的杂多，从而还有一般的诸空间的普遍概念，都仅仅基于各种限制。由此得出，就它而言，一种先天直观（它不是经验性的）是关于空间的所有概念的基础。就连所有的几何学原理也是如此，例如在一个三角形中两边之和大于第三边，就绝不是从关于线和三角形的普遍概念中，而是从直观中，并且是先天地以无可争辩的确定性引申出来的。

4. 空间被表象为一个无限的**被给予**的大小。如今，虽然人们必须把每一个概念都设想为一个包含在无限多的不同可能表象之中（作为它们共同的标志），从而把这些表象包含在自己之下的表象；但是，没有一个如此这般的概念能够被设想成好像把无限多的表象都包含在自身当中。尽管如此，空间就是被这样设想的（因为空间无限多的所有部分都是同时存在的）。因此，关于空间的源始表象是一个**先天直观**，而不是**概念**。

第3节　空间概念的先验阐明

〔54〕

我把一种**先验阐明**理解为将一个概念解释为一个原则，从这一原则出发就能够看出其他先天综合知识的可能性。为此目的就要求：1. 诸如此类的知识确实是从这个被给予的概念得来的；2. 这些知识惟有以这个概念的一种被给予的解释方式为前提条件才是可能的。

几何学是一门综合地却又先天地规定空间属性的科学。为使空间的这样一种知识是可能的，空间的表象究竟必须是什么呢？它必须源始就是直观。因为单从一个概念得不出任何超出概念的命题，但这种情况在几何学中却发生了（参见导论，五）。不过，这种直观必须先天地，即先于对一个对象的一切感知而在我们心中找到，从而是纯粹的直观，而不是经验性的直观。因为几何学的定理全都是无可争辩的，也就是说，是与对它们的必然性的意识结合在一起的，例如空间只有三个维度；但诸如此类的定理不可能是经验性的判断或者经验判断，也不是从它们推论出来的（参见导论，二）。

B41

那么，一种先行于客体、客体的概念能够在其中先天地被规定的外部直观是如何能够为心灵所固有的呢？显然惟有当它作为主体受客体刺激并由此获得客体的**直接表象**即直观的形式性状，因而仅仅作为**外感官**的一般形式，而在主体中拥有自己的位置时，才是可能的。

因此，惟有我们的解释才使得作为一种先天综合知识的几

何学的可能性成为可理解的。任何一种不提供这种东西的解释方式，即使在表面上与几何学有些类似之处，依据这一标志就可以极可靠地与它区别开来。

由上述概念得出的结论

1. 空间根本不表象任何一些物自身的属性，或者在它们的相互关系之中表象它们，也就是说，并不是那些依附于对象自身，即便人们抽掉直观的所有主观条件也依然留存的属性的规定。因为无论是绝对的规定还是相对的规定，都不能先于它们所属的那些事物的存在，从而不能先天地被直观。

2. 空间无非是外感官的一切显象的形式，也就是说，是感性的主观条件，惟有在这一条件下外部直观对我们来说才是可能的。如今，由于主体的被对象刺激的感受性以必然的方式先行于这些客体的所有直观，因此可以理解，一切显象的形式如何能够在一切现实的知觉之前，从而先天地在心灵中被给予，以及它如何能够作为一切对象都必须在其中被规定的纯直观在一切经验之前就包含着对象诸般关系的原则。

据此，我们惟有从一个人的立场出发才能够谈论空间，谈论有广延的存在物等等。如果我们离开惟一使我们能够按照我们可能受对象所刺激的方式拥有外部直观的主观条件，那么，

B43

空间的表象就毫无意义。这个谓词只是就事物显现给我们，亦即是感性的对象而言才被赋予事物。这种我们称之为感性的感受性的恒定形式，是对象在其中被直观为在我们之外的各种关系的一个必要条件，而如果人们抽掉这些对象，它就是一个拥有空间之名的纯直观。由于我们并不能够使感性的这些特殊条件成为事物的可能性的条件，而只能使之成为事物的显象的可能性的条件，所以我们完全可以说，空间包括可能外在地向我

们显现的一切事物，但不包括一切物自身，不管它们是否被直
观到，或者也不管它们被什么样的主体所直观。因为关于其他
能思维的存在物的直观，我们根本不能作出判断，说它们是否
受限制着我们的直观并对我们来说普遍有效的上述条件所制
约。如果我们把对一个判断的限制附加在主词的概念上，该判 〔56〕
断在这种情况下就无条件地有效。"一切事物都在空间中并列
存在"这个命题，在这个限制下，即如果这些事物被当做我们
的感性直观的对象来对待，是有效的。如果我在这里把该条件
附加在概念上，并且说：一切事物作为外部显象都在空间中并
列存在，那么，这个规则就普遍地有效，没有限制。据此，我 B44
们的阐明就一切外在地作为对象能够呈现给我们的东西而言说
明了空间的**实在性**（即客观有效性），但同时就事物由理性依
其本身来考虑，即不顾及我们感性的性状而言说明了空间的**观
念性**。因此，我们（就一切可能的外部经验而言）主张空间的
经验性的实在性，虽然也主张空间的**先验的观念性**，也就是
说，一旦我们除去一切经验的可能性的条件，假定它是作为物
自身的基础的某种东西，空间就什么也不是了。

但是，除了空间之外，也不存在其他任何主观的、与某种
外物相关的、能够称之为先天客观的表象。因为人们不能从这
些表象中的任何一个，像从空间中的直观那样，推导出先天综
合命题（参见第 3 节）。因此，精确地说，它们根本没有观念
性①，虽然它们与空间的表象在这一点上是一致的，即它们仅

---

① 空间的先验观念性预设空间是先天地被给予的，观
念性预设它是直观，也就是说，是一个自身使人认
识一个客体的表象。因此，感觉的实例对于所主张
的空间观念性来说在这里是远远不够的。也请参见
B582。B447 有所不同，因为处在另外的上下文
中。——科学院版编者注

仅属于感觉方式的主观性状，例如属于凭借颜色、声音和温度的感觉的视、听、触的主观性状，但由于这些都仅仅是感觉而不是直观，它们就自身而言都不使人认识，至少是先天地认识任何客体。

B45

〔57〕

这一说明的意图只是在于防止使人想用远远不够的实例来说明所主张的空间的观念性，因为例如颜色、滋味等等都理应不被看做事物的性状，而仅仅应被看做我们主体的变化，这些变化甚至在不同的人那里也可能是不同的。因为在这种场合里，那原初只是显象的东西，例如一朵玫瑰，在经验性的意义上就被视为一个物自身，这个物自身却可能对每个人的眼睛来说在颜色上显得不同。与此相反，空间中显象的先验概念却是一个批判性的提醒：一般来说，在空间中被直观的任何东西都不是事物自身，空间也不是事物自身固有的形式，相反，对象自身根本不为我们所知，而我们称为外部对象的东西，无非是我们感性的纯然表象，其形式就是空间，而其真正的相关物亦即物自身。由此却根本没有被认识，也不能被认识，但在经验中也从来不被追问。

B46

第二章
论时间

第 4 节　时间概念的形而上学阐明

1. 时间不是以某种方式从经验抽象出的经验性概念。因为如果时间的表象不先天地作为基础，则同时或者相继都甚至不会进入知觉。惟有以时间的表象为前提条件，人们才能表象：一些东西存在于同一个时间中（同时）或者存在于不同的时间中（相继）。

2. 时间是作为一切直观之基础的一个必不可少的表象。人们尽管完全可以从时间中除去显象，但就一般显象而言却不能取消时间自身。因此，时间是先天地被给予的。惟有在时间中，显象的一切现实性才是可能的。这些显象全都可以去掉，但时间自身（作为显象的可能性的普遍条件）却不能被取消。〔58〕

3. 在这种先天必然性的基础之上，还建立起时间关系的 B47 不可争辩的原理或者一般时间公理的可能性。时间只有惟一的维度：不同的时间不是同时的，而是相继的（就像不同的空间不是相继的，而是同时的一样）。这些原理不可能从经验中得出，因为经验既不会提供严格的普遍性，也不会提供不可争辩的确定性。我们将只能说：通常的知觉告诉我们是这样的；但不能说：它必定是这样的。这些原理被视为在根本上使经验成为可能的规则，并且在经验之前，而不是通过经验教导我们。

4. 时间不是推理概念，或者如人们所说是普遍概念，而是感性直观的一种纯形式。不同的时间只是同一时间的各个部分。但是，只能通过一个惟一的对象被给予的表象就是直观。即便"不同的时间不能是同时的"这个命题，也不能从一个普遍的概念推导出来。该命题是综合的，不能仅仅从概念产生。因此，它是直接地包含在时间的直观和表象之中的。

5. 时间的无限性无非意味着：时间一切确定的长短都惟有通过对惟一的作为基础的一个时间的限制才是可能的。因此，**时间**这一源始的表象必须不受限制地被给予。但由此，一 B48 个对象的各个部分自身和每一大小都惟有通过限制才能确定地被表象，所以，整个表象肯定不是通过概念被给予的（因为概念只包含部分的表象），相反，必须有直接的直观作为概念的基础。①

〔59〕

第 5 节　时间概念的先验阐明

因此，我可以援引第 3 条，在那里我为了简练而把本来是先验的内容置于形而上学阐明的标题之下了。此处我再补充一点：变化的概念亦即随之运动（作为位置的变化）的概念惟有通过并在时间表象之中才是可能的；如果这一表象不是先天的（内）直观，那么，任何概念，无论它是什么概念，都不能使一种变化的可能性，亦即把矛盾对立着的各谓词（例如同一事物在某处存在又在该处不存在）结合进同一个客体的可能性成为可理解的。惟有在时间中，才能在一个事物中，即**相继地**发现两个矛盾对立着的规定。因此，我们的时间概念解释了像富有成果的普遍运动学说所阐述的那么多的先天综合知识的可能性。

B49

第 6 节　从这些概念得出的结论

1. 时间不是某种独立存在的东西，或者不是作为客观的规定依附于事物，从而即使人们抽掉事物的直观的所有主观条件也依然留存的东西：因为在第一种场合，时间就会是某种没有现实的对象也依然现实地存在的东西。但就第二种场合而言，时间作为一个依附于事物本身的规定或者秩序也不能作为对象的条件先行于对象，先天地通过综合命题被认识和直观。与此相反，如果时间无非是一切直观能够在我们里面发生的主

① 也就是说，必须有整个表象的直接直观作为对象的各个部分和每一个被给予的大小的基础。——科学院版编者注

观条件，那么，这后一种情况就完全会发生。因为在这里，内直观的这种形式就能够先于对象，从而是先天地被直观。

2. 时间无非是内感官的形式，即直观我们自己和我们的内部状态的形式。因为时间不可能是外部显象的规定：它既不属于形状，也不属于位置等等；与此相反，它规定着各个表象在我们的内部状态中的关系。而正因为这种内直观不提供任何形状，所以我们也试图通过类比来弥补这一缺憾，通过一条无限延伸的线来表象时间序列，其中杂多构成了一个只具有一个维度的序列；而且我们从这条线的各种属性推论到时间的一切属性，只除了一点，即前者的各个部分是同时的，而后者的各个部分则始终是相继的。由此也得出，时间自身的表象是直观，因为它的一切关系都可以借助一个外直观予以表达。

3. 时间是所有一般显象的先天形式条件。作为一切外直观的纯形式的空间，作为先天条件仅仅局限于外部显象。与此相反，由于所有的表象，无论它们是否有外部事物作为对象，毕竟都就自身而言作为心灵的规定而属于内部状态；而这种内部状态却隶属在内直观的形式条件亦即时间之下，所以，时间是所有一般显象的先天条件，进而是内部的（我们灵魂的）显象的直接条件，正因为此间接地也是外部显象的条件。如果我能够先天地说：一切外部显象都在空间中并按照空间的关系被规定，那么，我也可以从内感官的原则出发完全普遍地说：所有一般显象，即感官的所有对象，都处在时间中，并以必然的方式处在时间的各种关系中。

如果我们抽掉我们在内部直观我们自己并借助这种直观也把一切外直观包括进表象力的方式，从而按照对象就自身而言可能存在的样子来对待它们，那么，时间就什么也不是。时间仅仅就显象而言才具有客观有效性，因为这已经是我们当做**我们感官的对象**来对待的事物了；但如果我们抽掉我们的直观的感性，从而抽掉我们特有的那种表象方式，而谈论**一般的物**，那么，时间就不再是客观的了。因此，时间仅仅是我们的（人的）直观（它在任何时候都是感性的，也就是说，如果我们被对象刺激的话）的主观条件，在客体之外就其自身而言什么也不是。尽管如此，就所有的显象而言，因而也就所有能够在经验中呈现给我们的事物而言，它仍然以必然的方式是客观的。我们不能说：一切事物都在时间中，因为对于一般事物的概念来说事物直观的所有方式都被抽掉了，但这个概念却是时间隶属于对象的表象的真正条件。如果给概念附加上条件，并且说：一切作为显象（感性直观的对象）的事物都在时间中，那么，这条原理就有其完美的客观正确性和先天的普遍性了。

〔61〕

B52

据此，我们的主张说明了**时间的经验性的实在性**，即就每次能够被给予我们感官的所有对象而言的客观有效性。而既然我们的直观在任何时候都是感性的，所以，在经验中绝不可能有不隶属于时间条件的对象被给予我们。与此相反，我们反对时间对绝对实在性的一切要求，因为即使不考虑我们感性直观的形式，这种实在性也绝对地作为条件或者属性依附于事物。这样一些属于物自身的属性也永远不能通过感官被给予我们。因此，时间的**先验的观念性**就在于此，按照这种观念性，如果人们抽掉感性直观的主观条件，时间就根本什么也不是，既不能自存性地也不能依存性地归之于对象自身（与我们的直观没有关系的对象）。不过，这种观念性与空间的观念性一样，毕竟不能与感觉的蒙骗相比，因为人们此时就这些谓词所依存的显象而言，毕竟预先设定它具有客观的现实性；在这里，除了它仅仅是经验性的之外，即除了它把对象本身仅仅看做是显象之外，这种实在性就会完全丧失。对此，可参阅上面第一章的说明。

B53

第7节 解说

对于这个承认时间的经验性的实在性，但却否认其绝对的和先验的实在性的理论，我从有见识的人士那里如此一致地听到一种反对意见，以至于我从中得出，这种反对意见必定自然而然地出现在任何不习惯于这些考察的读者那里。这种意见认为：变化都是现实的（即使人们想否认一切外部显象连同其变化，我们自己的表象的更替也证明了这一点）。如今，变化惟有在时间中才是可能的，所以时间就是某种现实的东西。对此作出答复毫无困难。我承认这全部论证。时间当然是某种现实的东西，也就是说，是内直观的现实的形式。因此，就内部经验来说它具有主观的实在性，也就是说，我确实有关于时间和我在时间中的规定的表象。因而，它可以被视为现实的，不是作为客体，而是作为我自己是客体的表象方式。但是，如果我自己或者另一个存在物不用这个感性的条件就能够直观我，那么，正是我们现在表象为变化的这样一些规定，就会提供一种知识，其中时间的表象，从而还有变化的表象都根本不会出现。因此，依然有经验性的实在性，作为我们一切经验的条件。按照以上所述，惟有绝对的实在性是不能承认时间所有的。时间无非是我们的内直观的形式。① 如果人们从时间中去掉我们感性的特殊条件，那么，时间概念也就消失了，而时间并不依附于对象本身，而是依附于直观对象的主体。

〔62〕

B54

---

① 我虽然可以说：我的各种表象前后相继；但这仅仅意味着，我们在一个时间序列中意识到它们，也就是说，按照内感官的形式意识到它们。因此，时间不是某种自在的东西，也不是客观地依附于事物的规定。

但是，使得这种反对意见如此众口一词，而且出自那些尽管如此却不知道有什么明确的理由反对空间的观念性学说的人的原因，一如下述。他们并不期望能够无可争议地阐述空间的绝对实在性，因为他们遭到唯心论的反对；唯心论认为外部对象的现实性不能有任何严格的证明，与此相反，我们内感官的对象（我自己和我的状态）的现实性则是直接通过意识而清楚明白的。外部对象可能只是一种幻相（schein），内感官的对象在他们看来却无可辩驳地是某种现实的东西。但是他们不曾想到，尽管人们不可反对这二者作为表象的现实性，但它们尽管如此却只属于显象，显象在任何时候都有两个方面，一方面是就客体自身来考察它（不管直观它的方式，但正因为此它的性状在任何时候都是成问题的），另一方面是注意这一对象的直观的形式，这种形式必须不是在对象自身中，而是在对象向之显现的主体中去寻求，但尽管如此仍然现实地和必然地属于这个对象的显象。

据此，时间和空间是可以从中先天地汲取各种综合知识的两个知识来源，尤其是纯粹数学，在空间及其关系的知识方面提供了一个光辉的范例。也就是说，空间和时间合起来是所有感性直观的纯形式，并由此而使先天综合命题成为可能。但是，这两个先天的知识来源正由于此（即它们只是感性的条件）为自己规定了界限，也就是说，它们仅仅涉及作为显象来考察的对象，但并不表现物自身。惟有前者才是它们的有效性的领域，如果超出这个领域，就不再有它们的客观应用了。此外，空间和时间的这种实在性①并不影响经验知识的可靠性：因为无论这些形式以必然的方式依附于物自身还是仅仅依附于

---

① 也就是说，这种纯然经验性的，并非绝对的实在性。——科学院版编者注

B55

〔63〕

B56

我们对这些物的直观，我们都同样确信这种可靠性。与此相反，主张空间和时间的绝对实在性的人，无论他们认为这种实在性是自存性的还是仅仅依存性的，都必然要与经验自身的原则相抵触。因为如果他们决定采用前者（这通常是数学的自然研究者一派），那么，他们就必须假定两种永恒的、无限的、独立存在的不合情理之物，它们存在着（毕竟不是某种现实的东西），只是为了把一切现实的东西包含在自身之内。如果他们采用第二派的观点（一些形而上学的自然学者就持这种观点），把空间和时间视为从经验中抽象出来的，尽管在分离中被混乱地表象的、各种显象的关系（并列或者相继），那么，他们就必须否定先天的数学学说就现实的事物（例如空间中的事物）而言具有效力，至少是否定它具有无可争辩的确定性。因为这种确定性根本不是后天地发生的，而空间和时间的先天概念在他们看来只不过是想象力的创造物，其来源必须现实地到经验中寻找，想象用经验的抽象关系构造出某种虽然包含着这些关系的共相，但没有自然加给他们的约束就不能成立的东西。前一种人的收获，是他们为数学主张敞开了显象的领域。与此相反，当知性要超出这个领域的时候，他们就正是由于这些条件而大为困惑了。第二种人虽然在后面这点上有所收获，即当他们想把对象不是作为显象，而是仅仅在与知性的关系中来判断的时候，空间和时间的表象不会阻碍他们；但他们既不能为数学的先天知识的可能性提供根据（因为他们缺乏一种真正的、客观有效的先天直观），也不能使经验命题与他们的主张达到必要的一致。在我们关于感性的这两种源始形式的真正性状的理论中，这两种困难都被消除了。

　　最后，至于先验感性论除空间和时间这两种要素之外不可能包含更多的要素，这一点是清楚明白的，因为所有其他属于感性的概念，甚至把二者结合起来的运动的概念，都以某种经

B57

〔64〕

B58

验性的东西为前提条件。运动以对某种运动的东西的知觉为前提条件。但在空间中，就其自身来看，没有任何运动的东西。因此，运动的东西必须是某种**仅仅由经验在空间中发现的东西**，从而是一个经验性的材料。同样，先验感性论不能把变化的概念列入其先天材料，因为时间本身并不变化，而是某种存在于时间中的东西在变化。所以，为此就要求有对某种存在及其各种规定的演替的知觉，因而就要求有经验。

〔65〕
B59

第8节　对先验感性论的总说明

一、为了防止一切误解，首先必须尽可能清晰地解释，就一般感性知识的基本性状而言，我们的看法是什么。

因此，我们曾经想说：我们的一切直观无非是关于显象的表象；我们所直观的事物并非就自身而言就是我们直观它们所是的东西，它们的关系也不是就自身而言就具有它们向我们显现的那种性状，而如果我们把我们的主体，哪怕是仅仅把感官的一般主观性状去掉，客体在空间和时间中的一切性状、一切关系、甚至空间和时间本身都将消失，它们作为显象不能就自身而言，而是只能在我们心中实存。对象就自身而言、与我们感性的这一切感受性相分离，可能具有一种什么样的状况，依然是我们完全①不知道的。我们所认识的无非是我们知觉它们的方式，这种方式是我们特有的，但尽管必然属于每一个人，却并不必然属于每一个存在物。我们只与这种方式打交道。空

---

① 在《未来形而上学导论》中亦是如此，但在那里有比这里不言而喻的规定更详细的规定：我们通过感官根本不能如其就自身而言所是的那样来认识事物。——科学院版编者注

间和时间是这种方式的纯形式，一般感觉则是质料。我们只能 B60
先天地，即在一切现实的知觉之前认识这种纯形式，所以它叫
做纯直观；但感觉却是我们的知识中使得它叫做后天知识亦即
经验性直观的东西。前者绝对必然地依附于我们的感性，无论
我们的感觉是哪一种方式；后者则可能极为不同。即使我们能
够使我们的这种直观达到最高的清晰程度，我们也不会由此更
为接近对象自身的性状。因为我们在任何情况下所可能完全认
识的，毕竟只是我们的直观方式，即我们的感性，并且永远只
是在原初就依附于主体的空间和时间的条件下认识它的；至于
对象自身会是什么，毕竟永远也不会通过惟一被给予我们的、 〔66〕
对象自身的显象的最清晰知识而为我们所知。

因此，说我们的整个感性无非是对事物的混乱的表象，这
种表象只包含自在地属于事物的东西，但只不过是处于我们未
借助意识分辨清楚的那些标志和分表象的堆积状态。这种说法
是对感性概念和显象概念的一种歪曲，它使得感性和显象的整
个学说都变得毫无用处、空洞无物。不清晰的表象与清晰的表 B61
象的区别仅仅是逻辑上的，并不涉及内容。毫无疑问，健全知
性使用的公正概念，所包含的正是最精细的思辨能够从它发挥
出来的东西，只不过在通常的和实际的应用中，人们并没有意
识到这一思想中的这些各种各样的表象罢了。因此，人们不能
说：这个平常的概念是感性的，仅仅包含着一种显象，因为公
正根本不能显现，相反，它的概念蕴涵在知性中，并表象行动
的一种性状（道德性状），这性状自在地属于行动。与此相反，
在直观中一个**物体**的表象根本不包含能够属于一个对象自身的
东西，而只包含某物的显象和我们由此被刺激的方式，而我们
的认识能力的这种感受性就叫做感性，即使人们能够彻底看透
前者（显象），也与对象自身的知识有天壤之别。

因此，莱布尼茨—沃尔夫哲学为关于我们知识的本性和起

源的全部研究指示了一个完全不合适的观点，因为它把感性与理智的区别仅仅看做是逻辑的，而这种区别明显是先验的，不是仅仅涉及清晰或者不清晰的形式，而是涉及其起源和内容，以至于我们不仅仅是通过感性不清晰地认识，而是根本不认识物自身的性状，而且，一旦我们去掉我们主观的性状，被表象的客体连同感性直观赋予它的那些属性就在任何地方都找不到了，也不可能被找到，因为正是这个主观的性状规定着客体作为显象的形式。

我们通常在显象中间把本质上依附于显象的直观并一般来说对任何人类感官都有效的东西与只是以偶然的方式属于显象的直观的东西区别开来，因为后者并不是一般地在感性的关系上，而是仅仅在这个或者那个感官的特殊地位或者机制上有效。而在这里，人们把前一种知识称为一种表象对象自身的知识，而把后一种知识仅仅称为对象的显象。但这种区分仅仅是经验性的。如果停留在这一点上（如通常所发生的那样），不再把那种经验性的直观看做是纯然的显象（如应当发生的那样），以至于在其中找不到任何依附于某个事物自身的东西，那么，我们的先验区分就会丧失，在这种情况下，尽管我们到处（在感官世界中），哪怕在对感官世界的对象作最深入的研究时，都只能与显象打交道，我们却相信能够认识物自身。这样，我们虽然把彩虹称为纯然是一场晴天雨中的显象，而把这场雨称为事物自身。如果我们仅仅在物理学上把后一个概念理解为在普遍的经验中、在对感官的所有不同状态下都毕竟在直观中这样而不是别样地被规定的对象，那么，这样说也是正确的。但是，如果我们一般地对待这种经验性的东西，并且不顾及这种东西与每一种人类感官的一致，而追问这种东西是否也表象了一个对象自身（不是雨滴，因为雨滴在这种情况下已经作为显象是经验性的客体了），那么，关于表象与对象的关系的问题就是先验的，不仅这些雨滴是纯然的显象，而且就连它们圆的形状，甚至它们在其中下落的空间，都不是什么就自身而言的东西，而仅仅是我们的感性直观的一些变形或者基础，而先验的客体依然不为我们所知。

我们的先验感性论的第二件重要事务是：它不仅仅是作为表面上的假说来博取一些好感，而是要像任何时候对一种应该充当工具论的理论所能够要求的那样确定无疑。为了完全说明这种确定性，我们想选取某个实例，依此这种工具论的有效性将能够变得显而易见，并且有助于进一步澄清第三节所阐述的东西。

〔68〕

B64

据此，假定空间和时间就其自身而言是客观的，而且是物自身的可能性的条件，那么显而易见，首先：关于二者将会出现大量先天的无可争辩的综合命题，尤其是关于空间的，因此我们这里要优先把空间作为实例来研究。由于几何学的定理都是先天综合的，都是以无可争辩的确定性被认识到的，所以我要问：你们是从哪里获得诸如此类的定理的？要达到诸如此类绝对必然且普遍有效的真理，我们的知性依据的是什么？除了借助概念或者借助直观，别无他途；但这二者自身则要么是先天地、要么是后天地被给予我们的。后一种东西，即经验性的概念，此外还有它建立于其上的东西，即经验性的直观，所能够提供的综合命题没有别的，只有一种也仅仅是经验性的命题，即经验命题，因而永远不能包含必然性和绝对的普遍性，而诸如此类的东西却是所有几何学命题的特征。至于要达到诸如此类的知识，什么是首要的和惟一的手段，也就是说，是仅仅凭借概念还是凭借先天直观，则显而易见，仅仅从概念出发根本不能达到综合的知识，而只能达到分析的知识。且看这样一条定理，即凭二条直线根本不能围起一个空间，从而不可能有任何图形，并请尝试从"直线"和数字"二"的概念推导出

B65

这一定理；或者且看这样一条定理，即凭三条直线可能有一个图形，并请尝试仅仅从这些概念推导出这条定理。你们的一切努力都是白费力气，你们将发现自己不得不像几何学在任何时候都做的那样，求助于直观。因此，你们在直观中给自己提供了一个对象；但这是哪一种直观，是一种先天的纯直观，还是一种经验性的直观？如果是后者，则绝不可能从中产生一个普遍有效的命题，更不用说产生一个无可争辩的命题了；因为经验绝不能提供诸如此类的命题。因此，你们必须在直观中给自己提供一个先天对象，并在这对象上面建立起一个综合命题。

〔69〕 但如果你们里面没有一种先天地进行直观的能力，如果这种主观的条件就形式而言并不同时是惟一使得这一（外）直观的客体本身成为可能的普遍的先天条件，如果对象（三角形）是与你们的主体没有关系的某物自身，你们怎么能够说，必然蕴涵在你们构思一个三角形的主观条件之中的东西，也肯定必然地属于三角形自身呢？因为你们毕竟不能给你们的概念（三条 B66 线）添加任何因此肯定必然地在对象那里发现的新东西（图形），因为这对象是在你们的知识之前，而不是通过你们的知识被给予的。因此，如果空间（时间亦复如是）不是你们的直观的一个纯然形式，包含着惟一能使一切事物对你们来说成为外部对象的先天条件，没有这些主观条件外部对象就自身而言什么也不是，那么，你们就根本不能先天地以综合的方式澄清关于外部客体的任何东西了。所以，这是毫无疑问地确定的，不是可能的或者大致如此的：空间和时间作为一切（外部的和内部的）经验的必要条件，只不过是我们一切直观的主观条件，因而在与这些条件的关系中一切对象都仅仅是显象，不是独立地以这种方式被给予的物，因此关于它们就其形式而言也可以先天地说出许多东西，但关于可能作为这些显象基础的物自身则绝不可能说出一点东西。

二、尤其是以下说明，有助于证实关于外感官和内感官，从而一切作为纯然显象的感官客体的观念性的理论：凡是在我们的知识中属于直观的东西（因此，根本不属于知识的快乐与不快的情感和意志除外），所包含的无非是纯然的关系，即一个直观中的位置的关系（广延）、位置的变化的关系（运动）和这些变化被规定所遵循的规律的关系（动力）。但是，在位置上在场的东西，或者除位置变化之外在事物里面起作用的东西，却并未由此被给予。凭借纯然的关系毕竟还没有认识一个事物自身，因此，完全可以作出判断说：既然凭借外感官能够给予我们的无非是纯然的关系表象，外感官在其表象中也只能包含一个对象与主体的关系，而不能包含属于客体自身的内在的东西。内直观也具有同样的性质。不仅仅是**外感官**的表象在内感官中构成了我们用来占据自己心灵的真正材料，而且我们将这些表象置于其中的、在经验中甚至先行于这些表象的意识的、作为形式的条件而为我们在心灵中安置这些表象的方式奠定基础的时间，也已经包含着相继存在、同时存在和与这种相继存在同时的东西（持久的东西）的关系。于是，作为表象能够先行于一切思维某种东西的行动的东西，就是直观，而如果直观所包含的无非是关系，它就是直观的形式，由于这种形式除非某物被置于心灵中就不能表象任何东西，所以它无非就是心灵通过自己的行动亦即其表象的这种置入，因而通过自己本身被刺激的方式，也就是说，就形式而言是一个内感官。凡是通过一个感官被表象的东西，就此而言在任何时候都是显象，因而要么一个内感官必定根本不被承认，要么作为内感官对象的主体只能通过内感官被表象为显象，而不是像它在自己的直观仅仅是自我行动亦即是理智直观时对自己所作的判断那样。在这方面，一切困难都在于一个主体如何能够内在地直观自己；然而，这一困难是为任何理论所共有的。对其自身的意识

B67

〔70〕

B68

（统觉）是自我的简单表象，而如果仅仅因此主体中的一切杂多都**自动地**被给予的话，内直观就会是理智的了。在人里面，这种意识要求对主体中事先被给予的杂多有内在的知觉，而这杂多非自发地在心灵中被给予的方式就必然由于这种区别而叫做感性。如果意识自己的能力要寻找（领会）蕴涵在心灵中的东西，它就必须刺激心灵，惟有以这样的方式才能产生对它自己的直观，但事先在心灵中作为基础的直观形式则在时间的表象中规定着杂多在心灵中聚集的方式；因为心灵直观自己本身，并不是像它直接自动地表象自己那样，而是按照它从内部被刺激的方式，从而是像它对自己显现的那样，不是像它所是的那样。

B69
〔71〕

三、如果我说：在空间和时间中，无论是外部客体的直观，还是心灵的自我直观，都是像二者刺激我们的感官，亦即像它们**显现**的样子表象它们的，那么，这并不是想说这些对象都只是一种幻相。因为在显象中，客体，甚至我们赋予它们的性状，任何时候都被视为某种现实地被给予的东西，只不过如果这种性状在被给予的对象与主体的关系中仅仅取决于主体的直观方式，那么，这个作为**显象**的对象就被与作为客体**自身**的对象本身区分开来了。这样，如果我主张，我设定物体和我的灵魂所依据的作为它们存在条件的那种空间和时间的性质，寓于我的直观方式之中，而不是寓于这些客体自身之中，我并不是在说：物体只是**显得**存在于我之外，或者我的灵魂只是**显得**在我的自我意识中被给予。如果我用我本应归于显象的东西只是造成了幻相，那是我自己的过错。① 但是，这种情况并不是

B70

---

① 显象的诸般谓词可以在与我们感官的关系中被赋予客体本身，例如红色或者香味被赋予玫瑰花；但是，幻相绝不能作为谓词被赋予对象，这恰恰是因为幻相把仅仅在与感官的关系中或者一般来说在与主体

按照我们一切感性直观的观念性的原则发生的；毋宁说，如果
把客观的实在性赋予那些表象形式，那么，人们就无法避免，
一切都将因此而转化为纯然的幻相。因为如果把空间和时间视
为就其可能性而言必然能在事物自身找到的性状，而且仔细考
虑人们在这种情况下将陷入的荒唐性，即两个无限的事物，不
是实体，也不是某种现实地依存于实体的东西，尽管如此却必
须是实存的东西，甚至是一切事物实存的必要条件，即便所有
实存的事物都被取消，它们也依然留存，那么，人们就不能责
备善良的**贝克莱**把物体降为纯然的幻相了；甚至就连我们自己
的实存，如果以这种方式被弄得取决于像时间这样的不合情理
之物的独立自存的实在性，也必定与时间一起转化为纯粹的幻
相；迄今为止，还没有人犯过这种荒唐的过错。

　　四、在自然的神学中，由于人们设想一个对象，它不仅对
于我们来说根本不能是直观的对象，而且它对自己来说也绝对
不能是感性直观的对象。所以，人们就小心翼翼地考虑，从它
的直观（因为它的所有知识都是诸如此类的东西，而不是在任
何时候都表现出局限的**思维**）中去掉时间和空间的条件。但
是，既然人们事先已经使这二者成为物自身的形式，而且是这
样的形式，即使人们去掉事物本身，它们作为事物实存的先天
条件也依然存留，人们现在有什么权利做上述事情呢？因为作

的关系中属于对象的东西赋予了**独立的**客体，例如
最初人们赋予土星的两个柄。根本不能在客体自身
那里找到，但任何时候都可以在客体与主体的关系
中找到并与主体的表象不可分割的东西，就是显象；
这样，空间和时间的谓词就合理地被赋予感官对象
本身，而且在这里没有幻相。与此相反，如果我把
红色赋予玫瑰花**自身**，把两个柄赋予土星，或者把
广延**就自身而言**赋予一切外在的对象，而不着眼于
这些对象与主体的一定关系并把我的判断限制在这
上面，在这种情况下才会产生幻相。

[72]
B71

为所有一般存在的条件，它们必定也是上帝存在的条件。如果

B72　人们不想使它们成为一切事物的客观形式，那么，剩下来的就只有使它们成为我们外直观方式和内直观方式的主观形式，这种方式之所以叫做感性的，乃是因为它**不是源始的**，也就是说，不是一种本身就使得直观的客体的存在被给予的方式（就我们所知，这种方式只能属于元始存在者），而是取决于客体的存在，因而只有通过主体的表象能力被客体所刺激才有可能的方式。

　　我们也没有必要把空间和时间中的直观方式限制在人的感性上；很可能所有有限的思维存在物在这方面都肯定必然地与人一致（尽管我们无法断定这一点），所以它毕竟并不由于这种普遍有效性而不再是感性，这恰恰是因为它是派生的（intuitus derivatitivus［派生的直观］），而不是源始的（intuitus originarius［源始的直观］），从而不是理智直观；根据上述理

[73]　由，作为理智直观它看来只属于元始存在者（Urwesen），而绝不属于一个无论就其存在来说还是就其直观（在与被给予的客体的关系中规定其存在的直观）来说都不独立的存在者；虽然对我们的感性论理论的这后一个说明只可算做解释，而不可算做证明。

B73　**先验感性论的结论**

　　在这里，为解决先验哲学的普遍任务，即**先天综合命题如何可能**，所要求的东西我们已经有了一个，这就是先天的纯直观，亦即空间和时间。在它们里面，当我们在先天判断中想超出被给予的概念时，我们发现了不是在概念中，但却是在与概念相应的直观中能够先天地揭示并综合地与概念结合的东西。但由于这一理由，这样的判断绝不能超出感官的对象，而是只能对可能经验的客体有效。

第二部分　先验逻辑论

导言　先验逻辑的理念

一、论普遍的逻辑

我们的知识产生自心灵的两个基本来源，其中第一个是接受表象的能力（印象的感受性），第二个是通过这些表象认识一个对象的能力（概念的自发性）；通过前者，一个对象**被给予**我们，通过后者，该对象在与那个（仅仅作为心灵的规定的）表象的关系中**被思维**。因此，直观和概念构成了我们一切知识的要素，以至于无论是概念没有以某些方式与它们相应的直观，还是直观没有概念，都不能提供知识。这二者要么是纯粹的，要么是经验性的。如果其中包含有感觉（它以对象现实的在场为前提条件），它们就是**经验性的**；但如果表象未混杂任何感觉，它们就是**纯粹的**。人们可以把感觉称为感性知识的质料。因此，纯直观仅仅包含某物被直观的形式，而纯概念则只包含思维一个对象的一般形式。只有纯直观或者纯概念才是先天地可能的，经验性的直观或者概念则只是后天可能的。〔75〕B75

如果我们愿意把我们心灵在以某种方式受到刺激时接受表象的这种感受性称为**感性**的话，那么与此相反，自己产生表象的能力，或者知识的**自发性**，就是**知性**。我们的本性导致**直观**永远只能是**感性的**，也就是说，只包含我们被对象刺激的方式。与此相反，对感性直观的对象进行**思维**的能力是**知性**。这两种属性的任何一种都不应当比另一种更受优待。无感性就不会有对象被给予我们，无知性就不会有对象被思维。思想无内容则空，直观无概念则盲。因此，使其概念成为感性的（即把直观中的对象赋予概念）和使其直观成为知性的（即将它们置于概念之下），是同样必要的。这两种能力或者性能也不能互换其功能。知性不能直观任何东西，而感官则不能思维任何东西。只有从它们的相互结合中才能产生出知识。但人们毕竟不

B76　可因此就把二者的职分相互混淆，而是有重要的理由慎重地把每一个与另一个分离和区别开来。因此，我们把一般感性规则的科学亦即感性论与一般知性规则的科学亦即逻辑区别开来。

逻辑又可以以双重的观点来探讨，要么是作为普遍的知性应用的逻辑，要么是作为特殊的知性应用的逻辑。前者包含思维的绝对必然的规则，没有这些规则就根本没有知性的任何应用，因此它涉及这种应用，不顾及这种应用可能针对的对象的不同。特殊的知性应用的逻辑则包含正确地思维某类对象的规则。人们可以把前者称为要素的逻辑，但把后者称为这门或者那门科学的工具论。工具论在学校里大多作为各门科学的预科排在前面，虽然按照人类理性的进程它是最迟的，只有在科学

〔76〕　早已就绪、为完成和完善只需要最后一手的时候人类理性才达
B77　到它。因为人们要说明一门关于对象的科学如何得以建立起来的那些规则，就必须已经在相当高的程度上了解这些对象。

如今，普遍的逻辑要么是纯粹的逻辑，要么是应用的逻辑。在前者中，我们抽掉我们的知性得以实施的所有经验性条件，例如感官的影响、想象的游戏、记忆的规律、习惯的力量、偏好等等，从而也抽掉了成见的来源，甚至完全抽掉了使得某些知识可能由我们产生，或者被强加给我们的一切原因，因为它们只是在运用知性的某些情况下才与知性相关，而要认识这些情况就需要经验。所以，**一种普遍的但又纯粹的逻辑**只

与先天的原则打交道，它是**知性的法规**，亦是理性的法规，但只是就其运用的形式因素而言，内容则不管它是什么样的（是经验性的还是先验的）。但一种**普遍的逻辑**，当它针对心理学告诉我们的那些主观经验性条件下的知性应用规则的时候，就叫做**应用的**。所以，它拥有经验性的原则，尽管就它对对象不加区别地涉及知性应用而言，它是普遍的。因此之故，它既不是一般知性的法规，也不是各门特殊科学的工具论，而仅仅是通常知性的一种净化术。

B78

因此，在普遍的逻辑中，应当构成纯粹理性学说的那个部分必须与构成应用的（尽管还一直是普遍的）逻辑的那个部分完全分离开来。本来就只有前者才是科学，虽然简略而且枯燥，并且像对一种知性要素论的符合学院规范的表述所要求的那样。因此，在这种逻辑中，逻辑学家必须在任何时候都牢记两条规则：

1. 作为普遍的逻辑，它抽掉了知性知识的一切内容及其对象的不同，仅仅与思维的形式打交道。

2. 作为纯粹的逻辑，它不具有经验性的原则，因而它不（像人们有时说服自己的那样）从心理学汲取任何东西，从而，心理学对于知性的法规没有任何影响。它是一种经过证明的学说，在它里面一切都必须是完全先天地确定的。

〔77〕

至于我称为应用逻辑的东西（与这个词的通常意义相反，按照这种意义它应当包含纯粹逻辑为之提供规则的某些练习），它是知性及其 in concreto［在具体情况下］的必然应用的规则的一种表象，所谓具体情况也就是主体的那些能够阻碍或者促进这种应用的偶然条件，它们全都是仅仅经验性地被给予的。它讨论注意、注意的障碍和后果、失误的起源、怀疑和顾虑以及确信的状态等等；普遍的和纯粹的逻辑与它的关系，就像是仅仅包含一般自由意志的必然道德法则的纯粹道德与真正的德

B79

性学说的关系，后者就是在人们或多或少屈从的情感、偏好和情欲的阻碍之下衡量这些法则的，它永远不能产生一门真正的、经过证明的科学，因为它正如那种应用逻辑一样，需要经验性的和心理学的原则。

二、论先验逻辑

如我们已经指出的那样，普遍的逻辑抽掉了知识的一切内容，也就是说，抽掉了知识与客体的一切关系，仅仅在知识的相互关系中考察逻辑形式，即一般的思维形式。但如今，由于（如先验感性论所阐明的）既有纯粹的直观也有经验性的直观，所以也可以发现对象的纯思维和经验性思维之间的一种区别。

B80　在这一场合，就会有一种人们不抽掉知识的所有内容的逻辑；因为仅仅包含一个对象的纯思维的规则的那种逻辑，将会排斥一切具有经验性内容的知识。它还将涉及我们关于对象的知识的起源，只是这种起源不能被归于对象，而与此相反，普遍的逻辑根本不考虑知识的这种起源，而是仅仅按照知性在思维时在相对关系中使用表象所遵循的规律来考察表象，不管它们是原初先天地在我们里面的，还是仅仅经验性地被给予的，所以，它仅仅探讨可以为表象找到的知性形式，不管这些表象通

〔78〕　常来自于何方。

在这里，我要作一个说明，它影响到后面所有的考察，人们应当把它牢记在心，这就是：并非任何一种先天知识，而是惟有使我们认识到某些表象（直观或者概念）仅仅先天地被应用或者仅仅先天地可能以及何以如此的知识，才必须被称为先验的（即知识的先天可能性或者知识的先天应用）。因此，无

B81　论是空间还是空间的某个几何学的先天规定，都不是一种先验的表象，而惟有关于这些表象根本不具有经验性的起源的知

识，和它们尽管如此依然能够先天地与经验的对象发生关系的可能性，才可以叫做先验的。此外，空间在一般对象上的应用也会是先验的；但是，如果它仅仅局限于感官的对象，它就叫做经验性的。因此，先验的和经验性的之间的区别仅仅属于对知识的批判，不涉及知识与其对象的关系。

因此，由于期望也许会有一些概念，它们能够先天地与对象发生关系，不是纯粹的或者感性的直观，而仅仅是纯思维的行动，因而是既无经验性起源也无感性论起源的概念，所以我们预先为自己形成了一门纯粹知性和理性知识之科学的理念，用来完全先天地思维对象。这样一门规定这样一些知识的起源、范围和客观有效性的科学，就会必须叫做**先验逻辑**，因为它仅仅与知性和理性的规律打交道，但只是就它们先天地与对象相关而言，不像普遍的逻辑不加区别地既与经验性的理性知识也与纯粹的理性知识相关。① B82

三、论普遍的逻辑划分为分析论和辩证论 〔79〕

有一个古老而且著名的问题，人们曾以为可以用它把逻辑学家们逼入困境，并曾力图使他们达到这样的地步，即让他们要么涉足可怜的循环论证，要么就承认自己的无知，从而承认自己的整个艺术的无用；这个问题就是：**真理是什么**？对真理的名词解释，即真理是知识与其对象的一致，在这里是被赠与和预设的；但是人们要求知道，任何一种知识的真理性的普遍而且可靠的标准是什么。

① 也就是说，就知性和理性的规律先天地与对象相关而言，而不是像普遍的逻辑……——科学院版编者注

知道人们应当以理性的方式追问什么，这已经是聪明与洞识的一个重要而且必要的证明。因为如果问题自身是荒唐的，并且要求作出不必要的回答，那么，除了使提出问题的人感到羞愧之外，它有时还有这样的害处，即诱使它的不谨慎的听众作出荒唐的回答，并造成可笑的景象，即一个人（如古人所说）挤公羊的奶，另一个人把筛子放在下面去接。

B83

如果真理在于一种知识与其对象的一致，那么，这个对象就必须由此而与别的对象区别开来；因为一种知识如果与它所关联的对象不一致，那么，即使它包含着某种可能适用于其他对象的东西，它也是错误的。于是，真理的一个普遍标准就会是对知识的对象不加区别而适用于一切知识的标准了。但显而易见的是，既然人们就这一标准而言抽掉了知识的一切内容（与其客体的关系），而真理又恰好涉及这种内容，所以，追问知识的这种内容的真理性的一个标志，就是完全不可能的和荒唐的，因而也不可能给出真理的一个充分的，但同时又是普遍的标志。既然我们上面已经把一种知识的内容称为它的质料，所以人们就将不得不说：对知识的真理性就质料而言不能要求任何普遍的标志，因为它就自身而言是自相矛盾的。

〔80〕

B84

但至于仅就形式而言（除去一切内容）的知识，则同样显而易见的是：一种陈述知性的普遍必然规则的逻辑，也必须在这些规则中阐述真理的标准。与这些规则相矛盾的东西，就是错误的，因为知性在这里与自己普遍的思维规则相矛盾，从而也就与自己本身相矛盾。但这些标准仅仅涉及真理的形式，即一般思维的形式，就此而言是完全正确的，但并不是充分的。因为尽管一种知识可能完全符合逻辑形式，也就是说，不与自己本身相矛盾，但它毕竟始终可能与对象相矛盾。因此，真理的纯逻辑标准，即一种知识与知性和理性的普遍的、形式的规律相一致，虽然是一切真理的 conditio sine qua non〔必要条件］，从而是消极的条件，但逻辑却不能走得更远，逻辑不能凭借任何试金石来揭示不涉及形式，而是涉及内容的错误。

如今，普遍的逻辑把知性和理性的全部形式工作分解成它的各种要素，并将它们描述成为对我们的知识作出逻辑评判的原则。因此，逻辑的这一部分可以叫做分析论，并正因为此是真理的至少消极的试金石，因为人们在根据其内容研究一切知识，以便弄清楚它们就对象而言是否包含着积极的真理之前，首先必须根据其形式按照这些规则来检验和估价它们。但是，由于知识的纯然形式无论怎样与逻辑规律一致，也远远不足于因此就使知识具有质料性的（客观的）真理，所以没有人仅仅凭借逻辑就敢于对对象作出判断，并主张某种东西，而不是事先在逻辑之外对它们作出持之有据的调查，以便此后只是力图按照逻辑规则利用这种调查，并把它联结在一个有关联的整体中，但更好是只按照逻辑规律检验它。尽管如此，在对一种赋予我们一切知识以知性形式的如此明显的艺术的拥有中，虽然人们在这些知识的内容方面还可能非常空洞贫乏，却还是蕴涵着某种诱人的东西，使得那种仅仅是评判之**法规**的普遍逻辑仿佛是一种现实创造的**工具论**，至少被用来导致有关客观主张的假象，从而事实上由此被误用。如今，被当做工具论的普遍逻辑就叫做**辩证论**。

古人在对一门科学或者艺术使用这一称谓时，无论其意义如何不同，人们毕竟还是可以从它的现实应用中可靠地得出，它在古人那里无非就是**幻相的逻辑**。它是一种给自己的无知，乃至蓄意的假象涂上真理的色彩的诡辩艺术，即人们模仿一般逻辑所规定的缜密方法，并利用它的用词技巧来美化每一种空洞的行为。如今，人们可以作为一个可靠的、可用的警告来说明的是：普遍的逻辑，**作为工具论来看**，在任何时候都是一种幻相的逻辑，也就是说，是辩证的。因为既然它根本不告诉我

B85

〔81〕

B86

们有关知识内容的任何东西，而是仅仅告诉我们与知性一致的形式条件，这些条件除此之外在对象方面是完全无所谓的，那么，把它当做一种工具（工具论）来使用，以便至少按照那种假定来传播和扩展自己的知识，这种无理要求的结果只能是废话连篇，只要愿意就用一些幻相来维护一切，或者随意地攻击它们。

这样一种教导无论如何也是不符合哲学的尊严的。因此，人们宁可把辩证论这一称谓作为一种**辩证幻相的批判**归给逻辑，而在这里，我们也要知道它被理解为这样一种批判。

B87

四、论先验逻辑划分为先验分析论和先验辩证论

在一种先验逻辑中，我们把知性孤立起来（就像我们在上面先验感性论中把感性孤立起来一样），从我们的知识中只突出思维仅仅在知性中有其起源的部分。但是，这种纯粹知识的

〔82〕

应用作为其条件所依据的是：它可以应用其上的对象是在直观中被给予我们的。因为没有直观，我们的一切知识就都缺乏客体，在这种情况下它们就还是完全空洞的。因此，先验逻辑陈述纯粹知性知识的各种要素和在任何地方要能够思维对象就不可或缺的原则的部分，就是先验分析论，同时也是真理的逻辑。因为没有一种知识能够与这种逻辑相矛盾，却不同时丧失一切内容，也就是说，丧失与某一客体的一切关系，从而丧失一切真理的。但是，由于单独地，甚至超出经验的界限利用这些纯粹的知性知识和原理是非常诱人和引人入胜的，而经验又是惟一能够向我们提供那些纯粹的知性概念能够运用于其上的材料（客体）的，所以知性就陷入了一种危险，凭借空洞的玄想对纯粹知性纯然形式的原则作一种质料上的应用，并对毕竟不是被给予我们的，也许不能以任何方式被给予我们的对象不

B88

加区别地作出判断。因此，既然它原本应当只是一部对经验性应用作出评判的法规，所以，如果人们使它被视为一种普遍的和无限制的应用的工具论，并仅仅凭借纯粹知性就敢于对一般对象综合地作出判断、断定和裁决，它就被误用了。因此，在这种情况下，纯粹知性的应用就会是辩证的了。所以，先验逻辑的第二部分必须是这种辩证幻相的一种批判，叫做先验辩证论，不是作为独断地激起诸如此类的幻相的一种艺术（各种各样的形而上学戏法的一种令人遗憾地非常流行的艺术），而是作为对知性和理性在其超自然的应用方面的批判，为的是揭露理性的无根据的僭妄的错误幻相，并将理性以为单凭先验的原理就可以做到发明和扩展的要求降低到仅仅评判和保护纯粹知性免受诡辩的假象之害的程度。

〔83〕
B89

第一编

先验分析论

这一分析论是把我们全部的先天知识分解成为纯粹知性知识的各种要素。这里重要的是以下几点：1. 概念是纯粹的概念，不是经验性的概念。2. 这些概念不属于直观，不属于感性，而是属于思维和知性。3. 这些概念都是基本概念，与派生的或者由它们复合的概念明显有别。4. 概念表是完备的，完全显示出纯粹知性的整个领域。如今，一门科学的这种完备性不能根据仅仅通过试验达成的集合的近似值来得到可靠的认定；因此，它惟有凭借知性先天知识的**整体的理念**，并通过构成它的诸般概念由此得到规定的划分，因而惟有通过它们**在一个体系中的联系**才是可能的。纯粹知性不仅与所有经验性的东西有别，而且甚至与一切感性截然不同。

B90
因此，它是一个独立自存的、自身充足的、不能由可以从外部附加的附属物来增添的统一体。所以，它的知识的总和将构成一个可以在一个理念之下涵盖和规定的体系，这个体系的完备性和拼接同时能够为一切适配的知识成分的正确性和纯正性提供试金石。但是，先验逻辑的这整个部分要由两卷构成，其中一卷包含纯粹知性的**概念**，另一卷包含纯粹知性的**原理**。

第一卷
概念分析论

我所理解的概念分析论，不是概念的分析或者哲学研究中常见的做法，即按照内容分析呈现出来的概念并使之清晰，而是还很少尝试过的**知性能力本身的分析**，为的是通过我们仅仅在知性亦即先天概念的诞生地中探求这些概念并分析知性的一般纯粹应用，来研究先天概念的可能性；因为这是一种先验哲学的独特工作；其余的东西则是一般哲学中对概念的逻辑探讨。因此，我们将把纯粹概念一直追溯到它们在人类知性中的最初萌芽和禀赋，它们蕴涵在这些萌芽和禀赋中已经作好准备，直到终于借经验之机得到发展，并凭借同一种知性摆脱依附于它们的经验性条件，在其纯粹性中得到展现。

〔84〕

B91

第一篇
论发现一切纯粹知性概念的导线

当人们发动一种知识能力的时候，按照各种各样的机缘，出现不同的概念，它们使这种能力为人所知，而且在较长时间或者以较强的敏锐性对它们进行考察之后，可以在一篇或多或少详尽的文章中使它们集合起来。至于这一研究在什么地方将臻于完善，按照这种仿佛是机械性的做法是永远不能确切地规定的。人们仅仅这样随机缘发现的概念，也并不呈现在任何秩序和系统的统一体中，而是最终仅仅按照类似性得以相配，并且按照其内容的多寡，从简单的概念开始到更为复合的概念排成序列，这些序列根本不是系统的，虽然是以某种方式按照某

B92

种方法达成的。

先验哲学有便利，但也有义务从一个原则出发探求其概念，因为这些概念必须是纯粹地、不混杂地从作为绝对统一体的知性产生，因而本身是按照一个概念或者理念而彼此联系〔85〕的。但这样一种联系提供了一种规则，按照它，就可以先天地为每一个纯粹的知性概念规定它的位置，并在总体上为所有的概念规定其完备性，否则的话，这一切就会取决于任意或者取决于偶然了。

第一章　论知性的一般逻辑应用

B93

知性在上面只是得到消极的解释①：用的是一种非感性的认识能力。现在，我们不依赖于感性就不能分享直观。因此，知性不是直观的能力。但是，在直观之外，除了凭借概念，没有别的认识方式。因此，每一种知性，至少人的知性的知识，是一种凭借概念的知识，它不是直观的，而是推论的。一切直观，作为感性的，所依据的是刺激，因而概念依据的是功能。

① 第一版前面的文本没有提供对知性的这样一种消极的解释。毋宁说，知性在那里，如在第二版中那样，一开始就是用如下的积极规定来描绘的：作为凭借概念的认识，作为思维的能力，作为自发性。至于对感性认识的否定就在所有那些积极的规定之中，而且有时（B89）是与其他规定并列表述的，对此自然没有任何改变。回顾康德1772年（《康德全集》，第Ⅹ卷，125页〔参见《康德书信百封》，33～34页。——译者注〕）对包含在1770年的教授就职论文中的那种对知性的纯然消极措辞的解释，以及对于批判代表作的这一章来说决定性的对知性是判断能力的积极规定，就导致了如下猜测，即在这一章中涉及回溯到1776年之前的一种阐述的一个部分。参见《纯粹理性批判》第一版的编者导言。——科学院版编者注

但是，我把功能理解为在一个共同的表象之下整理不同的表象的行动的统一性。因此，概念以思维的自发性为基础，就像感性直观以印象的感受性为基础一样。于是，除了借助这些概念作出判断之外，知性对它们不可能有别的应用。既然除了仅仅作为直观之外，没有一个表象直接涉及对象，所以一个概念不直接地与一个对象发生关系，而是与关于该对象的某一别的表象（无论它是直观或者本身已经是概念）发生关系。因此，判断是一个对象的间接知识，从而是对象的一个表象的表象。在每一个判断中，都有一个适用于诸多表象的概念，而在这一诸多之下也包含着一个被给予的表象，它直接地与对象发生关系。例如，在"**一切物体都是可分的**"这个判断中，可分物的概念与不同的其他概念相关；但在这些概念中，它在这里特别地与物体的概念相关，但物体的概念则与某些呈现给我们的显象相关。因此，这些对象通过可分性的概念间接地得到表象。据此，一切判断都是我们的表象中间的统一性的功能，因为不是一个直接的表象，而是一个把前者和更多的表象包含在自己之下的更高的表象，被用于对象的知识，由此诸多可能的知识被集合在一个知识之中。但我们可以把知性的所有行动归结为判断，以至于一般的**知性**可以被表象为一种**判断的能力**。因为如上所述，它是一种思维的能力。思维是凭借概念的知识。但概念作为可能判断的谓词，所关涉的是一个尚未确定的对象的某个表象。这样，物体的概念，例如金属，就意味着某种可以通过那个概念被认识的东西。因此，它之所以是概念，只是因为它在自己之下包含着其他使它能够与对象发生关系的表象。所以，它是一个可能判断的谓词，例如每一种金属都是物体。因此，如果人们能够完备地描述判断中的统一性的功能，就能够在总体上发现知性的各种功能了。但下一章将表明，这一点是极容易做到的。

〔86〕

B94

B95

第二章
第 9 节　论知性在判断中的逻辑功能

如果我们抽掉一个一般判断的所有内容，只关注其中的纯然知性形式，那么我们将发现，思维在判断中的功能可以归于四个标题之下，其中每一个又包含着三个环节。它们可以确切地如下表所示。

B96

由于这种划分在一些虽然不是本质性的方面显得偏离了逻辑学家们惯常的做法，所以针对令人担忧的误解作如下抗辩将不是毫无必要的。

〔87〕

1.
判断的量
全称的
特称的
单称的

2.
判断的质
肯定的
否定的
无限的

3.
判断的关系
定言的
假言的
选言的

4.
判断的模态
或然的
实然的
必然的

1. 逻辑学家们有理由说，人们在把判断用于理性推理时可以把单称判断当做全称判断来对待。因为正是由于单称判断根本没有外延，所以它们的谓词就不能仅仅与包含在主词的概念之下的一些东西相关，而被另一些东西排除在外。因此，这谓词毫无例外地适用于那个概念，就好像那个概念是一个拥有外延、谓词适用于其全部意义的普遍有效的概念似的。与此相反，如果我们把一个单称判断仅仅作为知识，按照量与一个普遍有效的判断进行比较，那么，这种知识与普遍有效的判断的关系就如同单一与无限的关系，因而就其自身而言与后者有本质性的区别。因此，如果我对一个单称判断（judicium singulare）不仅仅按照其内在的有效性，而且还作为一般知识按照它与其他知识相比所拥有的量来作出估价，那么，它当然与普遍有效的判断（judicia communia）有区别，并且理应在一般思维的一个完备的环节表中（尽管当然不是在仅仅局限于各种判断相互之间的应用上的逻辑中）占有一个特殊的位置。

〔88〕

B97

　　2. 同样，在先验逻辑中还必须把**无限判断**与**肯定判断**区别开来，尽管在普遍的逻辑中后者合理地被归入前者，并不构成划分的一个特殊分支。因为普遍的逻辑抽掉谓词的一切内容（即使这谓词是否定的），只关注这谓词是被附加于主词，还是与它相对立。但先验逻辑却还根据凭借一个纯然否定的谓词所作出的这种逻辑肯定的价值或者内容来考察判断，并且考察这种肯定就全部知识而言带来了什么样的收获。如果我就灵魂而言说它不是有死的，那么，我就通过一个否定的判断至少防止了一种错误。如今，通过"灵魂是不死的"这一命题，虽然，由于我把灵魂置入了不死的存在者的无限制外延之中，而在逻辑形式上现实地作出了肯定。由于有死者在可能存在者的全部外延中包括一个部分，而不死者则包括另一个部分，所以通过我的命题所说的无非是，灵魂是在我把有死者全都排除的时候依然存留的无限多事物中的一个。但这样一来，一切可能事物的无限领域只是就有死者被与此隔离、灵魂被置于其外延的其余范围而言才受到了限制。然而，即使有这种剔除，这个范围依然始终是无限的，还可以再排除它的更多的部分，灵魂的概念并不因此就有丝毫的增加和得到肯定的规定。因此，这些就

B98

逻辑外延而言的无限判断在一般知识的内容方面实际上纯然是限制性的，而且就此而言，它们在判断中思维的一切环节的先验表中是不可忽略的，因为这里所履行的知性功能也许在知性的纯粹先天知识的领域里会是重要的。

3. 思维在判断中的所有关系是：a. 谓词与主词的关系；b. 根据与结果的关系；c. 被划分的知识与划分的全部分支相互之间的关系。在第一类判断中只考察两个概念，在第二类判断中考察两个判断，在第三类判断中就相互之间的关系而言考察多个判断。假言命题"如果有一种完善的正义，则冥顽之恶徒将受到惩罚"原本包含着两个命题的关系，即"有一种完善的正义"和"冥顽之恶徒将受到惩罚"。这两个命题自身是否真实，在此还没有得到澄清。通过这一判断所思维的不过是结论罢了。最后，选言判断包含着两个或者更多的命题相互之间的关系，但并不是次序的关系，而是如果一个命题的领域排除另一个命题的领域则产生的逻辑对立的关系，但同时毕竟也是如果它们一起填充真正的知识的领域则产生的共联性的关系，从而是一种知识的领域的各个部分的关系，因为每一部分的领域对于被划分的知识的全部总和来说都是另一部分的领域的补充；例如，世界要么是由于一种盲目的偶然、要么是由于内在的必然、要么是由于一种外在的原因存在的。这些命题中的每一个都占据着一般来说关于一个世界存在的可能知识的领域的一个部分。所有这些命题合起来则占据着整个领域。把知识从这些领域中的一个除去，则意味着把它置入其余领域中的一个，与此相反，把它置入一个领域，则意味着把它从其余的领域除去。因此，在一个选言判断中，有某种知识的共同体，它就在于这些知识相互排斥，但由此却毕竟**整体**上规定着真实的知识，因为它们总的来说构成了惟一的一种被给予的知识的全部内容。而这也是我为了下面的内容在此必须予以说明的。

〔89〕

B99

4. 判断的模态是判断的一种极为特殊的功能，它自身具有的特别之处就在于，它对判断的内容毫无贡献（因为除了量、质和关系之外，再也没有什么构成一个判断的内容了），而是仅仅涉及系词一般来说与思维相关时的值。**或然**判断是人们在其中认为肯定或者否定都仅仅**可能**（随意的）的判断；**实然**判断是肯定或者否定被视为**现实**（真实）的判断；**必然**判断则是人们在其中把肯定或者否定视为**必然**的判断。① 这样，如果两个判断的关系构成假言判断（antec［前件］和 consequ［后件］），此外，如果选言判断就在于两个判断的相互作用（划分的各个分支），那么，这两个判断就全都只是或然的。在上面的例子中，"有一种完善的正义"这个命题并不是实然地说出的，而是仅仅被思维成一个随意的判断，对于它来说可能会有人这样认为；而惟有结论是实然的。因此，这样的判断也可能明显是错误的，但作为或然的来看，毕竟是真理知识的条件。这样，**"世界是由于一种盲目的偶然存在的"** 这个判断在选言判断中只具有或然的意义，也就是说，某人可能在某个时刻接受这一命题，但它毕竟有助于发现真的命题（如同在人们可能选取的所有道路的数目中标出错误的道路一样）。因此，或然的命题是仅仅表达逻辑可能性（这种可能性不是客观的）的命题，也就是说，这种可能性是一种使这样的命题有效的自由选择，是纯然任意地把该命题接纳入知性。实然的命题说的是逻辑的现实性或者真实性，例如在一个假言的理性推理中前件在大前提中表现为或然的，在小前提中表现为实然的，并且表明该命题已经按照知性的规律与知性结合在一起了。必然的

B100

〔90〕

B101

---

① 如同思维在第一种场合是**知性**的功能，在第二种场合是**判断力**的功能，在第三种场合是**理性**的功能一样。这一说明留待后面再解释。

命题则把实然的命题思维为由知性的这些规律本身规定的，从而是先天地断言的，并以这样的方式表达逻辑的必然性。如今，由于在这里一切都逐步地并入知性，以至于人们首先或然地判断某物，继而也实然地认为它是真的，最后断言它与知性不可分割地结合在一起，也就是说是必然的和无可置疑的，所以，人们也可以把模态的这三种功能一般地称为思维的三个环节。

B102

第三章
第 10 节　论纯粹的知性概念或者范畴

如同已经多次说过的那样，普遍的逻辑抽掉知识的所有内容，并且指望从别的无论什么地方给予它表象，以便首先把这些表象转化为概念；这是分析地进行的。与此相反，先验逻辑面临的是一种先验感性论向它呈现的先天感性杂多，为的是给纯粹知性概念提供一种材料，没有这种材料这些概念就会没有任何内容，从而是完全空洞的。空间和时间包含着先天纯直观的杂多，但尽管如此却属于我们心灵的感受性的条件，心灵惟有在这些条件下才能够接受对象的表象，因而表象也必然在任何时候都刺激对象的概念。不过，我们的思维的自发性要求这种杂多首先以某种方式被审视、接受和结合，以便用它构成一种知识。这种行动我称为综合。

〔91〕

B103　　但是，我在最普遍的意义上把**综合**理解为把各种不同的表象相互加在一起并在一个认识中把握它们的杂多性的行动。如果杂多不是经验性地，而是先天地被给予的（就像空间和时间中的杂多那样），那么，这样一种综合就是**纯粹的**。在对我们的表象作出任何分析之前，这些表象必须事先已经被给予了，而且任何概念就**内容**而言都不能以分析的方式产生。但是，一种杂多（无论它是经验性地还是先天地被给予的）的综合首先产生一种知识，这种知识虽然最初还是粗糙的和混乱的，因而需要分析，但综合毕竟是真正把各种要素集合成知识，并结合成一定的内容的东西；因此，如果我们想对我们知识的最初起源作出判断，综合是我们首先应当予以注意的东西。

我们在后面将会看到，一般的综合纯然是想象力亦即灵魂的一种盲目的，尽管不可或缺的功能的结果，没有这种功能，我们在任何地方都根本不会有知识，但我们却很少哪怕有一次意识到它。不过，把这种综合付诸**概念**，这是属于知性的一种功能，知性借助于这种功能才为我们产生真正意义上的知识。

一般地来看，纯粹的综合提供纯粹的知性概念。但是，我把这种综合理解为依据先天的综合统一性的一种根据的综合：因此，我们的计数（尤其是在数目较大的时候更为明显）是一**种按照概念**的综合，因为它是按照一个共同的统一性根据（如十进制）发生的。因此，在这个概念之下，杂多的综合中的统一性就成为必然的。 B104 〔92〕

各种不同的表象以分析的方式被置于一个概念**之下**（这是普遍的逻辑所探讨的工作）。但是，先验逻辑所教导的，不是把表象，而是把表象的**纯粹综合**付诸概念。为了达到一切对象的先天知识，必须被给予我们的，首先是纯直观的**杂多**；其次是这种杂多凭借想象力的**综合**，但这还没有提供知识。给这种纯粹的综合提供**统一性**，并仅仅存在于这种必然的综合统一的表象之中的概念，为一个呈现的对象的认识提供了第三种东西，而且所依据的是知性。

为**一个判断**中的各种不同表象提供统一性的同一种功能，也为**一个直观**中的各种不同表象的纯然综合提供统一性，用一般的方法来表达，这种功能就叫做纯粹知性概念。因此，同一 B105

个知性，而且通过它在概念中凭借分析的统一而造成一个判断的逻辑形式的同一种行动，也凭借一般直观中杂多的综合统一把一种先验的内容带进它的表象，因此这些表象叫做纯粹的知性概念，它们先天地关涉客体，这是普遍的逻辑所不能提供的。

以这样的方式产生出先天地关涉一般直观的对象的纯粹知性概念，它们与前表中所有可能判断中的逻辑功能一样多，因为知性已被上述功能所穷尽，其能力也由此得到完全的测定。我们想依据亚里士多德把这些概念称为**范畴**，因为我们的意图原本与他的意图是一回事，尽管这意图在实施中与他的意图相去甚远。

B106
〔93〕

范畴表

1.
量的范畴
单一性
复多性
全体性

2.	3.
质的范畴	**关系的范畴**
实在性	依存性与自存性
	（substantia et accidens［实体与偶性］）
否定性	因果性与隶属性
	（原因与结果）
限定性	共联性
	（行动者与承受者之间的交互作用）

4.
模态的范畴
可能性——不可能性
存在——不存在
必然性——偶然性

　　这就是知性先天地包含在自身的所有源始纯粹的综合概念的一览表，知性也只是由于这些概念才是一种纯粹的知性，因为知性惟有通过它们才能够就直观的杂多而言理解某种东西，也就是说，思维直观的一个客体。这种划分是系统地从一个共同的原则，亦即从**判断**的能力（这种能力与思维的能力相同）产生的，不是漫游诗人般地从对纯粹概念的一种碰运气完成的搜寻产生的，这种搜寻的完备性人们永远不能确知，因为它只是通过归纳完成的，而不考虑人们以后一种方式永远也看不出，为什么恰恰是这些而不是另一些概念寓于纯粹的知性之中。搜寻这些基本概念，曾是亚里士多德的一项工作，这项工作是值得一位敏锐的人士去做的。但是，由于亚里士多德没有任何原则，所以他像偶然遇到它们那样把它们捡拾起来，最初找到了十个，他称之为**范畴**（陈述词）。后来，他认为自己还搜寻到了五个，他用后陈述词的名义把它们附加上去。不过，他的范畴表始终还是有欠缺的。此外，也有一些纯粹感性的样式存在于其中（quando, ubi, situs［何时、何地、状态］，以及 prius, simul［在先、同时］），还有一个经验性的样式（motus［运动］），它们都根本不属于知性的这一基本名册，或者还有派生的概念也一起被算进源始的概念之中了（actio, passio［行动、承受］），而基本概念中的一些则完全阙如。 B107 〔94〕

　　因此，为了这些源始概念还必须说明：范畴作为纯粹知性真正的**基本概念**，也拥有其同样纯粹的**派生概念**，在一个完备的先验哲学体系中绝不可以忽略它们，但我在一个纯然批判的尝试中就可以满足于仅仅提到它们了。

　　且让我把这些纯粹的，但却是派生的知性概念称为纯粹知性的**可陈述词**（与陈述词相对）。如果人们拥有源始的和原始的概念，那么，就可以轻而易举地附加上派生的和从属的概念，并完全描画出纯粹知性的谱系。既然这里对我来说 B108

重要的不是体系的完备性，而仅仅是一个体系的各种原则，所以我就把这一补充留待另一项研究。但是，如果拿起本体论的教科书，并且例如使力、行动、承受的可陈述词隶属于因果性的范畴，使在场、阻抗的可陈述词隶属于共联性的范畴，使产生、消亡、变化的可陈述词隶属于模态的陈述词，等等，人们差不多就可以实现这一意图了。范畴与纯粹感性的样式相结合，或者也彼此之间相结合，提供出大量派生的先天概念，说明这些概念，并且可能的话乃至完备地记录下它们，是一项有用的、并不令人反感的工作，但在这里却没有必要。

这些范畴的定义，尽管我可以掌握它们，但在这项探讨中，我却有意地避开了。我将在后面分析这些概念，直到与我将探

B109

〔95〕 讨的方法论相关而充足的程度。在一个纯粹理性的体系中，人们本来可以有理由要求我作出这些定义，但在这里，它们会使人忽视研究的要点，因为它们将激起怀疑和攻击，这些怀疑和攻击人们完全可以交给另一项研究去处理，而无损于根本的目的。不过，从我在此略加说明的东西中毕竟可以清晰地看出，一部完备的词典连同所有为此必需的解说不仅是可能的，而且也是可以轻而易举地完成的。科目已经就绪，所需要的只是充实它们，而像目前的这样一种系统的位置论，是不会轻易地让每一个概念所专属的位置放错的，而且同时也使人很容易发现那些还空着的位置。

第 11 节

关于这个范畴表，可以作出一些精细的考察，它们也许能够在所有理性知识的科学形式方面有显著的效果。因为这个表在哲学的理论部分非常有用，甚至是完备地制定**一门科**

学的整体规划（就它依据的是先天概念而言），并系统地**按照确定的原则划分**这门科学所不可或缺的，这一点已经由于以下情况而不言而喻，即这个表完备地包含了知性的所有基本概念，甚至包含了人类知性中这些概念的一个体系的形式，因而指明了一门计划中的科学的所有环节乃至它们的**秩序**，正如我在别的地方①也曾为此提供一个样品一样。这些说明中的一些如下。 B110

第一个说明：这个表包含四组知性概念，首先可以分为两类，其中第一类针对直观（既包括纯直观也包括经验性直观）的对象，第二类针对这些对象的实存（要么在彼此的关系中，要么在与知性的关系中）。

我将把第一组称为**数学性**的范畴，把第二组称为**力学性**的范畴。就像人们所看到的那样，第一组没有相关项，只有在第二组中才遇到相关项。这一区别毕竟必然在知性的本性中有其根据。② 〔96〕

第二个说明：每一组的范畴处处都是同一个数字，即三，这同样要求深思，因为通常凭借概念进行的先天划分都必然是二分法。此外还有，第三个范畴每处都是出自该组第二个范畴与第一个范畴的结合。

这样，**全体性**（总体性）被看做无非是作为单一性的复多性，**限定性**无非是与否定性相结合的实在性，**共联性**则是一个实体在与另一个实体的交互规定中的因果性，最后，**必然性**无非是通过可能性本身被给予的实存性。但不要认为，因此之故第三个范畴就只是纯粹知性的一个派生概念，而不是 B111

---

① 《自然科学的形而上学初始根据》。
② 从内容上来看，本自然段中的"组"似应为"类"。——译者注

基本概念。因为第一个范畴和第二个范畴为了产生第三个概念结合起来，需要知性的一个特殊行动，这个行动与在第一个概念和第二个概念那里实施的行动不是一回事。这样，一个**数字**（它属于全体性的范畴）在有复多性和单一性概念的地方（例如在无限者的表象中）并不总是可能的，或者我把一个**原因**的概念和一个**实体**的概念结合起来，由此出发并不能马上理解**影响**，也就是说，一个实体如何能够成为另一个实体中的某物的原因。由此可见，为此需要知性的一个特殊行动，余者类推。

　　第三个说明：惟有一个范畴，即处于第三个标题下的**共联性**范畴，它与逻辑功能表中与它相应的一种选言判断的形式的一致并不像在其他范畴那里那样引人注目。

B112

　　为了保证这种一致性，人们必须注意：在一切选言判断中，领域（所有包含在它之下的东西的集合）被表象为一个整体划分为各个部分（各个从属概念），而且由于一个部分不能被包含在另一个部分之下，它们被设想为彼此**并列**的，而不是**从属的**，以至于它们不是像在一个**序列**中那样**单向地**互相规定，而是像在一个**集合体**中那样**交互地**互相规定（如果划分的

〔97〕
　　一个分支被设定，则其余的都被排除，反之亦然）。

　　如今，在事物的一个**整体**中也被设想一种类似的联结，在这里不是一个作为结果的事物**隶属于**另一个作为其存在的原因的事物，而是就规定别的事物而言同时地并且交互地作为原因**并列**（例如在一个物体中，它的各个部分交互地彼此吸引也彼此排斥）；这是一种与在纯然的原因与结果（根据与后果）的关系中遇到的完全不同方式的联结；在后者中，后果并不交互地又规定根据，因而并不与根据一起构成一个整体（就像世界的创造者并不与世界一起构成一个整体一样）。知性在表象一

B113
　　个被划分的概念的领域之时，与它在把一个物设想为可分割的

时，遵循的是同一种做法；而且，就像划分的各分支在前者中彼此排斥但毕竟结合在一个领域里一样，知性也把后者的各个部分表象为这样一些部分，每一个部分都也以排斥其余部分的方式拥有它们的实存（作为各个实体），但毕竟结合在一个整体中。

第 12 节

但在古人的先验哲学中，还有一个包含着纯粹的知性概念的重要部分；这些概念虽然未被列入范畴，但在他们看来却应当被视为关于对象的先天概念，不过在这种情况下他们就会增加范畴的数目，而这是不可能的。陈述这些概念的，是在经院学者们中间如此流行的命题：quodlibet ens est **unum**，**verum**，**bonum**［任一存在者都是**一**，是**真**，是**善**］。尽管这一原则的应用就结论（它们提供的纯然是些同义反复的命题）而言成效甚微，以至于人们在近代几乎只是为了表示尊敬才习惯在形而上学中提出它，但是，一个长期保持下来的思想，即便是显得如此空洞，毕竟也总是值得探究它的起源，并使人有理由猜测它以某种知性规则为自己的根据，只不过这种根据如同经常发生的那样被解释错了而已。**事物**的这些被信以为真的先验谓词，无非是一般来说**事物**的所有知识的逻辑要求和标准，并把量的范畴亦即**单一性**、**复多性**和**全体性**奠定为知识的基础，只是他们把这些本来在质料上必须被看做属于事物的可能性本身的范畴，事实上仅仅在形式的意义上当做属于一切知识的逻辑要求的东西来使用，而且毕竟是以不谨慎的方式把这些思维的标准当成了物自身的属性。因为，在一个客体的每一种知识中，都有概念的**单一性**，人们可以把它称为**质的单一性**，只要在它之下所设想的只是总括知识之杂多的单一性，例如在一出

B114

〔98〕

戏剧、一场演说、一个故事中的主题的单一性。其次是结论方面的**真实性**。从一个被给予的概念中得出的真实结论越多，该概念的客观实在性的标志也就越多。人们可以把这称为属于一个作为共同根据的概念的各种特征（这些特征在它里面并未被思考为量）的**质的复多性**。最后，第三是**完善性**，它在于这种复多性反过来一起回溯到概念的单一性，并与该概念而不是与别的概念完全一致，人们可以把这称为**质的完备性**（总体性）。

B115　由此可见，一般而言的知识可能性的这些逻辑标准在这里只是为了通过一种作为原则的知识的质把**异类的**知识成分结合在一个意识中，而转变了量的三个范畴，在这些范畴中，量在产生中的单一性必须被视为无例外地同类的。① 这样，一个概念（不是概念的客体）的可能性的标准就是这样的定义，在其中概念的**单一性**、一切能够最切近地从它派生的东西的**真实性**，最后还有从它引出的东西的**完备性**，都为产生整个概念构成了必需的东西；或者说，就连**一种假说的标准**，也是所采取的**解释根据**的可理解性，或者这种根据的**单一性**（无须辅助假说），能够从中派生的结论的**真实性**（它们相互之间的一致和与经验的一致），最后还有解释根据对于这些结论的**完备性**，这些结论不多不少，正好回溯到在假说中所假定的东西，而且后天地以分析的方式重新提供出先天地以综合的方式思维过的东西并

〔99〕
B116　与之一致。因此，先验的范畴表根本没有通过单一性、真实性和完善性的概念得到补充，就好像它有欠缺似的，而只是由于把这些概念与客体的关系完全被置之一旁，对这些概念的处理

---

① 我曾犹豫作出改动。意思很清楚：在……可能性的这些逻辑标准中……这三个范畴……被转变，以至于它们只是为了……通过一种作为原则的知识的质而被规定。无法构句的文本将是康德式的。——科学院版编者注

才被置于知识与自己本身一致的普遍逻辑规律之下。

第二篇

论纯粹知性概念的演绎

第一章

第 13 节　论一般先验演绎的原则

　　法学家在谈到权限和僭越时，在一桩诉讼中把有关权利的问题（quid iuris［有何权利］）与涉及事实的问题（quid facti［有何事实］）区分开来，而由于他们对二者都要求证明，他们就把应当阐明权限或者也阐明合法要求的前一种证明称为**演绎**。我们使用大量经验性的概念，并没有人提出异议，我们也不经演绎就认为自己有权利赋予它们一种意义和想当然的含义，因为我们任何时候手头都有证明它们的客观实在性的经验。不过，也有一些僭越的概念，例如幸福、命运，它们虽然　　B117凭借几乎普遍的宽容而流行，但毕竟有时需要回答 quid iuris［有何权利］的问题；此时，人们在这种情况下就陷入了不小的麻烦，因为人们无论是从经验出发还是从理性出发都举不出清晰的合法根据来澄清使用这些概念的权限。

　　但是，在构成人类知识十分混杂的交织物的各种各样的概念中间，有一些概念也注定要被纯粹先天地（完全不依赖于任何经验地）应用，而它们的这种权限在任何时候都需要一种演　　〔100〕绎；因为对于这样一种应用的合法性来说从经验出发的证明并不充足，但是人们必须知道这些概念如何能够与它们毕竟不是从任何经验得来的客体发生关系。因此，我把对先天概念能够与对象发生关系的方式的解释称为它们的**先验演绎**，并把它与**经验性的**演绎区别开来，后者表明的是通过经验和对经验的反思获得一个概念的方式，因而不涉及拥有得以产生的合法性，而是涉及其事实。

B118 我们现在已经拥有两种截然不同的概念，它们毕竟在双方都完全先天地与对象发生关系这一点上是相互一致的，这就是作为感性形式的空间和时间的概念及作为知性概念的范畴。要想尝试对它们作出一种经验性的演绎，将是一件完全徒劳的工作，因为它们的本性的特征恰恰在于，它们与自己的对象发生关系，并不为了表象这些对象而从经验中借取某种东西。因此，如果需要对它们作出一种演绎，则这演绎在任何时候都必须是先验的。

不过，对于这些概念，就像对于所有的知识一样，即使不能在经验中找出它们的可能性的原则，却毕竟能够找出它们产生的偶因；在这种情况下，只要感官的印象提供最初的诱因，人们就向这些印象开放整个认识能力，并完成经验；经验包含着两种极不同类的要素，即来自感官的知识**质料**和来自纯粹直观和思维的内在源泉的某种整理这质料的**形式**，纯粹直观和思维借感官印象的机缘才首先运行起来并产生概念。对我们的认识能力为了从个别的知觉上升到普遍的概念所作的最初努力进B119 行这样一种探究，毫无疑问有其巨大的好处，而且人们应当感谢著名的**洛克**，是他率先为此开辟了道路。然而，对纯粹先天概念的一种**演绎**却绝不能由此实现，它根本不处在这条道路上，因为就这些概念今后应当完全独立于经验的应用而言，它〔101〕们必须出示一个与出身自经验截然不同的出生证。这种尝试过的自然学的推导本来根本不能叫做演绎，因为它所涉及的乃是一个 quaestionem facti〔事实的问题〕，所以我想把它称为对一种纯粹知识的拥有所作的解释。因此显而易见，对这些概念只能有一种先验的演绎，而绝不能有一种经验性的演绎，后者对纯粹先天概念来说无非是一些无用的尝试，只是没有理解这种知识的全部独特本性的人才会干这种事情。

但现在，即使承认纯粹先天知识的可能演绎只有一种方式，即沿着先验道路的方式，由此也毕竟不能说明，这种方式是绝对必要的。我们在上面已经凭借一种先验演绎将空间和时间的概念一直追踪到其起源，并解释和规定了它们先天的客观有效性。尽管如此，几何学通过纯然的先天知识稳步前进，无须为了自己关于空间的基本概念的纯粹的、合法的出身而请求哲学提供委任状。不过，概念的应用在这门科学中也仅仅关涉到外部的感官世界，对于它来说空间就是它的直观的纯形式，因而在它里面一切几何学知识都由于建立在先天直观之上而具有直接的自明性，而对象则通过这种知识本身先天地（按照形式）在直观中被给予。与此相反，那不可回避的需要是随着**纯粹知性概念**开始的，即不仅要为它们本身，而且要为空间寻求一种先验的演绎，因为既然它们谈论对象所凭借的不是直观和感性的谓词，而是纯粹先天思维的谓词，它们也就无须任何感性条件而与对象发生关系，而且既然它们并不以经验为基础，它们也就不能在先天直观中展示任何它们先于一切经验而把自己的综合建立于其上的客体①，因而不仅由于它们的应用的客观有效性和限制而引起怀疑，而且还由于它们倾向于超出感性直观的条件去应用空间概念而使**空间概念**变得模糊不清，所以前面对于空间概念进行一种先验演绎也是必要的。因此，读者在纯粹理性的领域里哪怕只跨出一步，之前都必须相信这样一

B120

B121

〔102〕

---

① 论证的第一部分，即"因为既然它们……纯粹先天思维的谓词"，是完全清楚的，而第二部分，即"而且既然……建立于其上的客体"，则惟有假定像 B864 把"理性的"与"经验性的"对立起来那样，经验在这里代表感性，才是可以理解的。也请参见下面的解说。——科学院版编者注

种先验演绎不可回避的必要性，因为不然的话他就会盲目行事，而且在他四处误入歧途之后，毕竟又不得不再返回到他由以出发的无知。但是，他必须也事先清晰地看出不可避免的困难，以免抱怨事情本身深藏于其中的隐晦，或者为清除障碍而过早地烦恼，因为重要的是，要么完全放弃洞察纯粹理性的所有要求这个最受欢迎的领域，即超出一切可能经验的界限的领域，要么就使这一批判的研究臻于完善。

对于空间和时间概念，我们在上面就已经能够轻而易举地说明，这些概念如何作为先天知识却仍然不得不必然地与对象发生关系，并且不依赖于一切经验而使这些对象的一种综合知识成为可能。因为既然只有凭借感性的这样一些纯形式，一个对象才能够向我们显现，也就是说，才能够成为经验性直观的一个客体，所以空间和时间是先天地包含着作为显象的对象之

B122　可能性的条件的纯直观，而且在它们里面的综合具有客观有效性。

与此相反，知性的范畴根本不向我们表现出使对象在直观中被给予的那些条件，因而对象当然也就能够无须与知性的功能必然发生关系就向我们显现，所以知性并不先天地包含这些对象的条件。因此，这里就出现了一种我们在感性的领域里不曾遇到的困难，这就是**思维的主观条件**如何应当具有**客观有效性**，也就是说，提供对象的所有知识之可能性的条件。因为没有知性的功能，显象当然能够在直观中被给予。我以原因概念为例，它意味着综合的一种特殊方式，这里在 A 之上按照一种规则设定了截然不同的 B。至于为什么显象包含着诸如此类

〔103〕　的某种东西（因为既然这个概念的客观有效性必须能够先天地阐明，我们就不能援引经验来作为证明），这并不是先天地清楚明白的；因此，至于这样一个概念是否完全空洞，而且在显

B123　象中间到处都遇不到对象，则是先天地可疑的。因为感性直观

的对象必须符合先天地蕴涵在心灵中的形式条件，这一点是清楚明白的，否则它们就不会成为我们的对象；但是，它们除此之外也必须符合知性为了思维的综合统一所需要的条件，对这一点就不大容易看出结论了。因为当然很可能显象具有这样的性状，即知性发现它们根本不符合其统一性的条件，一切都这样处在混乱中，例如在显象的序列中不呈现出任何提供一种综合的规则，从而与原因和结果的概念相适应的东西，以至于这个概念因此而是完全空洞的、毫无价值的、没有意义的。显象依然会把对象呈现给我们的直观，因为直观不以任何方式需要知性的功能。

　　如果人们想避开这种研究的麻烦，而说经验不断地呈现出显象的这样一种合规则性的实例，这些实例提供了足够的理由把原因概念与此分离开来，并由此同时证明这样一个概念的客观有效性，那么，人们就没有发觉，以这种方式根本不可能产生原因概念，相反，它必须要么完全先天地建立在知性中，要么被当做一个纯然的幻影而完全放弃。因为这个概念绝对要求 B124
某物 A 具有这样的性质，即**必然地并且按照一条绝对的规则**从它里面得出另一个某物 B。显象完全可以提供各种场合，从中有可能得出某物循例发生所遵从的规则，但却永远不可能得出后果是**必然的**。因此，原因与结果的综合还固有一种尊严，人们根本不能经验性地予以表达，也就是说，结果不仅是附加在原因上的，而且是**通过**原因被设定，并从原因产生出来的。规则的严格普遍性也根本不是经验性规则的属性，后者通过归纳所能够得到的无非是比较的普遍性，即广泛的适用性。但现在，如果人们想把纯粹知性概念仅仅当做经验性的产物来对待，它们的应用就会完全改变。 〔104〕

第 14 节　向范畴的先验演绎的过渡

　　综合的表象能够与其对象同时发生、彼此以必然的方式发生关系、仿佛是彼此相遇，这只有在两种情况下才有可能：要么只有对象才使表象成为可能，要么只有表象才使对象成为可能。如果是前者，则这种关系就只是经验性的，而且表象绝不是先天地可能的。显象就它们里面属于感觉的东西而言，就是这种情况。但如果是后者，由于表象自身（因为这里所谈的根本不是表象凭借意志所产生的因果性）并不是**就存在而言**产生自己的对象的，所以在惟有通过表象才有可能把某物**作为一个对象来认识**的情况下，表象毕竟就对象而言是先天地进行规定的。但是，一个对象的知识惟有在两个条件下才是可能的：首先是**直观**，对象通过直观被给予，但只是作为显象；其次是**概念**，一个与该直观相应的对象通过概念被思维。但从以上所说可以明白，第一个条件，即对象惟有在其下才能被直观的条件，事实上先天地在心灵中是客体就形式而言的基础。因此，一切显象必然与感性的这种形式条件一致，因为它们只有通过这种条件才能够显现，也就是说，才能够被经验性地直观和给予。现在的问题是：是否就连概念也是作为条件先天地先行的，某物惟有在这些条件下，虽然不是被直观，但却是作为一般对象被思维？在这种情况下，对象的一切经验性知识就都以必然的方式符合这样的概念，因为不以它们为前提条件，就没有任何东西可能是**经验的客体**。但现在，一切经验在某物被给予所凭借的感官直观之外，还包含着关于一个在直观中被给予或者显现的对象的概念，据此，一般而言的对象的概念就作为先天条件成为所有经验知识的基础。所以，范畴作为先天概念的客观有效性的依据是：惟有通过它们，经验（就思维的形式

B125

B126

〔105〕

而言）才是可能的。在这种情况下，范畴就以必然的方式并且先天地与经验的对象相关，因为一般而言只有凭借范畴，经验的某个对象才能够被思维。

因此，一切先天概念的先验演绎有一个全部研究都必须遵循的原则，这个原则就是：它们必须被当做经验的可能性（无论是在其中遇到的直观的可能性，还是思维的可能性）的先天条件来认识。提供经验之可能性的客观基础的概念，正因为如此而是必然的。但是，在其中遇到这些概念的那种对经验的阐发却不是它们的演绎（而是它们的举证），因为它们在这里毕竟只会是偶然的。没有与知识的所有对象均在其中出现的可能经验的这种源始关系，它们与某个客体的关系就会是完全不可理解的。

著名的**洛克**由于缺乏这种考察，并由于他在经验中发现知性的纯粹概念，所以也就从经验中推导出这些概念，并且行事却如此**前后不一致**，以至于他竟敢借此尝试获得远远超越一切经验界限的知识。**大卫·休谟**认识到，为了能够这样做，这些概念就不可避免地必须拥有其先天的起源。但是，由于他根本不能够解释，知性如何可能必须把自身在知性中并不结合在一起的概念却思维为在对象中必然地结合在一起的，而且也没有想到也许知性凭借这些概念本身就能够是在其中遇到它的对象的经验的创造者，所以他迫不得已从经验中推导出这些概念（也就是说，从一种通过经验中的经常性联想产生的主观必然性亦即**习惯**中推导出这些概念，这种主观必然性最终被误以为是客观的），但在此之后行事却如此前后一致，他宣称不可能凭借这些概念及其所导致的原理超出经验界限。但是，这二位所想到的**经验性**推导却不能与我们所拥有的先天科学知识即**纯粹数学**和**普遍的自然科学**的现实性相吻合，因而被事实所驳斥。

在这两位著名的人士中，前一位为**狂热**大开方便之门，因为理性一旦拥有自己这方面的权限，就不再让自己受对节制的不确定称颂所限制；后一位则一旦相信自己揭露了对我们认识能力的一种如此普遍地被视为理性的欺骗，就完全委身于**怀疑论**。——我们现在正要做一番尝试，看人们是否能够幸运地使人类理性在这两道礁岩之间渡过难关，给它指出确定的界限，并尽管如此却把它的合目的行动的整个领域都视为对它开放的。

在此之前，我只想还先**对这些范畴作出解释**。范畴是关于一个一般而言的对象的概念，通过它们，对象的直观就各种判断的**逻辑功能**之一而言被视为**确定的**。这样，**定言**判断的功能就是主词与谓词的关系的功能，例如一切物体皆是可分的。然而就知性的纯逻辑应用而言，人们想把主词的功能赋予这两个概念中的哪一个，以及人们想把谓词的功能赋予哪一个，却依然是不确定的。因为人们也可以说：一些可分的东西是一个物体。但是，如果我把一个物体的概念置于实体的范畴之下，通过实体的范畴就确定了：该物体的经验性直观在经验中必须永远仅仅被视为主词，而绝不被视为纯然的谓词；在所有其他的范畴中亦复如是。

B129

〔107〕
第二章　纯粹知性概念的先验演绎
第 15 节　论一种一般而言的联结的可能性

表象的杂多可以在一个直观中被给予，这个直观纯然是感性的，也就是说，无非是感受性，而它的形式则可以先天地存在于我们的表象能力中，毕竟是某种无异于主体被刺激的方式的东西。然而，一种杂多一般而言的**联结**（conjunctio）却绝不能通过感官进入到我们里面，因而也不能同时一起包含在感

性直观的纯形式中；因为它是表象力的自发性的一种行动，而 B130
既然人们为了与感性相区别就必须把这种自发性称为知性，所
以一切联结，无论我们是否意识到它，无论它是直观杂多的联
结还是各种各样的概念的联结，就前者而言是感性直观的联结
还是非感性直观①的联结，都是一种知性的行动，我们把**综合**
这个普遍的称谓赋予这种行动，以便由此同时表明，任何东西，
我们自己没有事先把它结合起来，就不能把它表象为在客体中
结合起来的，而且在所有表象中，**联结**是惟一不能通过客体被
给予的，而是由主体自身确立的表象，因为它是主体的自发性
的一个行动。人们在这里很容易就可以察觉，这种行动原初必
须是惟一的，并且适用于一切联结，而分解，亦即**分析**，看起来
是它的对立面，毕竟在任何时候都以它为前提条件；在知性事先
没有把任何东西结合起来的地方，它也就不能分解任何东西，因
为这东西惟有**通过知性**才能作为结合起来的东西被给予表象力。

　　但是，联结的概念除了杂多的概念和杂多的综合的概念之 〔108〕
外，还包括杂多的统一的概念。联结是杂多的**综合统一**的表 B131
象。②因此，这种统一性的表象不能从联结中产生，毋宁说，它通

---

　　① 梅林（Mellin）已经改进为"是经验性直观还是非经
　　　验性直观"。只不过这个二者择一在这里可能是成问
　　　题的。证明这一点的，不仅是眼前的上下文——
　　　"前者"，亦即直观，确切地说，根据上文是感性直
　　　观——，而且还有把统觉的综合统一的原理限制在
　　　我们的推论的，而非直觉的知性之上，例如B138—
　　　139。因此，即便是在这里，如果不是像在这段话中
　　　很可能的那样出现一个书写错误，那就必须设想
　　　"感性的"就是"经验性的"。——科学院版编者注
　　② 表象本身是否是同一的，从而一个表象是否可以通
　　　过另一个表象被分析地思维，在此不予考察。如果
　　　谈到杂多，那么，一个表象的**意识**总是要与另一个
　　　表象的意识区别开来，这里重要的仅仅是这种（可
　　　能的）意识的综合。

过附加到杂多的表象上才使得联结的概念成为可能。这种先天地先行于一切联结概念的统一性，并不是那个单一性范畴（参见第10 节）；因为一切范畴都建立在判断中的逻辑功能之上，但在判断中已经思维了联结，从而思维了被给予的概念的统一性。因此，范畴已经以联结为前提条件了。所以，我们必须到更高的地方去寻找这种统一性（作为质的统一性，参见第 12 节），亦即到那本身就包含着判断中各种不同概念之统一性的根据，从而包含着知性就其逻辑应用而言的可能性的根据的东西中去寻找。

第 16 节　论统觉的源始综合的统一性

"**我思**"必须**能够**伴随我的一切表象；因为如若不然，在我里面就会有某种根本不能被思维的东西被表象，这就等于是说，表象要么是不可能的，要么至少对我来说什么也不是。这种能够先于一切思维被给予的表象就叫做**直观**。所以，直观的一切杂多在这种杂多被遇到的那个主体中与**我思**有一种必然的关系。但是，这个表象是**自发性**的一个行动，也就是说，它不能被视为属于感性的。我把它称为**纯粹的统觉**，以便把它与**经验性**的统觉区别开来，或者也称为**源始的统觉**，因为它就是那个通过产生出必然能够伴随所有其他表象并在一切意识中都是同一个东西的"**我思**"表象而不能再被别的表象伴随①的自我意识。我也把统觉的统一性称为自我意识的**先验的**统一性，以便表示从它产生的先天知识的可能性。因为在某个直观中被给予的杂多表象如果不全都属于一个自我意识，就不会全都是**我**

B132

〔109〕

---

① "不能再被别的表象伴随"应为"不能再从别的表象派生"，这是戈尔德施密德（Goldschmidt）等人建议的。——科学院版编者注

的表象，也就是说，作为我的表象（尽管我并没有意识到它们是我的表象），它们必须符合惟一使它们**能够**在一个普遍的自我意识中聚合的条件，因为如若不然，它们就不会完全地属于我。从这一源始的联结中可以得出许多结论。 B133

也就是说，一种在直观中被给予的杂多的统觉，它的这种完全的同一性包含着一种表象的综合，并且只有通过这种综合的意识才是可能的。因为伴随着各种不同表象的经验性意识自身是分散的，与主体的同一性没有关系。因此，这种关系还不是通过我用意识来伴随任何表象发生的，而是通过我把一个表象**附加**给另一个表象，并且意识到这些表象的综合而发生的。因此，只有通过我能够把被给予的表象的杂多**在一个意识中联**结起来，我才有可能表象**这些表象本身中的意识的同一性**，也就是说，统觉的**分析的**统一性惟有以某种**综合的**统一性为前提 B134
条件才是可能的。① 据此，"这些在直观中被给予的表象全都属 〔110〕
于我"的思想无非意味着，我在一种自我意识中把它们统一起来，或者我至少能够在其中把它们统一起来；而且即使这一思想本身还不是这些表象的综合的意识，它也毕竟以综合的可能

---

① 意识的分析的统一性与所有的共同概念相联系；例如当我想到一般的**红**的时候，我就由此表象出一种性状，它（作为特征）可以在某个事物上遇到，或者可以与别的表象相结合；因此，惟有凭借一个预先想到的综合的统一，我才能想象分析的统一。一个应当被设想为**各种不同表象**所共有的表象，就被视为属于这些表象，后者除了该表象之外自身还拥有某种**不同的**东西；因此，这个表象必须在与其他表象（即使只是可能的表象）的综合统一中，在我能够在它上面设想使它成为 conceptus communis［共同概念］的那种意识的分析统一之前就预先想到。而这样一来，统觉的综合统一就是人们必须把一切知性应用，甚至把全部逻辑以及按照逻辑把先验哲学附着于其上的最高的点，这种能力也就是知性本身。

性为前提条件，也就是说，只是由于我能够在一个意识中把握这些表象的杂多，我才把这些表象全都称为**我的**表象；因为如若不然，我就会拥有一个像我拥有的我所意识到的表象那样驳杂不同的自己了。因此，直观的杂多的综合统一作为先天地被给予的东西，是统觉本身的同一性的根据，而统觉是先天地先行于**我的**一切确定的思维的。但是，联结并不在对象之中，也不能通过知觉从它们获取，并由此才接受到知性中，相反，它只是知性的一件工作，知性本身无非是先天地进行联结并把被给予的表象的杂多置于统觉的同一性之下的能力，这一原理乃是全部人类知识中的至上原理。

B135

现在，统觉的必然统一这一原理虽然是自身同一的，从而是一个分析命题，但它毕竟说明在一个直观中被给予的杂多的一种综合是必然的，没有这种综合，自我意识的那种完全的同一性就不能被设想。因为通过作为简单表象的自我，并没有任何杂多被给予；它只能在与此有别的直观中被给予，并通过在一个意识中的**联结**而被思维。一种知性，在它里面通过自我意识同时被给予一切杂多，这种知性就会是在**直观**；而我们的知性却只能**思维**，并且必须在感官中寻求直观。因此，我是就一个直观中被给予的表象的杂多而言来意识到同一的自己的，因为我把这些表象全都称为**我的**表象，它们构成**一个**表象。但这就等于是说，我意识到这些表象的一种先天的综合，这种综合就叫做统觉的源始的综合统一，一切被给予我的表象都必须从属于它，但也必须由一个综合来把这些表象置于它下面。

B136

〔111〕

第 17 节　统觉的综合统一的原理是一切
知性应用的至上原则

按照先验感性论，一切直观的可能性与感性相关的至上原理就是：直观的一切杂多都从属于空间和时间的形式条件。一切直观的可能性与知性相关的至上原理就是：直观的一切杂多都从属于统觉的源始综合统一的条件。① 直观的一切杂多表象如果**被给予**我们，就从属于前一条原理，如果它们必须能够在一个意识中**被联结**起来，就从属于第二条原理；因为若没有它，由于被给予的表象不会共同具有"我思"的统觉行动，从而不会在一个自我意识中被总括起来，所以也就没有任何东西能够被思维或者被认识。

B137

　　知性一般地来说就是**认识**的能力。认识就在于被给予的表象与一个客体的确定关系。而**客体**则是在其概念中一个被给予的直观的杂多被**结合**起来的东西。但现在，表象的一切结合都要求意识在表象的综合中的统一。所以，意识的统一就是惟一构成表象与一个对象的关系，从而构成它们的客观有效性，使它们成为知识的东西，因而就连知性的可能性也依据的是它。

　　因此，知性的全部其余应用所根据的，同时也完全不依赖于感性直观的一切条件的，最初的纯粹知性知识，就是统觉的源始的、**综合的**统一的原理。这样，外部感性直观的纯然形式，亦即空间，还根本不是知识；它仅仅先天地为一种可能的知识提供直观的杂多。但是，为了认识空间中的某物，例如一条线，我就必须**划出**它，因而综合地完成被给予的杂多的一种确定的联结，以至于这种行动的统一同时就是意识（在一条线的概念

〔112〕

B138

---

① 空间和时间及其一切部分都是**直观**，因而是带有它们自身所包含的杂多的单个表象（参见先验感性论），从而就不单纯是使同一个意识被发现包含在许多表象之中的概念，而是使许多表象被发现包含在一个表象及其意识中的概念，从而这许多表象就被发现是复合的，因此意识的统一被发现是**综合的**，但毕竟又是源始的。直观的这种**单个性**在应用中是很重要的（参见第 25 节）。

中）的统一，并且一个客体（一个确定的空间）由此才得到认识。因此，意识的综合统一是一切知识的一个客观条件，不仅我自己为了认识一个客体而需要这个条件，而且任何直观**为了对我来说成为一个客体**也都必须从属于这个条件，因为以别的方式，没有这种综合，杂多就不会在一个意识中结合起来。

如上所说，这后一个命题虽然使综合统一成为一切思维的条件，但自身却是分析的；因为它不外是说，在任何一个被给予的直观中**我的**一切表象都必须从属于这样一个条件，惟有在这个条件下我才能把这些表象作为我的表象归于同一的自己，从而才能把它们作为在一个统觉中联结起来的，用普遍的表述"我思"总括起来。

但是，这一原理毕竟不是一个适用于任何一般而言可能的知性，而是仅仅适用于通过其纯粹的统觉在表象"**我在**"中还没有任何杂多被给予的知性的原则。通过其自我意识直观的杂多同时被给予的那种知性，即由于其表象这一表象的客体同时就实存的知性，有可能为了达到意识的同一，而不需要仅仅思维却不直观的人类知性所需要的那种杂多综合的一个特殊行动。但是，对于人类知性而言，这一原理却不可避免地是第一原理，以至于人类知性对于另一种可能的知性不能形成丝毫的概念，无论它是自己直观的知性，还是虽然拥有感性直观，但却是以与空间和时间中的直观异类的直观来作为基础的知性。

B139

〔113〕
第 18 节　什么是自我意识的客观统一性

统觉的**先验统一**是在一个直观中被给予的一切杂多被结合在一个关于客体的概念之中所凭借的那种统一，它因此而叫做**客观的**，并且必须与意识的**主观统一**区别开来，后者是一种**内感官的规定**，直观的杂多为了这样一种客观的联结通过它而经验性地被给予。至于我是否能够**经验性地**意识到杂多是同时的或者前后相继的，这取决于各种情况或者经验性的条件；因此，意识的经验性的统一通过表象的联结所涉及的是一种显象，而且完全是偶然的。与此相反，时间中直观的纯形式，纯然作为包含着一种被给予的杂多的一般而言的直观，则仅仅由于直观的杂多与"一"亦即我思的必然关系，从而由于知性先天地作为经验性直观基础的纯综合，而从属于意识的源始统一。只有那种先验统一才是客观有效的；统觉的经验性统一我们在这里不予考虑，它也只是在被给予的条件下具体地从前一种统一派生的，只具有主观的有效性。一个人把某个词的表象与一件事联结起来，而另一个人则把它与另一件事联结起来；而意识在经验性的东西里面的统一性，就被给予的东西而言，并不是必然的和普遍有效的。

第 19 节 一切判断的逻辑形式在于其中所包含的概念的统觉的客观统一性

我从未对逻辑学家们关于一个一般而言的判断的解释感到满意：他们说，判断是两个概念之间的关系的表象。我在这里不与他们争论这种解释的缺陷（且不说由逻辑学的这种失误产生出某些令人讨厌的后果），它无论如何也只适合于定言判断，而不适合于假言判断和选言判断（后二者所包含的不是概念之间的关系，而是判断之间的关系）①，我只是说明，这种**关系**

B140

B141
〔114〕

---

① 关于三段论的四个格的详尽学说仅仅涉及定言的理性推理；而且，尽管它不外是一种技巧，通过把直接的推理（consequentiae immediatae）藏在一个纯粹的理性推理的前提中间来骗取比第一格的推理有更多推理形式的假象，但是，它仅仅凭借这一点本来是

何在，此处仍不确定。

但是，当我更仔细地研究每个判断中被给予的知识的关系，并将它作为属于知性的关系与遵循再生的想象力的规律的关系（这种关系只具有主观的有效性）区别开来时，我便发现，一个判断无非就是使被给予的知识获得统觉的**客观统一性**的方式。判断中的关系词"是"就旨在于此，为的是把被给予的表象的客观统一性与主观统一性区别开来。因为这个系词表示这些表象与源始统觉的关系和它们的**必然统一性**，即便判断本身是经验性的，从而是偶然的，例如"物体是有重量的"。我借此并不是想说，这些表象在经验性的直观中**必然相互隶属**，而是想说，它们**凭借**直观的综合中统觉的**必然统一**而相互隶属，也就是说，它们遵循对一切表象作出客观规定的种种原则，如果能够从这些表象中生成知识的话；这些原则全都是从统觉的先验统一的原理派生出来的。惟有这样，才从这种关系中产生出**一个判断**，即一种关系，它是**客观有效的**，而且充分地与同样一些表象的只具有主观有效性的，例如按照联想规律的关系区别开来。按照联想规律我就会只能说：如果我负载一个物体，我就感到重量的压力；但却不能说：它，即这个物体，是有重量的；后者无非是要说：这两个表象是在客体中，亦即不管主体状态的差别就联结起来的，而不仅仅是在知觉（无论它怎样经常重复）中共处的。

第 20 节　一切感性直观都从属于范畴，范畴是惟一能使感性直观的杂多聚集到一个意识中的条件

在一个感性直观中被给予的杂多必然从属于统觉源始的、

> 不会有特别的好运气的，如果它不曾做到赋予定言判断作为其他判断都必须与之相关的判断以惟一的尊严的话，但这种做法按照第九节却是错误的。

综合的统一，因为只有通过这种统一，直观的**统一**才是可能的（参见第 17 节）。但是，被给予的表象（无论它们是直观还是概念）被置于一般而言的统觉之下所凭借的这种知性行动，就是判断的逻辑功能（参见第 19 节）。因此，一切杂多，只要在**一个**经验性直观中被给予，就都是就进行判断的种种逻辑功能之一而言**被规定的**，也就是说，被这种功能带给了一个一般而言的意识。但现在，**范畴**无非就是这些进行判断的功能，如果一个被给予的直观的杂多就这些功能而言被规定的话（参见第 10 节）。所以，就连一个被给予的直观中的杂多也从属于范畴。

第 21 节 注释

B144

在一个我称为"我的"的直观中所包含的杂多，通过知性的综合被表象为属于自我意识的**必然统一**，而这是通过范畴发生的。① 因此范畴表明：**一个**直观被给予的杂多的经验性意识从属于一个纯粹先天自我意识，正如经验性的直观从属于一个纯粹的、感性的、同样先天地发生的直观那样。因此，在上面的命题中，就开始了纯粹知性概念的一种**演绎**，在这种演绎中，既然范畴**不依赖于感性**而仅仅在知性中产生，我就还必须抽掉杂多被给予一个经验性直观的方式，以便仅仅着眼于由知性凭借范畴加到直观中的统一。后面（参见第 26 节），将从经验性直观在感性中被给予的方式出发指明，经验性直观的统一无非就是范畴按照前面第 20 节为一个被给予的一般直观的杂

〔116〕

B145

---

① 证明根据所依据的是被表象的**直观的统一**，通过它一个对象被给予，它在任何时候都在自身包含着为直观而被给予的杂多，并且已经包含着杂多与统觉的统一的关系。

多所规定的统一，因此，通过范畴就我们感官的一切对象而言的先天有效性得到解释，才完全达到演绎的目的。

然而，在上面的证明中有一个东西是我无法抽掉的，这就是：杂多对于直观来说必须还在知性的综合之前并且不依赖于知性的综合就**被给予**；但如何被给予，却依然是不确定的。因为如果我要设想一个自己直观的知性（例如一种神的知性，它并不表象被给予的对象，相反，凭借它的表象，对象本身同时就被给予或者被产生），那么，范畴就这样一种知识而言就会根本没有意义。它们只是这样一种知性的规则，这种知性的全部能力都在于思维，也就是说，在于使另外在直观中被给予它的杂多的综合获得统觉的统一的行动，因此这种知性单凭自己不**认识**任何东西，而只是对知识的材料、对必须通过客体给予它的直观进行联结和整理而已。但是，对于我们知性只有凭借范畴，并且恰恰仅仅通过这些范畴的品种和数目实现先天统觉的统一的特性，就像为什么我们恰恰拥有这些而不是别的判断功能，或者为什么时间和空间是我们可能的直观的惟一形式一样，很少能够进一步说出理由。

B146

第 22 节　范畴除了运用于经验的对象之外，对于事物的知识别无应用

因此，**思维**一个对象和**认识**一个对象并不是一回事。因为属于认识的有两种东西：首先是概念，通过它一般来说一个对象被思维（范畴），其次是直观，通过它该对象被给予；因为如果一个相应的直观根本不能被给予概念，那么，概念就形式而言会是一种思想，但却没有任何对象，而且根本没有任何关于某个事物的知识通过它而成为可能，因为据我所知，那就没有也不可能有任何东西让我的思想能够运用于其上。现在，我

〔117〕

们一切可能的直观都是感性的（感性论），因此，一般而言通
过一个纯粹知性概念对一个对象的思维，在我们这里只有当这
概念与感官的对象发生关系时才成为知识。感性直观要么是纯
直观（空间与时间），要么是对在空间和时间中通过感觉直接 B147
被表象为现实的东西的经验性直观。通过前一种直观的规定，
我们能够获得关于对象的先天知识（在数学中），但仅仅是就
对象作为显象的形式而言；至于是否可能有必须在这种形式中
被直观的事物存在，则在这里依然没得到澄清。所以，一切
数学概念单凭自身都还不是知识，除非人们假定存在着惟有符
合那种纯粹感性直观的形式才能显示给我们的事物。但是，**空
间和时间中的事物**只有当它们是知觉（伴随有感觉的表象）的
时候，从而只有通过经验性的表象才被给予。所以，纯粹知性
概念即便在它们被运用于先天直观的时候（如在数学中），也
只是就这些先天直观，从而借助于先天直观也使知性概念能够
被运用于经验性直观而言才造成知识。因此，范畴凭借直观也
不给我们提供关于事物的知识，除非是通过它们在**经验性直观**
上的可能应用，也就是说，它们只充当**经验性知识**的可能性。
但这种知识就叫做**经验**。所以，范畴对事物的知识别无应用， B148
除非事物被当做可能经验的对象。

第 23 节

　　上一命题极为重要；因为它规定着纯粹知性概念就对象而
言的应用的界限，正如先验感性论规定着我们感性直观的纯形
式的应用界限一样。空间和时间作为对象能够被给予我们的可 〔118〕
能性的条件，仅仅对感官的对象，从而仅仅对经验的对象有
效。超出这个界限，它们就根本不表象任何东西；因为它们仅
仅处于感官中，在感官之外没有任何现实性。纯粹知性概念则

没有这种限制，而且扩及一般直观的对象，不管这直观是不是与我们的直观相似，只要它是感性的而不是理智的。但把概念进一步扩展超出**我们的**感性直观，对于我们来说就没有任何助益。因为在这种情况下，关于客体的空洞概念——对于这些客体，我们根本不能借助那些概念判断它们是否哪怕是曾经可能的——就纯然是些没有客观实在性的思想形式，因为我们手头没有让惟有那些概念才包含的统觉的综合统一能够运用于其上，并这样来规定一个对象的直观。惟有**我们的**感性直观和经验性直观才能给这些概念以意义和含义。

B149

因此，如果假定有一种**非感性的**直观的一个客体被给予，那么，人们当然就可以通过已经蕴涵在前提条件中的一切谓词来表象它，说**它不具有任何属于感性直观的东西**，从而说它没有广延或者不在空间中，它的存续不是时间，在它里面看不到变化（时间中诸般规定的序列），等等。然而，如果我只是指出直观的客体不**是**怎样，却不能说在它里面究竟包含着什么，这毕竟不是真正的知识；在这种情况下，我根本没有表象一个客体对我的纯粹知性概念来说的可能性，因为我不能给予与它相应的直观，而是只能说我们的直观对它无效。但这里最重要的是，就连一个范畴也不能被运用于这样一种某物；例如实体的概念，也就是说关于作为主词，但却决不能纯然作为谓词能够实存的某物的概念，对于它，如果不是经验性的直观给予我运用的事例，我就根本不知道是否有某个与这种思想规定相应的事物存在。不过，更多的东西留待后面再说。

〔119〕

第 24 节　论范畴在一般感官对象上的应用

B150

纯粹知性概念仅仅通过知性与一般直观对象发生关系，而不管这直观是我们的直观还是某种别的，却毕竟是感性的直观，但正因为此，它们仅仅是**思想形式**，还没有确定的对象通过它们被认识。它们里面的杂多的综合或者联结仅仅与统觉的统一发生关系，并由此而是依据知性的先天知识可能性的根据，因而不仅是先验的，而且也是纯粹理智的。但是，由于在我们里面有先天**感性直观**的某种依据表象能力的感受性（感性）的形式作为基础，所以，知性作为自发性能够根据统觉的综合统一，通过被给予表象的杂多来规定内感官，并这样把先天**感性直观**的杂多之统觉的综合统一设想为我们的（人的）直观的一切对象都必须从属的条件，由此范畴就作为纯然的思想形式获得了客观实在性，即获得对于能够在直观中被给予我们，但仅仅是作为显象被给予我们的对象的应用；因为我们惟有对于显象才能够拥有先天直观。 B151

感性直观杂多的这种**综合**是先天地可能和必然的，它可以被称为**形象的**（synthesis speciosa［形象的综合］），以别于就一般直观的杂多而言仅仅在范畴中被思维的叫做知性联结（synthesis intellectualis［理智的综合］）的综合；二者都是先验的，这不仅因为它们本身都是先天地发生的，而且因为它们也说明了其他先天知识的可能性的理由。

然而，如果形象的综合仅仅关涉统觉源始综合的统一，即仅仅关涉这种在范畴中被思维的统一，那么，为了有别于纯然理智的联结，它就必须叫做**想象力的先验综合**。**想象力**是即便**对象不在场**也在直观中表象对象的能力。现在，既然我们的直观是感性的，想象力就由于惟一使它能够给知性概念提供一个相应直观的主观条件而属于**感性**；但是，既然想象力的综合是自发性的一种实施，而自发性是进行规定的，不像感官那样纯然是可被规定的，因而能够先天地按照统觉的统一性就其形式规定感官，所以，想象力就此而言是先天地规定感性的一种能力，而且它的直观综合由于是**根据范畴的**，所以必然是**想象力** 〔120〕 B152

的先验综合；这是知性对感性的一种作用，而且是知性在对我
们来说可能的直观的对象上的最初应用（同时也是其余所有应
用的根据）。作为形象的，它有别于没有任何想象力、纯然凭借
知性的理智综合。由于想象力是自发性，所以我也有时把它称
做生产的想象力，由此把它与**再生**的想象力区别开来，后者的综
合只是服从经验性的规律，即联想的规律，因而对解释先天知识
的可能性毫无贡献，并因此之故而属于心理学，不属于先验哲学。

※   ※   ※

这里正是解释在阐明内感官形式时（参见第 6 节）每一个
人都必然想到的那种悖谬的地方：即内感官如何也甚至只是像
我们向自己显现的那样，而不是像我们自身所是的那样，把我
B153 们自己展现给意识，因为我们只是像我们内部**被刺激**的那样直
观我们；这看起来是自相矛盾的，因为我们对我们自己必须处
在一种被动的状态；因此，在心理学的各种体系中，人们也更
乐意于习惯地把**内感官**与（我们慎重地区分开来的）**统觉**的能
力说成是一回事。

规定内感官的东西是知性及其把直观的杂多联结起来，也
就是说置于一个统觉（作为甚至它的可能性也依据的东西）之
下的源始能力，现在，既然我们人里面的知性不是直观的能
力，而且即便直观在感性中被给予，知性也毕竟不能把它们纳
〔121〕 入自身，以便仿佛是把它自己的直观的杂多联结起来，所以，
如果单就它自己来看，它的综合无非是一种行动的统一性，即
便没有感性，知性也意识到它是这样一种行动，但通过它，知
性自己就能够在按照感性直观的形式能够给予知性的杂多方面
从内部规定感性。因此，它以一种**想象力的先验综合**的名义对
被动的主体实施这种行动，而知性也就是这主体的能力，对此
我们有理由说，内感官由此而被刺激。统觉及其综合统一与内
B154 感官根本不是一回事，前者毋宁说是作为一切联结的来源而关

涉**一般直观**的杂多，以范畴的名义则在一切感性直观之前关涉
一般客体①；与此相反，内感官只包含直观的形式，但却没有
直观中杂多的联结，因而根本不包含**确定的**直观，后者惟有通
过凭借想象力的先验行动（知性对内感官的综合影响）对杂多
作出规定的意识才是可能的，这种行动我称为形象的综合。

　　这一点是我们在任何时候都在自己里面觉察到的。我们不
在思想中**画出**一条线就不能思维任何线，不在思想中**描画**一个
圆就不能思维任何圆，不从一个点出发**设定**三条线相互垂直就
根本不能表象空间的三个维度，甚至不在**画出**一条直线（直线
是时间的外部形象化表象）时仅仅注意我们逐步地规定内感官
所凭借的杂多综合的行动，并由此注意这种规定在内感官中的
演替，就不能表象时间。作为主体的行动（不是作为一个客体
的规定）②，从而作为空间中杂多的综合的运动，如果我们抽
掉这种杂多，并且仅仅注意我们依照其形式规定**内感官**的行动
的话，就甚至最先产生出演替的概念。因此，知性并不是在内
感官中已经**发现**杂多的诸如此类的联结，而是通过**刺激**内感官
而**产生它**。但是，能思维的我如何有别于直观自己的我（因为
我至少还能想象别的直观方式是可能的），并且毕竟与作为同
一个主体的后者是一回事，从而我如何能够说：我作为理智和

B155

〔122〕

---

① 意思很清楚：统觉的综合统一就其是一切联结的来
　源而言关涉一般（感性）直观的杂多，而它以范畴
　的名义则在一切直观之前关涉一般客体。第二版在
　"一般直观"后面缺少逗号和"一般客体"这个词未
　加黑体使得理解困难。句法结构是康德式的。——
　科学院版编者注
② 一个**客体**在空间中的运动并不属于一门纯粹的科学，
　因而也不属于几何学，因为某物是运动的，这不能
　先天地，而是只能通过经验被认识。但是，作为对
　一个空间的**描画**的运动，却是一般外直观中的杂多
　凭借生产的想象力的逐步综合的一个纯粹行动，不
　仅属于几何学，甚至还属于先验哲学。

能思维的主体，认识到我自己是被思维的客体，只要我还就此而言在直观中被给予我，不过与其他现象一样，不是像我面对知性那样，而是像我向我自己显现那样，这些问题所带来的困难不多也不少，恰如我如何能够对我自己一般而言是一个客体，尤其是直观和内知觉的客体一样。但是，至于事情毕竟实际上不得不如此，如果人们承认空间只不过是外感官的显象的纯粹形式，就可以由此清晰地得到阐明，即除非借助我们画出的一条线的图像，我们就不可能以别的方式表现毕竟不是外直观对象的时间，不用这种表现方式，我们就根本不能认识时间维度的统一性，此外，对于一切内知觉来说，我们始终必须从外部事物展示给我们的变化的东西来得知时间长度或者时间位置的规定，因而必须恰恰以我们整理空间中外感官的种种规定的那种方式来把内感官的种种规定作为时间中的显象来整理；所以，如果我们关于外感官的规定承认，我们只是就我们在外部被刺激而言才通过它们认识客体，那么，关于内感官我们也必须承认，我们只是像我们在内部被我们自己刺激的那样通过它来直观我们自己，也就是说，就内直观而言把我们自己的主体仅仅当做显象，而不是按照它自身所是的东西来认识。①

第 25 节

与此相反，我在一般而言表象的杂多的先验综合中，从而

---

① 我看不出，在内感官被我们自己刺激这一点上，人们会发现如此之多的困难。任何**注意**的行动都能给我们提供这方面的实例。知性任何时候都在其中按照它所思维的联结规定内感官，使之达到与知性的综合中的杂多相应的内直观。心灵通常在多大程度上由此被刺激，每一个人都能在自己里面觉察到。

在统觉的综合的、源始的统一中意识到我自己本身，不是像我
向自己显现的那样，也不是像我自身所是的那样，而仅仅是我
在。这一**表象**是一个**思维**，而不是一个**直观**。现在，既然要**认
识**我们自己，除了思维使任何一种可能直观的杂多获得统觉的
统一性的行动之外，还需要一定的直观方式使这种杂多被给
予，所以尽管我自己的存在不是显象（更不只是幻相），但我
的存在的规定①却惟有与内感官的形式相符合，按照我所联 B158
结的杂多在内直观中被给予的特殊方式才能发生；因此之
故，我关于我所**认识**的，不是**如我所是**的我，而仅仅是如我
向我自己**显现**的我。因此，虽然一切范畴通过把杂多联结在
一个统觉中而构成了对一个**一般而言的客体**的思维，但对自
己的意识还远远不是对自己的知识。就像为了认识一个有别
于我的客体，除了（在范畴中）对一个**一般而言**的客体的思
维之外，我毕竟还需要一个我用来规定那个普遍概念的直观
一样，为了认识我自己，除了意识或者除了我在思维我之 〔124〕
外，我还需要一种对我里面的杂多的直观，用它来规定这种
思想；我作为仅仅意识到自己的联结能力的理智实存着，但 B159

---

① 我思表现着规定我的存在的行动。因此，存在由
此已经被给予，但是，我规定这存在，即在我里
面把杂多设定为属于这存在的东西的方式，却还
没有由此被给予。属于这方面的有自我直观，为
它奠定基础的是一种先天地被给予的形式，即时
间，时间是感性的，并且属于可被规定着的感受
性。现在，既然我不再有另一种自我直观，就像
时间提供可被规定者一样，在规定行动之前就提
供我里面我只意识到其自发性的规定者，所以，
我不能把我的存在规定为一个自己行动的存在者；
相反，我所表象的仅仅是我的思维亦即规定的自
发性，而我的存在依然始终只是可以感性地规定
的，即作为一个显象的存在。然而，这种自发性使
得我把自己称为**理智**。

就它应当联结的杂多而言却服从一个它称为内感官的限制条件，即只有按照完全处在真正的知性概念之外的时间关系来使那种联结变得可直观，因而只能像它与一个直观（这种直观不是理智的，而且不能通过知性自己被给予）相关纯然对自己显现的那样，而不是像它在其**直观**是理智直观的情况下认识自己那样来认识自己本身。

第 26 节　纯粹知性概念普遍可能的
经验应用的先验演绎

在**形而上学的演绎**中，通过一般先天范畴与思维的普遍逻辑功能的完全一致阐明了这些范畴的起源；而在**先验的演绎**中，则阐明了这些范畴作为一般直观对象的先天知识的可能性（参见第 20、21 节）。现在，应当说明**通过范畴**先天地认识对象的可能性，无论它们**怎样对我们感官出现**，而且不是按照它们的直观的形式，而是按照它们的联结的规律来认识，因此也就仿佛是给自然规定规律，甚至是使自然成为可能。因为没有范畴的这种适用性，就不能说明，只要对我们感官出现的东西，如何都必然地从属于先天地仅仅从知性产生的那些规律。

首先我要说明，我把**把握的综合**理解为在一个经验性直观中杂多的组合，知觉，即直观的经验性意识（作为显象）由此而可能。

凭借空间和时间的表象，我们有了外感性直观和内感性直观的先天**形式**，显象杂多的把握的综合必须符合这些形式，因为这种综合本身只有按照这种形式才能发生。但是，空间和时间不仅被表象为感性直观的**形式**，而且被表象为**直观**本身（包含着杂多的直观），因而先天地具有这种杂多的**统一**的规定

B160

〔125〕

B161

（参见先验感性论）。① 因此，在我们外面或者里面的杂多的**综合的统一**，从而还有凡是应当被表象为在空间或者时间中被规定的东西都必须符合的**联结**，就都是先天地作为一切**把握**的综合的条件已经与这些直观同时（不是在它们里面）被给予的。但是，这种综合的统一性不可能是别的统一性，只能是在一个源始的意识中按照范畴来联结一个被给予的**一般直观**的杂多的统一性，只不过是被运用于我们的**感性直观**罢了。所以，一切综合，甚至使知觉成为可能的综合，都从属于范畴；而且既然经验是通过知觉的结合而形成的知识，所以范畴就是知识可能性的条件，从而也先天地适用于知识的一切对象。

※　　　※　　　※

　　因此，例如在我通过对一座房子的杂多的把握使它的经验性直观成为知觉时，我是以空间和一般外感性直观的**必然统一性**为基础的，我仿佛是按照空间中杂多的这种综合统一性来描绘这座房子的形状的。但正是这种综合的统一性，如果我抽掉空间的形式，它就处在知性中，就是一般而言的直观中同类东西的综合的范畴，也就是说，是量的范畴，因而那种把握的综

B162

〔126〕

----

　　① 空间被表象为**对象**（就像人们在几何学中实际上所需要的那样），包含着比直观的形式更多的东西，即把按照感性的形式被给予的杂多**总括**在一个**直观性的表象**中，以至于**直观的形式**只提供杂多，而**形式的直观**则提供表象的统一。我在感性论中把这种统一仅仅列入感性，这只是为了说明，尽管它以一种不属于感官的综合为前提条件，关于空间和时间的一切概念都是通过这种综合才成为可能，但这种统一却先行于任何概念。因为既然作为**直观**的空间或者时间通过它（在知性规定感性时）才**被给予**，所以这种直观的先天统一性属于空间和时间，而不属于知性（参见第24节）。

合亦即知觉就必须完全符合它。①

在我（另举一例）知觉到水结冰的时候，我把两种状态（液态和固态）把握为处在时间的相互关系之中的状态。但在我当做**内直观**使之成为显象的基础的时间里，我必然地表象到杂多的综合统一，没有这种统一，那种关系就不能在一个直观中**确定地**（就时间的顺序而言）被给予。但现在，如果我抽掉我的内直观的恒常形式亦即时间，这种综合的统一作为我联结一个**一般而言的直观**的杂多的先天条件，也就是**原因**的范畴；当我把它运用于我的感性时，我就通过它**在一般的时间中按照一切发生的事情的关系**来规定它们。因此，在这样一种事件中的把握，从而这一事件本身，按照可能的知觉都从属于**结果与原因之关系**的概念，在其他事例中亦复如是。

※ ※ ※

范畴就是先天地给显象，从而给作为一切显象之总和的自然（natura materialiter spectata［从质料方面看的自然］）规定规律的概念；而现在要问：既然范畴不是从自然派生的，不把自然当做范型来遵循，那么，如何理解自然必须遵循范畴，也就是说，范畴如何能够先天地规定自然的杂多的联结，而不是从自然得出这种联结呢？这里就要解开这个谜。

毫不奇怪，自然中种种显象的规律必须与知性及其先天形式，亦即它一般而言联结杂多的能力相吻合，就像显象本身必须与先天感性直观的形式相吻合一样。因为规律并不实存于显象中，而是仅仅相对于显象所依附的具有知性的主体而实存，

---

① 以这样的方式将证明：本身是经验性的把握的综合，必须必然地符合本身是理智的，并且先天地包含在范畴之中的统觉的综合。彼处以想象力的名义、此处以知性的名义把联结带进直观杂多之中的，乃是同一种自发性。

就像显象并不自身实存，而是仅仅相对于具有感官的这同一存在物而实存一样。物自身必然地也会在认识它们的一种知性之外固有其合规律性。然而，显象仅仅是就其自身所能是的东西而言未被认识地存在着的事物的表象。但作为纯然的表象，除了联结能力所规定的规律之外，它们根本不从属于任何别的联结规律。现在，联结感性直观的杂多的东西就是想象力，想象力就其理智综合的统一性而言依赖于知性，就其把握的杂多性而言依赖于感性。既然一切可能的知觉都依赖于把握的综合，但把握的综合这种经验性的综合自己又依赖于先验的综合，从而依赖于范畴，所以，一切可能的知觉，从而还有一切能够达到经验性意识的东西，也就是说，自然的一切显象，就其联结而言都从属于范畴，自然（仅仅作为一般的自然来看）依赖于范畴，把它们当做自己必然的合规律性（作为 natura formaliter spectata［从形式方面看的自然］）的根据。但是，就连仅仅凭借范畴为显象先天地规定规律的纯粹知性能力，也推及不到更多的规律，而仅仅推及**一般而言的自然**作为空间和时间中的种种显象的合规律性所依据的那些规律。特殊的规律由于涉及被经验性地规定的显象，所以由此**并不能完备地推导出来**，尽管它们全都从属于那些范畴。为此还必须有经验，以便**一般而言**认识这些特殊的规律；但关于一般而言的经验，以及关于作为经验的一个对象能够被认识的东西，惟有那些先天的规律才提供教诲。

B165

第 27 节 知性概念的这种演绎的结论

不通过范畴，我们就不能**思维**任何对象；不通过与那些概念相适应的直观，我们就不能**认识**任何被思维的对象。于是，我们所有的直观都是感性的，如果这种知识的对象是被给予

〔128〕

B166 的，则这种知识就是经验性的。但经验性的知识就是经验。因此，**除了关于可能经验的对象的知识之外，我们不可能有任何先天知识**。①

但是，这种仅仅被限制在经验对象上的知识，并不因此就全都借自经验，而是无论就纯直观来说还是就纯粹知性概念来说，它们都是在我们里面先天地发现的知识要素。如今，惟有沿着两条道路才能思维经验与关于其对象的概念的必然一致：要么经验使这些概念成为可能，要么这些概念使经验成为可

B167 能。前者就范畴而言不成立（就纯粹感性直观而言也不成立）；因为范畴是先天的概念，从而不依赖于经验（一种经验性起源的断定会是一种 generatio aequivoca［多元发生论］）。因此就只剩下第二条道路（仿佛是纯粹理性的一种**后生论体系**）：也就是说，范畴从知性方面包含着一切一般经验的可能性的根据。但是，至于范畴如何使经验成为可能，以及范畴在应用于经验时提供了经验可能性的哪些原理，论判断力的先验应用的下一篇将作出更多的说明。

如果有人想在上述两条惟一的道路之间选取中间道路，也就是说，范畴**既不**是我们知识的**自己想出的**先天第一原则，也不是从经验得来的，而是主观的、与我们的实存同时植入我们

[129] 的思维禀赋，这些禀赋被我们的造物主如此安排，使得它们的

---

① 为使人们不以草率的方式对这一命题值得忧虑的不利后果有反感，我只想提请注意，范畴在**思维**中并不受我们感性直观的条件限制，而是有一个无边无际的领域，而惟有对我们所思维的东西的认识，即对客体的规定，才需要直观；在这个领域里，即便缺乏直观，关于客体的思想除此之外也还能够对主体的**理性应用**有一种真正的和有用的后果；但是，由于理性应用并不总是针对客体的规定，从而针对知识，而是也针对主体的规定及其意欲，所以这里还不能阐述它。

应用与经验的进行所遵循的自然规律精确地一致（纯粹理性的一种**前定论体系**），那么（且不说由于这样一种假说，对于人们把为未来的判断而预设前定的禀赋推进到何种地步，看不出什么终点），不利于上述中间道路的决定性的东西就会是：在这样的情况下，范畴就会缺乏在本质上属于其概念的**必然性**。因为例如，陈述一种结果在一个预设的条件下的必然性的原因概念，如果它仅仅依据一种任意地植入我们的把某些经验性表象按照关系的这样一种规则联结起来的主观必然性，就会是错误的。我就会不能够说结果与原因在客体中（也就是说必然地）相结合，而只能说我被这样安排，以至于我只能把这一表象思维成如此结合的；这恰恰是怀疑论者最希望的东西；因为在这种情况下，我们一切凭借我们判断的自以为客观的有效性的洞见就都无非是纯粹的幻相，而且也就会不乏不承认自己有这种主观的必然性（它必然被感觉到）的人；至少，关于纯然依据其主体的组织方式的事情，人们无法与任何人进行争辩。

B168

这一演绎的简明概念

这一演绎乃是阐明，纯粹知性概念（以及随之一切先天的理论知识）是经验的可能性的原则，但这些原则又是对空间和时间中一般而言的显象的**规定**，最后，这种规定出自统觉**源始的**综合统一，是知性与作为感性的源始形式的空间和时间相关的形式。

B169

※　　　　　※　　　　　※

只是到此为止，由于我们必须与基本概念打交道，所以我认为节的划分是必要的。现在，我们要介绍概念的应用，阐述就将上下文一气呵成，不再划分节了。

〔130〕

第二卷
原理分析论

普遍的逻辑乃建立在完全精确地与高级认识能力的划分相一致的规划之上。这些能力就是：**知性、判断力**和**理性**。因此，普遍逻辑的学说在其分析论中探讨**概念、判断**和**推理**，恰好符合人们在一般知性的宽泛称谓下所理解的那些心灵能力的功能和顺序。

B170　　既然上述纯然的形式逻辑抽掉了知识的一切内容（不管它是纯粹的还是经验性的），并且只是一般地研究思维的形式（推论的知识），所以，它在自己的分析论部分中也能够一并包括一部理性的法规，理性的形式有其可靠的规范，无须考察在此所应用的知识的特殊本性，就可以先天地，仅仅通过把理性行动分解成它的各个环节来洞察这种规范。

　　先验逻辑既然被限制在一定的内容上，即被限制在仅仅纯粹先天知识的内容上，在这种划分上就不能效法普遍逻辑。因为显而易见：**理性的先验应用**根本不是客观有效的，因而不属于**真理**的逻辑，也就是说，不属于分析论，而是作为一种**幻相**的逻辑以先验**辩证论**的名义要求经院学术体系的一个特殊部分。

　　据此，知性和判断力在先验逻辑中有其客观有效的，因而真正的应用的法规，所以属于先验逻辑的分析部分。然而，理性在试图先天地关于对象澄清某种东西并扩展知识超出可能经
〔131〕验的界限时，却完全是**辩证的**，它的幻相主张绝对不服从一种
B171　法规，毕竟是分析论应当包含诸如此类的法规。

据此，**原理分析论**将只是**判断力**的一部法规，它教导判断力把包含着先天规则的条件的知性概念运用于显象。出自这一理由，在把真正的**知性原理**作为主题时，我使用一种**判断力的学说**这个称谓，来更确切地标明这项工作。

导论：论一般而言的先验判断力

如果一般而言的知性被解释为规则的能力，那么，判断力就是在把某物**归摄**在规则之下的能力，也就是说，是分辨某物是否从属于某个被给予的规则（casus datae legis［被给予的规则的事例］）的能力。普遍逻辑根本不包含判断力的规范，而且也不可能包含这些规范。因为既然**普遍逻辑抽掉了知识的一切内容**，所以给它剩下的惟一工作就是分析地阐释概念、判断、推理中的纯然知识形式，并由此建立起一切知性应用的形式规则。如果它想普遍地指出，人们应当如何把某物归摄在这些规则之下，如何分辨某物是否从属于这些规则，那么，只能再通过一条规则来进行。但正因为这条规则是一条规则，就再次要求判断力的指导；这就表明，虽然知性能够通过规则来被教导和被装备，但判断力却是一种特殊的才能，根本不能被教导，而是只能被练习。因此，判断力也是所谓天赋机智的特殊才能，其缺乏不是某个学校所能补偿的；因为尽管学校能够给一个有局限性的知性充分地提供，仿佛是植入借自他人洞见的规则，但正确地使用这些规则的能力却是属于学生自己的，而如果缺少这种天赋，则人们为此目的想给他规定的任何规则都不能避免误用。① 因此，一个医生、一个法官或者一个政治家，

B172

〔132〕
B173

---

① 判断力的缺乏本来是人们称为愚笨的东西，而且这样一种缺陷是根本不能补救的。一个迟钝或者有局

脑袋中可能装有许多出色的病理学、法学或者政治学的规则，其水平使他本人能够在这方面成为一个缜密的教师，尽管如此在运用这些规则的时候却很容易违规，这要么是因为他缺乏自然的判断力（虽然不缺乏知性），他虽然能够抽象地看出普遍的东西，但却不能分辨一个事例是否具体地从属于这普遍的东西，要么也是因为他没有通过实例和现实的工作为作出这种判断得到足够的训练。这也是实例的惟一而且重大的效用：它们使判断力变得敏锐。至于知性洞识的正确性和精密性，实例通常毋宁说对它们有些损害，因为它们只是罕见地完全满足规则的条件（作为 **casus in terminis**［术语中的事例］），而且除此之外还经常削弱知性在普遍的东西中、不依赖于经验的特殊情况而就其充足性来洞识规则的努力，从而最终使人习惯于把规则更多地当做公式而不是当做原理来使用。所以，实例是判断力的学步车，缺乏判断力的自然才能的人绝不能缺少它们。

B174

但是，尽管**普遍**逻辑不能给判断力提供任何规范，但**先验**逻辑却完全是另一种情况，甚至看起来，先验逻辑把在纯粹知性的应用中通过一定的规则纠正和确保判断力当做自己真正的工作。为了在纯粹先天知识的领域里给知性带来扩展，从而作为学说，哲学看起来根本不是必要的，或者毋宁说很不适用，因为人们在做过这方面迄今为止的所有尝试之后，毕竟很少有所收获或者根本一无所获，相反，作为批判，为了防止判断力在运用我们所拥有的少数纯粹知性概念的时候失足（lapsus

〔133〕

限性的大脑，缺乏的无非是应有的知性程度和特有的知性概念，则完全可以通过学习来装备它，甚至达到博学的程度。但是，既然通常在这种情况下也会缺乏判断力（彼得的第二能力），所以遇到一些博学之士在应用其科学时经常暴露出那种永远无法改进的缺陷来，就不是什么不同寻常的事情了。

judicii［判断失误］），哲学则以其全部敏锐和考察艺术而受命行之（尽管此用途在这种情况下仅仅是消极的）。

但是，先验哲学自有其独特的东西：除了在纯粹知性概念中被给予的规则（或者毋宁说种种规则的普遍条件）之外，它同时还能够先天地指出这些规则能够运用于其上的事例。它在这一点上超出其他一切有教益的科学（除了数学）所拥有的优点，其原因正是在于：它所讨论的乃是应当先天地与其对象发生关系的概念，所以这些概念的客观有效性不能后天地予以阐明，因为这样就会根本未提及这些概念的那种尊严；相反，先验哲学必须同时以普遍而又充分的标志阐明对象能够与那些概念一致地被给予所需要的条件，否则的话，它就会毫无内容，从而只是些逻辑形式，而不是纯粹的知性概念了。 B175

这一判断力的先验学说将包含两篇：**第一篇**讨论纯粹知性概念能够被运用所必需的感性条件，也就是说，讨论纯粹知性的图型法；**第二篇**讨论在这些条件下先天地从纯粹知性概念得出，并先天地作为其余一切知识的基础的综合判断，也就是说，讨论纯粹知性的诸原理。

第一篇 B176

论纯粹知性概念的图型法

每当把一个对象归摄在一个概念之下时，对象的表象都必须是与后者**同类**的，也就是说，概念必须包含着可以归摄在它下面的对象中被表象的东西，因为"一个对象被包含在一个概念之下"这种表述所说的正是这种意思。这样，一个**盘子**的经验性概念与一个圆的纯粹几何学概念就具有同类性，因为在前者中所思维的圆形可以在后者中直观到。 〔134〕

但现在，纯粹知性概念与经验性的（甚至完全感性的）直观相比是完全异类的，绝不能在任何直观中遇到。那么，把后者**归摄**在前者之下，从而把范畴**运用于**经验是如何可能的呢？因为毕竟没有人会说：这些范畴，例如因果性，也可以通过感官被直观，并且包含在显象中。这一如此自然而又显著的问题，如今真正说来就是使得一种判断力的先验学说成为必要的原因，也就是说，为的是指明**纯粹知性概念**如何能够被运用于一般而言的显象这种可能性。在所有其他科学中，如果对象被普遍地思维所凭借的概念与具体地像对象被给予的那样表象对象的概念并不如此有别和属于不同的种类，就没有必要就前者在后者上的运用而予以特别的讨论了。

如今显而易见的是，必须有一个第三者，它一方面必须与范畴同类，另一方面必须与显象同类，并使前者运用于后者成为可能。这个中介性的表象必须是纯粹的（没有任何经验性的东西），并且毕竟一方面是**理智的**，另一方面是**感性的**。这样一个表象就是**先验的**图型。

知性概念包含着一般杂多的纯粹综合统一。时间作为内感官的杂多的形式条件，从而作为所有表象的联结的条件，包含着纯直观中的一种先天杂多。于是，一种先验的时间规定就它是**普遍的**并且依据一种先天规则而言，与**范畴**（构成时间规定的统一性的范畴）是同类的。但另一方面，就杂多的任何经验性直观都包含时间而言，时间规定又与**显象**是同类的。因此，范畴应用于显象凭借先验的时间规定就成为可能，先验的时间规定作为知性概念的图型促成后者被归摄在前者之下。

按照在范畴的演绎中所指明的那种东西，但愿没有人在对下述问题作出决断上心存疑虑，这一问题就是：这些纯粹知性概念是只有经验性的应用还是也有先验的应用，也就是说，它们是否仅仅作为一种可能经验的条件才先天地与显象发生关系，或者它们是否能够作为一般事物可能性的条件而扩展到对

B177

B178
〔135〕

象自身（不限制在我们的感性上）。因为在此我们已经看到，如果不是一个对象要么被给予概念，要么至少被给予这些概念由以构成的要素，那么，概念就是完全不可能的①，也不可能有某种意义，从而根本不可能关涉物自身（不考虑它们是否以及如何被给予我们）；此外，对象被给予我们的惟一方式是我们感性的变形；最后，纯粹先天概念除了知性在范畴中的功能之外还必须包含感性的（即内感官的）先天形式条件，这些先天形式条件必须包含范畴能够被运用于某个对象所必需的普遍条件。我们想把知性概念在其应用中被限制于其上的感性的这种形式的和纯粹的条件称为该知性概念的图型，把知性使用这些图型的做法称为纯粹知性的**图型法**。 B179

图型自身在任何时候都是想象力的产物；但是，由于想象力的综合并不以单个的直观，而是仅仅以规定感性时的统一性为目的，所以图型毕竟要与图像区别开来。这样，如果我逐一标出 5 个点：……，这就是数字 5 的图像。与此相反，如果我只是思维一个一般而言的数字，它可以是 5 也可以是 100，那么这一思维与其说是一个图像本身，倒不如说是按照某个概念在一个图像中表象一个量（例如 1000）的方法的表象，我在后一事例中将很难综览这一图像，并把它与概念进行比较。这样，关于想象力为一个概念提供其图像的普遍做法的表象，我称为该概念的图型。 B180

事实上，我们的纯粹感性概念的基础不是对象的图像，而 〔136〕

---

① 这种措辞取消了范畴演绎的决定性预设，即纯粹的也就是说不与感性相关的范畴不仅能够而且必须被思维成一般对象的概念。康德在其第一版手写样书中正确地把"完全不可能的"改进为"对于我们来说没有意义的"（《康德〈纯粹理性批判〉补遗》，第 LⅢ 条）。——科学院版编者注

是图型。对于一个一般而言的三角形的概念，根本不会有一个三角形的图像与其相符。因为图像达不到概念那种使得该概念适用于直角的或者锐角的等等一切三角形的普遍性，而是始终仅仅局限于这个领域的一个部分。三角形的图型永远不能实存于别处，而是只能实存于思想中，它意味着想象力的综合就空间中的纯粹形状而言的一条规则。一个经验的对象或者该对象的图像就更谈不上在某个时候达到经验性的概念了，相反，经验性的概念在任何时候都是按照某个普遍的概念直接与作为规定我们直观的规则的想象力的图型发生关系。狗的概念意味着一条规则，我们的想象力可以根据这条规则普遍地描画一个四足动物的形象，不用局限于经验呈现给我的一个惟一的特殊形象，或者局限于我可以具体地描述的任何一个可能的图像。我们知性就显象及其纯然形式而言的这种图型法是人类灵魂深处的一种隐秘的技艺，我们很难在某个时候从自然中猜测出它的真正操作技巧，并将它毫无遮蔽地展现在我们眼前。我们只能够说：**图像**是生产的想象力的经验性能力的一个产物①，感性概念（作为空间中的图形）的**图型**则是纯粹先天想象力的一个产物，仿佛是它的一个符号，种种图像是通过它并且根据它才成为可能的，但种种图像永远必须凭借它们所标示的图型才与概念相结合，就其自身而言并不与概念完全相应。与此相反，一个纯粹知性概念的图型是某种根本不能被带入任何图像之中的东西，它只是根据统一性的规则按照范畴所表达的一般概念所进行的纯粹综合，是想象力的先验产物，这个产物就所有应当根据统觉的统一性而在一个概念中联系起来的表象而言，按

B181

---

① 也就是说，生产的想象力在其经验性的应用中的产物。例如参见《康德全集》第 4 卷 74 页、87 页注。即便上文 B151 也不包含任何矛盾的东西。——科学院版编者注

照一般而言内感官的形式（时间）的种种条件而与内感官的规定相关。

我们不再为枯燥无聊地分析一般纯粹知性概念的先验图型所要求的东西耽搁时间了，我们宁可按照范畴的秩序并与范畴相结合来阐述这些图型。

一切对于外感官来说的量（quantorum）的纯粹图像是空间，而一般感官的一切对象的纯粹图像则是时间。但是，作为一个知性概念的量（quantitatis）的纯粹**图型**是**数**，数是对一个又一个（同类的东西）的连续相加进行概括的表象。因此，数无非是一般同类的直观的杂多之综合的统一，因为我是在直观的把握中产生出时间本身的。

实在性在纯粹知性概念中是与一般感觉相应的东西，因而是其概念自身表明某种（在时间中的）存在的东西；否定性则是其概念表明一种（在时间中的）不存在的东西。因此，二者的对立乃是发生在同一个时间是作为充实的时间还是作为空虚的时间的区分中。既然时间只不过是直观的形式，从而只不过是作为显象的对象的形式，所以这些对象中与感觉相应的东西就是一切作为物自身的对象的先验质料（实际性、实在性）。现在，每一感觉都有一种程度或者大小，它凭借这种程度或者大小就能够就一个对象的同一个表象而言或多或少地充实同一个时间，即内感官，直到这感觉在无（＝0＝否定）中停止。因此，从实在性到否定性有一种关系和联系，或者毋宁说有一种过渡，它把任何实在性都表现为一个量；而作为某物如果充实时间就具有的量的实在性，其图型正是这个量在时间中连续而又均匀的产生，因为人们是在时间中从具有某种程度的感觉一直下降到该感觉的消失，或者从否定逐渐地上升到它的这种大小。

实体的图型是实在物在时间中的持久性，也就是说，是作为一般经验性时间规定的一个基底的实在物的表象，因此，该实在物在其他一切都变易的时候保持不变（时间并不流逝，而是可变的东西的存在在时间中流逝。因此，时间本身是不变的和常驻的，显象中与它相应的是存在中不变的东西，即实体，而且只有根据实体，显象的相继和同时才能按照时间予以规定）。

〔138〕   一般事物的原因和因果性的图型是实在物，只要任意地设定它，任何时候都有某种别的东西接踵而至。因此，该图型就在于杂多的演替，只要这演替服从某种规则。

共联性（交互作用）或者种种实体就其偶性而言的交互因果性的图型就是一个实体的规定和另一个实体的规定按照一条

B184 普遍规则的同时并存。

可能性的图型是各种不同表象的综合与一般时间的种种条件的一致（例如，因为对立的东西不能在一个事物中同时存在，而是只能相继存在），所以是一个事物在某一时间里的表象的规定。

现实性的图型是在一定的时间中的存在。

必然性的图型是一个对象在一切时间中的存在。

于是人们从这一切可以看出，每一个范畴的图型，作为量的图型就包含和表现着在对一个对象的相继把握中时间本身的产生（综合），作为质的图型就包含和表现着感觉（知觉）与时间表象的综合或者时间的充实，作为关系的图型就包含和表现着种种知觉在一切时间中（即根据时间规定的一条规则）的相互关系，最后，作为模态及其各范畴的图型就包含和表现着作为一个对象是否以及如何属于时间的规定的相关物的时间本身。因此，图型无非就是按照规则的先天**时间规定**，这些规则按照范畴的顺序，关涉到就一切可能对象而言的**时间序列、时间内容、时间顺序**，最后还有**时间总和**。

B185

由此可见，知性的图型法通过想象力的先验综合所产生的结果，无非是直观的一切杂多在内感官中的统一，并如此间接地是作为与内感官（一种感受性）相应的功能的统觉的统一。因此，纯粹知性概念的各图型就是给这些概念提供一种与客体的关系，从而提供**意义**的真正的和惟一的条件，而因此之故，〔139〕各范畴归根结底就除了一种可能的经验性的应用之外没有别的应用，因为它们仅仅被用于通过一种先天必然的统一（为了一切意识在一个源始的统觉中的必然结合）的诸般根据使显象服从综合的普遍规则，并由此使它们适宜于无一例外地结合在一个经验中。

但是，我们的一切知识都处于一切可能经验的整体中，而先行于一切经验性真理并使它们成为可能的先验真理就在于与这些可能经验的普遍关系。

但是，引人注意的毕竟还有：虽然感性的图型首先使范畴得以实现，但它们毕竟也还是限制范畴，也就是说，把它们限制在处于知性之外（即处于感性之中）的条件上。因此，图型 B186 真正说来只不过是现象或者一个对象与范畴一致的感性概念（**Numerus** est quantitas phaenomenon，**sensatio** realitas phaenomenon，**constans** et perdurabile rerum subsatantia phaenomenon-**aeternitas necessitas** phaenomenon etc. ［**数**是作为量的现象，**感觉**是作为实在性的现象，事物中**常驻**和持久的东西是作为实体的现象，**永恒性**是作为**必然性**的现象，等等］）。现在，如果我们删去一个限制性条件，那么，我们看起来就把前面限制过的概念扩大了；于是，范畴就应当在其纯粹的意义上，无须一切感性条件，**如事物所是的那样**适用于一般的事物，而不是范畴的图型仅仅**如它们显现的那样**表象它们，因而范畴就有了一种不依赖于一切图型的、大大扩展了的意义。事实上，即便在脱离一切感性条件之后，纯粹知性概念也当然还留有一种意义，但仅仅是种种表象的纯然统一的逻辑意义，但对这些表象来说，并没有一个对象被给予，从而也没有一种能够提供关于客体的一个概念①的意义被给予。例如实体，如果人们删去持久性的感性规定，则它就只不过是意味着一个能够被当做主词（不是关于某种别的东西的谓词）来思维的某物。我不能用这个表象做任何事情，因为它根本没有向我表明，应当被视为这样一个最初的主词的事物有哪些规定。因此，没有图型的范畴只不过是知性对概念的功能，但并不表象对象。这种意义之属于范畴乃是出自感性，感性通过同时限制知性而使知性得以实现。

〔140〕

第二篇
纯粹知性的一切原理的体系

我们在前一篇中只是根据普遍的条件考虑了先验判断力，先验判断力只有在这些条件下才有权利把纯粹知性概念用于综合判断。现在我们的工作是：在系统的联结中阐明知性以这种批判的谨慎实际上先天地作出的判断，为此，我们的范畴表毫无疑问必然为我们提供自然的和可靠的引导。因为正是这些范畴，它们与可能经验的关系必然构成一切纯粹先天知性知识，而它们与一般感性的关系也将为此完备地并且在一个体系中展示知性应用的一切先验原理。

先天原理之所以使用这一名称，不仅仅是因为它们自身包含着其他判断的根据，而且还因为它们本身并不以更高的和更

---

① 参见 B178。康德在其手写样书中改进为：关于客体的一种知识（《康德〈纯粹理性批判〉补遗》，第 LXI 条）。——科学院版编者注

普遍的知识为根据。不过，这一属性却并不总是使它们免除证明。因为即使这种证明不能继续客观地进行，而毋宁说是它的客体的一切知识的基础①，但这毕竟并不妨碍有可能，甚至也有必要从一般对象的知识之可能性的主观来源出发作出一种证明，因为若不然，命题就会仍然有极大的嫌疑，被疑为纯然是一种骗取来的主张。

其次，我们将仅仅局限于与范畴发生关系的那些原理。因此，先验感性论的各原则就不属于我们划出的这个研究领域，根据这些原则，空间和时间是作为显象的一切事物之可能性的条件，此外也是对这些原理的限制，即它们不能与物自身发生关系。同样，数学的原理也不构成这个体系的一个部分，因为它们只是从直观中，但却不是从纯粹知性概念中引出的；不过，由于它们尽管如此还是先天综合判断，所以它们的可能性在这里必将找到位置，虽然不是为了证明它们的正确性和无可置疑的确定性，它们根本不需要这种证明，而是仅仅为了说明和演绎这样一些自明的先天知识的可能性。

〔141〕

B189

但是，我们将也必须谈到分析判断的原理，而且把它与我们真正说来所探究的综合判断的原理进行对照，因为正是这种对峙将使综合判断的理论摆脱一切误解，把它以自己特有的本性展现出来。

---

① （鉴于各版次在这句话上的差异，——译者注）我现在尽可能依据我们眼前的文本来诠释："因为即使这种证明不能继续客观地进行，而毋宁说任何这样的先天原理都是它的客体的一切知识的基础，因而在其客体的这种整体知识上排除任何向更高的和更普遍的知识的回溯"。康德造出"而……基础"的转折句，就好像他前面写过"即使这样一个原理不能继续客观地证明"似的。——科学院版编者注

第一章 论一切分析判断的至上原理

无论我们的知识有哪种内容，也无论这种知识如何与客体发生关系，我们一切一般而言的判断的普遍的，虽然只是消极的条件都是：它们不自相矛盾，否则，这些判断自身（即使不考虑客体）就什么也不是。但是，即便在我们的判断中没有矛盾，它也毕竟依然能够像对象并不造成的那样来联结概念，或者并没有一个不论是先天的还是后天的根据被给予我们来赋予这样一个判断以权利；于是，一个判断不论怎样没有任何内在矛盾，也毕竟可能或者是错误的，或者是没有根据的。

现在，"一个与某事物相矛盾的谓词不属于该事物"这个命题，就叫做矛盾律，它是一切真理的一个普遍的，尽管纯然否定的标准，但之所以仅仅属于逻辑，也是因为它所适用的知识纯然是一般的知识而不论其内容，并断言矛盾将完全毁掉和取消知识。

但是，人们毕竟也可以对矛盾律做一种积极的应用，也就是说，不仅仅为了清除虚假和错误（如果这错误是基于矛盾的），而且也是为了认识真理。因为**如果判断是分析的**，则不论它是否定的还是肯定的，它的真理性在任何时候都必然可以按照矛盾律得到充分的认识。因为对立在任何时候都已经被作为概念存在于客体的知识中，并在其中被思维的东西所正确地否定，而概念本身却必定必然地被它所肯定，因为概念的对立面是会与客体相矛盾的。

因此，我们也必须承认**矛盾律**是**一切分析知识**普遍的和完全充足的**原则**；但是，它作为真理的一个充足标准的威望和可用性也不可能走得更远。因为，根本不可能有任何知识与它相抵触却不自我毁灭，这固然使矛盾律成为我们知识的真理性的

B190

〔142〕

B191

conditio sine qua non［必要条件］，但却没有使它成为其规定根据。既然我们本来只讨论我们知识的综合部分，所以我们虽然在任何时候都注意不与这条不可侵犯的原理相抵触地行动，但就这样一类知识的真理性而言却永远不能指望从它那里得到一些启发。

但是，这条著名的原理虽然被剥夺了一切内容，而且纯然是形式的，但它的公式却毕竟包含着由于不小心而以完全不必要的方式混进它里面的一种综合。这个公式就是：某物不可能同时是且不是。在这里，无可置疑的确定性（通过**不可能**这个词）是以多余的方式附加上的，毕竟这种确定性本身由命题出发就必然是不言而喻的了。除此之外，命题还受到时间的条件的浸染，仿佛是说：一个等于 A 的事物是等于 B 的某物，就不能在同一时间里是非 B；但是，它完全可以前后相继地是二者（既是 B 又是非 B）。例如，一个人是年轻的，就不能同时是年老的，但同一个人完全可以在一个时候是年轻的，在另一个时候是不年轻的，即是年老的。现在，矛盾律作为一个纯然逻辑的原理，必须把自己的说法根本不限制在时间关系上，因此这样一个公式是与它的意图根本相悖的。误解纯然来自：人们把一个事物的谓词首先与他的概念分离开来，然后又把这个概念的对立面与这个谓词结合，这个谓词绝不造成与主词的矛盾，而是仅仅造成与主词已经同自己联结起来的谓词的矛盾，而且只是在第一个谓词和第二个谓词同时被设定的情况下才是如此。如果我说：一个人是无学问的，就不是有学问的，那么就必须伴有同时这个条件；因为此人虽然在一个时候是无学问的，但却在另一个时候完全可以是有学问的。但如果我说：没有一个无学问的人是有学问的，那么这个命题就是分析的，因为这个标志（无学问）由此开始就参与构成主词的概念；而在这种情况下，否定命题就直接从矛盾律得出，而不用附加同时

B192

〔143〕

这个条件。这也就是我在上面改变了矛盾律的公式，以使一个
B193　分析命题的本性由此清晰表现出来的缘故。

第二章　论一切综合判断的至上原理

对综合判断的可能性作出解释，是普遍逻辑与之毫无关系
的课题，它甚至可以就连这个课题的名称也不知道。但是，这
个课题在先验逻辑中却是一切工作中最重要的工作，在谈到先
天综合判断的可能性，此外谈到它们的有效性的条件和范围
时，它甚至是惟一的工作。因为在完成这一工作之后，先验逻
辑就可以完全实现自己的目的，即规定纯粹知性的范围和界
限了。

在分析判断中，我停留在被给予的概念上，为的是从中挖
掘出某种东西。如果它应当是肯定的，那么，我就只把在这个
概念中已经思维过的东西赋予这个概念；如果它应当是否定
的，那么，我就只把这个概念的对立面从中排除掉。但在综合
判断中，我却应当走出被给予的概念，以便把某种与在该概念
里面思维过的完全不同的东西同该概念置于关系中来考察，因
B194　而这种关系就绝不是同一性关系，也绝不是矛盾关系，而此
时从这一判断就其自身而言就既不能看出真理，也看不出
谬误。

〔144〕　因此既然承认，人们必须从一个被给予的概念走出，以便
综合地把它与另一个概念进行比较，那么，就需要有一个第三
者，两个概念的综合只有在它里面才能够产生。但是，这个作
为一切综合判断的媒介的第三者是什么呢？它只不过是一个我
们的一切表象都被包含在其中的总和，也就是内感官及其先天
形式，即时间。表象的综合依据的是想象力，而它们的（为判
断所必需的）综合统一却依据统觉的统一。因此，必须在这里

寻找综合判断的可能性，且由于所有这三者都包含着先天表象的来源，所以也必须在这里寻找纯粹综合判断的可能性；甚至出自这些理由，如果关于对象的某种仅仅基于表象之综合的知识要实现的话，它们也将是必要的。

如果一种知识应当具有客观的现实性，即与一个对象发生关系并在该对象中具有含义和意义，那么，该对象就必须能够以某种方式**被给予**。没有这一点，概念就是空的，由此，人们虽然思维过了，但事实上却通过这种思维没有认识任何东西，而是仅仅在玩弄表象。给予一个对象，如果这不又仅仅是间接地被意指，而是直接地在直观中呈现，那么，它无非就是让该对象的表象与经验（无论是现实的经验还是可能的经验）发生关系。即便是空间和时间，无论这些概念多么纯粹得没有任何经验性的东西，无论它们多么确定，以至于它们完全先天地在心灵中被表象，如果它们不被指明在经验对象上的应用，它们就毕竟没有客观有效性，没有意义和含义；的确，它们的表象只是一个始终与再生的想象力相关的图型，这种想象力唤起经验的对象，没有这些对象，空间和时间就会没有任何含义；一切概念都没有区别地是这种情况。〔B195〕

因此，**经验的可能性**就是赋予我们一切先天知识以客观实在性的东西。现在，经验依据的是显象的综合统一，也就是说，依据的是一种按照一般而言关于显象对象的概念进行的综合，没有这种综合它就连知识也不是，而会是一部知觉的狂想曲，这些知觉不会服从一种依照无一例外地结合起来的（可能的）意识的规则产生的联系，从而形成统觉先验的和必然的统一。因此，经验以其先天形式的各原则为根据，也就是说，以显象的综合中的统一性的各普遍规则为根据，这些规则的客观实在性作为必然的条件任何时候都可以在经验中，甚至在经验的可能性中指出来。但在这种关系之外，先天综合命题是完全〔145〕〔B196〕

不可能的，因为它们没有第三者，也就是说，没有它们的概念的综合统一能够在其上呈现出客观实在性的对象。

因此，尽管我们在综合判断中关于一般而言的空间，或者关于生产的想象力在它里面所描绘的形状先天地认识到的东西如此之多，以至于我们实际上为此根本不需要任何经验，但如果空间不是被视为构成外部经验材料的种种显象的条件的话，这种知识就什么也不是，而仅仅是对一种幻影的处理；因此，那些纯粹的综合判断，虽然只是间接地，但却是与可能的经验，或者毋宁说与这些经验的可能性本身发生关系，并仅仅在它们上面建立起它们的知识的客观有效性。

因此，既然经验作为经验性的综合，就其可能性而言，是惟一给其他一切综合提供实在性的知识种类，所以，后者作为先天知识，也惟有通过除一般经验的综合统一所必需的东西之外不包含任何其他东西，才具有真理性（即与客体一致）。

B197

所以，一切综合判断的至上原则就是：每一个对象都服从可能经验中直观杂多的综合统一的必要条件。

以这样的方式，如果我们使先天直观的形式条件、想象力的综合及其在一种先验统觉中的必然统一与可能的一般经验知识发生关系，并且说：一般**经验的可能性**的种种条件同时就是**经验对象的可能性**的种种条件，因而在一个先天综合判断中具有客观有效性，那么，先天综合判断就是可能的。

〔146〕

第三章　纯粹知性一切综合原理的系统介绍

一般说来，原理在某个地方成立，这只能归于纯粹知性；纯粹知性不仅就发生的事情而言是规则的能力，而且本身就是种种原理的来源，根据这一来源，一切（惟有作为对象才能呈现给我们的）东西都必然地服从规则，因为如果没有这些规

B198

则，就永远不可能有一个与显象相应的对象的知识属于显象。即便是自然规律，在被视为经验性的知性应用的原理时，也带有必然性的表述，从而至少带有一种出自先天地并且先于一切经验有效的诸般根据的规定的猜测。但是，一切自然规律都毫无区别地服从于知性的更高原理，因为它们只不过是把这些原理运用于特殊的实例罢了。因此，惟有这些原理才提供包含着一个一般而言的规则的条件，仿佛是包含着它的指数的概念，而经验则提供服从于该规则的实例。

因此，人们把纯然经验性的原理视为纯粹知性的原理，或者反过来把后者视为前者，这真正说来可能并不是什么危险；因为后者的出众之处就在于根据概念的必然性，任何经验性的命题，无论它多么普遍地有效，都被轻而易举地发现缺乏这种必然性，所以这种必然性就可以轻而易举地预防上述混淆。但是，有一些纯粹的先天原理，尽管如此，我毕竟还是不想把它们特别地归于纯粹知性，之所以如此，乃因为它们并不是从纯粹概念，而是从纯粹直观（尽管是凭借知性）得出的；而知性却是概念的能力。数学就有诸如此类的原理，但它们在经验上的应用，从而它们的客观有效性，甚至这样一些先天综合知识的可能性（它们的演绎），毕竟是始终依据纯粹知性的。 B199

因此，我将不把数学的原理列入我的原理之中，但要把数学的可能性和客观有效性先天地依据的，从而应当被视为这些原理的原则的那些原理列入其中。它们不是**从概念**出发到直观，而是**从直观**出发到概念。 〔147〕

在把纯粹知性概念运用于可能经验的时候，它们的综合的应用要么是**数学性的**，要么是**力学性的**：因为这种综合有时仅仅关涉到**直观**，有时则关涉到一个一般而言的显象的存在。但是，直观的种种先天条件就可能的经验而言绝对是必然的，而一个可能的经验性直观的客体，其存在的种种条件就自身而言却仅仅是偶然的，所以，数学性应用的原理是无条件地必然的，也就是说，是无可置疑的，而力学性应用的原理尽管也带有一种先天必然性的特征，但却只处在一种经验中的经验性思维的条件之下，因而只是有条件地和间接地带有这种特征，所以不包含数学性应用的原理所特有的那种直接的自明性（虽然也并不损害它们普遍地与经验相关的确定性）。不过，这一点我们将在这个原理体系结束时更好地予以评判。

B200

范畴表给我们提供了原理表的完全自然的指示，因为后者毕竟无非是前者的客观应用的规则。据此，纯粹知性的所有原理是：

1.
直观的公理

2.
知觉的预先推定

3.
经验的类比

4.
一般经验性思维的公设

我谨慎地选择了这些称谓，以免让人忽视在这些原理的自明性和执行方面的区别。但马上就要表明的是：无论按照**量**和**质**（如果人们仅仅注意后者的形式的话）的范畴涉及的是自明性还是显象的先天规定，二者的原理都与其余两条原理明显有别，因为虽然双方都能够具有完全的确定性，但前两条原理所能具有的是一种直觉的确定性，而后两条原理所能具有的则纯然是一种推论的确定性。因此，我将把前两者称为**数学性的**原理，把后两者称为**力学性的**原理。①但是，人们将察觉到：我

〔148〕
B201

---

① 一切联结（conjunctio）都要么是**组合**（compositio），要么是**结合**（nexus）。前者是**并不必然相互隶属的**杂多的综合，例如一个正方形被对角线划分所形成的两个三角形就是各自并不必然相互隶属的；一切

在这里并不是在一个事例中留意数学的原理，同样不是在另一个事例中留意普遍（物理学的）力学的原理，而是仅仅留意与内感官相关的纯粹知性的原理（对其中被给予的表象不加区分），这样就使那些原理全都获得了自己的可能性。因此，我对它们的称谓不是由于它们的内容，而是考虑到它们的应用。现在，我要按照它们在表中表现出来的顺序来探讨它们。

B202

一、直观的公理

其原则是：一切直观都是广延的量

证明

一切显象就形式而言都包含着一个空间和时间中的直观，它们全都以这直观为基础。因此，除了通过使一个确定的空间或者时间的种种表象得以产生的杂多综合，也就是说，通过同类东西的组合与这种杂多（同类东西）的综合统一的意识，这些显象不能以别的方式被把握，也就是说，被接纳入经验性的意识。现在，一般直观中杂多的同类东西的意识，就一个客体的表象由此才成为可能而言，即是量（quanti）的概念。因此，就连对一个作为显象的客体的知觉，也惟有通过被给予的

〔149〕
B203

> 可从**数学上**来考虑的东西中**同类东西**的综合就是这种情况（这种综合又可以分为**集合**的综合和**联合**的综合，其中前者关涉**广延的量**，后者关涉**强度的量**）。第二种联结（nexus）是**必然相互隶属**的杂多的综合，例如偶性必然隶属于某个实体，结果必然隶属于原因——因而被表象为**异类地**，但毕竟是先天地联结起来的；这种联结由于不是任意的，所以我把它称为**力学性的**，因为它涉及杂多的**存在**的联结（这种联结又可以分为显象彼此之间的**物理学的**联结和显象在先天认识能力中的形而上学的联结）。

直观之杂多的这种综合统一性才是可能的，通过它，杂多的同类东西之组合的统一性在**量**的概念中被思维；也就是说，显象全都是量，而且是广延的量，因为它们作为空间或者时间中的直观，都必须通过一般空间和时间由以被规定的这种综合被表象。

我把各个部分的表象在其中使整体的表象成为可能（因而必然先行于整体的表象）的那种量称为一种广延的量。一条线，无论它怎样短，如果不在思想中划出它，也就是说，不从一个点产生出所有的部分，并由此记录下这一直观，我就不能表象它。任何时间，哪怕是极为短促，也都同样是这种情况。在其中我只是思维从一个瞬间到另一个瞬间的相继进展，由此通过所有的时间部分及其增添最终产生出一个确定的时间量。既然对一切显象来说纯然的直观要么是空间，要么是时间，所以任一显象作为直观都是一个广延的量，因为它惟有通过在把握中（从部分到部分）的相继综合才能被认识。据此，一切显象都已经被直观为集合体（被先行给予的各个部分的集合），但并不是任何种类的量都是这种情况，而是只有被我们从广延上表象和把握为量的那种量才是这种情况。

广延的数学（几何学）及其公理就基于生产的想象力在生成形象方面的这种相继综合，这些公理表达了先天感性直观的种种条件，惟有在这些条件下才能形成外部显象的一个纯粹概念的图型：例如，两点之间只可能有一条直线；两条直线不能围起一个空间等等。这些都是真正说来仅仅涉及量（quanta）本身的公理。

但是，就量（quantitas）而言，也就是说，就对"某物多大"这一问题的回答而言，在它这方面虽然这些命题中有许多是综合的和直接确定的（不可证明的），尽管如此却在真正的意义上不存在公理。因为等量加上等量或者减去等量得出的仍

B204

〔150〕

是等量，这些都是分析命题，此时我直接意识到的是一个量的产生与另一个量的产生的同一性；但公理却应当是先天综合命题。与此相反，数量关系的自明命题固然是综合的，但却不像几何学的命题那样是普遍的，且正因为如此不是公理，而只能被称为算式。7＋5＝12，这并不是分析命题。因为我在 7 的表象中、在 5 的表象中以及在二者的组合中，都没有思维 12 这个数字（这里不谈我在**二者的相加**中应当思维这个数字；因为就分析命题而言，问题只在于我是否确实在主词的表象中思维谓词）。但是，尽管这一命题是综合的，它却毕竟只是一个单称的命题。就这里只注意同类东西（各个单位）的综合而言，虽然这些数字的应用在此后是普遍的，但综合在这里却只能以惟一的一种方式发生。当我说：有三条线，其中两条相加大于第三条，用它们可以表示一个三角形，此时我在这里所具有的只是生成的想象力的功能，它能把这些线延长或者缩短，此外能够使它们按照任意的角度相交。与此相反，7 这个数字只以惟一的一种方式是可能的，通过它与 5 的综合所产生的 12 这个数字也一样。因此，人们必须不把诸如此类的命题称为公理（因为若不然，就会有无限多的公理），而是称为算式。

　　显象的数学的这一先验原理给予我们的先天知识以很大的扩展。因为只有它才使纯粹数学能够以其全部的精确性运用于经验的对象，没有这一原理，这种运用就不会如此自明，甚至还引起过某些矛盾。显象不是物自身。经验性直观惟有通过（空间和时间的）纯直观才是可能的；因此，几何学关于纯直观所说的东西，不可辩驳地对经验性直观有效，而诸如感官的对象可以不符合空间中作图的规则（例如，线和角无限可分的规则）之类的遁词必须予以抛弃。因为这样一来，人们就否定了空间的客观有效性，与此同时也就否定了一切数学的客观有效性，再也不知道数学为何以及在多大程度上可以运用于显

B205

〔151〕
B206

象。作为一切直观的根本形式的空间和时间，其综合是同时使显象的把握，因而使任何外部经验，进而也使这种经验的对象的一切知识得以可能的东西，而数学在纯粹应用中关于前者所证明的东西，也必然适用于后者。对此的所有责难都是一种受到错误教导的理性的无理取闹，这种理性想使感官的对象脱离我们的感性的形式条件，尽管这些对象只不过是显象，却把它们表象为被给予知性的对象自身；在这种情况下，对于它们当然不能先天地，因而也不能通过关于空间的纯粹概念综合地认识任何东西，而规定这些概念的科学，即几何学，本身也就会是不可能的了。

B207

二、知觉的预先推定

其原则为：在一切显象中，作为感觉对象的实在的东西都有强度的量，即一种程度

〔152〕

证明

知觉是经验性的意识，也就是说，是其中有感觉的意识。显象作为知觉的对象，并不像空间和时间那样（因为空间和时间就自身而言根本不能被知觉）是纯直观（纯然形式的直观）。因此，除直观之外，显象还包含着一般而言某个客体的质料（借此，某种在空间或者时间中实存的东西被表象），也就是说，包含着作为纯然主观表象①的感觉之实在的东西；关于感

---

① 感觉之实在的东西是直观的那个使某种实存的东西在空间中或者时间中被表象的组成部分，因而是不言而喻的主观表象，它的产生，是由于感觉被归摄在一个一般客体的概念之下。例如参见 B217。——科学院版编者注

觉，人们只能意识到主体受到刺激，而且人们使它与一个一般
而言的客体发生关系。现在，从经验性意识到纯粹意识，一种
逐步的变化是可能的，此时经验性意识的实在的东西完全消
失，只剩下空间和时间中的杂多的一种（先天的）形式的意
识；因此，就连一个感觉的量的产生，从其原因亦即等于零的
纯直观直到它的一个任意量，其综合也是可能的。现在，既然
感觉自身根本不是客观的表象，而且在感觉里面既遇不到空间
的直观也遇不到时间的直观，所以感觉虽然没有一种广延的
量，但却毕竟有一种量（而且是通过对感觉的把握，在这种把
握中，经验性意识能够在某个时间里从等于零的无增长到感觉
被给予的分量），因而有一种强度的量。与感觉的这种强度的
量相应，就知觉包含着感觉而言，必须赋予知觉的一切客体以
强度的量，即对感官的影响的程度。

我能够用来先天地认识和规定属于经验性认识的东西的一
切知识，人们都可以称之为一种预先推定；毫无疑问，这就是
伊壁鸠鲁使用其术语 **προληφιS** ［预想］的意义。但是，既然
在显象那里有某种东西永远不被先天地认识，因而也构成了经
验性的东西与先天知识的真正区别，这也就是感觉（作为知觉
的质料），故而可以得出，感觉真正说来就是那根本不能被预
先推定的东西。与此相反，无论是就形状来说还是就量来说，
我们都可以把空间和时间中的纯粹规定称为预先推定，因为它
们先天地表象着任何能够后天地在经验中被给予的东西。但
是，假定存在着某种东西，可以在任何作为一般感觉的感觉
（无须能够有一种特殊的感觉被给予）那里被先天地认识到，
那么，这种东西就在一种特殊的意义上理应被称为预先推定，
因为在恰恰关涉到人们只能从经验取得的经验资料的东西中抢
在经验之前，这看起来令人觉得奇怪，但在此处实际情况就是
这样。

仅仅凭借感觉作出的把握，只占用一个瞬间（也就是说，如果我不考虑感觉的演替的话）。作为显象中的某物，其把握不是从各个部分前进到整个表象的那种逐渐的综合，所以感觉没有广延的量：某一瞬间感觉阙如，则该瞬间就被表象为空的，因而等于零。在经验性直观中与感觉相应的东西，就是实在性（**realitas phaenomenon**［作为显象的实在性］），而与感觉的阙如相应的东西，则是等于零的否定性。但如今，任何感觉都能够减弱，以至于它能够消减，并这样逐渐地消失。因此，在显象中的实在性和否定性之间，有许多可能的中间感觉的一种连续的联系，这些中间感觉彼此之间的差异总是小于被给予的感觉与零或者完全的否定性之间的差异。这就是说：显象中实在的东西任何时候都有一个量，但由于仅仅凭借感觉作出的把握是在一个瞬间发生的，不是通过许多感觉的逐渐综合发生的，因而不是从各个部分前进到整体，所以在把握中遇不到这个量；因此，这实在的东西虽然有一个量，但却不是广延的量。

现在，我把只被把握为单一性、其中复多性只能通过向等于零的否定性的逼近来予以表象的那种量称为**强度的量**。因此，显象中的任何实在性都有强度的量，也就是说，有一个程度。当人们把这种实在性视为原因（无论是感觉的原因还是显象中其他实在性的原因，例如一种变化的原因）的时候，就称这种作为原因的实在性的程度为一种要素，例如重力的要素，而且之所以如此，乃是因为程度只是表示这样一种量，这种量的把握不是逐渐的，而是瞬间的。但我在这里只是顺便提到这一点，因为我现在还不想讨论因果性。

据此，任何感觉，从而还有显象中的任何实在性，无论它多么小，都有一种程度，也就是说，有一个还总是能减弱的强度的量，在实在性和否定性之间有可能的实在性和可能更小的

知觉的一种连续的联系。每一种颜色，例如红色，都有一种程
度，无论这程度怎样小，都永远不是最小的；热、重力的要素
等等，到处都是这种情况。

　　就量而言没有任何部分是可能最小的部分（没有一个部分
是单纯的），这种属性就叫做量的连续性。空间和时间是
quanta continua［连续的量］，因为不将它们的部分包围在界
限（点和瞬间）之间，它们的任何部分都不能被给予，因而该
部分只能这样被给予，即它本身又是一个空间或者时间。因
此，空间只能由众多空间构成，时间只能由众多时间构成。点
和瞬间只是界限，也就是说，纯然是限制它们的位置；但位置
在任何时候都以它们应当限制或者规定的那种直观为前提条
件，纯然以位置为还在空间或者时间之前就能够被给予的成
分，用它们既不能组合成空间也不能组合成时间。人们也可以
把诸如此类的量称为**流动的量**，因为（生成的想象力的）综合　　B212
就其产生而言是一个时间中的进程，人们通常特别地借助流动
（流逝）来表示时间的连续性。

　　据此，一切一般而言的显象都是连续的量，无论是根据其
直观作为广延的量，还是根据纯然的知觉（感觉以及因此还有
实在性）作为强度的量。如果显象的杂多的综合被中断，那
么，这就是许多显象的一个集合体（而且不是真正说来作为量
的显象），这个集合体不是通过某种方式的生成性综合的纯然
延续产生的，而是通过一种时断时续的综合的重复产生的。当
我称 13 塔勒为一种货币量时，就我把它理解为一马克纯银的
含量而言，我这样称谓它是正确的；但是，一马克纯银当然是
一个连续的量，其中没有一个部分是最小的部分，相反，每一
个部分都能够构成一个货币块，它总是包含着构成更小部分的　　〔155〕
质料。但是，如果我把那个称谓理解为 13 塔勒，即这么多的
硬币（它们的银含量则可以是任意的），那么，我用塔勒的量

来称谓它就是不合适的，相反，我必须称它为一个集合体，也就是说，称它为某个数目的货币块。但由于对一切数字来说都必须以单位为基础，所以显象作为单位就是一个量，而作为一个量在任何时候都是一个连续体。

现在，如果所有的显象，无论是被视为广延的还是被视为强度的，都是连续的量，那么，"一切变化（一个事物从一种状态到另一种状态的变化）也都是连续的"这个命题，假如不是一般而言的变化的因果性完全处在一种先验哲学的界限之外，并以经验性的原则为前提条件的话，在这里就会很容易得到证明，并且具有数学的自明性。因为一个原因可能改变事物的状态，也就是说规定事物成为某一个被给予的状态的反面，对此知性根本没有先天地给予我们任何启示，这不仅是因为知性对此的可能性根本无所洞察（对于诸多先天知识，我们同样缺乏洞察），而且是因为可变性仅仅涉及显象的某些惟有经验才能告诉我们的规定，而它们的原因是要在不变的东西中发现的。但是，既然这里除了一切可能经验的纯粹基本概念，其中必须绝对没有任何经验性的东西之外，我们面前没有任何可以使用的东西，所以我们不可能抢在基于某些基本经验的普遍科学之前而不破坏体系的统一性。

尽管如此，我们并不缺少我们的这一原理所具有的重大影响的种种证明根据，即预先推定知觉，甚至就它阻止从知觉的阙如可能得出的所有错误的推理而言来补偿这种阙如。

如果知觉中的所有实在性都有一个程度，在这个程度和否定性之间有一个程度递减的无限梯状序列，而且尽管如此每一个感官都必然具有感觉的感受性的一个确定程度，那么，就没有任何知觉，从而也没有任何经验能够无论是直接地还是间接地（不管人们在推论中如何转弯抹角）证明显象中一切实在东西的完全缺乏，也就是说，从经验永远不能得出空的空间和空的时间的证明。因为首先，感性直观中实在东西的完全缺乏，本身不能被知觉到；其次，它不能从惟一的显象、从显象的实在性的程度差异推论出来，或者也绝不可以为了说明显象的实在性而假定它。因为即便某一确定的空间或者时间的整个直观完全是实在的，也就是说，它们没有任何部分是空的，也由于任何实在性都有自己的程度，这程度即使显象广延的量不发生变化也能够通过无限多的阶段减弱到无（空的东西），所以必然存在着无限多的不同程度来充填空间或者时间，虽然直观的广延的量是相同的，而强度的量在不同的显象中却可以是或大或小的。

我们要举出这方面的一个例子。几乎所有的自然科学家，B215
在他们（部分地通过重力的要素或者重量，部分地通过对其他运动着的物质的阻抗的要素）察觉到不同种类的物质在体积相同的情况下量的巨大差别时，异口同声地得出结论说：这个体积（显象的广延的量）必然在所有的物质中是空的，虽然程度不同。但是，对于这些绝大部分属于数学和力学的自然研究者，谁会在某个时候想到，由于他们假定空间中的**实在东西**（我在这里不把它称为不可入性或者重量，因为这些都是经验性的概念）**到处都是一模一样的**，只是在广延的量上，即在数量上彼此有别，他们是把自己的上述推理仅仅建立在他们声称要竭力避免的一种形而上学的前提条件之上呢？这一前提条件，他们在经验中找不到任何根据，因而仅仅是形而上学的，对此我要提出一个先验的证明来与之对立，这个证明虽然不应当说明空间之充实方面的差别，但却完全取缔了认为只能通过可以假定的虚空来说明上述差别的那个前提条件的必要性，并且具有一种功绩，即至少使知性获得了自由，在自然的解说为此使得某种假说成为必要的时候也以别的方式来思维这种不同。因为我们那时就会看到，尽管同样的空间可以用不同的物　B216

〔157〕 质来完全充实，以至于在这种空间中的任何一个里面都没有一个点不能发现物质的在场，但毕竟任何实在的东西都鉴于同样的性质而具有其（阻抗的或者重量的）程度，这种程度在广延的量或者数量转入空虚或者消失之前，会在不减弱广延的量或者数量的情况下无限地越来越小。所以，充实一个空间的膨胀物，例如热，以同样的方式还有（显象中的）任何别的实在性，都能一点也不会使空间的最小一部分成为空的而无限地减弱其程度，并且尽管如此仍然以这些较小的程度充实空间，就像另一显象以较大的程度充实空间一样。我在这里的意图绝不是要断言物质按照其比重所具有的差异确实就是这样，而只是要从纯粹知性的一个原理出发阐明，我们的知觉的本性使得这样一种解释方式成为可能的，而且人们错误地假定显象的实在东西在程度上是同样的，而只是在集合及其广延的量上不同，甚至更为没有根据地通过知性的一个先天原理来断言这一点。

B217　　　尽管如此，知觉的这种预先推定对于一个习惯于先验思考①并由此而变得缜密的自然研究者来说总是有某种异乎寻常的东西，并且将引起一些疑虑，即知性居然能够预先推定诸如关于显象中一切实在东西的程度，从而关于感觉在人们从中抽掉经验性性质时的内在区别的可能性这样一个综合命题；因此，知性在这里如何能够先天综合地关于显象有所言说，甚至在真正说来仅仅是经验性的，亦即关涉感觉的东西中预先推定显象，这还是一个很值得解决的问题。

---

① 如果在 B316 的意义上来思考，经验性的东西的强化的量基于把感觉归摄于量的概念之下，这种预先推定的异乎寻常的东西就消除了。因此，插入"考察"（哈滕施泰因［Hartenstein］）或者"思维方式"（法兴格）来取代"思考"是不适当的。——科学院版编者注

感觉的**性质**在任何时候都仅仅是经验性的，而且根本不能先天地被表象（例如颜色、味道等等）。但是，与等于零的否定性相对立而与一般而言的感觉相应的实在东西，仅仅表现出某种其概念自身包含着一种存在的东西，且仅仅意味着一个一般而言的经验性意识中的综合。也就是说，在内感官中经验性意识能够从零上升到任何更高的程度，以至于正是直观的这种广延的量（例如发光的表面）引起如此大小的感觉，如同许多别的东西（较少发光的东西）聚合而成的集合体。因此，人们可以完全抽掉显象广延的量，并且在某一瞬间的纯然感觉里表现从零到一个被给予的经验性意识的齐一上升的综合。所以，一切感觉本身虽然都只能后天地被给予，但它们具有一种程度这种属性却可以先天地被认识。值得注意的是，我们关于一般而言的量只能先天地认识惟一的一种**性质**，即连续性，但对于一切性质（显象的实在东西）来说能够先天地认识的也无非是其强度的**性质**，即它们有一个程度；其余的一切都有待于经验。

〔158〕

B218

三、经验的类比

其原则是：经验惟有通过知觉的一种必然结合的表象才是可能的

证明

经验是一种经验性的知识，也就是说，是一种通过知觉规定一个客体的知识。因此，它是知觉的一种综合，这种综合本身并不包含在知觉中，而是在一个意识中包含着知觉的杂多的综合统一性，这种综合统一性就构成了感官**客体**的知识亦即经验（不仅仅是直观或者感官的感觉）的本质性东西。现在，虽然在经验中各种知觉只是以偶然的方式彼此相遇，以至于从知

B219

觉本身得不出也不能得出其结合的必然性；因为把握只不过是经验性直观的杂多的集合，但在把握中并未发现它在空间和时间中所集合的各种显象结合起来的实存之必然性的表象。但

〔159〕是，既然经验是对客体的一种凭借知觉的知识，从而在它里面表现杂多之存在中的关系，应当不是如其在时间中被集合，而是如其客观地在时间中，但时间本身并不能被知觉到，所以，对客体在时间中的实存的规定惟有通过它们在一般时间中的联结，从而惟有通过先天地结合起来的概念才能够发生。既然这些概念在任何时候都带有必然性，所以经验就惟有通过知觉的必然结合的表象才是可能的。

　　时间的三种模式是**持久、相继**和**并存**。因此，就有显象的一切时间关系的三条规则先行于一切经验并使得经验成为可能，显象的任何存在就一切时间的统一性而言都能够根据它们而得到规定。

B220　　所有这三种类比的普遍原理，就**每一时间里**一切可能的经验性意识（知觉）而言，依据的是统觉的必然**统一**，既然这种统一是先天地作为基础的，所以该普遍原理依据的就是一切显象根据其在时间中的关系的综合统一。因为源始的统觉与内感官（一切表象的总和）相关，而且是先天地与其形式相关，也就是说，与时间中杂多的经验性意识的关系相关。在源始的统觉中，所有这些杂多都应当按照其时间关系被统一起来；因为这是先天统觉的先验统一性所要求的，凡是应当属于我的（即我的统一的）知识，从而能够对我来说成为一个对象的东西，都从属于这种统一性。因此，一切知觉的时间关系中的这种**被先天地规定的综合统一性**，就是这样一条规律：一切经验性的时间规定都必须服从普遍的时间规定的种种规则；我们现在要讨论的经验的类比就必须是诸如此类的规则。

　　这些原理自有其特殊之处，即它们并不考虑显象及其经验

性直观的综合，而是仅仅考虑存在和就显象的这种存在而言考虑它们的相互关系。现在，显象中的某物被把握的方式能够如此先天地被规定，以至于该显象的综合的规则同时能够在任何呈现出来的经验性事例中提供这种先天直观，也就是说，能够由此出发完成这种先天直观。但是，显象的存在却不能先天地被认识；而且即使我们沿着这条道路能够达到推论出某种存在的地步，我们也毕竟不能确定地认识这种存在，也就是说，不能预先推定它的经验性直观与其他直观的区别之处。 B221 〔160〕

上述两条原理我称之为数学性的原理，乃是考虑到它们使人有权利把数学运用于显象，它们仅仅就显象的可能性而言与显象相关，并说明无论就显象的直观还是就其知觉的实在东西而言，显象如何能够按照一种数学性综合的规则被产生出来；因此无论在前者那里还是在后者那里，都可以使用数字的量和显象作为量的规定。例如，我将能够用 200 000 倍的月亮发光组合出阳光感觉的程度，并且先天确定地给出亦即建构它。因此，我们可以把前两条原理成为建构性的原理。

应当先天地使显象的存在从属于规则的那些原理就必然完全是另外一回事了。因为既然存在不能被建构，所以它们就只能与存在的关系相关，只能提供**范导性**的原则。因此在这里既不能指望有公理也不能指望有预先推定；而是当一种知觉在与其他（尽管是不确定的）知觉的时间关系中被给予我们时，不能先天地说：其他知觉是**什么样的**知觉以及是**多大的**知觉，而是说它们就存在而言如何在时间的这种模式中与前者必然联结的。在哲学中，类比意味着某种与数学中所表现的非常不同的东西。在数学中，它们是表示两种量的关系相等的算式，而且在任何时候都是**建构性的**，以至于如果给予比例的三个项，就也能够由此给出亦即建构出第四项。但在哲学中，类比并不是两种**量**的关系的相等，而是两种**质**的关系的相等，在它里面我 B222

从三个被给予的项出发所能认识和先天地给出的只是与一个第四项的**关系**，而不是**这个**第四**项**本身，但我有一个在经验中寻找这个第四项的规则，而且有一个在经验中发现它的标志。因此，经验的类比将只不过是经验的统一性（不像作为一般而言的经验性直观的知觉本身那样）从知觉中产生所应当遵循的一个规则，而且作为原理不是**建构性地**，而是**范导性地**适用于对象（显象）。但是，同样的东西也将适用于一起关涉到纯然直观（显象的形式）、知觉（显象的质料）和经验（这些知觉的关系）的综合的那些一般经验性思维的公设，也就是说，它们只不过是些范导性的原理，有别于建构性的数学性原理，虽然不是在确定性上，二者都先天地固有确定性，但毕竟在自明性的方式上，也就是说在后者的直觉性因素上（从而也在证明上）有别。

〔161〕

B223

但是，就所有的综合原理而言曾提请注意并在这里必须特别说明的东西，是这样一点：这些类比不是作为先验的知性应用，而是仅仅作为经验性的知性应用才有其普遍的意义和有效性，从而也只有作为这样的原理才能够被证明，因而显象也必须不是被归摄在地地道道的范畴之下，而是仅仅被归摄在范畴的图型之下。因为如果这些原理应当与之相关的对象是物自身，那么，关于它们就完全不可能先天综合地认识某种东西。现在，它们无非是显象，一切先天原理归根结底毕竟必须始终以显象的完备知识为归宿，这种知识只不过是可能的经验；因此，那些原理只能以显象的综合中之经验性知识的统一性的条件为目的；但是，综合只有在纯粹知性的图型中才被思维，关于它作为一般而言的综合的统一性，范畴所包含的是不为任何感性条件所限制的功能。因此，我们通过这些原理将有权利仅仅按照与概念逻辑的和普遍的统一性的类比来组合显象，因而在原理本身中虽然使用范畴，但在实行时（运用于显象时）却

B224

把范畴的图型作为范畴应用的钥匙来取代其应用，或者毋宁说使之作为限制的条件以这种应用的公式的名义与范畴并立。①

A. 第一类比：实体的持久性的原理

〔162〕

无论显象如何变易，实体均保持不变，实体的量在自然中既不增多也不减少

证明

一切显象都在时间中，无论是同时存在还是相继，都只有在作为基底（作为内直观的持久形式）的时间中才能被表象。因此，显象的一切变易皆应在其中被思维的时间，是留存而且不变的，因为时间是相继存在和同时存在仅仅作为其规定才能在其中得到表象的东西。现在，时间就自身而言不能被知觉到。因此，在知觉的对象中，即在显象中，必须有表现一般而言的时间的基底，借着这个基底，一切变易或者同时存在都能够通过显象与它的关系而在把握中被知觉。但是，一切实在东西的基底，即属于事物的实存的东西，就是实体；在实体那里，一切属于存在的东西都惟有作为规定才能被思维。因此，显象的一切时间关系都惟有在与持久的东西的关系中才能被规定，这持久的东西就是显象中的实体，也就是说，是显象的实在的东西，它作为一切变易的基底永远是同一种东西。因此，

B225

---

① 在原理自身中，我们虽然使用范畴，但在把范畴运用于显象时，却由于有使用范畴的钥匙，而用范畴的图型取代了原理，或者毋宁说使范畴的图型作为限制的条件与范畴并立，确切地说是以康德并未利用的，仅仅偶尔地例如在 B309 还提到的原理的一个公式的名义。——科学院版编者注

既然实体在存在中不会发生变化，所以它的量在自然中也既不能增多也不能减少。

〔163〕
B226

我们对显象杂多的**把握**在任何时候都是渐进的，因而是始终变易的。因此，如果在经验中没有**在任何时候都存在的**某物，即某种**常驻的**和**持久的**东西作为基础，其一切变易和同时存在都只不过是这种持久的东西实存的诸多方式（时间的模式），我们仅仅通过把握就绝不能确定这种作为经验对象的杂多是同时存在的还是相继存在的。因此，只有在持久的东西中，种种时间关系才是可能的（因为同时和演替是时间中的惟一关系），也就是说，持久的东西乃是时间本身的经验性表现的**基底**，一切时间规定惟有借着它才是可能的。持久性作为显象的一切存在、一切变易、一切伴随的恒常的相关物，一般地表现出时间。因为变易并不涉及时间本身，而只涉及时间中的显象（就像同时存在并不是时间的一种模式一样，在时间中根本不是各个部分同时存在，而是所有的部分相继存在）。如果要把一种前后相继归于时间本身，那就必须还设想这种相继在其中成为可能的另一个时间。惟有通过持久的东西，在时间序列的不同部分中的**存在**才相继获得人们称之为**存续**的量。因为仅仅在相继中，存在总是生生灭灭，绝不具有丝毫的量。因此，没有这种持久的东西，就没有时间关系。现在，时间自身是不能被知觉的；因此，显象的这种持久的东西是一切时间规定的基底，从而也是知觉的一切综合统一之可能性的条件，也就是说，是经验的可能性的条件；借着这种持久的东西，时间中的一切存在和一切变易，都只能被视为常驻不变的东西之实存的一种模式。因此，在一切显象中，持久的东西都是对象本身，也就是说，是实体（phaenomenon ［现象］），而一切变易或者能够变易的东西，都仅仅属于这一实体或者各实体实存的方式，从而属于它们的规定。

B227

我发现，在所有的时代里，不仅哲学家，甚至普通的知性也都预设这种持久性为显象的一切变易的基底，而且将在任何时候都假定它为无可置疑的，只不过当哲学家说：无论世界上发生什么变化，**实体**都保持长存，只有**偶性**发生变易时，他表达得更为明确一些罢了。但是，关于这一如此综合的命题，我却在任何地方都没有发现哪怕是一种证明的尝试；甚至，它也只是非常罕见地像它理应的那样居于纯粹的和完全先天地存在的自然规律的首位。事实上，"实体是持久的"这个命题是同义反复。因为惟有这种持久性是我们把实体范畴运用于显象的根据，而人们本来必须证明，在一切显象中有某种持久的东西，在它那里可变的东西无非是它的存在的规定而已。但是，由于这样一种证明绝不能独断地亦即从概念出发来进行，因为它涉及一个先天综合命题，而且人们从来没有想到，诸如此类的命题惟有与可能的经验相关才是有效的，从而也惟有通过经验的可能性的演绎才能得到证明，所以，如果它虽然在所有的经验那里都被当做基础（因为人们就经验性的知识而言感觉到对它的需要），但却从未得到证明，也就没有什么奇怪了。

〔164〕

B228

　　一位哲学家被问及烟有多重。他回答说：从燃烧的木材的重量除去残留的灰烬的重量，你就有了烟的重量。因此，他预设为不可置疑的是：甚至在火中物质（实体）也不消逝，只有它的形式才经受了一种变化。同样，"没有任何东西从无中产生"这个命题，只不过是从持久性的原理，或者毋宁说从显象中真正主体持续存在的原理得出的另一个结果命题。因为如果显象中我们要称为实体的东西应当是一切时间规定的真正基底，那么，一切存在，无论是过去时间中的还是未来时间中的，都必然惟有借着它才能得到规定。因此，我们之所以能够赋予一个显象以实体的名称，只是因为我们以它在一切时间中的存在为前提条件，这种存在通过持久性一词并未得到充分的

B229

表述，因为这个词更多地指向未来的时间。然而，持久存在的内在必然性毕竟是与曾经一直存在的必然性不可分割地结合在一起的，因此这个表述也可以保留。Gigni de nihilo nihil，in nihilum nil posse reverti［没有任何东西能够从无中产生，没有任何东西能够复归为无］，这是古人不可分割地结合在一起的两个命题，人们现在有时出于误解把它们分开，因为人们设想它们是关涉物自身的，而前一个命题是会与世界（甚至就其实体而言）对一个至上原因的依赖性相悖的；这种忧虑是不必要的，因为这里只谈论经验领域中的显象，如果我们想让新的事物（就实体而言）产生，经验的统一性就会绝无可能。因为在这种情况下，惟一能够表现时间的统一性的东西，即一切变易拥有其无一例外的统一性所凭借的基底的同一性，就会失去。然而，这种持久性毕竟仅仅是我们表象（显象中的）事物的存在的方式。

〔165〕

一个实体的种种规定无非是实体的种种特别实存方式，它们叫做**偶性**。它们在任何时候都是实在的，因为它们涉及实体的存在（否定性只是表示实体中某物不存在的规定）。当人们把一种特殊的存在赋予实体中这种实在的东西（例如作为物质的一种偶性的运动）时，人们就把这种存在称为依存性，以区别于实体的存在，后者人们称之为自存性。但是由此产生出诸多误解，如果人们仅仅通过积极地规定实体存在的方式来描述偶性，就会说得更为精确和正确。然而，由于我们知性的逻辑应用的种种条件，把实体的存在中能够发生变易的东西仿佛是分离开来同时实体保持不变，并且在与真正持久的东西的关系中考察它，毕竟是不可避免的；所以，实体的范畴处于关系的标题之下，更多的是作为关系的条件，而不是说它自己就包含着一种关系。

B230

基于这种持久性的，还有对**变化**概念的纠正。生与灭并不是生灭者的变化。变化是一种实存方式，继同一对象的另一实存方式产生。因此，一切变化的东西都是**常驻的**，只有它的**状态发生变易**。因此，既然这种变易只涉及能够终止或者开始的规定，所以我们就可以用一种表面上有点悖谬的表述说：只有持久的东西（实体）被改变，可变的东西并不承受变化，而是承受一种变易，因为一些规定终止了，而另一些规定开始了。 B231

因此，惟有在实体那里才能知觉到变化，而绝对的生或者灭不仅仅是持久者的一种规定，根本不能是一种可能的知觉，因为正是这种持久的东西使得从一种状态到另一种状态、从不存在到存在的过渡的表象成为可能，因此它们只有作为常驻的东西变易着的规定才能经验性地被认识。如果你们假定某种东西绝对地开始存在，则你们就必须有一个它还不存在的时刻。但你们如果不想让这个时刻依附于已经存在的东西，又让它依附于什么呢？因为一个先行的空洞的时间不是知觉的对象；但如果你们把生成与以前已经存在并且一直存续到成为生成的东西的事物结合起来，那么，这生成的东西就只不过是作为持久的东西的前者的一种规定而已。对消灭来说也是一样，因为消灭以某一显象不再存在的一个时间的表象为前提条件。 〔166〕

（显象中的）实体是一切时间规定的基底。一些实体的生和另一些实体的灭甚至会取缔时间的经验性统一的惟一条件，而显象在这种情况下也就会与两种时间相关，存在在其中并行流动，这是荒唐无稽的。因为**只有一个**时间，在其中一切不同的时间都必须不是同时地而是相继地得以设定。 B232

据此，持久性是一个必要的条件，显象惟有在这个条件下才能在一个可能的经验中作为事物或者对象得到规定。但是，至于什么是这种必要的持久性以及显象的实体性的经验性标准，下文将给我们机会作出必要的说明。

B. 第二类比：根据因果性规律的时间相继的原理

一切变化都按照原因与结果相联结的规律发生

〔167〕

证明

[上一原理已经阐明，时间相继的一切显象全都只是**变化**而已，即全都是在此持久存在的实体的各种规定的相继存在和不存在，因而是继实体本身的不存在产生的其存在，或者是继其存在产生的其不存在，换句话说，实体本身的生或者灭是不成立的。这一原理也许可以这样来表述：**显象的一切变易（演替）都只不过是变化而已**；实体的生或者灭不是实体的变化，因为变化的概念正是以具有两个相反规定的同一个实存着和持久存在着的主体为前提条件的。在这一预先提醒之后，接下来的是证明。]

B233

我知觉到种种显象相互继起，也就是说，在某一时间有事物的一个状态，其反面曾存在于前一个状态中。因此，我真正说来是在时间中联结两个知觉。现在，联结并不是纯然感官和直观的工作，在此它也是那就时间关系而言规定着内感官的想象力之综合能力的产物。但是，想象力能够以两种方式联结上述两种状态，让这种状态或者另一种状态先行；因为时间就自身而言并不能被知觉，也不能在与时间的关系中仿佛经验性地在客体上规定什么在先，什么在后。因此，我仅仅意识到，我的想象设定一个在先，设定另一个在后，并不是在客体中一个状态先行于另一个状态；或者换句话说，通过纯然的感觉，相互继起的种种显象的**客观关系**还是未定的。为了使这种关系被认识为确定的，必须这样来思维两种状态之间的关系，即通过它来必然地规定，两个状态中何者必须设定在先，何者必须设

B234

定为后，而不是相反。但是，带有综合统一的必然性的概念只能是一个不处于知觉之中的纯粹知性概念；在此它就是**原因与结果的关系**的概念，由此原因在时间中把结果规定为后果，而不是规定为某种仅仅在想象中能够先行的（或者任何地方都不被知觉到的）东西。因此，只有通过我们使显象的相继以及一切变化从属于因果性的规律，经验亦即显象的经验性知识才是可能的；所以，显象本身作为经验的对象惟有按照同一个规律才是可能的。〔168〕

　　对显象的杂多的把握在任何时候都是渐进的。各部分的表象相继而起。至于它们是否也在对象中相继，则是反思的第二点，它并不包含在第一点之中。现在，人们虽然能够把一切东西，乃至每一个表象，只要人们意识到它，都称为客体；但是，这个词在显象那里，并不就显象（作为表象）是客体而言，而是仅仅就显象表现一个客体而言，应当意味着什么，则需要更深入地研究。就它们仅仅作为表象同时是意识的对象来说，它们与把握，亦即与接受入想象力的综合没有任何区别，因此人们必须说：显象的杂多在心灵中任何时候都是渐进地产生的。假如显象就是物自身，那么，就会没有人能够从关于它们的杂多的表象之演替出发来估量，这种杂多在客体中是怎样联结的。因为我们毕竟只是在与我们的表象打交道；至于物自身（不考虑它们用来刺激我们的表象）会是什么样子的①，则完全处于我们的知识范围之外。即使显象不是物自身，但尽管如此毕竟仍是惟一能够被给予我们来认识的东西，我也还是应当指出，显象本身中的杂多具有怎样一种时间中的联结，使得杂多的表象在把握中是渐进的。例如，B235

---

① 也就是说，纯然主观的表象，关于它们，人们只能意识到主体受到刺激（B207）。——科学院版编者注

B236

〔169〕

在立于我面前的一座房子的显象中，杂多的把握是渐进的。现在问题是：这房子本身的杂多是否也在自身中是渐进的呢？当然没有人会承认这一点。但现在，一旦我把自己关于一个对象的概念一直提升到先验的意义上，房子就根本不是物自身，而仅仅是一个显象，亦即表象，它的先验对象是未知的；这样的话，我如何理解"杂多在显象本身（这显象毕竟不是任何东西自身）中会如何联结"这个问题呢？在这里，处于渐进的把握中的东西被看做是表象，而被给予我的显象，虽然无非是这些表象的总和，但却被看做是这些表象的对象，我从把握的种种表象得出的概念应当与这对象相一致。人们马上就可以看出，由于知识与客体的一致就是真理，所以这里只能探询经验性真理的形式条件，而显象在与把握的种种表象的相对关系中，惟有当显象从属于一条把它与任何别的把握区别开来，使杂多的一种联结成为必然的规则的时候，才能被表现为种种表象的与表象不同的客体。显象中包含着把握的这种必然规则的条件的那种东西，也就是客体。

现在，让我们继续我们的课题。某事物发生，也就是说，某事物或者先前不曾存在的一种状态生成，如果不是一个自身不包含这一状态的显象先行的话，这种情况就不能被经验性地知觉到；因为一种继一个空洞的时间发生的现实，从而一个此前没有任何事物的状态先行的产生，和空的时间一样是无法把握的。因此，对一个事件的任何把握都是继另一个知觉发生的知觉。但是，由于这在把握的一切综合中都是如同我上面关于一座房子的显象所指出的那种情况，所以这种显象由此还没有与别的显象区分开来。不过我也注意到：如果我就一个包含着发生的显象来说把知觉的一个先行状态称为 A，而把继起的状态称为 B，则 B 在把握中只能跟随 A，而知觉 A 却不能跟随 B，而是只能先行于 B。例如，我看见一艘船顺流而下。我对

B237

它在河下游的位置的知觉跟随着对它在河上游的知觉，而不可能在把握这一显象时首先知觉到下游的船，然后才知觉到上游的船。因此在这里，把握中种种知觉相继中的秩序是确定的，而把握就受这种秩序的制约。在前面关于一座房子的例子中，我的知觉在把握中可以从房顶开始，在地基结束，但也可以从下面开始，在上面结束，此外也可以从右或者从左来把握经验性直观的杂多。因此，在这些直观的序列中，没有任何确定的秩序，在我为了经验性地联结杂多而必须以把握开始的时候，使这成为必然的。但是，在对发生的事情进行知觉时，任何时候都能发现这一规则，它使相继的种种知觉（在这一显象的把握中）的秩序成为**必然的**。

〔170〕

B238

因此，在我们的实例中，我将必须从显象的**客观相继**中推导出把握的**主观相继**，因为若不然，那种主观相继就是完全不确定的，就没有把一个显象与另一个显象区别开来。仅仅主观的相继丝毫不证明客体中杂多的联结，因为它完全是任意的。所以，客观的相继将存在于显象杂多的秩序之中，按照这一秩序，对一（发生的）事物的把握**根据一个规则**跟随对另一（先行的）事物的把握。只有这样，我才能有权利关于显象本身，而不是仅仅关于我的把握说：在显象中可以发现一种相继，这就等于说：我不能以别的方式，而只能恰好在这种相继中进行把握。

因此，根据这样一条规则，在一般而言先行于一个事件的东西中，必然蕴涵着该事件任何时候并且必然地继起所遵循的一条规则的条件；但反过来，我却不能从该事件返回，（通过把握来）规定先行的东西。因为没有显象从继起的时刻返回到先前的时刻，但毕竟**与某个先前的时刻相关**；与此相反，从一个被给予的时间到确定的继起时间的进展却是必然的。因此，由于这毕竟是某种继起的东西，所以我必须使它与先行的一般

B239

而言另一个某物发生关系，它根据一条规则，也就是说必然地跟随着另一个某物，以至于该事件作为受条件制约者关于某个条件提供了可靠的指示，而这个条件则规定着该事件。

人们可以假定，在一个事件之前，没有任何该事件根据一条规则必然跟随的东西先行，这样，知觉的任何相继就会仅仅在把握中，也就是说，就会仅仅是主观的，但这样一来就根本没有客观地确定，何者真正说来是种种知觉先行的东西，何者是后继的东西。以这样的方式，我们就会只有一种表象的游戏，它根本不与任何客体发生关系，也就是说，凭借我们的知觉将根本不会有一个显象根据时间关系与任何别的显象区别开来，因为把握中的演替在任何地方都是一回事，从而在显象中就没有任何规定显象的东西，来使得某种相继成为客观必然的。因此，我将不说在显象中两个状态前后相继，而是仅仅说一个把握跟随另一个把握，这仅仅是某种**主观的**东西，并不规定客体，因而根本不被视为某个对象的知识（甚至不被视为显象中的某个对象的知识）。

因此，如果我们经验到某物的发生，那么，我们此际在任何时候都以它按照一条规则所跟随的某种东西先行发生为前提条件。因为没有这种东西，我就不能关于客体说它是继起的，因为纯然在我的把握中的继起如果不是通过一条规则在与一个先行事物的关系中被规定，就没有赋予客体中的相继以权利。因此，我使我的主观的（把握的）综合成为客观的，这总是在考虑到一条规则时发生的，按照这条规则，种种显象就其相继而言，也就是说像它们发生的那样，是由先前的状态规定的，而且惟有在这一前提条件下，关于某种发生的事物的经验才是可能的。

虽然，看来这好像与人们关于我们的知性应用的进程所做过的一切说明相矛盾，按照这些说明，我们只是由于知觉到和

比较过的诸多事件对先行显象的一致跟随，才被引导去发现某
些事件在任何时候都跟随某些显象所遵循的规则，并由此才被 B241
促使得出原因的概念。基于此，这个概念就仅仅是经验性的，
它所提供的规则，即一切发生的东西都有一个原因，就会和经
验本身一样是偶然的；在这种情况下，它的普遍性和必然性就
会只是虚构出来的，就不会有真正的普遍有效性，因为它们不
是先天的，而只是建立在归纳之上的。但这里的情况与其他先
天纯粹表象（例如空间和时间）的情况是一样的，我们之所以 〔172〕
能够把它们作为清晰的概念从经验中抽取出来，乃是因为是我
们把它们置入经验的，从而经验乃是通过它们才得以实现的。
当然，一条规定种种事件序列的规则，作为原因的概念，这个
表象在逻辑上的清晰性只有在我们把它运用于经验之后才是可
能的；但是，把这规则作为时间中种种显象的综合统一的条件
来考虑，毕竟是经验本身的根据，因而先天地先行于经验。

因此，关键就在于用实例来指明：除非有一条规则作为基
础，它迫使我们遵循种种知觉的这种秩序而不是别的秩序，以
至于这种迫使真正说来就是使客体中的一种演替的表象成为可
能的东西，否则，即便是在经验中，我们也绝不能把相继（一
个事件的相继，在这个事件中，某种此前不存在的东西现在发
生）归于客体，并把它与我们的把握的主观相继区分开来。 B242

我们在自己里面有我们也能够意识到的表象。但这种意识
无论涉及范围多么广大，多么精确或者准确，却毕竟依然只不
过是些表象，也就是说，是我们心灵在这种或者那种时间关系
中的内在规定。现在，我们是如何做到为它们设定一个客体，
或者超出它们作为心态的主观实在性，还赋予它们一种连我也
不知道是什么样的客观实在性呢？客观的意义不能存在于同另
一个表象（关于人们就对象而言想列举的东西的表象）的关系
之中，因为若不然，就再次提出了那个问题：后一表象又是如

何超出自身，并在它作为心灵状态的规定固有的主观意义之上还获得了客观的意义呢？如果我们研究一番，**与一个对象的关系**究竟给予我们的种种表象一种什么样的新性状，以及这些表象由此获得的尊严是什么，我们就会发现，这种关系所造成的无非是以某种方式使种种表象的联结成为必然的，并使它们从属于一条规则；反过来说，只是由于我们的种种表象的时间关系中的某种秩序是必然的，这些表象才被赋予客观的意义。

B243

在显象的综合中，种种表象的杂多在任何时候都前后相继。凭借这一点还根本未表象出任何客体，因为凭借一切把握所共有的这一相继，并没有把任何东西与其他东西区别开来。但是，一旦我知觉到或者预先假定，在这种相继中有一种与先行状态的关系，表象从该状态出发按照一条规则继起，某种东西就表现为事件或者此时发生的事情，也就是说，我就认识到一个对象，我必须在时间中把该对象置于某个确定的位置上，该位置在先行状态之后，不能以别的方式归于该对象。因此，如果我知觉到某物的发生，那么，在这个表象中首先就包含着某物的先行，因为正是在与后者的关系中显象才获得了自己的时间关系，即在一个先行的、它不曾在其中存在的时间之后才实存。但是，它之所以获得自己在这一关系中确定的时间位置，只是由于在先行的状态中预设了它在任何时候，即根据一条规则跟随的某种东西；由此就可以得出：首先，我不能颠倒这个序列，把发生的东西置于它所跟随的东西之前；其次，如果设定了先行的状态，那么，这个确定的事件就不可避免地必然继起。由此就发生了如下情况：在我们的种种表象中间生成一种秩序，其中当前的东西（只要它已经生成）提供关于某个先行状态的指示，把它当做这个被给予的事件的一个相关物，这个相关物虽然尚未确定，但却与这个作为其后果的事件有规定性的关系，并在时间序列中把该后果与自己必然地结合

〔173〕

B244

起来。

现在，如果我们的感性有一条必然的规律，从而所有的知觉有**一个形式的条件**，即在先的时间必然规定继起的时间（因为我惟有通过先行的时间才能到达继起的时间），那么，时间序列的**经验性表象**就也有一条不可缺少的规律，即过去时间的种种显象规定着继起显象的任何存在，而这些继起显象作为事件，惟有在过去时间的显象在时间中为它们规定了其存在，即根据一条规则确定了其存在的情况下，才会发生。因为**我们只有在显象上才能经验性地认识种种时间关联中的这种连续性。**

一切经验及其可能性都需要知性，而知性为此所做的首要事情，并不是使对象的表象变得清晰，而是一般而言使一个对象的表象成为可能。这种情况之所以发生，乃是由于知性把时间秩序加在显象及其存在上，因为它赋予每一个作为后果的显象以一个时间中就先行显象而言先天地确定了的位置，没有这个位置，该显象就不会与先天地为自己的一切部分规定其位置的时间本身相一致。现在，对位置的这种规定不能从种种显象与绝对时间的关系中借来（因为绝对时间不是知觉的对象），而是反过来：种种显象必须在时间本身中相互规定自己的位置，并使自己的位置在时间秩序中成为必然的，也就是说，在此继起或者发生的东西必须根据一条普遍的规则跟随已包含在此前状态中的东西；由此就形成一个种种显象的序列，它凭借知性在可能知觉的序列中所产生并使之成为必然的秩序和持续关联，与在一切知觉都必须在其中拥有其位置的内直观形式（时间）里面先天地发现的秩序和持续关联一样。

因此，所谓某物发生，乃是一个属于可能经验的知觉，如果我把显象按照其在时间中的位置看做是确定的，从而看做是按照一条规则在种种知觉的关联中任何时候都能够发现的一个客体，这个可能的经验就成为现实的。但是，这条按照时间的继起规定某物的规则就是：在先行的东西中可以发现事件在任何时候（也就是说，以必然的方式）都继起的条件。因此，充足理由律就是可能经验的根据，也就是种种显象就其在时间的序列继起中的关系而言的客观知识的根据。

但是，充足理由律的证明根据仅仅基于以下的要素。一切经验性的知识都需要通过想象力对杂多进行的综合，这种综合在任何时候都是渐进的，也就是说，种种表象在它里面在任何时候都是相互继起的。但是，继起在想象力中就秩序而言（何者必须先行，何者必须继起）还根本未被确定，相互继起的种种表象的序列同样既可以被视为后退的也可以被视为前进的。但是，如果这种综合是（对一个被给予的显象的杂多的）把握的综合，那么，秩序在客体中就是确定的，或者更确切地说，在这里面就有规定着一个客体的渐进综合的一种秩序①，按照这一秩序，就必须有某物必然地先行，而如果该物被设定，另一物则必然地继起。因此，如果我的知觉应当包含着一个事件亦即某物现实地发生的知识，那么，它就必须是一个经验性的判断，在这个判断里面人们设想，继起是确定的，也就是说，它按照时间以另一个显象为前提条件，它必然地或者按照一条规则跟随这个显象。反之，如果我设定了先行之物，而事件却并不必然地跟随它，那么，我就会不得不把它仅仅视为我的想象力的主观游戏，而如果我毕竟在其中表象了某种客观的东西，我就会不得不把它称为一个纯然的梦。因此，种种显象

[175]

B247

> ① 客体中的秩序是通过规定着综合之渐进的把握的综合产生的。知性在这里不是像例如 B153 那样单就它自己来看，而是像例如 B161 那样，联结已经与这些直观同时被给予。括号中的附加词"对一个被给予的显象的杂多的"指示着这一点。——科学院版编者注

（作为可能的知觉）的关系——按照这种关系，后继之物（发生的事情）就其存在而言在时间中必然地并且按照一条规则被某种先行之物所规定——从而还有原因与结果的关系，就是我们的经验性判断就知觉的序列而言的客观有效性的条件，因而也是这些知觉的经验性真理的条件，从而也就是经验的条件。因此，种种显象的继起中的因果关系原理也适用于经验的一切对象（在演替的诸般条件下），因为它本身就是这样一种经验的可能性的根据。

　　但是，这里还表现出一种必须予以消除的疑虑。种种显象中间因果结合的定律在我们的公式中是限制在显象的序列继起之上的，此时就其应用而言毕竟有这样的情况，即它也适用于种种显象的相伴，而原因和结果可以是同时的。例如房间中的温暖，在室外并没有发现。我寻觅原因，发现一个生着火的炉子。现在，这个火炉作为原因是与其结果亦即房间的温暖同时 B248 的；因此，这里就时间而言在原因与结果之间并没有序列继起，相反，原因和结果是同时的，而规律却毕竟有效。自然中的绝大部分作用因与其结果是同时的，而结果的时间继起，只不过是由于原因不能在一瞬间就完成其全部结果而导致的。但是在其全部结果产生的瞬间，它却总是与其原因的因果性同时的，因为如果原因在此前一瞬间不再存在，那么，这结果就根本不会产生。在这里，人们必须充分地注意到，受关注的是时间的**秩序**，而不是时间的**进程**：即使没有任何时间流逝，关系 〔176〕 也依然存在。原因的因果性和其直接的结果之间的时间可以是**微不足道的**（它们因此而是同时的），但前者与后者的关系毕竟还总是可以根据时间来规定的。一个球被放在填充起来的枕头上，并在上面压出一个小坑，如果我把这个球视为原因，那么，它就与结果是同时的。然而，我毕竟还是通过二者的力学结合的时间关系而把它们区分开来。因为如果我把球放到枕头上，继枕头先前的平坦形状就产生出小坑；但如果枕头（我不知道因何）有一个小坑，则并不继起一个铅球。

据此，时间的继起当然就是结果就先行原因的因果性而言的惟一经验性标准。杯子乃是水上升到其水平面之上的原因，虽然这两个显象是同时的。因为一旦我用杯子把水从一个较大的容器中舀出，就发生了某种事情，即水在较大容器中所拥有的水平位置变成它在杯子中所占有的一个凹形水平位置。

这种因果作用导向了行动的概念，而行动则导向了力的概念，并由此导向了实体的概念。既然我不想把我仅仅关涉到先天综合知识的来源的批判性意图混同于仅仅关涉概念的阐明（不是其扩展）的分析，所以我把对这些概念的烦琐讨论留给未来的形而上学体系：尽管人们在迄今所知的这类教科书中已经遇到大量这种分析。然而，一个实体如果显得不是通过显象的持久性，而是更好地和更容易地通过行动显露自己的话，其经验性标准我是不能置之不问的。

凡是有行动，从而有活动和力的地方，也就有实体，而显象的那个富有成效的起源的所在，则必须仅仅在实体中寻找。这样说是完全正确的；但是，如果人们应当解释把实体理解成什么，并且想在这里避免错误的循环论证，那么，这就不容易回答了。人们怎么要从行动马上推论到行动者的**持久性**呢——这毕竟是实体（现象）的一个根本的和特有的标志？尽管这个问题按照通常的方式（仅仅分析地处理其概念）是完全不会得到解决的，不过，按照我们先前所说的，它的解决倒是没有这样的困难。行动已经意味着因果性的主体与结果的关系。现在，由于所有的结果都存在于发生的事情之中，从而存在于按照演替来标示时间的可变事物之中，所以可变事物的终极主体就是作为一切变易者的基底的持久的东西，即实体。因为按照因果性的原理，行动永远是显象的一切变易的首要根据，因而

B249

B250

〔177〕

不能蕴涵在一个本身变易着的主体之中，因为若不然，就会需要别的行动和另一个规定这种变易的主体。借此，行动作为一个充足的经验性标准，就证明了实体性，无须我不得不通过比较种种知觉才来寻找该主体的持久性，这也是以后一种方式借助概念的量和严格的普遍有效性所要求的详尽性不能做到的。因为一切产生和消失的因果性的第一主体本身不能（在显象的领域里）产生和消失，这是一个可靠的结论，它导致存在中的经验性的必然性和持久性，从而导致一个作为显象的实体的概念。

B251

如果某物发生，那么，无须考虑在此产生的东西，单是产生就自身而言也已经是一个研究的对象了。从一种状态的不存在到该状态，即使假定该状态不包含显象中的任何性质，单是其过渡就已经必须予以研究了。就像在 A 节中已经指明的那样，这种产生所涉及的并不是实体（因为实体并不产生），而是实体的状态。因此，它仅仅是变化，而不是从无中起源。如果这种起源被视为一个外来原因的结果，那它就叫做创造，创造作为显象中间的事件是不能被允许的，因为单是它的可能性就已经会取缔经验的同一性；虽然如果我把一切事物不是看做显象，而是看做物自身，看做纯然知性的对象，则它们即便是实体，也可以被看做是就存在而言依赖于外来原因的；但是在这种情况下，它就会引起截然不同的语词意义，而不会适用于作为经验的可能对象的显象了。

B252

〔178〕

现在，一般来说某物如何能够被改变，如何可能在一个瞬间的一种状态之后跟随另一瞬间的一种相反的状态；对此我们先天地不具有丝毫概念。为此要求有对于只能经验性地被给予的现实的力的知识，例如对于推动力的知识，或者换句话说也一样，对于表现这样的力的某些渐进显象（作为运动）的知识。但是，任何一种变化的形式，即变化惟有在其下才能作为另一种状态的产生而发生的条件（至于变化的内容，即被改变的状态，则可以是任意的），从而种种状态的演替本身（发生的事情），毕竟是可以按照因果性的规律和时间的诸般条件先天地予以衡量的。①

B253　　如果一个实体从一个状态 a 过渡到另一个状态 b，那么，第二个状态的瞬间就有别于第一个状态的瞬间，并且跟随其后。就连作为（显象中的）实在性的第二个状态，也有别于它不曾在其中的第一个状态，如同 b 有别于零；也就是说，即使状态 b 仅仅在量上有别于状态 a，这种变化也是 b—a 的产生，它在前一状态中并不存在，就它而言前一状态＝0。

　　因此问题就在于：一个事物如何从一个状态＝a 过渡到另一状态＝b。在两个瞬间之间总是有一个时间，而在两个瞬间的两个状态之间总是有某种区别，这种区别有一个量（因为显象的所有部分都永远又是量）。因此，任何从一个状态到另一个状态的过渡都是在两个瞬间之间所包含的一个时间中发生的，其中第一个瞬间规定着事物由之走出的状态，第二个瞬间规定着事物达到的状态。所以，两个状态是一个变化的时间界限，因而是两个状态之间的中间状态的时间界限，并且作为这样的界限共属于整个变化。现在，任何变化都有一个原因，这

〔179〕原因在变化发生的整个时间中证明其因果性。因此，这原因不是突然地（一下子或者在一个瞬间），而是在一个时间中造成

B254　　其变化的，以至于就像时间从初始瞬间 a 一直增长到它在 b 中的完成一样，就连实在性的量（b—a）也是通过在最初瞬间和最终瞬间之间包含的所有更小的程度产生的。因此，一切变化

---

① 应当注意，我所说的不是某些一般的关系的变化，而是状态的变化。因此，如果一个物体匀速运动，那么，它根本就不改变它的（运动）状态；但如果它的运动有增减，它的状态就会变化。

都只是通过因果性的一个连续的行动才可能的，这行动就其是齐一的而言，就叫做环节。变化并不是由这些环节构成的，而是通过它们作为它们的结果产生的。

这就是一切变化的连续律，它的根据就是：无论是时间还是时间中的显象，都不是由一些是最小部分的部分构成的，而事物的状态在其变化时却毕竟通过所有这些作为要素的部分过渡到了第二个状态。显象中实在之物的区别如同时间的量中的区别一样，**没有一个**是**最小的**；所以实在性的新状态是从它尚不存在的前一状态开始，通过其所有无限多的程度而增长，这些程度相互之间的区别全都比 0 与 a 之间的区别更小。

这条定理在自然研究中会有什么样的用处，在此与我们无涉。但是，这样一条看来如此扩展我们的自然知识的定理如何完全先天地可能，虽然表面现象证明它是真实的和正确的，因而人们可以相信用不着提出它如何可能的问题，却仍然非常需要我们予以检验。因为存在着如此形形色色的毫无根据的非分要求，主张通过纯粹理性来扩展我们的知识，以至于必须被当做普遍的原理的是：正因为此而完全存疑，而且如果没有能够提供一种缜密的演绎的种种证明材料，即便是对于最清晰的独断证明也不相信和接受任何诸如此类的东西。 B255

经验性知识的一切增进，亦即知觉的任何进步，都只不过是内感官的规定的一种扩展，也就是说，是时间中的一种进展，对象则可以随便是显象或者是纯直观。这种时间中的进展规定着一切，且就自身而言不再被任何东西所规定；也就是说，它的各个部分只是在时间中并通过时间的综合被给予，但它们并不在时间的综合之先被给予。因此之故，知觉里面向时间中继起的某物的每一过渡，都是通过这一知觉的产生而对时间的规定，并由于时间永远是，且在其所有部分中都是一个量，所以一个知觉作为一个量，其产生就是通过所有的程 〔180〕

度——这些程度中没有一个是最小的程度——从零开始直到其确定的程度。由此就表明了按照变化的形式先天地认识一条变化规律的可能性。我们只是在预先推定我们自己的把握，其形式的条件既然在一切被给予的显象本身之前就寓于我们，当然就必定能够先天地被认识。

据此，如同时间包含着实存之物向继起之物的一种连续进展之可能性的先天感性条件一样，知性凭借统觉的统一性包含着通过原因和结果的序列对显象在这一时间中的一切位置进行一种连续规定的可能性的先天条件，原因不可避免地引起结果的存在，并由此而使时间关系的经验性知识（普遍地），从而客观地对任何时间有效。

C. 第三类比：根据交互作用或者共联性规律并存的原理

> 一切实体，就其在空间中能被知觉为同时的而言，都
> 处在无一例外的交互作用之中

证明

如果在经验性的直观中一事物的知觉能够与另一事物的知觉**交互继起**（这在显象的时间继起中，如第二条原理中所指明，是不可能发生的），这些事物就是**同时的**。这样，我可以首先对月亮进行知觉，然后对地球进行知觉，或者也可以反过来首先对地球进行知觉，然后对月亮进行知觉，而且由于对这些对象的知觉彼此能够交互继起，我就说它们是同时实存的。现在，同时存在就是杂多在同一时间里的实存。但是，人们不能知觉时间本身，以便从事物被设定在同一时间中而得出它们的知觉彼此能够交互继起。因此，想象力在把握中的综合就会只把这些知觉中的每一种说明成为这样一种在主体中存在的知

B256

B257
〔181〕

觉，而其他知觉则不在其中，反之亦然，但并不说明种种客体同时存在，也就是说，如果一个存在，则另一个也在同一时间存在，而要使种种知觉能够交互彼此继起，这一点却是必要的。因此，要能够说知觉的交互继起在客体中有根据，并由此把同时存在表现为客观的，就要求有关于这些彼此外在的同时实存的事物之知觉交互继起的一个知性概念。但现在，一个实体包含着一些规定，其根据却包含在另一个实体中，这两个实体的关系就是影响的关系，而如果此客体交互包含着彼客体中的种种规定的根据，这种关系就是共联性或者交互作用的关系。因此，种种实体在空间中的同时存在，惟有以它们相互之间的交互作用为前提条件，才能在经验中被认识；所以，这种交互作用也是作为经验对象的事物本身之可能性的条件。 B258

事物如果在同一时间里实存，它们就是同时的。但是，如果在对这种杂多的把握的综合中，秩序是无关紧要的，也就是说，如果可以从 A 经 B、C、D 到 E，或者反过来从 E 到 A，那么，人们从何处得知它们在同一时间里存在呢？因为如果它是继起的（按照从 A 开始在 E 结束的秩序），那么，在知觉中使把握从 E 开始并回溯到 A 就是不可能的，因为 A 属于过去的时间，从而不再能是把握的对象。

现在如果你们假定：在作为显象的种种实体的一种杂多性中，每一个实体都是完全孤立的，也就是说，没有一个实体作用于另一个实体，并且从后者交互接受影响，那么我就说：种种实体的同时存在不会是一个可能的知觉的对象，一个实体的存在不可能通过任何经验性综合的路径导向另一实体的存在。因为如果你们设想，它们被一个完全虚空的空间所隔离，那么，在时间中从一个实体向另一个实体进展的知觉，虽然能够凭借一个继起的知觉规定后一个实体的存在，但却不能分辨，该显象是客观地继前一个显象而起，还是毋宁说 〔182〕 B259

与它同时。

因此，除了纯然的存在之外，还必须有某种东西，通过它，A规定B在时间中的位置，并且反过来B又规定A在时间中的位置，因为只有在这一条件下，上述实体才能被经验性地表现为**同时实存的**。现在，惟有是另一个东西的原因或者其规定的原因的东西，才规定另一个东西在时间中的位置。因此，每一个实体（既然它仅仅就其种种规定而言才能够是继起）都必须在自身中包含着另一实体中的某些规定的因果性，同时包含着另一实体的因果性的结果，也就是说，如果要在某个可能的经验中认识同时存在，它们就必须（直接地或者间接地）处在力学的共联性之中。但现在，就经验的对象而言，如果没有某种东西，关于这些对象的经验本身就会是不可能的，那么，凡是这样的东西就是必要的。因此，对于显象中的一切实体来说，如果它们是同时的，那么，彼此之间处在交互作用无一例外的共联性中，就是必要的。

共联性一词在我们的语言中是含混的，既可以意味着communio［共处］，也可以意味着commercium［联系］。我们这里是在后一种意义上使用该词的，把它当做一种力学的共联性，没有它，就连地域上的共联性（communio spatii［空间的共处］）也绝不能被经验性地认识到。对于我们的经验来说，很容易发现，惟有在空间的一切位置上的连续影响，才能把我们的感官从一个对象引导到另一个对象，在我们的眼睛和天体之间起作用的光，在我们和这些天体之间造成一种间接的共联性，并由此证明了后者的同时存在，我们不能经验性地改变任何处所（知觉这种变化），除非到处都有物质使我们对我们位置的知觉成为可能，而物质则惟有凭借其交互影响才能说明其同时存在，并且由此一直到最遥远的对象说明它们的共存（虽然仅仅是间接的）。没有共联性，（空间中显象的）任何知觉就

B260

〔183〕

会被与别的知觉隔断，经验性表象的链条亦即经验就会在遇到一个新的客体时完全从头开始，先前的表象与此不能有丝毫联系，或者不能处在时间关系之中。我根本不想由此来反驳空洞的空间：因为空洞的空间可能总是存在于知觉根本达不到，因而没有同时存在的经验性知识发生的地方；但在这种情况下，它对于我们一切可能的经验来说都根本不是客体。 B261

以下的东西可能有助于我的解释。在我们的心灵中，一切显象作为包含在一个可能的经验之中的，都必须处在统觉的共联性（communio）之中；而且，如果种种对象作为同时实存的，应当被表现为联结起来的，那么，它们就必须交互规定它们在一个时间中的位置，并由此构成一个整体。如果这种主观的共联性应当基于一个客观的根据，或者与作为实体的显象发生关系，那么，一个显象的知觉就必须作为根据使另一个显象的知觉成为可能，反之亦然，以便任何时候都蕴涵在作为把握的知觉中的演替不被归于客体，相反，这些客体能够被表现为同时存在的。但是，这就是一种交互的影响，也就是说，是种种实体的一种实在的共联性（commercium），没有这种共联性，同时存在的经验性关系就不能在经验中发生。通过这种联系，种种彼此外在但又毕竟相联结的显象就构成一个复合物（compositum reale［实在的复合物］），诸如此类的复合物以多种多样的方式成为可能。因此，其他一切关系由以产生的三种力学关系就是依存性、继起性和复合性。 B262

※ ※ ※

因此，这就是经验的三种类比。它们无非是按照时间的三种模式对显象在时间中的存在作出规定的原理，时间的三种模式就是与作为一个量的时间本身的关系（存在的量，即存续）、在作为一个序列的时间中的关系（前后相继），最后还有在作为一切存在的一个总和的时间中的关系（同时）。时间规定的 〔184〕

这种统一性完全是力学的，也就是说，时间不被视为经验在其中直接规定任何存在的位置的东西；这种规定是不可能的，因为绝对的时间不是显象能够被集合在一起所凭借的知觉的对象；相反，惟有通过知性的规则，显象的存在才能获得根据时间关系的综合统一性，知性的规则规定着每一个显象在时间中的位置，从而是先天地，并且对一切时间和任何时间都有效地规定其位置。

B263　　我们把（经验性意义上的）自然理解为种种显象就其存在而言按照必然的规则，亦即按照规律的联系。因此，有某些规律，而且是先天的，它们才使一个自然成为可能；经验性的规律惟有凭借经验并且依据甚至经验最初成为可能也遵循的那些源始的规律才能形成和被发现。因此，我们的类比真正说来是在某些典范下表现一切显象的联系中的自然统一，这些典范所表达的无非是时间（如果时间包含一切存在于自身的话）与仅仅在按照规则进行的综合中才可能形成的统觉的统一的关系。因此，总的来说它们所说明的是：一切显象都处于一个自然中，并且必须处于一个自然中，因为没有这种先天的统一，就不可能有经验的统一，从而也就不可能有在经验中对对象的规定。

　　但是，关于我们就这些先验的自然规律而言所使用的证明方式，以及这些规律的独特性，需要作出一种说明，它同时作为证明既是理智的命题又是先天综合的命题的任何其他尝试的规定，必然是非常重要的。如果我们想要独断地，即从概念出发证明这些类比，也就是说，一切实存的东西都只是在持久的东西中才遇到，每一个事件都以它按照一条规则继之而起的先前状态中的某种东西为前提条件，最后，在同时存在的杂多中种种彼此相关的状态按照一条规则是同时的（处于共联性之中），那么，一切努力都会完全是白费。因为人们无论怎样分

B264

〔185〕

析这些事物，都根本不能仅仅通过它们的概念从一个对象及其存在进展到另一个对象的存在或者其实存方式。我们还剩下了什么呢？还剩下作为一种知识的经验的可能性；一切对象，如果它们的表象应当对我们来说具有客观的实在性，最终就必须能够在经验中被给予我们。这个第三者的根本形式在于一切显象的统觉的综合统一，在它里面，我们发现了显象中的一切存在之无一例外的和必然的时间规定的先天条件，没有这些条件，甚至经验性的时间规定也会是不可能的；我们还发现了先天综合统一的种种规则，凭借它们，我们就能够预先推定经验。由于缺乏这种方法，由于妄想独断地证明知性的经验应用作为自己的原则所推荐的那些综合命题，才发生了如此经常却又总是徒劳地尝试证明充足理由律这样的事情。至于其他两个类比，尽管人们总是默默地使用它们①，却没有人想到它们，因为各范畴的那个导线尚付阙如，惟有它才能够揭露并使人注意知性在概念和原理中的漏洞。

B265

四、一般经验性思维的公设

1. 凡是与经验的形式条件（按照直观和概念）一致的，

---

① 一切显象应当在其中结合起来的世界整体，其统一性显而易见纯然是一切同时存在的实体的共联性这一被默认的原理的一个结论；因为如果这些实体都是孤立的，它们就不会作为各个部分构成一个整体，而如果它们的结合（杂多的交互作用）并不已经由于同时存在而是必然的，人们就不能从作为一种纯然观念的关系的后者推论到作为一种实在的关系的前者。我们在那个地方就曾经指出过：共联性真正说来就是共存的经验性知识之可能性的根据，因此人们真正说来只是从后者回溯到作为其条件的前者的。

就是**可能的**。

B266

2. 凡是与经验的质料条件（感觉）相关联的，就是**现实的**。

〔186〕

3. 凡是其与现实的东西的关联被按照经验的普遍条件规定的，就是**必然的**（必然实存的）。

阐明

模态的各范畴自身具有特殊的东西：它们作为客体的规定丝毫不扩大它们作为谓词所附属的概念，而是仅仅表示与知识能力的关系。即使一个事物的概念已经是完全完备的，我毕竟还是能够就这个对象而追问：它是仅仅可能的抑或还是现实的？或者，如果它是后者，那么，它是否也是必然的？由此并没有在客体本身中再思维任何规定，而是仅仅问道：该客体（连同其一切规定）与知性及其经验性应用、与经验性的判断力以及与理性（就其应用于经验而言）的关系是怎样的？

正是因此缘故，就连模态的各原理也无非是对可能性、现实性和必然性的概念就其经验性应用而言作出的阐明，由此同时又是把一切范畴限制在纯然经验性的应用上，不承认

B267

和允许先验的应用。因为如果这些范畴不是应当具有一种纯然逻辑的意义，并且分析地表达**思维**的形式，而是应当涉及**事物**及其可能性、现实性或者必然性，那么，它们就必然关涉到知识的对象惟有在其中才能被给予的可能经验及其综合统一性。

因此，事物的**可能性**的公设，要求事物的概念与一般经验的形式条件一致。但是这个形式，即一般经验的客观形式，包含着客体的知识所需要的一切综合。一个包含着综合的概念，如果该综合不属于经验，即或者作为从经验

借来的，在这种情况下该概念就叫做一个**经验性的概念**，或者作为一般经验（经验的形式）当做先天条件所依据的综合，在这种情况下就有一个**纯概念**，它尽管如此仍属于经验，因为它的客体惟有在经验中才能遇到，则该概念就应当被视为空洞的，不与任何对象发生关系。因为如果不是从构成客体的经验性知识之形式的综合得出凭借一个先天综合概念所思维的对象之可能性的性质，人们又想从哪里得出它呢？至于在这样一个概念中必须不包含任何矛盾，这虽然是一个必要的逻辑条件，但对于概念的客观实在性来说，即对于这样一个凭借概念被思维的对象的可能性来说，却是远远不够的。例如，在一个由两条直线围成的图形的概念中，并没有任何矛盾，因为两条直线及其对接的概念并不包含对一个图形的否定；相反，该图形的不可能性不是基于概念自身，而是基于该图形在空间中的构造，也就是说，基于空间和空间的种种规定的条件；但这些条件又有它们自己的客观实在性，也就是说，它们关涉到可能的事物，因为它们先天地在自身中包含着一般经验的形式。

〔187〕

B268

现在，我们想说明可能性这一公设的广泛效用和影响。如果我表象一个事物，它是持久的，以至于在此变易的一切都仅仅属于它的状态，那么，我就永远不可能仅仅从这样一个概念出发认识到一个这样的事物是可能的。或者我表象某种东西，它具有如此性状，以至于如果它被设定，任何时候并且不可避免地都有某种别的东西继之而起，那就当然可以这样想而没有矛盾；但是，诸如此类的属性（作为因果性）是否可以在任一可能的事物那里遇到，却是不能由此而作出判断的。最后，我可以表象不同的事物（实体），它们**具有**如此性状，以至于一个事物的状态在另一个事物的状态中造成了一种后果，反之亦

B269

然；但是，诸如此类的关系是否能够属于任何事物，却是根本不能从这些包含着一种纯然任意的综合的概念中得出的。因此，惟有根据这一点，即这些概念先天地表现着任何经验中种种知觉的关系，人们才认识到它们的客观实在性，即它们的先验真理性，而且固然独立于经验，但却毕竟不独立于与一般经验的形式和惟有在其中对象才能被经验性地认识的综合统一的一切关系。

〔188〕

B270

但是，如果想用知觉呈现给我们的材料形成关于实体、力和交互作用的全新概念，却不从经验本身借取它们的联结的实例，那么，人们就会陷入纯然的幻想，其可能性自身根本没有任何征兆，因为就它们来说，人们既不是以经验为指导，也不是从经验借取这些概念。诸如此类杜撰的概念获得其可能性的性质，不能像范畴那样先天地作为一切经验所依赖的条件，而是仅仅后天地作为通过经验本身被给予的概念，而且它们的可能性要么必须后天地且经验性地为人所知，要么根本不能为人所知。一个持久地在空间中在场但又不充实空间的实体（像一些人想引进的物质和思维体之间的中间物那样），或者我们心灵的一种预先**直观**（不仅仅是推论）未来事物的特殊基本力，或者最后还有与其他人（无论他们距离多么遥远）处于思想的共联之中的能力，这些都是其可能性毫无根据的概念，因为它们的可能性不能以经验及其已知的规律为根据，而离开经验它就是一种任意的思想联结，这种联结虽然不包含矛盾，却毕竟不能要求客观的实在性，从而不能要求像人们在此处要思维的这样一种对象的可能性。至于实在性，如果不求助于经验，显而易见是不能具体地思维它的，因为它只能关涉作为经验之质料的感觉，而不能涉及人们必要时能够在杜撰中玩弄的关系的形式。

但是，凡是只能从经验中的现实性得出其可能性的东西，

我且放过不谈，在此只考虑通过先天概念而来的事物的可能
性，关于这些概念我继续主张：它们永远不能仅仅从这样的概 B271
念出发就本身来说而成立，而是在任何时候都惟有作为一般经
验的形式的和客观的条件才成立。①

　　虽然看起来，好像一个三角形的可能性仅仅从它的概念
自身出发就能够认识到（它无疑是独立于经验的）；因为事
实上，我们完全能够先天地给它一个对象，也就是说，构造
出该对象。但是，由于这只是一个对象的形式，所以它毕竟 〔189〕
始终还依然只是一个想象的产物，其对象的可能性依然是可
疑的，为此还要求有某种更多的东西，即在经验的一切对象
所依据的纯粹条件下思维这样一个图形。空间是外部经验的
先天形式条件，正好我们在想象力中构造一个三角形所凭借
的那种构成性的综合，与我们在一个显象的把握中为形成其
经验概念而实施的综合完全是一回事，惟有这些才是把这样
一个事物的可能性的表象与这个概念结合起来的东西。例
如，连续的量的可能性，乃至一般而言的量的可能性，由于
其概念全都是综合的，所以绝不是从这些概念本身出发，而 B272
是从这些概念作为一般经验中对象的一切规定的形式条件出
发才清楚明白的；如果不是在惟一使对象被给予我们的经验
中寻找与这些概念相应的对象，我们应当到哪里去寻找呢？

---

　　① 哈滕施泰因把"从这样的概念出发"改为"作为这
样的概念"，意思并未得到改善。康德看起来想说的
要么是："关于它（事物的可能性）我继续主张：它
永远不能仅仅从这样的概念出发就本身来说被认识，
而是那些先天概念在任何时候都惟有作为一般经验
的形式的和客观的条件才成立"，要么是："关于这
些概念我继续主张：它们永远不能仅仅从这样的概
念出发就本身来说被认识，而是在任何时候都惟有
从作为一般经验的形式的和客观的条件的它们出发
被认识"。——科学院版编者注

尽管我们能够不先行诉诸经验而仅仅与在一般经验中某物被规定为对象所遵照的形式条件相关，从而完全先天地认识和描述事物的可能性，但却毕竟惟有与经验相关并且在经验的限度之内才能这样做。

认识事物**现实性**的公设，要求有知觉，从而要求有人们意识到的感觉；虽然不是直接关于其存在应当被认识到的对象本身的，但却毕竟是关于对象按照说明一般经验中一切实在的结合之经验类比与某一个现实的知觉的关系的。

在一个事物的**纯然概念**中，根本不能发现其存在的特征。因为即使它的概念如此之完备，以至于为思维一个事物及其一切内在规定而不缺少丝毫东西，存在也与所有这一切都完全不相干，而只与如下问题相干，即这样一个事物是否被给予我们，以至于对它的知觉必要时能够先行于概念。因为概念先行于知觉，这只是意味着它的可能性；而为形成概念提供材料的知觉才是现实性的惟一特征。但是，只要事物按照知觉的经验性结合的原理（类比）与一些知觉相关联，人们也可以在该事物的知觉之前，从而**以比较的方式**先天地认识它的存在。因为在这种情况下，毕竟事物的存在与我们的知觉在一个可能的经验中相关联，而且我们可以按照那些类比的导线在可能知觉的序列中从我们现实的知觉达到事物。例如，我们从被吸引的铁屑的知觉出发认识到一种贯穿一切物体的磁性物质的存在，即使按照我们器官的性状我们不可能有对于这种材料的直接知觉。因为根据感性的规律和我们的知觉在一个经验中的联系，如果我们的感官更精细的话，我们也完全会遇到对这种物质的直接经验性直观，而我们感官的粗笨与一般可能经验的形式则根本无涉。因此，知觉及其附属物按照经验性的规律达到什么地步，我们关于事物存在的知识也就达到

B273

〔190〕

什么地步。如果我们不从经验出发，或者如果我们不按照显象的经验性联系的规律前进，则我们想猜测或者研究某一事物的存在，就是在行华而不实之事。①但是，**唯心论**却对这种间接证明存在的规则提出了一种强有力的责难，这里是驳斥唯心论的合适地方了。

※　　　　　※　　　　　※

对唯心论的驳斥

唯心论（我指的是**质料**的唯心论）是这样一种理论，它把空间中我们以外的对象的存在要么仅仅宣布为可疑的和**不可证明的**，要么宣布为**虚假的**和**不可能的**。前者是笛卡尔的**疑问式唯心论**，它仅仅把一个经验性断定宣布为无可怀疑的，这就是"**我在**"；后者是贝克莱的**独断式唯心论**，它把空间连同空间作为不可分离的条件所依附的一切事物都宣布为某种自身不可能的东西，从而也把空间中的事物宣布为纯然的想象。如果人们把空间视为应当属于物自身的属性，那么，独断式唯心论就是不可避免的；因为在这里，空间连同空间充当其条件的一切都是无稽之谈。但是，这种唯心论的根据已经被我们在先验感性论中取缔了。对此不做任何断定，而是仅仅借口无能通过经验证明我们的存在之外的一种存在的疑问式唯心论，是理性的和符合一种缜密的哲学思维方式的；也就是说，在找到充足的证明之前，不允许作出任何裁定性的判断。因此，所要求的证明就必须阐明，

---

① 第二公设及其阐明旨在于我们从现实的知觉出发在可能知觉的序列中达到事物所遵循的规则。因此，在我之外的其他事物之存在的直接意识（B274）是被预设的。插入第二版的对唯心论的驳斥所做的就是证明这个预设。据此，我们的文本不接受任何改动。——科学院版编者注

我们对于外部事物也有**经验**，而不仅仅有**想象**；但除非人们能够证明，甚至我们对**笛卡尔**来说无可怀疑的**内部**经验也只有以**外部**经验为前提条件才是可能的，上述阐明就不可能作出。

定理

我自己的存在的纯然意识，但也是经验性地被规定的意识，证明空间中我以外的对象的存在。

证明

我意识到我自己的存在是在时间中被规定的。一切时间规定都以知觉中某种**持久的东西**为前提条件。但是，这种持久的东西并不是在我里面的某种东西，因为恰恰我在时间中的存在要通过这种持久的东西才能得到规定。因此，这种持久的东西的知觉之所以可能，仅仅是由于我以外的一个**事物**，而不是由于我以外的一个事物的纯然表象。故而，我在时间中的存在的规定惟有通过我在我以外知觉到的现实事物的实存才是可能的。现在，时间中的意识与这种时间规定的可能性的意识必然地联结在一起：因此，它也与作为时间规定之条件的我以外的事物的实存必然地联结在一起；也就是说，我自己的存在的意识同时就是我以外的其他事物之存在的一种直接意识。

附释一：在前面的证明中人们将觉察到，唯心论所玩弄的把戏以更多的理由反过来报应在它身上。它认为惟一直接的经验就是内部经验，而且只是由此**推论**到外部事物的，但是，就像每当人们从被给予的结果推论到**确定的**原因时那样，这种推论是不可靠的，因为我们也许错误地归于外部事物的表象的原因，也可能是在我们自己里面的。然而在这里将证明，外部经

B276

〔192〕

验真正说来是直接的①，仅仅凭借外部经验就有可能的，虽然 B277
不是我们自己的实存的意识，但却毕竟是我们自己在时间中实
存的规定，也就是说，是内部经验。当然，表现能够伴随着一
切思维的意识的**"我在"**表象，就是直接在自身中包含着一个
主体的实存的东西，但却尚不包含该主体的任何知识，从而也
不包含经验性的知识，即经验；因为为此除了关于某种实存的
东西的思想之外，还需要直观，而在这里也就是内直观，主体
必须就内直观而言亦即就时间而言被规定，为此绝对需要外部
对象，因而内部经验只是间接地可能的，只是通过外部经验才
可能的。

　　附释二：我们的知识能力在时间规定方面的一切经验应用
都与此完全一致。不仅我们惟有通过外部关系中的变易（运
动）与空间中持久的东西相关（例如太阳的运动与地球上的对
象相关）才能知觉到一切时间规定，而且除了**物质**之外，我们 B278
甚至没有任何持久的东西能让我们作为直观配给一个实体的概 〔193〕
念，甚至这种持久性也不是从外部经验得来的，而是先天地预
设为一切时间规定的必要条件，从而也就是预设为就我们自己
的存在而言通过外部事物的实存对内感官的规定。在"我"的
表象中对我自己的意识根本不是一种直观，而是对一个能思维
的主体之自行行动性的一种纯然**理智的**表象。因此，这个

---

① 外部事物存在的**直接**意识，无论我们是否认识到这
种意识，在前面的定理中都不是被预设，而是被证
明的。关于这种意识的可能性的问题将会是：我们
是否只有一种内感官，却没有外感官，而是只有外
部的想象。但显而易见的是，哪怕仅仅为了把某物
想象成外在的，也就是说，在直观中呈现给感官，
我们就已经必须有一种外感官，并且由此把一种外
部直观的单纯感受性与表明任何想象之特征的自发
性直接区别开来。因为仅仅想象一个外感官，将会
取消应当由想象力来规定的直观能力本身。

"我"也不具有丝毫能够作为**持久的东西**来充当内感官中时间规定的相关物的直观之谓词；就像**不可入性**在作为经验性直观的物质那里一样。

附释三：从关于我们自己的某种确定的意识的可能性要求外部对象的实存，并不能得出外部事物的任何直观的表象都同时包含着这些事物的实存，因为这种表象完全可能纯然是想象力的结果（无论是在梦中还是在妄想中）；但是，它之所以如此，乃是由于以前的外部知觉的再生，而以前的外部知觉如已经指出的那样，惟有通过外部对象的现实性才是可能的。这里应当证明的只是：一般内部经验惟有通过一般外部经验才是可能的。至于这个或者那个自以为是的经验是否纯然是想象，则必须按照它的特殊规定并且通过与一切现实的经验的标准进行对照来予以查明。

※　　　　※　　　　※

最后，至于第三个公设，关涉到存在中质料的必然性，而不关涉概念纯然形式的和逻辑的结合。既然感官对象的实存不能完全先天地被认识，但毕竟能够以比较的方式先天地、与另一个已经被给予的存在相关地被认识，而人们尽管如此在这种情况下也只能达到那在某个地方必然包含在被给予的知觉为其一个部分的经验之联系中的实存，所以，实存的必然性永远不能从概念出发，而是任何时候都只能从与被知觉的东西的结合出发，按照经验的普遍规律来认识。在这里，除了按照因果性规律从被给予的原因产生的结果的存在之外，没有任何存在能够在其他被给予的显象的条件下被认识为必然的。因此，我们惟一能够认识其必然性的，不是物（实体）的存在，而是其状态的存在，而且这种认识是按照经验性的因果性规律，从在知觉中被给予的其他状态出发的。由此可见，必然性的标准仅仅蕴涵在可能经验的规律中，即凡是发生的东西，都是由它在显

B279

〔194〕

B280

象中的原因先天地规定的。因此，我们仅仅认识自然中其原因已经被给予我们的那些**结果**的必然性；而必然性在存在方面的这种标志超不出可能经验的领域，甚至在这个领域内，它也不适用于作为实体的物的实存，因为实体绝不能被视为经验性的结果或者某种发生和产生的东西。所以，必然性仅仅涉及种种显象按照因果性的力学规律的关系，以及以此为根据的从某个被给予的存在（一个原因）先天地推论到另一个存在（结果）的可能性。凡是发生的东西，都假定为必然的；这是一条原理，它使世界上的变化从属于一条规律，也就是说，从属于必然存在的规则，没有这条规则，就连自然也根本不能成立。因此，"没有任何东西通过一种盲目的偶然发生（in mundo non datur casus［世界上不存在偶然］）"，这个命题是一条先天的自然规律；同样还有："自然中没有任何必然性是盲目的，相反，必然性是为条件制约的，从而可理解的必然性（non datur fatum［不存在命定］）。"二者都是使变化的游戏服从（作为显象的）**事物的本性**或者——换句话说也是一回事——服从于知性的统一性的规律，惟有在知性中，它们才能够属于作为显象的综合统一的经验。这两条原理都属于力学的原理。前者真正说来是因果性原理的一个结论（从属于经验的类比）。后者属于模态的原理，模态还把必然性的概念加给因果规定，但必然性是从属于一条知性规则的。连续性的原则在显象（变化）的序列中禁止一切飞跃（in mundo non datur saltus［世界上不存在飞跃］），但也在空间中一切经验性直观的总和方面禁止两个显象之间的一切漏洞和裂隙（non datur hiatus［不存在裂隙］）；这样，人们就可以把该命题表达为：在经验中不能加入任何证明一种 vacuum［真空］或者哪怕是仅仅允许它作为经验性综合的一个部分的东西。因为就人们在可能经验的领域（世界）之外可以设想的真空来说，这种东西并不属于仅仅对涉及为经

B281

〔195〕

验性知识而利用被给予的显象的种种问题作出裁决的纯然知性
的审判权，它是还超出可能经验的领域之外，并要对围绕且限
制该领域的东西作出判断的理想理性的一个课题，因而必须在
先验辩证论中予以考虑。这四个命题（in mundo non datur hi-
atus，non datur saltus，non datur casus，non datur fatum
[世界上不存在裂隙，不存在飞跃，不存在偶然，不存在命
定]），像先验起源的一切原理那样，我们可以轻而易举地按照
它们的秩序与范畴秩序相符合地把它们表示出来，给每一个标
出其位置，不过已经熟练了的读者可以自己做这件事，或者轻
而易举地发现这方面的导线。但是，它们的一致仅仅达到这样
的程度，即在经验性综合中不允许任何可能损害或者妨碍知性
和一切显象的连续性联系亦即知性的各概念的统一性的东西。
因为惟有在知性中，一切知觉都必须在其中各就其位的经验的
统一性才成为可能。

可能性的领域是否大于包含一切现实的东西的领域，而后
者是否又大于必然的东西的集合，这都是些很好的问题，而且
具有综合的解答，但它们也都仅仅归于理性的审判权；因为它
们等于是说：一切作为显象的事物是否全都属于惟一的一个经
验的总和和关联，任何被给予的知觉都是这个经验的一个部
分，因而该部分就不能与其他显象相联结；或者，我的知觉是
否能够（在其普遍的联系中）属于不止一个可能的经验。知性
先天地给一般经验仅仅提供了根据感性和统觉惟一使一般经验
成为可能的主观形式条件的规则。其他（除空间和时间之外
的）直观形式，此外还有其他（除凭借概念的思维和知识的推
理形式之外的）知性形式，尽管都会是可能的，我们却毕竟不
能以任何方式予以设想和使之可以理解；但即便我们能够做到
这一点，它们也还是会不属于作为对象惟一能够在其中被给予
我们的知识的经验。除了一般而言属于我们整个可能经验的，

是否还有其他知觉，从而是否还有完全不同的物质领域能够存
在，这是知性所不能裁定的，知性只与被给予的东西的综合打
交道。此外，我们的一些惯用的推理，我们用它们来探明一个
庞大的可能性王国，其中一切现实的东西（经验的一切对象）
只不过是一个微小的部分，这些推理的贫乏是昭然若揭的。一
切现实的东西都是可能的；按照换位的逻辑规则，从它自然而
然地得出的只是特称的命题，有些可能的东西是现实的；这看
起来等于是意味着：许多不现实的东西是可能的。虽然表面上　B284
看起来，好像人们完全能够把可能东西的数目扩大到现实东西
的数目之上，因为为了构成后者，就必须给前者再附加点什
么。然而，我不承认给可能东西的这种附加。因为还应当附加
在可能东西之上的东西，就会是不可能的。只能给我的知性附
加上某种超出与经验的形式条件一致的东西，即与某个知觉的
结合；但是，按照经验性规律与知觉结合的东西，即使不是直
接知觉到的，也是现实的。然而，说在与知觉中被给予我的东
西的无一例外的联系中，还有另一个显象序列是可能的，从而
不止有惟一的一个包括一切的经验是可能的，这从被给予的东
西中是不能推论出来的；而没有某种东西被给予，就更不能推
论出来，因为没有材料就不能思维任何东西。惟有在本身仅仅
可能的条件下才可能的东西，就不是**在一切方面**都可能。但在
这方面，当人们想知道事物的可能性是否超出经验所能够达到
的范围时，就要提出疑问了。

　　我提到这些问题，无非是为了在按照通常意见属于知性概　B285
念的东西中不留下任何漏洞。但事实上，绝对的可能性（在一
切方面都有效的可能性）并不是纯然的知性概念，而且不能以
任何方式做经验性的使用，相反，这种使用仅仅属于超出一切
可能经验性的知性应用的理性。因此，我们在这里必须满足于
一种纯然批判性的说明，此外还要让事情暂不明朗，留待以后　〔197〕

进一步的处理。

由于我想结束这第四条，并由此同时结束纯粹知性一切原理的体系，所以我还必须说明我把各模态的原则恰恰称为公设的理由。我在这里并不在一些近代哲学作家赋予这个术语的意义上使用该术语；这些作家们违背了数学家们的原意，而该术语毕竟真正来说是属于数学家们的；这个原意就是：所谓公设，应当等于是说，无须申明理由或者证明而把一个命题说成是直接确定的；因为就综合命题而言，无论它们怎样自明，如果我们应当承认，人们无须演绎就可以根据它们自己的说法的声望而对它们表示无条件的赞同，那么，知性的一切批判就丧失殆尽了；而且既然不乏极为狂妄的主张，平常的信念（但这并不是信誉保证）也并不拒斥它们，所以我们的知性就对任何妄想开放，不能对那些尽管没有道理，但却以同样自信的口吻要求被承认为真正的公理的说法拒绝表示赞同。因此，如果给一个事物的概念综合地加上一种先天的规定，那么，关于这样一个命题，即便不附上一个证明，至少也必须不可欠缺地附上它的主张的合法性的演绎。

但是，模态的各原理并不是客观综合的，因为可能性、现实性和必然性的谓词丝毫也不通过给对象的表象增添某种东西而扩大它们所谈及的概念。但是，既然它们尽管如此毕竟始终是综合的，所以它们只是主观地如此，也就是说，它们把一个事物（实在的东西）的概念由以产生并身处其中的认识能力附加给该概念，在其他方面对概念不说出任何东西；以至于如果概念仅仅在知性中与经验的形式条件相结合，它的对象就叫做可能的；如果它与知觉（作为感官质料的感觉）相关联并且通过这种知觉借助于知性被规定，客体就是现实的；如果它是通过种种知觉依据概念的联系被规定的，对象就叫做必然的。因此，模态的各原理关于一个概念所说的，无非是该概念被产生

B286

B287
〔198〕

所凭借的知识能力的行动。现在，数学中一个公设就叫做实践的命题，它所包含的无非是我们最初给予我们自己一个对象并产生出它的概念所凭借的那种综合，例如用一条被给予的线从一个被给予的点出发在一个平面上画一个圆；诸如此类的命题之所以不可证明，乃是因为它所要求的程序恰恰就是我们最初产生这样一个图形的概念所凭借的东西。据此，我们就能够以同样的权利把模态的各原理作为公设，因为它们并不扩大自己关于一般事物的概念①，而是仅仅展示概念一般而言与知识能力相联结的方式。

※　　　　※　　　　※

B288

原理体系的总说明

我们不能仅仅按照范畴认识任何事物的可能性，而是必须总在手头有一种直观，以便根据它展示纯粹知性概念的客观实在性，这是某种非常值得注意的事情。以关系的范畴为例，1. 何以某物能够只作为**主体**而不作为其他事物的纯然规定而实存，也就是说，能够是实体；或者，2. 何以因为有某物存在，另一某物就必须存在，从而为何某物一般而言能够是原因；或者，3. 何以如果有多个事物存在，由于其中一个事物的存在，就有某种东西继其他事物而起，反过来也是一样，而且以这种方式就有一种实体的共联性能够发生；这些都根本不能仅仅从概念出发来认识。同样，这一点也适用于其他范畴，例如，何以一个事物能够等于许多事物

---

① **通过**一个事物的**现实性**，我当然设定了比可能性更多的东西，但并不是**在事物中**；因为该事物在现实性中所包含的东西绝不能多于在它完全的可能性中所包含的东西。相反，既然可能性仅仅是在与知性（知性的经验性应用）的关系中对事物的一种设定，所以现实性同时就是事物与知觉的联结。

〔199〕 的集合，也就是说，能够是一个量，等等。因此，只要缺乏直观，人们就不知道通过范畴是否在思维一个客体，以及是否

B289 到处都有某个对象能够适合这些范畴，这样就证实，范畴本身根本不是**知识**，而是纯然的**思想形式**，以便用被给予的直观形成知识——正是因此之故而得出，仅仅用范畴是不能形成一个综合命题的。例如，在所有的存在中都有实体，也就是说，有某种能够作为主体，而不能作为谓词实存的东西；或者任一事物都是一个量，等等，这里根本没有东西能够使我们超出被给予的概念并把另一个概念与它结合起来。因此，也就从来不曾

B290 有人做到仅仅从纯粹的知性概念出发证明一个综合命题，例如"一切偶然实存者皆有一个原因"这个命题。人们所能够做到的从来就只是证明，没有这种关系我们就**根本不能理解**偶然的东西的实存，也就是说，就不能先天地通过知性认识这样一个事物的实存；但由此并不能得出，这一点也是事物本身的可能性的条件。因此，如果人们愿意回顾我们对因果性原理的证明，那么，人们就会觉察到，我们只能证明关于可能经验的客体的因果性原理：一切发生的东西（每一个事件）都以一个原因为前提，而且使得我们也只能证明该原理是经验的可能性的原则，从而是一个**在经验性直观中**被给予的客体之**知识**的可能性的原则，而且不是仅仅从概念出发证明的。尽管如此不可否认的是，"一切偶然的东西都必须有一个原因"这个命题，对于任何人来说都是仅仅从概念出发就清楚明白的；但在这种情况下，偶然事物的概念已经被如此理解，即它所包含的不是模态的范畴（即其不存在**可以被思维**的某种东西），而是关系的范畴（即惟有作为另一东西的后果才实存的某种东西），而且在这里它当然就是一个同一的命题：凡是只有作为后果才实存的东西，都有自己的原因。事实上，当我们应当举出偶然存在的实例时，我们总是诉诸**变化**，而不是仅仅诉诸**反面的思想**的

可能性。① 但变化是自身惟有通过一个原因才可能的事件，因 〔200〕
而它的不存在就其自身而言是可能的，这样人们就从某物惟有 B291
作为一个原因的结果才能实存这一点认识到偶然性；因此，如
果一个事物被假定为偶然的，那么，说它有一个原因，就是一
个分析的命题。

但更值得注意的是：为了理解事物依据范畴的可能性，从
而阐明范畴的**客观实在性**，我们不仅需要直观，而且甚至始终
需要**外部直观**。如果我们以关系的纯粹概念为例，我们就会发
现：1. 为了与**实体**的概念相应而在直观中给出某种**持久的东
西**（并且由此阐明这个概念的客观实在性），我们就需要一种
空间中的（物质的）直观，因为只有空间被规定为持久的，而
时间，进而是内感官中的一切都在不断地流动。2. 为了把**变
化**表现为与**因果性**的概念相应的直观，我们必须以作为空间中
的变化的运动为例，甚至惟有这样我们才能直观纯粹知性不能
把握其可能性的变化。变化是同一个事物的存在中相互矛盾对
立的规定的结合。现在，从事物的一个被给予的状态继起一个
与它相反的状态，这是如何可能的？对此，理性不仅没有实例 B292
就不能把握，而且没有直观也绝不能说明；而这种直观就是一
个点在空间中的运动的直观，该点在不同位置上的存在（作为

① 人们很容易就能想到物质的不存在，但古人们却并
不从中推论出物质的偶然性。不过，即便是一个事
物的一个被给予的状态之存在和不存在的变易——
所有的变化都在于此——也根本不是仿佛从该状态
的反面的现实性出发证明该状态的偶然性；例如，
一个物体继运动而起的静止，并不因为静止是运动
的反面就证明该物体的运动的偶然性。因为这个反
面在此只是逻辑上，而不是**现实地**与另一个东西**相
对立**。为了证明物体运动的偶然性，人们必须证明，
在前一时刻有可能物体**不是**在运动中，**当时**它是静
止的，而不是证明它**后来**是静止的，因为这时两个
对立面根本不可能彼此并存。

对立的规定的一种继起）乃是最初使我们直观到变化的惟一东西；因为为了事后使内在的变化对我们来说成为可以设想的，我们就必须形象化地通过一条线来解释作为内感官形式的时间，通过画这条线来解释内在的变化（运动），从而通过外直观来解释我们自己在不同状态中的渐进实存；其真正的理由就是：一切变化，哪怕只是为了作为变化而被知觉到，也都以直观中的某种持久的东西为前提条件，但在内感官中却根本遇不到任何持久的直观。最后，**共联性**的范畴就其可能性而言根本不能通过纯然的理性来把握，从而没有直观，也就是说没有空间中的外直观，就不可能认识这一概念的客观实在性。因为如果有多个实体实存，从一个实体的实存出发就能够有某种东西（作为结果）继另一个实体的实存而起，反之亦然，从而由于在一个实体中有某种东西，在另一实体中就必然有某种仅仅从后者的实存出发不能理解的东西，人们要如何思维这种可能性呢？因为这为共联性所必需，而在每一个都由于自己的自存性而彼此完全隔离的事物中间却是根本不可把握的。所以，**莱布尼茨**在把共联性赋予世界上仅仅如知性所设想的种种实体时，就求助于神灵为中介；因为仅仅从种种实体的存在出发，在他看来共联性当然是无法把握的。但是，如果我们在空间中，从而在外直观中表象种种实体，我们就完全能够说明（作为显象的种种实体的）共联性的可能性。因为空间在自身中已经先天地包含着形式的外部关系，作为实在的外部关系的可能性的条件（在作用和反作用中，从而作为共联性的可能性的条件）。同样，也能够轻而易举地说明，作为量的事物的可能性，因而还有量的范畴的客观实在性也惟有在外直观中才能够得到展现，并且惟有凭借外直观才能够在事后也被应用于内感官。不过，为了避免烦冗，我不得不把这方面的实例留给读者去反思。

〔201〕

B293

以上的整个说明非常重要，并不仅仅是为了证实我们前面对唯心论的反驳，毋宁说，还是为了在我们从纯然内在意识和我们本性的规定出发不借助外部经验性直观而谈论**自我认识**的时候，给我们指明这样一种知识的可能性的界限。B294

因此，整整这一章的最后结论就是：纯粹知性的一切原理都无非是经验的可能性的先天原则，而一切先天综合命题都仅仅与经验相关，甚至它们的可能性本身也是完全依据这种关系的。〔202〕

第三篇

所有一般对象区分为现象和本体的根据

现在，我们不仅周游了纯粹知性的国土，仔细地勘查过它的每一部分，而且还丈量过它，给它上面的每一个事物都规定了其位置。但是，这片国土是一个岛屿，被自然本身包围在不可改变的疆界中。它是真理的国土（一个诱人的称号），周围 B295 是一片浩瀚无垠而又波涛汹涌的海洋，亦即幻相的驻地，其中一些雾堤和即将融化掉的冰山幻化出新的陆地，而且通过不断地以空幻的希望诱骗着四处追逐发现的航海家，而使他卷入永远不能放弃却也永远不能达成的冒险。但是，在我们斗胆驶入这片海洋，以便极尽辽远地搜索它，并确知是否有某种希望之前，最好事先再看一眼我们正要离开的这片国土的地图，而且要问：首先，我们是否也许不能满足于它自身所包含的东西，或者如果在别的地方到处都没有可以定居的土地，我们就不得不被迫满足于此；其次，我们自己究竟能够以什么名义占有这片国土，并且抵挡一切敌对的要求来保证自己的安全。尽管我们在分析论的进程中已经充分地回答过这些问题，但对它们的解答作出一个总体性的评估，毕竟可以通过把这些解答的要素 〔203〕

结合在一点上而加强信念。

也就是说，我们已经看到：凡是知性从自己本身得来的东西，知性无须从经验借来，尽管如此却不把它们用于任何别的目的，而是仅仅作经验的应用。纯粹知性的各原理，无论是先天建构性的（如数学性的原理），还是仅仅范导性的（如力学性的原理），所包含的仿佛不过是可能经验的纯粹图型；因为经验只是从知性与统觉相关源始地和自发地赋予想象力的综合的那种综合统一中才获得自己的统一性，而显象作为可能知识的材料则必须已经先天地与那种综合统一保持相关和一致。但现在，即使这些知性规则不仅仅是先天真实的，而且甚至是一切真理的源泉，也就是说，是我们的知识与客体相一致的源泉，因为它们在自身中包含着作为客体能够在其中被给予我们的一切知识之总和的经验之可能性的根据，对我们来说，仅仅让真实的东西表现出来毕竟还是不够的，而是要让人们渴望知道的东西表现出来。因此，如果我们通过这种批判的研究学到的不过是我们在知性的纯然经验性应用中即便没有如此精密的探讨自己也曾做到的事情，那么，人们从它里面得到的好处看来就不值得花费精力和作出准备了。现在，人们虽然能够作出回答的是：对于扩展我们的知识来说，没有任何冒失比在从事研究之前，在对这种用处——哪怕这种用处就摆在眼前——还没有丝毫概念之前，就总是想预先知道这种用处的那种冒失更加有害。然而，毕竟有一种好处，即便是对这样的先验探讨最感困难和厌倦的学生也能理解和关切，这就是：专注于自己的经验性应用的知性，对它自己的知识的源泉不做反省，虽然也能很好地进行，但有一点却根本做不到，那就是自己给自己规定其应用的界限，并知道什么处在它的全部领域之内，什么处在它的全部领域之外；因为这恰好是我们已经开始着手的深刻的研究所要求的。但是，如果知性不能分辨某些问题是否处于它的视野之内，那么，它就永远不能确保自己的要求和自己的财富，而当它不断地逾越自己领域的疆界（正如不可避免的那样），并沉溺于妄想和假象的时候，就只好等着接受各种各样令人羞辱的斥责了。

因此，知性对于它的一切先天原理，甚至对于它的一切概念，都只能做经验性的应用，但永远不能做一种先验的应用，这是一个一旦能够被确切地认识到就能看出重要后果的命题。任何一条原理中某个概念的先验应用都是这样的应用：它与**一般而言和就自身而言的物**①相关，而如果它仅仅与**显象**亦即一个可能**经验**的对象相关，那就是经验性的应用。但是，在任何地方都只能有经验性的应用，这从以下说明可以看出。任何一个概念所需要的，首先是一般概念（思维）的逻辑形式，然后其次还有给予它一个与之相关的对象的可能性。没有这个对象它就没有意义，就是完全空无内容的，哪怕它总是还包含着用可能的材料形成一个概念的逻辑功能。现在，对象只能在直观中被给予一个概念，而且即使一个纯直观还在对象之前就是先天可能的，它本身也毕竟只能通过经验性直观才能获得其对象，从而获得客观有效性，它只是经验性直观的形式罢了。因此，一切概念，从而还有一切原理，无论它们如何是先天可能的，都仍然与经验性直观，从而与可能经验的材料相关。没有这种相关，它们就根本没有任何客观有效性，而是一种纯然的游戏，是想象力或者知性各自用自己的表象所做的游戏。仅以数学的概念为例，而且首先谈数学的纯直观。空间有三个维度，两点之间只能有一条直线，等等。尽管所有这些原理以及

①康德在《康德〈纯粹理性批判〉补遗》第CXVII条中阐释说：未在任何直观中被给予我们的对象，因而是非感性的对象。——科学院版编者注

B298

B299

这门科学所探讨的对象的表象完全是先天地在心灵中产生的，但如果我们不能总是在显象（经验性的对象）上展示它们的含义的话，它们就根本不意味着任何东西。因此，人们也要求使

〔205〕 一个孤立的概念**成为可感知的**，也就是说，在直观中展示与它相应的客体，因为不这样做，概念（如人们所说）就会仍然没有**意义**，也就是说，没有含义。数学通过绘制形象来满足这种要求，形象是对感官的一种当下的（虽然是先天地完成的）显象。正是在这门科学中，量的概念在数中寻求其支持和意义，但数又凭借展示在眼前的手指、算盘珠或者小棒和点来寻求其支持和意义。概念连同由这样的概念而来的综合原理或者算式一直是先天地产生的；但它们的应用以及与所说的对象的关系却归根结底只能在它们（就形式而言）包含着其可能性的经验中寻求。

B300 但是，一切范畴以及由它们构成的原理，情形亦复如是，这一点也可以从以下所说来得知：不立刻使我们下降到感性的条件，从而下降到范畴必须当做自己的惟一对象而限制在其上的显象的形式，我们就甚至不能**实在地**对任何一个范畴作出定义，也就是说，使范畴的客体的可能性成为可理解的，因为如果人们去掉这一条件，一切含义亦即与客体的一切关系就都取消了，人们就不能借助任何实例使自己理解，在诸如此类的概念中究竟本来指的是什么东西。

一般而言的量的概念没有人能够作出解释，除非解释为：量是一物的规定，凭借这种规定，就可以思维该物中被设定了多少倍的一。然而，这个多少倍是建立在渐进的重复之上的，从而是建立在时间和时间中（同类物）的综合之上的。对于实在性，只有在想到一个要么以此充实、要么空虚的时间（作为

〔206〕 一切存在的总和）的情况下，人们才能与否定性相对立对它作出解释。如果我把持久性（它是一种在一切时间中的存在）去

掉，那么，对于实体的概念来说，除了关于主体的逻辑表象之外，我就不剩下任何东西了，这个表象乃是我以为通过表象只能作为主体（不是主体的一个谓词）存在的某物而使之实在化的。但是，不仅我根本不知道这种逻辑上的优势能够归属某一个事物所需要的条件，而且也根本不能由此出发进一步做任何事情，不能得出丝毫的结论，因为由此根本没有规定这个概念的应用的任何客体，因而人们根本不知道，这个概念在任何地方是否意味着某种东西。关于原因的概念，我（如果我去掉某物按照一条规则在其中继另一某物而起的时间）在纯粹的范畴中所发现的，无非是有某种东西，由它能够推论出另一种东西的存在而已；由此不仅根本不能把原因和结果彼此区分开来，而且由于这种能够推论马上就需要我一无所知的种种条件，概念就会对于自己如何适用于某一个客体方面根本没有任何规定。"一切偶然的东西皆有一个原因"被认为是一条原理，它虽然显得相当威风凛凛，就好像它在自身就具有自己的尊严似的。但我要问：你们是如何理解偶然的？你们回答说：偶然的东西的不存在是可能的；这样，我就很想知道，如果你们不在显象的序列中想象一种演替，在演替中想象继不存在而起的存在（或者反过来），从而想象一种变易，你们想凭什么来认识不存在的这种可能性；因为说一物的不存在并不自相矛盾，这是对一种逻辑条件的无力的援引，这种逻辑条件虽然为概念所必需，但对实在的可能性来说却是远远不够的；无论我如何能够在思想中取消任何一个实存着的实体而不会自相矛盾，但由此却根本不能推论出该实体就其存在而言的客观的偶然性，亦即它的不存在自身的可能性。至于共联性的概念，则很容易估计到：既然无论是实体的还是因果性的纯粹范畴，都不允许对客体作出规定的解释，那么，交互的因果性在与种种实体的相互关系（commercium）中同样没有能力作这种解释。如果人

B301

B302

〔207〕 们想仅仅从纯粹知性得出可能性、存在和必然性的定义，则除了同义反复之外，还没有人能够作出别的解释。因为把**概念**的逻辑可能性（因为它并不自相矛盾）偷换成**物**的先验可能性①（因为有一个对象与概念相应），这种把戏只能蒙骗外行并使之满足。②

B303 　　由此无矛盾地得出的是：纯粹知性概念**永远**不能有**先验的**应用，而是**在任何时候**都只能有**经验性**的应用，纯粹知性的原理只有在与一种可能经验的关系中才能与感官的对象相关，但绝不能与一般而言的物（不考虑我们能够直观它们的方式）相关。③

　　据此，先验分析论就有了这一重要的结论：知性先天地可以做到的，永远无非是预先推定一般可能经验的形式，而既然不是显象的东西就不可能是经验的对象，所以知性永远不能逾越感性的界限，只有在感性的界限内部对象才被给予我们。知性的原理只是一些对显象作出说明的原则，自以为能够在一个系统的学说中关于一般而言的物提供先天综合知识（例如因果性原理）的本体论，其自负的称号必须让位于仅仅一种纯粹知

---

① 康德在他的第一版手写样书中根据第二版的注释（BXXVI 注和 B302 注）插入"实在的"取代"先验的"（《康德〈纯粹理性批判〉补遗》，第 CXXI 条）。——科学院版编者注

② 总而言之，如果一切感性直观（我们所惟一拥有的直观）都被去掉，那么，所有这些概念就都不能用任何东西来**证明**自己，并由此阐明自己**实在的**可能性，在这种情况下，剩下来的就只是**逻辑的**可能性，也就是说，概念（思想）是可能的，但要谈的并不是这一点，而是概念是否与一个客体相关，从而意味着某种东西。

③ 康德在他的手写样书中阐明性地加入：与一般而言的物……综合地相关，如果它们应当造成知识的话（《康德〈纯粹理性批判〉补遗》，第 CXXIII/CXXIV 条）。——科学院版编者注

性的分析论的谦逊称号。

　　思维就是使被给予的直观与一个对象发生关系的行动。如 　　B304
果这种直观的方式根本不是被给予的，那么，对象就仅仅是先
验的，知性概念就仅仅有先验的应用，也就是说，仅仅具有一
种一般杂多的思维的统一性。这样，一个纯粹的范畴，其中被
抽掉惟一对我们可能的那种感性直观的所有条件，就没有任何
客体被它所规定，而①只有一个一般客体的思维按照不同的样 　　〔208〕
式被表达。现在，一个概念的应用还需要有一个对象被归摄在
该概念之下所凭借的判断力的功能，从而需要有使某物能够在
直观中被给予的至少是形式上的条件。如果缺少判断力的这种
条件（图型），则一切归摄就都落空；因为没有被给予任何能
够被归摄在概念之下的东西。因此，范畴的纯然先验的应用事
实上根本不是应用，而且②没有任何被规定的对象，哪怕仅仅
是按照形式可规定的对象。由此得出，纯粹范畴即便是对于先
天综合原理也不是充分的，纯粹知性的原理只有经验性的应
用，但永远没有先验的应用，而超出可能经验的范围，任何地 　　B305
方都不可能有先天综合原理。

　　因此，这样来表达可能是可取的：没有感性的形式条件的
纯粹范畴仅仅具有先验的意义，但却不具有先验的应用，因为
在范畴（在判断中）缺少任何一种应用的一切条件，也就是说

----

① 康德在其手写样书中改进为："没有任何客体被规
　定，而"应读为"没有任何客体被规定，因而没有
　任何东西被认识，而"（《康德〈纯粹理性批判〉补
　遗》，第CXXVI条）。——科学院版编者注
② 措辞的原文与关于一般物的奠基性学说不一致。康
　德在其手写样书中的记录是："根本不是为认识某种
　东西的应用，而且"（《康德〈纯粹理性批判〉补
　遗》，第CXXVII），这就取消了矛盾。——科学院版编
　者注

缺少把任何一个所谓的对象归摄在这些概念之下的形式条件的时候，这种应用自身是不可能的。因此，既然它们（仅仅作为纯粹的范畴）不应当有经验性的应用，而且不能有先验的应用，所以当人们把它们与一切感性分离开来时，它们就根本没有任何应用了，也就是说，它们根本不能应用于任何所谓的对象；毋宁说，它们只不过是就一般对象而言的知性应用和思维的纯形式，但却不能仅仅由这形式来思维或者规定任何客体。

　　然而，这里在根本上有一种难以避免的错觉。范畴就起源来说并不像空间和时间这些**直观形式**那样建立在感性之上，因此它们似乎允许一种扩展到所有感官对象之外的应用。然而，

〔209〕
B306

它们在自己那方面又无非是**思想的形式**，只包含先天地把在直观中被给予的杂多联结在一个意识之中的逻辑能力；而如果人们从它们去掉对我们来说惟一可能的直观，它们所能够具有的意义就逊于那些纯粹的感性形式，通过后者至少还有一个客体被给予，而我们的知性所特有的联结杂多的方式则如果不加上杂多惟一能够在其中被给予的那种直观就根本没有任何意义。尽管如此，如果我们把某些作为显象的对象称为感官物（Phae-nomena〔现象〕），而把我们直观它们的方式与它们的性状自身区分开来，那么，在我们的概念中就毕竟已经蕴涵着：我们要么按照后面一种性状把这同一些对象（即使我们并没有在这种性状中直观它们）与前面那种对象仿佛对立起来，把它们称做知性物（Noumena〔本体〕），要么对另外一些根本不是我们感官的客体，只是由知性当做对象来思维的可能之物也这样做。现在要问的是：我们的纯粹知性概念是否能够就后者而言具有意义，是否能够是后者的一种知识方式？

　　但在这里，一开始就表现出一种可能引起严重误解的歧义性：既然知性在把一个对象于某种关系中仅仅称为现象时，同时在这种关系之外还形成一个关于**对象自身**的表象，并由此而

设想自己也能够形成关于诸如此类的对象的**概念**，而且，既然
知性所提供的无非是范畴，所以，后一种意义上的对象至少必
须能够通过纯粹知性概念来思维，但由此就诱使人们把有关一
个知性物——作为完全处于我们的感性之外的一个某物——的
完全**不确定的**概念视为一个有关我们能够通过知性以某种方式
认识的存在物的**确定的**概念。

如果我们把本体理解为这样一个物，在抽掉我们直观它的
方式时，它**不是我们的感性直观的客体**，那么，这就是一个**消
极**意义上的本体。但是，如果我们把它理解为一个**非感性直观
的客体**，那么，我们就假定了一种特殊的直观方式，即理智的
直观方式，但它并不是我们的直观方式，我们也不能看出它的
可能性，而这就会是**积极**意义上的本体。

如今，关于感性的学说同时就是关于消极意义上的本体的
学说，也就是说，是关于知性必须不用与我们的直观方式的这
种关系从而不仅仅当做显象，而是当做物自身来思维的事物的
学说，但关于这样的事物，知性在这种分离中也了解到，它在
以这种方式考虑它们时对于自己的范畴不能做任何应用，因为
这些范畴惟有与空间和时间中的直观的统一性相关才具有意
义，它们也只是由于空间和时间的纯然观念性才能够通过普遍
的联结概念来先天地规定这种统一性。在不能发现这种时间统
一性的地方，从而在本体那里，范畴的全部应用，甚至范畴的
一切意义，就完全终止了；因为甚至应当与范畴相应的事物的
可能性也根本无法看出，所以只可以援引我在前一篇的一般说
明中一开始就论述的东西。但现在，一个事物的可能性绝不能
仅仅从该物的概念不自相矛盾出发来证明，而是只能通过人们
给该概念配上一个与它相应的直观来证明。因此，如果我们要
把范畴应用于不被视为显象的对象，我们就必须以不同于感性
直观的另一种直观来作为基础，而在这种情况下，对象就会是

B307

〔210〕

B308

一个**积极意义上的**本体。既然这样一个直观，即理智直观，完全处在我们的知识能力之外，所以，就连范畴的应用也绝不能超出经验的对象的界限；与感官物对应的固然有知性物，哪怕我们的感性直观能力与之完全没有关系的知性物可以存在，但我们的知性概念却作为我们的感性直观的纯然思想形式而丝毫达不到它们那里；因此，被我们称之为本体的，都必须被理解为仅仅在**消极的**意义上的本体。

如果我从一种经验性的知识中去除一切（借助于范畴的）思维，那么，就根本不会有任何对象的知识存留下来；因为通过纯然的直观，根本没有任何东西被思维，而感性的这种激动在我里面，这根本不构成诸如此类的表象与某个客体的任何关系。但与此相反，如果我抛开一切直观，则毕竟还剩下思维的形式，也就是说，剩下给可能直观的杂多规定一个对象的方式。因此，范畴扩展到比感性直观更远的地方，因为它们思维一般的客体，并不还关注这些客体能够被给予的特殊（感性）方式。但是，范畴并不由此就规定一个更大的对象范围，因为人们不能假定这样的对象能够被给予，而不预先假定某种不同于感性的直观方式为可能的，但我们又绝对没有权利做这种预先假定。

一个概念并不包含任何矛盾，甚至还作为被给予的概念的限制而与别的知识相关联，但其客观实在性却不能以任何方式被认识，我把它称为或然的。一个**本体**的概念，亦即一个根本不应当作为感官的对象，而是应当作为物自身（仅仅通过纯粹知性）被思维的事物的概念，这是根本不自相矛盾的；因为关于感性人们毕竟不能断言，它就是惟一可能的直观方式。此外，为了不使感性直观一直扩展到物自身之上，从而为了限制感性知识的客观有效性，这个概念又是必要的（因为感性直观所达不到的其他对象之所以叫做本体，恰恰是为了借此表明，

B309

〔211〕

B310

那些知识不能把自己的领域扩展到知性所思维的一切之上）。
但最终，这样一些本体的可能性毕竟是根本看不出来的，显象
领域之外的范围（对我们来说）是空的，也就是说，我们有一
种以或然的方式扩展到比显象领域更远的地方的知性，但却没
有直观，甚至就连能够使对象在感性领域之外被给予我们，并
使知性超出感性之外而被实然地应用的一种可能的直观的概念
也没有。因此，本体的概念纯然是一个**界限概念**，为的是限制 B311
感性的僭妄，所以只有消极的应用。尽管如此，它却不是任意 〔212〕
地杜撰出来的，而是与感性的限制相关联的，但毕竟不能在感
性的领域之外设定某种积极的东西。

因此，虽然概念确实允许划分为感性概念和理智概念，
但把对象划分为现象和本体，把世界划分为感性世界和知性
世界，却是在**积极的意义上**根本不能允许的；因为人们不能
为理智概念规定任何对象，从而也不能把它们冒充为客观有
效的。如果离开感官，人们想如何说明，我们的范畴（它们
将会是为本体惟一留下来的概念）还到处意味着某种东西
呢？因为要使它们与某一个对象发生关系，就还必须被给予
比纯然思维的统一性更多的某种东西，亦即除此之外还要有
一种它们能够应用于其上的直观。即便如此，一个本体的概
念，仅仅或然地来看，依然不仅仅是允许的，而且作为一个
对感性作出限制的概念也是不可避免的。但在这种情况下，
这就不是对我们的知性来说的一种特殊的**理知对象**了，相反，
它所隶属的知性本身就已经是一个问题，也就是说，它不是通 B312
过范畴推论式地，而是在一种非感性的直观中直觉式地认识自
己的对象，对这种知性来说，我们不能形成其可能性的丝毫表
象。我们的知性以这种方式获得了一种消极的扩展，也就是
说，它不被感性所限制，而是毋宁说通过把物自身（不作为显
象来看）称为本体而限制感性。但是，它也立刻为自己设定了

界限，不能通过范畴认识本体，从而只能以一个未知的某物的名义来思维它们。

〔213〕
然而，我在近人的作品中发现了对 mundi sensibilis［可感世界］和 mundi intelligibilis［理知世界］①这两个术语的一种完全不同的应用，它完全背离了古人的意思，而且这里当然没有任何困难，但所遇到的也无非是空洞地玩弄辞藻。按照这种用法，一些人喜欢把显象的总和就其被直观而言称为感官世界，而就其联系按照普遍的知性规律被思维而言称为知性世

B313
界。仅仅讲授对星空的观察的理论天文学将说明前者，与此相反，默思的（例如根据哥白尼的宇宙体系或者根据牛顿的引力规律解释的）天文学则说明后者，即一个理知的世界。但是，这样一种词义的曲解只不过是诡辩的遁词，为的是通过将它们的意义降低到适于己用来回避麻烦的问题。就显象而言，知性和理性都可以使用；但问题是，如果对象不是显象（是本体），这二者是否还有一些应用，而当对象自身被思维为仅仅理知的，也就是说，被思维为仅仅被给予知性，而根本不被给予感官时，人们就是在这种意义上承认对象的。因此问题就是：在知性的那种经验性应用之外是否还可能（甚至在**牛顿的**宇宙结构表象中）有一种关涉作为对象的本体的先验应用，对此问题我们已经作出过否定的回答。

因此，如果我们说：感官向我们表现对象**如其显现**，知性却向我们表现对象**如其所是**，后者则不可在先验的意义上，而

---

① 不必像人们在德语表述中通常习惯于做的那样，用一个**理智**世界的术语来取代这一术语；因为只有知识才是理智的或者感性的。但只要是能够成为这种或者那种直观方式的**对象**的东西，从而也就是客体，都必须叫做理知的或者可感的（尽管这听起来很生硬）。

只能在经验性的意义上来对待，也就是说，像它们在显象无一例外的联系中必须被表现为经验的对象，而不是按照它们在与可能经验的关系之外，从而在与一般感官的关系之外，因而作为纯粹知性的对象所可能是的那样来对待。因为后者对我们来说将永远是未知的，甚至这样一种先验的（非常的）知识在任何地方是否可能，至少是作为隶属于我们通常的范畴的知识是否可能，也依然是未知的。**知性**和**感性**在我们这里只有**结合起来**才能规定对象。如果我们把它们分开，那么我们就有直观而无概念，或者有概念而无直观，但在这两种情况下所具有的表象，我们都不能使之与任何确定的对象发生关系。

B314

如果有人还对根据所有这些讨论放弃范畴的纯然先验的应用心怀疑虑，那么，他可以在某个综合的主张中对这些范畴作一番尝试。因为一个分析的主张并不使知性走得更远，而既然知性只是讨论在概念中已经被思维的东西，所以它并不决定这概念是自身与对象有关系，还是仅仅意味着一般思维的统一性（这统一性完全去掉了一个对象能够被给予的方式）；对它来说，知道在它的概念中包含着什么就够了；概念本身可能关涉什么，对它来说是无所谓的。此后，他也可以尝试一番某个综合的、被以为是先验的原理，例如：凡是存在的东西，都是作为实体或者一个依附实体的规定而实存的；一切偶然的东西都是作为另一事物亦即其原因的结果而实存的，等等。现在我要问：既然概念不是应当与可能的经验相关而有效，而是应当对物自身（本体）有效，那么，知性想从哪里得到这些综合命题呢？综合命题总是需要一个第三者，以便在其中把根本没有逻辑的（分析的）亲缘关系的种种概念相互结合起来，但在这里，第三者又在何处呢？不考虑经验性的知性应用，并由此完全放弃纯粹的和摆脱感官的判断，知性就将永远不能证明自己的命题，更有甚者，它就连以这样一种纯粹的主张为自己辩护

〔214〕

B315

都不能。所以，纯粹的、纯然理知的对象的概念①完全没有其应用的一切原理，因为人们想不出它们应当被给予的任何方式，而毕竟为它们留下一个位置的或然思想也只不过像一个空的空间，有助于限制经验性的原理，却毕竟没有在自身中包含和显明经验性原理范围之外的某种别的知识客体。

B316

附录

论反思概念的歧义

反思（reflexio）并不与对象本身相关，以便径直从它们获得概念，相反，它是心灵的一种状态，我们在这种状态中首先要发现使我们能够达到概念的诸般主观条件。反思是被给予的表象与我们不同的知识来源的关系的意识，惟有通过这种意识，各种知识来源的相互关系才能够得到正确的规定。在对我们的表象进行一切进一步的探讨之前，首要的问题就是：它们是在哪一种知识能力中联结起来的？它们被联结或者被比较，所面对的是知性还是感官？某些判断是从习惯出发被接受的，或者是由于偏好联结而成的；但是，由于没有反思先行或者至少批判地继之而起，所以它们被视为起源于知性。并不是所有的判断都需要一种**探究**，也就是说，需要注意真理性的根据；因为如果它们是直接确定的，例如两点之间只能有一条直线，

[215]

B317

---

① 即便是在这里，康德也在同样的意义上和在同样的地方改进为：肯定的概念、可能的知识（《康德〈纯粹理性批判〉补遗》，第CXL条）。对第一版文本的这种品性的其他改动在《康德〈纯粹理性批判〉补遗》，第CXXXVII/CXXXVIII条。——科学院版编者注

那么，对于它们来说，除了它们自己所表达的之外，不可能显示更为切近的真理性征兆了。但是，一切判断，甚至一切比较，都需要一种**反思**，也就是说，需要对被给予的概念所隶属的知识能力作出辨别。我用来使一般表象的比较与在其中进行这种比较的知识能力相对照，且用来辨别这些表象是作为属于纯粹知性的还是属于感性直观的而相互进行比较的行动，我称为**先验的反思**。但是，种种概念在一种心灵状态中能够相互归属的关系，就是**同一性**与**差异性**、**一致**与**抵触**、**内部**与**外部**，最后还有**可规定者**与**规定**（质料与形式）的关系。对这种关系的正确规定依据的是：种种概念是在哪一种知识能力中**主观上**相互归属的，是在感性中还是在知性中？因为知识能力的差异造成了人们思维这些关系的方式上的重大差异。

在所有客观的判断之前，我们对概念进行比较，以便为了**全称**判断而得到（诸多表象在一个概念之下的）**同一性**，或者为了产生**特称**判断而得到它们的**差异性**，得到一致而能够从中产生**肯定**判断，得到**抵触**而能够从中产生**否定**判断，等等。从这一理由出发，我们看来应当把以上所述的概念称为比较概念（conceptus comparationis）。但是，由于如果关键不在于概念的逻辑形式，而在于其内容，也就是说，在于事物本身是同一的还是差异的，一致的还是抵触的等等，事物与我们的知识能力就可能有两种关系，亦即与感性的关系和与知性的关系，但它们相互归属的方式则取决于它们所属的位置，所以，惟有先验反思，亦即被给予的表象与这种或者那种知识能力的关系，才能规定这些表象相互之间的关系；而事物是同一的还是差异的，是一致的还是抵触的等等，并不能立刻从概念本身通过纯然的比较（comparatio）来澄清，而是惟有首先通过辨别它们所属的知识能力，借助于一种先验反思（reflexio）才能澄清。因此，人们虽然可以说：**逻辑反思**是一种纯然的比较，因为在

B318

〔216〕

它这里，完全抽掉了被给予的表象所属的知识能力，所以它们就此而言按照它们在心灵中的位置应当被当做同类的来对待；B319 但是，**先验反思**（它关涉到对象本身）包含着表象彼此之间客观的比较之可能性的根据，从而与逻辑反思截然不同，因为它们所隶属的知识能力并不是同一种知识能力。这种先验反思乃是一种义务，凡是想先天地对事物作出某种判断的人，都不能回避这种义务。现在，我们就要来履行这种义务，对于规定知性的真正任务来说，由此将得到不少的启发。

1. **同一性**与**差异性**。如果一个对象多次被展示给我们，但每次都是以同样的内在规定（qualitas et quantitas［质与量］），那么，当它被视为纯粹知性的对象的时候，它就总是同一个对象，不是多个事物，而仅仅是**一个**事物（numerica identitas［数字上的同一性］）；但是，如果它是显象，那么，关键就不在于概念的比较了，而是无论就概念来说一切如何同一，毕竟这显象在同一时间里位置的差异仍然是（感官的）对象本身**数字上的**差异的一个充分根据。例如，就两滴水而言，〔217〕 人们可以抽掉一切内在的差异（质的差异和量的差异），要把 B320 它们视为数字上有差异的，只要它们在不同的位置上同时被直观就够了。**莱布尼茨**把显象当做物自身，从而当做 intelligibilia［理知物］，也就是说，当做纯粹知性的对象（尽管他由于它们的表象模糊不清而赋予它们现象的名称），而在这里，他的**不可辨别者**的命题（principium identitatis indiscernibilium［不可辨别者的同一律］）当然是无法反驳的；但是，既然它们是感性的对象，而且知性就它们来说不具有纯粹的应用，而是只有经验性的应用，所以，多与数字上的差异就已经通过作为外部显象的条件的空间本身得到了说明。因为空间的一个部分，虽然可能与另一个部分完全相似和相等，但毕竟是外在于它的，并且恰恰因此而是一个与它不同的部分，后者加在它上面，就构成一个更大的空间；因此，这一点也必定适用于同时在空间的不同位置上的一切，哪怕它们除此之外可能是相似和相等的。

2. **一致**与**抵触**。如果实在性仅仅为纯粹知性所表现（realitas noumenon［作为本体的实在性］），那么，在种种实在性之间就不能设想任何抵触，也就是说，不能设想这样一种关系，即当它们被联结在一个主体中时，彼此抵消其结果，亦即 3−3＝0。与此相反，显象中实在的东西（realitas phaenomenon［作为现象的实在性］）相互之间当然可能处在抵触之中，如果联结在同一个主体中，一方就完全或者部分地抵消**另一方的结果**，例如在同一条直线上的两个运动力，如果它们在相反的方向上或者牵引或者压迫一个点的话；或者还有平衡痛苦的娱乐。

3. **内部**与**外部**。就一个纯粹知性的对象而言，只有（就其存在来说）同任何与它不同的东西都没有任何关系的东西，才是内在的。与此相反，空间中一个 substantia phaenomenon［作为现象的实体］的内在规定无非是一些关系，而且它们本身也完全是纯粹关系的总和。我们认识空间中的实体，也只是通过在空间中起作用的力，或者驱使其他实体到它那里（吸引），或者阻止进入它（拒斥和不可入性）；我们并不认识构成在空间中显现并被我们称为物质的实体之概念的其他属性。与此相反，作为纯粹知性的客体，任何实体都必须具有内在的规定和关涉内部实在性的力。然而，除了我的内感官向我呈现的那些之外，也就是说，除了要么本身是一个**思维**，要么与思维类似的东西之外，我还能设想什么内在的偶性呢？因此，**莱布尼茨**由于把实体设想为本体，所以就把所有的实体都变成了具有表象能力的简单主体，甚至在他于思想中把一切能够表示外部关系的东西，进而也把**复合**都从物质的组成部分中除去之后，把物质的组成部分也变成了这样的简单主体，一言以蔽

B321

〔218〕

B322

之，变成了**单子**。

4. **质料与形式**。这是两个为其他一切反思奠定基础的概念，就此而言它们与知性的任何应用都不可分割地结合在一起。前者表示一般可被规定者，后者则表示前者的规定（二者都是在先验的意义上说的，因为人们抽掉了被给予的东西的一切区别及其被规定的方式）。从前，逻辑学家们把普遍的东西称为质料，而把特殊的区别称为形式。在任何判断中，人们都可以把被给予的概念称为逻辑质料（即判断的质料），把它们（凭借系词）的关系称为判断的形式。在任何存在物中，其成分（essentialia［实质性的东西］）就是质料，其成分被结合在一个事物中的方式就是本质性的形式。就一般事物而言，未加限制的实在性也被视为一切可能性的质料，其限制（否定性）则被视为一事物与他事物按照先验概念区别开来所借助的那种形式。也就是说，知性首先要求某物被给予（至少在概念中），以便能够以某种方式规定它。因此，在纯粹知性的概念中，质料先行于形式，而**莱布尼茨**也就因此缘故首先假定有物（单子），并且在里面假定物的一种表象能力，以便事后在此之上建立物的外部关系和它们的各种状态（即各种表象）的共联性。因此，空间和时间，前者惟有通过种种实体的关系，后者则通过种种实体各种规定相互之间的结合，才作为根据和后果而是可能的。事实上，如果纯粹知性能够直接与对象相关，而且空间和时间是物自身的规定的话，事情也必然会是这个样子。但是，如果它们只不过是感性直观，我们在其中所规定的对象都仅仅是显象，那么，直观的形式（作为感性的一种主观性状）就先行于一切质料（感觉），从而空间和时间就先行于一切显象，先行于经验的一切材料，毋宁说首先使经验成为可能。理智论哲学家不能忍受形式应当先行于事物本身并规定事物的可能性，当他假定我们直观事物如其所是（尽管是以含混

的表象）时，这是一个完全正确的批评。但是，既然感性直观
是一个完全特殊的主观条件，先天地是一切知觉的基础，并且
原初就是其形式，所以，形式就是独自被给予的，质料作为基 B324
础（如人们根据纯然的概念必然作出的判断那样）是大错特错
的，毋宁说，质料的可能性倒要以一种形式的直观（时间和空
间）已经被给予为前提条件。

关于反思概念之歧义的附注

请允许我把我们或者在感性中或者在纯粹知性中赋予概念
的地位称为**先验位置**。以这样的方式，对每一个概念根据其应
用的不同所具有的这种地位的判断和按照给所有的概念规定这
种位置的规则所作出的分配，就是**先验的位置论**；这是一种通
过在任何时候都辨别概念本来属于何种知识能力来缜密地防范
纯粹知性的僭越使用和由此产生的幻相的学说。人们可以把每
一个概念、许多知识归属其下的每一个标题称为一个**逻辑的位
置**。**亚里士多德逻辑的位置论**就是以此为根据的，学校教师和
演说家都能够使用它，以便在思维的某些标题下，检查什么最 B325
适合于当前的材料，此外以一种缜密的外貌进行论证或者滔滔
不绝地神侃。

与此相反，先验的位置论所包含的，无非是一切比较和辨 〔220〕
别的四个标题，它们之所以有别于范畴，乃是由于通过它们，
不是对象按照构成其概念的东西（量、实在性）展现出来，而
是先行于物的概念的表象之比较在其一切杂多性中展现出来。
但这种比较首先需要有一种反思，也就是说，需要有被比较事
物的表象所属的位置的一种规定，看是知性思维这些表象，还
是感性在显象中给予这些表象。

概念能够在逻辑上被比较，毋须顾虑它们的客体属于哪

里，是作为本体置于知性之前，还是作为现象置于感性之前。但是，如果我们想以这些概念进展到对象，那么，首先就必须有先验的反思，看它们是哪一种知识能力的对象，是纯粹知性的对象还是感性的对象。没有这种反思，我对这些概念的应用就很不可靠，而且将产生出一些批判的理性并不承认的被以为是的综合原理，它们所依据的仅仅是一种先验的歧义，亦即纯粹知性客体与显象的一种混淆。

B326

由于缺乏这样一种先验的位置论，从而为反思概念的歧义所迷惑，著名的**莱布尼茨**建立起一个**理智的世界体系**，或者毋宁说相信只要把一切对象与知性及其思维的抽象形式概念进行比较，就能认识事物的内在性状。我们的反思概念表给我们带来了意想不到的好处，把他的学说体系在一切部分中的特征，同时把这种独特的思维方式无非是建立在误解之上的主要根据，都展现在眼前。他仅仅通过概念来对一切事物进行相互比较，并且除了知性把自己的纯粹概念彼此区分开来所凭借的差异性之外，自然而然没有发现任何别的差异性。至于感性直观的那些自身就带有独特差异的条件，他并不看做是源始的；因为感性对他来说只不过是一种模糊的表象方式，不是表象的一种特殊来源；显象对他来说是**物自身**的表象，尽管按照逻辑形式与凭借知性的知识有别，因为表象由于通常缺乏分析而导致附带的表象与概念的某种混淆，而知性则知道怎样把它们与概念隔离开来。一言以蔽之：**莱布尼茨把显象理智化**，就像**洛克**按照自己的**理智论**（如果允许我使用这些术语的话）的体系把知性概念一起**感性化**，也就是说，把知性概念说成无非是经验性的概念或者抽象的反思概念一样。这两位伟大人物不是在知性和感性中寻找表象的两种截然不同、惟有在**结合**中才能对事物作出客观有效的判断的来源，而是每一个人都仅仅抓住二者中的一个，在他们看来这一个直接地与物自身相关，而另一个

〔221〕
B327

的所作所为则只不过是使前者的表象混乱或者有序罢了。

据此，**莱布尼茨**仅仅在知性中对作为一般物的感官对象进行相互比较。**第一**，就它们应当被知性判断为同一的或者差异的而言。因此，既然他眼前只有它们的概念，而没有它们在直观中——对象惟有在直观中才能被给予——的地位，并且完全置这些概念的先验位置（无论客体应列入显象，还是应列入物自身）于不顾，所以结果就只能是，他把自己仅仅适用于一般物的概念的不可辨别者的原理也沿用到感官的对象（mundus phaenomenon［作为现象的世界］），而且相信由此给自然知识造成了不小的扩展。的确，当我就其一切内部规定来认识作为一个物自身的一滴水时，如果诸如此类的一滴水的整个概念与另一滴水是同一的，那么，我就不能让这滴水被视为与另一滴水有差异。但是，如果它是空间中的显象，那么，它就不仅在知性中（在概念下）有其位置，而且在感性的外部直观中（在空间中）也有其位置；而在这里，就事物的内部规定而言，物理的位置是完全无所谓的，一个位置 b 能够接受一个与位置 a 上的另一个事物完全相似和相等的事物，就像该事物与另一事物非常有内部差异时那样。位置的差异不仅无须进一步的条件就独自使作为显象的对象的多和区别成为可能，而且还使之成为必然。因此，那个表面的规律不是自然的规律。它只不过是通过纯然的概念对事物进行比较的一个分析的规则。

第二，诸般实在性（作为纯然的肯定）在逻辑上绝不相互抵触，这条原理是概念关系的一个完全真实的命题，但无论是就自然而言，还是在任何地方就某一个物自身（对这个物自身我们没有任何概念）而言，都没有丝毫意义。因为凡是在 A－B＝0 的地方，也就是说，凡是在一个实在性与另一个实在性在一个主体中相结合而一个抵消另一个的结果的地方，都有实在的抵触；这是自然中的一切障碍和反作用不断地呈现在眼前

B328

〔222〕

B329

的东西，尽管如此，这些障碍和反作用既然以力为依据，就必须被称为 **realitates phaenomena**［作为现象的实在性］。一般力学甚至通过立足于方向的相反而能够在一条规则中先天地说明这种抵触的经验性条件，这是实在性的先验概念根本一无所知的条件。尽管**莱布尼茨**先生并没有以一条新原理的排场来宣布这一命题，但他毕竟曾利用它来作出新的断言，而他的后继者们则明确地把它纳入到自己的**莱布尼茨—沃尔夫体系**中去。根据这一原理，例如，一切罪恶都无非是受造物的限制的后果，也就是说，是否定性，因为否定性是惟一与实在性相抵触的东西（在一般事物的纯然概念中也确实如此，但在作为显象的事物中就不是这样了）。同样，他的信徒们认为，把一切实在性结合在一个存在物中而不会有某种令人担忧的抵触，这不仅是可能的，而且也是自然而然的，因为他们只知道矛盾的抵触（通过这种抵触，一个事物的概念本身被取消），却不知道相互损害的抵触；在这里，一个实在根据抵消另一个实在根据的结果，对此我们惟有在感性中才发现向我们展示这样一种抵触的条件。

B330

　　第三，莱布尼茨的单子论，除了这位哲学家仅仅在与知性的关系中表现内部和外部的区别之外，没有别的任何根据。一般而言的实体必须具有某种**内在的**东西，因此这种东西没有任何外部的关系，从而也没有复合。所以，简单的东西就是物自身的内在东西的基础。但是，实体状态的内部东西不能在于位置、形状、接触或者运动（这些规定都是外部关系），因此，除了我们内在地规定我们的感官所凭借的状态之外，也就是说，除了**表象的状态**之外，我们不能把其他任何内部状态赋予实体。这样，单子也就被了结了，它们据说构成整个宇宙的基本材料，但它们的行动力却仅仅在于它们本来仅仅在自身中起作用所凭借的表象。

[223]

　　但正因为此，他的**实体**相互之间可能的**共联性**的原则就必须是一种**前定的和谐**，并且不能是一种物理的影响。原因在于，由于一切都只是内在的，也就是说，只涉及其表象，所以一个实体的表象的状态就根本不能与其他实体的状态有任何有效的联结，而是必须有第三个全都影响所有实体的原因来使它们的状态彼此相应，虽然不是由于偶然的、在任何个别的场合都特别合适的援助（systema assistentiae［援助体系］），而是由于一个对一切实体都有效的原因之理念的统一性，这些实体必然在这种统一性中按照普遍的规律全都获得其存在和持久性，从而也获得相互之间的彼此相应。

B331

第四，他在自己关于**时间**和**空间**的著名**体系**中，把感性的这些形式理智化了；这一体系也只不过是源自对先验反思的同一种错觉。如果我想用纯然的知性来表现事物的外部关系，那么，这只能借助它们的交互作用的概念来进行，而如果我应当把同一个事物的一个状态与另一个状态联结起来，那么，这就只能在根据和后果的秩序中来进行。因此，**莱布尼茨**就把空间设想为种种实体的共联性中的某种秩序，把时间设想为种种实体的各种状态力学性的继起。但是，二者看起来自身所具有的独特的和不依赖于事物的东西，他归之于这些概念的**混乱**，这种混乱使得是力学关系的纯然形式的东西被视为一种独立的、自存的、先于事物本身的直观。因此，空间和时间就是物（实体及其状态）自身联结的理知形式。但事物是理知的实体（substantiae noumena［作为本体的实体］）。尽管如此，他仍要使这些概念对显象有效，因为他不承认感性有其自己的直观方式，而是在知性中寻找对象的一切表象，乃至经验性表象，留给感官的无非是弄乱和歪曲知性的表象这些可鄙的工作。

B332

〔224〕

但是，即便我们能够通过纯粹知性关于**物自身**综合地说些什么（尽管如此这却是不可能的），这也毕竟根本不能与显象相关，显象并不表现物自身。因此，在这后一种场合里，我将不得不在先验反思中，任何时候都仅仅在感性的条件下比较我的概念，而这样，空间和时间就不是物自身的规定，而是显象的规定：物自身可能是什么，我不知道，也不需要知道，因为毕竟除了在显象中之外，一个事物永远不能以别的方式呈现给我。

我也这样来处理其余的反思概念。物质是 substantia phaenomenon [作为现象的实体]。内在地属于物质的东西，我在物质占据的空间的所有部分中、在物质所发挥的一切作用中去寻找，而这些作用当然只能永远是外部感官的现象。因此，我所拥有的虽然不是任何绝对内在的东西，而是相对内在的东西，其本身又是由外部关系所构成。但是，物质的在纯粹知性看来是绝对内在的东西，只不过也是一种怪想；因为物质在任何地方都不是纯粹知性的对象；而能够是我们称为物质的这种显象之根据的先验客体，则是一种纯然的某物，即使有人能对我们说出来，我们也根本不知道它是什么。因为除了在直观中带有一种与我们的语词相应的东西的那种东西之外，我们不能理解任何东西。如果抱怨说，**我们根本不洞识事物内在的东西**，其意思无非是说：我们通过纯粹知性不理解对我们显现的事物自身能够是什么；那么，这些抱怨就是完全不正当和不合理的；因为它们希望的是，人们不用感官就能够认识，从而直观事物，所以我们就应当有一种不仅在程度上，而且在直观和方式上与人类知识能力全然不同的知识能力，从而应当不是人，而是我们自己也不能说出是否可能，更不能说出什么性状的存在物。显象的观察和分析使人深入到自然的内部，人们无法知道这随着时间将推进到什么地步。但是，尽管这一切，即使整个自然都对我们昭然若揭，我们也毕竟永远不能回答那些超出自然的先验问题，因为以不同于我们的内感官的直观的另一种直观来观察我们自己的心灵，这还从来未被给予我们。而我们的感性之起源的秘密，就在我们的心灵里。我们的感性与客体的关系，以及这种统一性的先验根据是什么，都毫无疑问隐藏得太深，以至于我们这些甚至对于我们自己也只有通过内感官来认识，从而是当做显象来认识的人，不能使用我们的探究的一种如此不适用的工具，来发现总是又不同于我们毕竟乐意探究其非感性原因的显象的某种东西。

使得从纯然的反思行动出发对各种结论所作的这种批判变得有用的乃是：它清晰地阐明了关于人们仅仅在知性中相互比较的对象所作的一切结论都毫无意义，同时证实了我们主要提醒的东西：尽管显象不作为物自身包括在纯粹知性的客体中，但它们毕竟是我们的知识具有客观的实在性的惟一对象，也就是说，在这里有直观来符合概念。 B335

当我们仅仅在逻辑上作出反思时，我们是在知性中仅仅把我们的概念相互进行比较，看两个概念是否包含相同的东西，二者是否矛盾，某种东西是内在地包含在概念中，还是附加给概念的，二者中哪一个应被视为被给予的，哪一个只应被视为思维被给予概念的方式。但是，如果我把这些概念应用于一般的对象（在先验的意义上），而不进一步规定该对象是感性直观的对象还是理智直观的对象，那么就马上表现出限制（不从这一概念出发），这些限制将扭转一切经验性的应用①，并恰恰由此而证明，一个对象作为一般的物，其表象不仅仅是**不充** 〔226〕

---

① 我现在的诠释是："但是，如果我把这些反思概念应用于一般的对象……，那么就马上表现出限制，这些限制禁止我们超出一个作为一般物的对象的这个概念，——就这样一个一般对象而言，例如只有（就其存在来说）同任何与它不同的东西都没有任何关系的东西，才是内在的（B321）——，因而结果是与反思概念的一切经验性应用，也就是说与其在经验对象上的一切运用都对立的东西，由此扭转一切经验性的应用"（B319—324）。——科学院版编者注

分的，而且没有对它的感性规定并独立于经验性的条件，它就是自身相互**抵触**的，因而人们要么必须抽掉一切对象（在逻辑中），要么如果人们承认一个对象，就必须在感性直观的条件下思维它，从而理知的东西将要求我们所不具有的一种完全特殊的直观，并且如果没有这种直观**对我们来说**就什么也不是，但与此相反，显象也不可能是对象自身。因为当我仅仅思维一般的物时，外部关系的差异当然不能构成事物本身的差异，而是毋宁说以后者为前提条件，而当一物的概念与他物的概念根本没有内在的区别时，我就在不同的关系中设定同一个事物。此外，通过把一个纯然的肯定（实在性）附加给另一个肯定，当然增加了积极的东西，而没有从它抽去或者取消任何东西；因此，一般事物中实的东西并不相互抵触，等等。

※　　　※　　　※

如我们已经指明的那样，反思的概念由于某种误解而对知性的应用有这样一种影响，以至于它们竟能够诱使所有哲学家中最具洞察力的一位得出自以为的理智知识体系，这种体系在没有感官参与的情况下就去规定自己的对象。正是因此缘故，对这些概念的歧义在导致错误原理方面的迷惑人的原因作出阐明就具有重大的效用，从而可靠地规定和确保知性的界限。

人们虽然必须说：普遍地属于一个概念或者与它矛盾的东西，也属于包含在该概念之下的所有特殊的东西（dictum de Omni et Nullo［断定任一物和无一物］）；但是，把这条逻辑原理改变为：不包含在一个普遍的概念之中的东西，也不包含在处于这个概念之下的特殊概念之中，那就是荒唐的事情了；因为这些概念之所以是特殊概念，乃是由于它们在自身中所包含的多于在普遍概念中所思维的东西。然而，**莱布尼茨**的整个理智体系毕竟确实是建立在后面这条原理之上的；因此，它与这条原理以及从这条原理产生的一切知性应用中的含混性一损俱损。

不可辨别者的命题本来根据以下前提条件：如果在一般事物的概念中没有发现某种区别，那么在事物本身中也不会遇到这种区别；因此，一切并非已经在其概念中（根据质或者量）彼此有别的事物，都是完全同一的（numero eadem［在数字上同一的］）。但是，由于就某个事物的纯然概念而言，一种直观的诸多必然条件已经被抽掉了，所以通过一种奇特的草率，被抽掉的东西就被视为到处都不能遇到，并且除了在其概念中包含的东西之外，不承认事物有任何东西。 B338

一立方尺的空间的概念，无论我在何处以及如何经常地思维它，自身都是完全同一的。然而，两个立方尺在空间中则纯然由于其位置而有别（numero diversa［在数字上有别的］）；这些位置乃是直观的条件，在其中这一概念的客体被给予，但它们却不属于概念，而是属于整个感性。同样，在一个事物的概念中，如果没有任何否定的东西与一种肯定的东西结合在一起，就根本没有任何抵触，而纯然肯定的概念在联结中也根本不会造成任何抵消。但是，在其中有实在性（例如运动）被给予的感性直观中，就有在一般运动的概念中被抽掉的条件（相反的方向），这些条件使得一种抵触成为可能，这种抵触当然不是逻辑的，也就是说，是从纯然积极的东西出发使一个无＝0 成为可能；而且人们不能说：一切实在性之所以彼此一致，乃是因为在它们的概念中间没有发现任何抵触。① 按照纯然的概 〔228〕

---

① 如果在这里想利用常见的遁词，即至少 realitates noumena［作为本体的实在性］并不能彼此起相反的作用，那么，人们就必须举出诸如此类的纯粹且无感性的实在性的一个实例，以便理解预设这样的实在性究竟是表现某种东西还是什么也不表现。但是，实例只能从经验中取得，经验永远只能呈现 phaenomena［现象］，而这样一来，这一命题的意思就无非是：仅仅包含肯定的概念不包含任何否定的东西；这是一个我们从未怀疑过的命题。

B339 念，内在的东西是所有关系或者外部规定的基底。因此，如果我抽掉直观的一切条件，并仅仅限于一般物的概念，就能抽掉一切外部关系，而且尽管如此仍必然存留某种东西的概念，这种东西根本不意味着关系，而是意味着纯然内在的规定。在这里，看起来可以得出：在任何事物（实体）中都有某种绝对内在并先行于一切外在规定的东西，因为它首先使外部规定成为可能；从而这一基底就是某种自身不再包含任何外部关系的东西，所以是**单纯的**（因为有形体的事物毕竟始终只不过是关系，至少是彼此外在的各部分的关系）；而由于除了通过我们的内感官作出的规定之外，我们不知道任何绝对内在的规定，所以这一基底不仅是单纯的，而且也（根据与我们的内感官的

B340 类比）是通过**表象**被规定的，也就是说，一切事物本来都是单子，或者是具有表象的单纯存在物。如果除了一般事物的概念之外，没有更多的东西属于外部直观的对象惟在其下才能被给予我们，而纯粹概念抽掉了的那些条件，上述一切也就会具有其正确性。因为在这里表现出，空间中的一种持久的显象（不可入的广延）可能包含的纯粹是关系，根本不是绝对内在的东西，尽管如此却是一切外部关系的第一基底。仅仅凭借概念，没有内在的东西，我当然就不能思维任何外在的东西，之所以如此，恰恰是因为关系概念毕竟绝对以被给予的事物为前提条件，而且没有后者就是不可能的。但是，既然在直观中包含着根本不蕴涵在一般事物的纯然概念中的某种东西，而且这种东西展示出纯然通过概念根本不会被认识的基底，也就是说，展示出一个空间，这个空间连同它所包含的一切都由纯粹形式的或者亦由实在的关系构成，所以我不能够说：由于没有一种绝对内在的东西就不能**通过纯然的概念**表现任何事物，所以即便是在包含于这些概念之下的事物本身中，以及在**它们的直观**

〔229〕 中，都没有任何不以某种绝对内在的东西为基础的外在东西。

因为如果我们抽掉直观的所有条件，那么，在纯然的概念中给 B341
我们留存的东西，当然就无非是一般内在的东西及其相互关
系，外在的东西惟有通过它们才是可能的。但是，这种仅仅基
于抽象的必然性，就在直观中以这样一些表示纯然的关系，却
不以某种内在的东西为基础的规定被给予的事物而言，是不成
立的，之所以如此，乃是因为这些事物并不是物自身，而仅仅
是显象。无论我们就物质而言知道什么，都纯粹是关系（我们
称为物质的内在规定的东西，仅仅是相对地内在的）；但在它
们里面，有一些独立的和持久的关系，通过它们给予我们一种
确定的对象。至于如果我抽掉这些关系，就根本不能进一步思
维任何东西，这并不排除一个作为显象的物的概念，也不排除
一个抽象的对象的概念，但却排除一个按照纯然的概念可规定
的对象的所有可能性，也就是说，排除一个本体的所有可能
性。当然，一个事物应当完全由关系构成，这听起来令人生
疑，但这样一个事物也是纯然的显象，根本不能通过纯粹的范
畴被思维；它甚至在于一般的某物与感官的纯然关系之中。同
样，如果从纯然的概念开始，则除了一个事物是另一个事物中
的种种规定的原因之外，人们绝不能以其他方式思维抽象事物
的关系；因为这就是我们关于关系的知性概念。然而，既然我 B342
们在这种情况下抽掉了一切直观，所以杂多能够彼此规定自己
的位置的整个方式，亦即感性的形式（空间）就消失了，但空
间毕竟先行于一切经验性的因果性。

　　如果我们把纯然理知的对象理解为无须任何感性的图型、
通过纯粹的范畴就被思维①的那些事物，那么，诸如此类的对

---

　　① 康德在其手写样书中改进为：被我们认识（《康德
〈纯粹理性批判〉补遗》，第CL条）。这个改进提供
了惟一可能的解释，因为我们现在眼前的文本包含
着与关于一般的和自在的物是纯粹知性的对象之学

象就是不可能的。因为我们一切知性概念的客观应用的条件，只不过是我们的感性直观的方式，通过这种方式对象被给予我们，而如果我们抽掉这种方式，这些概念就与任何客体都没有关系了。即使人们想假定一种不同于我们的这种感性直观的直观方式，我们的思维功能就这种直观而言也毕竟没有丝毫意义。如果我们把上述对象仅仅理解为一种非感性直观的对象，我们的范畴虽然确实不适用于它们，因而我们对它们根本不可能在某个时候拥有知识（既没有直观也没有概念），但这种纯然消极意义上的本体却毕竟是必须予以承认的：因为它们无非是意味着，我们的直观方式并不关涉所有的事物，而是仅仅关涉我们的感官的对象，所以它的客观有效性是受到限制的，由此就为某种别的直观，从而也为作为其客体的事物留下了余地。但在这种情况下，一个本体的概念就是或然的，也就是说，是一个我们既不能说它可能也不能说它不可能的事物的表象，因为除了我们的感性直观之外，我们根本不知道什么直观方式，而除了范畴之外，也根本不知道什么概念方式，但二者中没有一种适用于感性之外的对象。因此，我们还不能积极地把我们思维对象的领域扩展到我们的感性的条件之外，并且认定在显象之外还有纯思维的对象亦即本体，因为这样的对象没有可陈述的积极意义。就范畴而言，人们必须承认单凭它们还不足以形成物自身的知识，没有感性的材料它们就会是知性统一性的纯然主观的形式，但却没有对象。思维虽然就自身而言

〔230〕

B343

说的一个明显的矛盾，并与 B342 对这一思想的进一步阐述形成对照。尽管如此，我不敢做出改动：一是因为编者不可以比康德自己更康德；二是因为有必要保持把这一章与在我们的文本中紧接前面的关于现象和本体的一章分开的差异。——科学院版编者注

并非感官的产物，就此而言也不受感官的限制，但并不因此就马上无须感性的帮助而具有自己的纯粹的应用，因为在这种情况下它并没有客体。人们也不能把**本体**称为这样一种**客体**；因为本体指的是一种完全不同于我们的直观的直观和一种完全不同于我们的知性的知性的对象的或然概念，因而这种概念本身就是问题。因此，本体的概念并不是一个客体的概念，而是不可避免地与我们感性的限制相关联的课题，即是否可能存在有与我们感性的那种直观完全脱离的对象；这是一个只能不确定地回答的问题，也就是说：由于感性直观不能不加区分地关涉一切事物，所以就为更多的不同对象留下了余地，因而不能绝对地否定这些对象，但由于缺少一个确定的概念（因为没有范畴适用于此），也不能断定它们是我们知性的对象。

据此，知性为感性设置界限，但并不因此就扩展它自己的领域，而当它警告感性不要僭妄关涉物自身，而是仅仅关涉显象时，它是在思维对象自身，但只是把它当做先验的客体，这个先验的客体是显象的原因（因而本身不是显象），而且既不能被设想为量，也不能被设想为实在性，也不能被设想为实体等等（因为这些概念总是要求感性的形式，它们在其中规定一个对象）；因此，是否可以在我们里面或者在我们外面发现这个先验的客体，它是否会与感性同时被取消，或者如果我们除去感性，它是否还会存留，这是完全未知的。如果我们想把这种客体称为本体，乃是因为它的表象不是感性的，那么，我们可以随意行事。但是，既然我们不能把我们的知性概念的某一些运用在这上面，所以这种表象对我们来说仍然是空的，而且除了标出我们的感性知识的界限，留下一个我们既不能凭借可能的经验也不能凭借纯粹的知性填充的空间之外，没有任何用处。

因此，这种纯粹知性的批判不容许在能够作为显象呈现给

B344

〔231〕

B345

它的对象之外，再创造一个新的对象领域，并且岔入到理知的世界，甚至连岔入到它们的概念也不容许。以极明显的方式诱人至此，虽然不能予以辩解但实可原谅的错误在于：违背知性的规定而使知性的应用成为先验的，而对象亦即可能的直观则必须符合概念，但却不是概念必须符合可能的直观（而概念的客观有效性却是仅仅依据可能的直观的）。但这种错误的原因又是：统觉以及随同统觉的思维，先行于表象一切可能的确定秩序。因此，我们思维一般的某物，并一方面以感性的方式规定它，但另一方面又毕竟把普遍的、抽象地表现出来的对象与直观它的这种方式区分开来；于是，给我们剩下来的就是仅仅通过思维来规定它的方式了，这种方式虽然是没有内容的纯然逻辑形式，但尽管如此却在我们看来是客体自身实存（本体）、不顾及被限制在我们的感官之上的直观的一种方式。

B346

〔232〕

※　　　　※　　　　※

在结束先验分析论之前，我们还必须补充几句话，它们自身虽然不见得特别重要，但对于体系的完整来说却是必需的。人们习惯于由以开始一种先验哲学的最高概念，通常是可能的对象与不可能的对象的划分。但是，既然一切划分都以一个被划分的概念为前提条件，所以就必须指定一个更高的概念，而这个概念就是一个一般对象的概念（或然地认定，未决定它是某物还是无）。由于范畴是与一般对象相关的惟一概念，所以区分一个对象是某物还是无，要按照范畴的次序和指导进行。

B347

　　1. 与一切、诸多和一个这些概念对立的，是取消一切的概念，亦即**无一**，这样，一个根本没有可指定的直观与之相应的概念，其对象就等于无，也就是说，是一个没有对象的概念，例如本体，它们不能被列入可能性之中，尽管也不因此就必须被说成是不可能（ens rationis〔理性的存在者〕），或者如某些新的基本力，人们思维它们，尽管并不矛盾，但也是脱离出自经验的实例被思维的，因而不必列入可能性之中。

2. 实在性是**某物**，否定性是**无**，也就是说，是一个关于对象之缺乏的概念，如阴影、冷（nihil privativum［阙如的无］）。

3. 没有实体的直观的纯然形式自身不是对象，而是对象（作为显象）的纯然形式的条件，例如纯粹空间和纯粹时间，它们虽然作为直观的形式是某物，但本身却不是被直观的对象（ens imaginarium［想象的存在者］）。

4. 一个自相矛盾的概念，其对象是无，因为该概念是无，是不可能的东西，例如两条边的直线图形（nihil negativum［否定性的无］）。 B348

因此，无的概念的这种划分表必须安排如下（因为某物的与之平行的划分乃由它得出）： ［233］

无
作为
1.
没有对象的空概念
ens rationis［理性的存在者］

2.	3.
一个概念的空对象	**没有对象的空直观**
nihil privativum	ens imaginarium
［阙如的无］	［想象的存在者］

4.
没有概念的空对象
nihil negativum［否定性的无］

可以看到，思想物（第1）与非物（第4）被区别开来，乃是由于前者不可被列入可能性之中，因为它只不过是虚构（尽管不是自相矛盾的虚构）罢了，而后者则是与可能性对立的，因为该概念甚至取消自身。但二者都是空概念。与此相

B349　　反，nihil privativum［阙如的无］（第 2）和 ens imaginarium ［想象的存在者］（第 3）都是概念的空材料。如果光不被给予感官，人们就不能表现黑暗，而如果没有广延的存在物被知觉到，人们就不能表现空间。无论是否定性，还是直观的纯然形式，没有一种实在的东西就都不是客体。

第二编
先验辩证论

〔234〕

导 言

一、论先验幻相

我们在上面曾经把一般辩证法称为**幻相的逻辑**。这并不意味着，它就是一种**概率**的学说；因为概率是真理，但却是通过不充分的根据被认识的，因而其知识虽然有缺陷，但毕竟并不因此就是骗人的，从而不必与逻辑的分析部分分割开来。**显象**与**幻相**更不可以被视为是一回事。因为真理或者幻相并不在被直观的对象中，而是在关于被思维的对象的判断中。因此，人们虽然可以正确地说，感官不犯错误，但这并不是因为它们在任何时候都正确地作出判断，而是因为它们根本不作判断。所以，无论是真理还是谬误，从而还有诱使人得出谬误的幻相，都惟有在判断中，也就是说，惟有在对象与我们的知性的关系中才能发现。在一种无一例外地与知性规律吻合的知识中，是没有谬误的。在感官的一个表象中（由于它根本不包含任何判断）也没有任何谬误。但是，没有任何自然力能够自动地偏离它自己的规律。因此，不仅知性独自（没有另一个原因的影响）不会犯错误，感官独自也不会犯错误；知性不会犯错误，乃是因为只要它按照自己的规律行事，结果（判断）就必然与

B350

这些规律一致；但是，与知性的规律一致的是一切真理的形式的东西。在感官中根本没有判断，既没有正确的判断，也没有错误的判断。由于我们除了这两种知识来源之外别无其他知识来源，因此可以得出：谬误只是由于感性对知性的不被察觉的影响而造成的，由此使判断的主观根据与客观根据发生了混合，并使后者背离了自己的规定①；例如一个被推动的物体，虽然独自地总是会在同一方向上保持着直线，但如果另一个力按照另一个方向同时对它施加影响，直线就会转化为曲线运动。因此，为了把知性所特有的行动与混合的力区分开来，有必要把错误的判断视为两个力之间的对角线的力，这两个力按照两个仿佛是围起一个角的不同方向来规定判断，并且把复合的结果分解为知性和感性的单纯结果；这在纯粹先天判断中必须通过先验反思来进行，由此（就像已经指明了的那样）每一个表象都在与它相适合的知识能力中被指定其位置，从而后者对前者的影响也就被区分开来了。

我们在这里的工作不是探讨经验性的幻相（例如视觉的幻相），这种幻相是在通常正确的知性规则的经验性应用中出现的，通过它，判断力被想象的影响所诱惑；相反，我们仅仅探讨**先验的幻相**，这种幻相影响着其应用根本不关注经验的原理，而如果这些原理应用于经验，我们毕竟至少还会有其正确性的试金石；相反，先验幻相甚至违背批判的一切警告，引导我们完全超出范畴的经验性应用，并用**纯粹知性**的一种扩展的错觉来拖累我们。我们要把其应用完全限定在可能经验的限度之内的原理称为**内在的**原理，而把宣称超越这些界限的原理称

---

① 感性被从属于知性，作为知性应用其功能的客体，就是实在的知识的来源。但是，同一个感性，如果它影响知性的行动本身，并规定知性作出判断，就是谬误的根据。

为**超验的**原理。但是，我并不把这些超验的原理理解为范畴的**先验的**应用或者误用，后者只不过是未恰当地受到批判约束的判断力的一个错误罢了，这种判断力没有充分注意到纯粹知性惟一被允许发挥作用的地基的界限；相反，我把它们理解为一些现实的原理，它们指望我们拆除所有那些界标，并自以为拥有一个在任何地方都不承认任何边界的地基。因此，**先验的**和**超验的**并不是一回事。我们上面所陈述的纯粹知性的原理只应当有经验性的应用，而不应当有先验的应用，亦即超出经验界限的应用。但是，一个取消这些界限，甚至让人逾越这些界限的原理，就叫做**超验的**。如果我们的批判能够做到揭露这些僭越的原理的幻相的话，那么，那些纯然经验性应用的原理就与后一些原理相反，可以被称为纯粹知性的**内在的**原理。

〔236〕

B353

逻辑的幻相（错误推理的幻相）在于对理性形式的纯然模仿，它只是产生自对逻辑规则的缺乏重视。因此，一旦加强了对当前实例的重视，这种幻相就将完全消失。先验的幻相则相反，即使我们已经揭露了它，并通过先验的批判清晰地看出了它的无价值（例如"世界在时间上必定有一个开端"这一命题中的幻相），它也仍然不终止。其原因就在于：在我们的理性（它被主观地视为一种人的知识能力）中蕴涵着其应用的一些基本规则和准则，它们完全具有客观原理的外表，由于它们而导致，为了知性而对我们的概念进行某种联结的主观必然性被视为物自身的规定的客观必然性。这是一种根本不能避免的**幻觉**，如同我们不能避免海面在中央对我们显得比在岸边更高，因为我们是凭借比岸边更高的光线来看海中央的；或者更有甚者，甚至天文学家也不能避免月亮在升起时对他显得更大，尽管他并不为这一幻相所蒙骗。

B354

因此，先验辩证论将满足于揭露超验判断的幻相，并防止它骗人；但是，甚至要它也（像逻辑幻相那样）消失，不再是

〔237〕 一种幻相，却是先验辩证论永远也做不到的。因为我们所涉及的是一种**自然的**和不可避免的**幻觉**，它本身基于主观的原理，并把主观的原理偷换成客观的原理，而逻辑的辩证论在解决错误推理时却只是涉及在遵循这些原理方面的错误，或者涉及在模仿这些原理方面的人为的幻相。因此，纯粹理性有一种自然的和不可避免的辩证法，它不是一个外行由于缺乏知识本身而陷入的辩证法，或者某个诡辩家为了迷惑有理性的人们而人为地编造出来的辩证法，而是不可阻挡地附着于人类理性的辩证法，甚至在我们揭露了它的假象之后，它也仍然不停地迷惑人类理性，不断地将人类理性推入任何时候都需要予以消除的一时糊涂。

B355

二、论作为先验幻相之所在的纯粹理性

A. 论一般理性

我们的一切知识都始自感官，由此达到知性，并终止于理性；在理性之上，我们没有更高的东西来加工直观的材料并将其置于思维的至上统一之下了。现在，当我要对这一至上知识能力作出说明时，我感到有些为难。对于理性来说，和对于知性来说一样，当理性抽掉知识的一切内容时，就有一种纯然形式的，也就是说逻辑的应用，但它也有一种实在的应用，因为它本身包含着某些既不是借自感官也不是借自知性的概念和原理的起源。前一种能力当然早已由逻辑学家们通过间接推理的能力（有别于直接推理，亦即 consequentiis immediatis）予以解释；但第二种自己产生概念的能力由此还没有得到了解。既然在这里出现了理性为逻辑能力和先验能力的划分，那就必须去寻找关于这种知识来源的一个更高的概念，它把上述两个概念都包括在自身之下，我们在这里按照与知性概念的类比可以

〔238〕
B356

期望，逻辑概念同时将提供先验概念的钥匙，前者的功能表同时将提供理性概念的谱系。

在我们的先验逻辑的第一部分里，我们曾通过规则的能力来解释知性；在这里，我们想把理性称为**原则的能力**，以此把理性与知性区别开来。

原则的表述是含混的，通常仅仅意味着一种能够作为原则来运用的知识，即使它就自身而言以及按照它自己的起源来说并不是原则。每一个普遍的命题，哪怕它是从经验（通过归纳）得出的，也可以在理性推理中充当大前提；但它不因此而本身就是原则。数学公理（例如两点之间只能有一条直线）甚至是普遍的先天知识，因此相对于能够归摄在它们下面的实例来说有理由被称为原则。但我毕竟不能由此就说，我是从原则出发认识一般直线和直线自身的这种属性的，相反只是在纯直观中认识它的。

因此，我将把从原则出发的知识称为这样一种知识，在这种知识中我通过概念在普遍中认识特殊。这样，每一个理性推理都是从一个原则出发推导出一种知识的形式。因为大前提在任何时候都提供一个概念，该概念使得一切被归摄在它的条件之下的东西都按照一个原则从它出发而得到认识。现在，既然任何普遍的知识都能够在一个理性推理中充当大前提，而知性则为诸如此类的知识提供普遍的先天命题，所以这些命题也可以就其可能的应用而言被称为原则。

但是，如果我们按照其起源来考察纯粹知性自身的这些原理，那么，它们就根本不是从概念出发的知识。因为如果我们不（在数学中）加上纯直观或者一种可能经验的种种条件，它们就会甚至不是先天可能的。一切发生的东西都有一个原因，这根本不能从一般发生之事的概念出发推论出来；毋宁说，该原理表明，人们最初如何关于发生之事获得一个确定的经验

B357

〔239〕

概念。

因此，知性根本不能提供从概念出发的综合知识，而这些知识本来是我绝对地称为原则的知识；然而，一切普遍的命题一般而言都可以叫做相对的原则。

有一个古老的愿望，谁也不知道什么时候它也许会得以实现，那就是：人们总有一天可以不去寻找民法无穷无尽的繁文缛节，而去寻找它们的原则；因为惟有在这里面，才有人们所说的简化立法的秘密。但是在这里，法律也只是把我们的自由限制在它们得以无一例外地与自身一致的那些条件之上；因此，它们关涉某种完全是我们的作品，而且我们通过那些概念自己能够是它的原因的东西。但是，如同对象自身一样，事物的本性如何应当从属于原则并纯然按照概念来规定，这即便不是什么不可能的事情，至少就其要求而言毕竟也是很不合情理的事情。不过，无论这里的情况是什么样的（因为我们还要对此进行研究），至少由此可以看出：从原则出发的知识（就其自身而言）完全不同于纯然的知性知识，后者虽然也能以一种原则的形式先行于其他知识，但就其自身而言（如果它是综合的）却并不基于纯然的思维，自身中更不包含依照概念的普遍东西。

知性可以是诸般显象凭借规则而有统一性的能力，而理性则是各知性规则在原则之下而有统一性的能力。因此，理性从不首先关涉经验或者关涉某个对象，而是关涉知性，为的是通过概念赋予杂多的知性知识以先天的统一性，这种统一性可以叫做理性的统一性，它具有与知性所能够提供的那种统一性完全不同的方式。

这就是在完全缺乏实例（这些实例只有到后面才应当提供）的情况下所能够解释的理性能力的普遍概念。

B. 论理性的逻辑应用

〔240〕

人们在直接认识到的东西和只是推论出来的东西之间作出区别。在由三条直线所界定的图形中有三个角，这是直接认识到的；但三个角的和等于两个直角，这却只是推论出来的。由于我们总是需要推论，并且由此而终于完全习惯了它，所以我们最终就不再注意这种区别，并且经常像在所谓感官的欺骗那里一样，把我们毕竟只是推论出来的某种东西视为直接知觉到的。对于每一个推理来说，都有一个作为基础的命题，且有另一个命题，亦即从前一个命题得出的结论，最后还有推理顺序（一贯性），按照这种顺序，结论的真实性必然地与作为基础的命题的真实性联结在一起。如果推论出来的判断已经蕴涵在作为基础的命题中，以至于无须第三个表象作中介就能够直接从它里面推导出来，该推理就叫做直接的（consequentia immediata［直接推理］）；我更愿意把它称为知性推理。但是，如果除了作为基础的知识之外，为作出结论还需要有另一个判断，该推理就叫做理性推理。在"**一切人都是会死的**"这个命题中，已经蕴涵着"有些人是会死的"、"有些会死的东西是人"、"没有任何不会死的东西是人"这几个命题，因而这几个命题都是从前者得出的直接结论。与此相反，"一切有学问者都是会死的"这个命题却并不蕴涵在作为基础的判断中（因为有学问者的概念根本不在它里面出现），该命题惟有借助一个中间判断才能从后者推论出来。

B360

在每一个理性推理中，我首先通过**知性**想到一个规则（major［大前提］）。其次，我凭借**判断力**把一个知识**归摄**在规则的条件之下（minor［小前提］）。最后，我通过规则的谓词，从而先天地通过**理性**来**规定**我的知识（conclusio［结论］）。因此，作为规则的大前提在一个知识和其条件之间所表现出的关系就构成了理性推理的不同方式。因此，它们如同一切按照在

B361

[241] 知性中表达知识关系的方式区分开来的一般判断一样，恰好有三种，那就是：**定言的，或假言的，或选言的**理性推理。

如果像大多数情况下所发生的那样，作为一个判断的结论被当做任务提出，为的是看它是否是从已经被给予，也就是一个完全不同的对象被思维所凭借的判断中得出，那么，我就是在知性中寻找这个结论命题的肯定，看它是否在该命题中按照一条普遍的规则出现在某些条件之下。如果我找到了这样一个条件，而结论命题的客体能够被归摄在被给予的条件之下，那么，该命题就是从**也对知识的其他对象有效的**规则中得出来的。由此可以看出：理性在推论中力图把大量杂多的知性知识归结为最少量的原则（普遍的条件），并以此来实现它们的至上统一。

B362　　　C. 论理性的纯粹应用

人们能把理性孤立起来吗？它在这种情况下还是仅仅从它产生出来，而且它与对象发生关系所凭借的那些概念和判断的特有来源吗？或者，它只不过是一种向被给予的知识提供某种形式的从属能力，这种形式叫做逻辑的，惟有通过它，知性知识才相互从属，并且较低的规则从属于另一些较高的规则（后者的条件在其范围内包含着前者的条件），只要通过对它们进行比较就能做到这一点吗？这就是我们现在只是临时性地讨论的那个问题。事实上，规则的杂多性和原则的统一性是理性的一个要求，为的是使知性与自身建立起无一例外的关联，如同知性把直观的杂多置于概念之下，并由此把直观联结起来一样。但是，这样一条原理并没有给客体规定任何规律，并且没有包含把客体作为一般客体来认识和规定的可能性的根据；而只不过是料理我们知性的储备的一个主观的规律，即通过比较知性的概念而把它们的普遍应用归结为它们尽可能小的数目，

人们也并不因此就有权利要求对象本身有这样一种助长我们知 [242]
性的方便和扩张的一致性，同时赋予那条准则以客观有效性。 B363
一言以蔽之，问题就是：理性自身，也就是纯粹理性，是否先
天地包含着综合的原理和规则，以及这些原则可能存在于什么
地方？

理性在理性推理中的形式的和逻辑的程序已经给我们提供
了充分的指导，即在凭借纯粹理性的综合知识中，理性的先验
原则将基于什么样的根据。

首先，理性推理并不关涉直观，以便将直观置于规则之下
（像知性以其范畴所作的那样），而是关涉判断和概念。因此，
即使纯粹理性关涉对象，它也毕竟与对象及其直观没有直接的
关系，而是仅仅与知性及其判断有直接关系，后者首先面对感
官及其直观，以便规定它们的这种对象。因此，理性的统一不
是一种可能经验的统一，而是与后者有本质的不同，后者是知
性的统一。一切发生的事情都有一个原因，这根本不是一个凭
借理性认识和规定的原理。这一原理使得经验的统一成为可 B364
能，没有从理性那里借用任何东西，理性没有与可能经验的这
种关系，仅仅从概念出发就不可能提供任何这样的综合统一。

其次，理性在其逻辑应用中寻找的是其判断（结论命题）
的普遍条件，而理性推理本身无非是一个凭借将其条件归摄在
普遍的规则（大前提）之下而作出的判断。现在，既然这条规
则又要接受理性的同一个试验，而由此就必须（凭借一个上溯
推理）寻找条件的条件，所以人们可以看到，理性的特有原理
一般而言（在逻辑应用中）就是：为知性有条件的知识找到知
性的统一得以完成所凭借的无条件者。

但是，这条逻辑准则要成为**纯粹理性**的一个原则，却不能 [243]
以别的方式，而只能通过人们假定：如果有条件者被给予，则
相互从属的种种条件的整个序列也被给予（也就是说，包含在

对象及其联结中），这个序列因此而本身是无条件的。

　　然而，纯粹理性的这样一条原理显然是**综合的**；因为有条件者以分析的方式虽然与某一条件相关，但却不与无条件者相关。从这一原理中，必然还产生出不同的综合命题，纯粹知性对这些命题一无所知，因为它只与一种可能经验的对象打交道，后者的知识和综合在任何时候都是有条件的。但是，无条件者如果确实存在，就可以按照使它有别于有条件者的一切规定而予以特别的考虑，并由此而给诸多的先天综合命题提供材料。

　　但是，从纯粹理性的这一至上原则产生的各原理，就所有的显象来说都将是**超验的**，也就是说，对这一原则将永远不可能有与它适合的经验性应用。因此，它与知性的一切原理都完全不同（知性原理的应用都是**内在的**，因为它们仅仅以经验的可能性为自己的主题）。现在，条件的序列（在显象的综合中，或者也在一般事物的思维的综合中）将一直延伸至无条件者，这条原理是否有它客观的正确性？由此将对知性的经验性应用产生什么样的结论？或者，是否毋宁说在任何地方都不存在诸如此类客观有效的理性命题，而是只有一种逻辑的规范，即在向越来越高的条件的上升中逼近它们的完备性，由此将理性对我们来说可能的最高统一带入我们的知识？或者我要说，是否理性的这一需求由于一种误解而曾被视为纯粹理性的一个先验原理，该原理过于草率地要求对象本身中的种种条件的序列具有这样一种无限制的完备性？但即便是在这种情况下，又有什么样的误解和蒙蔽会潜入到这些从理性取得大前提（它与其说是公设，不如说是要求），并从经验上升到经验条件的理性推理中呢？这将是我们在先验辩证论中的工作，我们现在要把将这种辩证论从其深深地隐藏于人类理性之中的根源阐发出来。我们将把它分为两个部分，第一部分应当探讨纯粹理性的**超验概念**，第二部分探讨纯粹理性的超验的且**辩证的理性推理**。

第一卷

论纯粹理性的概念

无论出自纯粹理性的概念的可能性是什么样的一种情况，这些概念都毕竟不是反思得来的，而是推论得来的概念。知性概念也先天地、在经验之先且为了经验而被思维；但是，就种种显象应当必然地属于一个可能的经验性意识而言，知性概念所包含的无非是对种种显象的反思的统一性。惟有通过知性概念，一个对象的知识和规定才是可能的。因此，知性概念最先提供推论的材料，而且没有对象的任何先天概念先行于它们，使它们能够从中推论出来。与此相反，它们的客观实在性毕竟仅仅基于：由于它们构成了一切经验的理智形式，它们的应用在任何时候都必然能够在经验中得到展示。

但是，理性概念的称谓已经暂时展示出：它不愿意被限制在经验内部，因为它所涉及的知识，任何经验性的知识都只不过是其一个部分罢了（也许可能经验或者其经验性综合的整体亦复如是），虽然迄今从来没有现实的经验完全达到它，但却毕竟在任何时候都属于它。理性概念被用做**把握**，而知性概念则被用做**理解**（对感知的理解）。如果理性概念包含着无条件者，它们就涉及某种一切经验都从属、本身却从不是一个经验的对象的某物，理性在其推论中从经验出发引导到它，而且理性根据它来衡量和测度自己的经验性应用的程度，但它永远不构成经验性综合的一个环节。如果诸如此类的概念尽管如此仍具有客观的有效性，那么，它们就可以叫做 conceptus ratiocinati（正确地推论出的概念）；否则的话，它们至少就是通过

B367

〔245〕
B368

推论的幻相骗取来的，可以被称为 conceptus ratiocinantes
（进行推论的概念）。但是，由于这一点只有在论纯粹理性的辩
证推理那一部分中才能予以澄清，所以我们此处还不能考虑
它，而是将暂时地像我们把知性概念称为范畴那样，赋予纯粹
理性的概念一个新的名称，把它们称为先验的理念，但现在就
要阐明这种称谓并证明其理由。

第一章　论一般的理念

　　尽管我们的语言极为丰富，毕竟还经常有思想家为找不到
精确地适合其概念的术语而感到窘困，并且由于缺乏这一术
语，他既不能为他人所正确理解，甚至也不能为自己所正确理
B369　解。锻造新词，乃是对语言中的立法的一种鲜有成功的苛求，
而在人们着手采用这种无可奈何的手段之前，最好还是在一种
不再使用而又博学的语言中查看一番，看那里是否有这个概念
及其合适的术语；即便该术语的旧用法由于其始创者的不审慎
而变得有点摇摆不定，把该术语所特有的含义固定下来（尽管
人们当时所想到的是否完全是同一种含义，这依然是有疑问
的），也毕竟胜于因使人不理解而败坏自己的工作。

　　因此之故，如果对某一个概念来说，只有惟一的一个词在
已经采用的含义上与该概念完全适合，而该概念与其他概念的
区分又极为重要，那么，最好还是不要滥用该词，或者把它当
做别的词的同义词来交替使用，而是要审慎地保持它特有的含
[246]　义；因为若不然，就很容易发生这样的事情，即在该术语没有
特别地唤起注意，而是淹没在一大堆含义相去甚远的其他术语
里面之后，惟有该术语才能够保持的思想也就丧失了。

B370　　　**柏拉图**使用**理念**这一术语，使人清楚地看出，他把它理解
为某种不仅绝非借自感官，而且远远超越**亚里士多德**所探讨的

知性概念的东西，因为在经验中永远找不到某种与它相应的东西。在他那里，理念是事物本身的原型，不仅仅像范畴那样是可能经验的钥匙。在他看来，理念源自最高的理性，由此出发而为人类理性所分有，但人类理性如今不再处于其源始状态中，而是必须费力地通过回忆（这回忆叫做哲学）去唤回旧有的、如今已非常模糊的理念。我在这里不想卷入文字的研究，以便澄清这位杰出的哲学家联结在其术语之上的意义。我只是提请注意，无论是在日常谈话中还是在著作中，通过比较一位作者关于自己的对象所表达的思想，甚至比他理解自己还更好地理解他，这根本不是什么非同寻常的事情，因为他并没有充分地规定自己的概念，从而有时所言所思有悖于他自己的意图。

柏拉图非常清楚地说明，我们的知识能力所感到的需求，远远高于为了把显象读做经验而仅仅把显象按照综合的统一拼写出来，我们的理性自然而然地跃升为远远超过经验所提供的某个对象每次都能够与其一致的知识，但尽管如此这些知识仍有其实在性，绝不是纯然的幻想。 B371

柏拉图首先是在一切实践的东西中①，也就是说，在一切依据自由的东西中发现他的理念的，而自由又隶属于知识，知识是理性的一个特有产物。谁想从经验得出德性的概念，谁想使充其量只能充当不完善的说明之实例的东西成为知识源泉的一个典范（如同实际上许多人做过的那样），他就会使德性成 〔247〕

---

① 他固然也把自己的概念扩张到思辨的知识上，只要这些知识是纯粹地并且完全先天地被给予的；他甚至把自己的概念扩张到数学之上，尽管数学不是在别的地方而是仅仅在**可能的**经验中拥有自己的对象。在这里，如同在对这些理念的神秘演绎和他仿佛使这些理念实体化所使用的夸张中一样，我不能追随他，尽管他在这一领域中所使用的高级语言完全能够得到一种更为委婉的、符合事物本性的解释。

为一种依时间和环境变迁的、不能用为任何规则的、模棱两可的怪物。与此相反，每一个人都注意到，当某人对他来说被表现为德性的典范时，他毕竟始终惟有在他自己的头脑中才有他将这一所谓的典范与之进行比较并据以衡量这一典范的真正原本。但是，这原本就是德性的理念，就这一理念而言，经验的一切可能对象都仅仅充当实例（在一定程度上理性的概念所要求的东西具有可行性的证明），而不充当原型。至于永远没有一个人的行动符合德性的纯粹理念所包含的东西，也根本不证明这一思想中有什么空想的东西。因为所有关于道德上有价值或者无价值的判断，仍然惟有凭借这一理念才是可能的；因此，它必然是向道德完善的任何接近的基础，尽管人类本性中就其程度而言无法确定的种种障碍可能使我们远离这种完善。

柏拉图式的国家，作为只能在闲散思想家的大脑中才有其位置的梦寐以求的完善性之误以为引人注目的实例，已经成为成语，而**布鲁克尔**认为可笑的是，这位哲学家居然断言，一位君主如果不分有理念，就绝不能统治有方。然而，更多地顺从这一思想，并（在这位杰出的人物未给我们提供帮助的地方）通过新的努力来阐发它，要胜于用不可行这种贫乏且有害的借口把它当做无用的而置之一旁。一部按照使得**每一个人的自由能够与其他人的自由共存**的法律而且具有**最大的人类自由**（不是具有最大的幸福，因为最大的幸福将已经自行接踵而至）的宪法，毕竟至少是一个必要的理念，人们不仅在一部国家宪法的最初制订中，而且就所有的法律而言都必须以这一理念为基础，而此时人们必须一开始就抽掉当下的障碍，这些障碍也许不仅仅是不可避免地产生自人类的本性，而且毋宁说是产生自立法时对真正的理念的忽视。因为再也没有比鄙俗地诉诸据说相悖的经验更有害、与一位哲学家更不相称的东西了；如果在适当的时候已经按照理念作出了那些部署，而且不是由粗鄙的概念取代理念，恰恰由于它们是从经验中得来的而使一切好的意图破灭，上述经验毕竟是根本不会存在的。立法和治理越是与这一理念一致地建立起来，刑罚当然就会越是稀少，而此时（像柏拉图所断言的那样），如果立法和治理有一完善的安排就会根本不需要诸如此类的刑罚，这是完全合情合理的。即使后者永远不可能实现，但理念毕竟是完全正确的，这就将这种**最大值**提升为原型，以便根据它使人们的法律状况越来越接近最大可能的完善。因为人类必须在那里停下来的最高程度是什么，因而理念与其实施之间必然留存的鸿沟有多大，这是没有人能够和应当规定的，之所以如此，恰恰因为它是能够超越任何给定界限的自由。 B374

但是，不仅在人类理性展示其真正的因果性的地方，在理念成为（行动及其对象的）作用因的地方，也就是说，在道德事务中，而且就自然本身而言，柏拉图都正确地看到了它们从理念起源的清晰证明。一株植物、一个动物和世界大厦合规则的秩序（大概因此也可以说整个自然秩序），都清晰地表明，它们只有按照理念才是可能的；虽然没有任何一个造物在其存在的个别条件下与它的种类的最完善者的理念相一致（就像人不能与他甚至自己在其灵魂中作为其行动的原型所持有的人性理念相一致一样），但那些理念却仍然在最高的意义上是个别的、不可变的、完全地被规定的，是事物的源始原因，只有事物在宇宙中相结合的整体才完全符合那个理念。如果人们把术语的夸张之处分离开来，那么，从对宇宙秩序自然因素的复写式观察上升到其按照目的亦即按照理念进行的建筑术上的联结，哲学家的精神升华是一种值得敬重和仿效的努力；但就道德、立法和宗教的原则来说，由于理念在其中虽然永远不能得到完全的表达，但却惟有理念才使（善的）经验本身成为可能，上述精神升华就是一种完全特有的功绩；人们之所以不承 B375 〔249〕

认这种功绩，乃是因为人们恰恰是按照经验性规则来判定它的，而经验性规则作为原则的有效性恰恰是应当被理念取消的。因为就自然而言，经验为我们提供规则，是真理的源泉；但就道德法则而言，经验（令人遗憾地！）乃是幻相之母，从**已做**之事引申出关于我**应做**之事的法则，或者想由此对它们作出限制，是极应予以摈弃的。

B376

事实上，恰如其分地进行所有这些考察，构成了哲学的特有尊严，但我们现在却要从事一项不那么辉煌的，但毕竟也不是没有价值的工作，即为那座宏伟的道德大厦平整和加固地基，在这一地基中，可以发现一种徒劳地，但却信心十足地挖掘宝藏的理性的各种各样的暗道，它们使得那座建筑变得不安全了。因此，纯粹理性的先验应用、它的各原则和理念，就是我们现在必须清楚认识的东西，为的是能够恰如其分地规定和估量纯粹理性的影响和它的价值。然而，在我搁置这篇暂时性的导论之前，我要请求把哲学挂在心上（这比人们通常遇到的更甚）的人们，如果他们认为自己已经被这一点以及下文所说服，就要按照**理念**这一术语的源始含义来守护它，以免它陷入通常乱七八糟地表示各种各样的表象方式的其他术语之中，并且损害科学。我们毕竟并不缺乏恰如其分地适合于每一种表象方式的称谓，没有必要侵入另一门科学的领地。这些称谓的梯级序列如下：种是一般而言的**表象**（repraesentatio）。在它之下是有意识的表象（perceptio［感知］）。仅仅与主体相关作为

〔250〕

主体状态之变态的**感知**是**感觉**（sensatio），一种客观的感知就是**知识**（cognitio）。知识要么是**直观**，要么是**概念**（intuitus

B377

vel conceptus）。前者直接地与对象相关，是个别的，后者间接地凭借多个事物能够共有的一个特征与对象相关。概念要么是一个**经验性**概念，要么是一个**纯粹**概念，纯粹概念如果仅仅起源于知性（并不起源于感性的纯粹映象），就叫做 notio［思

257

想]。出自思想而超越经验的可能性的概念就是**理念**或者**理性概念**。熟悉了这种区分的人，听到把红颜色称为理念，必然觉得无法忍受。就连把红颜色称为思想（知性概念），也是不可以的。

第二章　论先验理念

先验分析论给我们提供了一个实例，即我们知识的纯然逻辑形式如何能够包含着先天纯粹概念的起源，这些概念先于一切经验而表现对象，或者毋宁说展示使对象的一种经验性知识成为可能的那种惟一的综合的统一。判断的形式（转化为直观之综合的概念）产生指导知性在经验中的一切应用的各范畴。同样，我们可以期望，如果人们把理性推理的形式按照范畴应用于直观的综合统一，这种形式就也将包含着一些特殊的先天概念的起源，这些概念我们可以称为纯粹的理性概念或者**先验理念**，它们将按照原则规定知性在全部经验的整体中的应用。

理性在其推理中的功能在于知识依据概念而有的普遍性，而理性推理本身是一个先天地在其条件的全部范围内被规定的判断。我也可以仅仅凭借知性从经验中得出"卡尤斯是会死的"这一命题。但是，我所寻求的是一个包含着该判断的谓词（一般而言的肯定）被给予所服从的条件的概念（也就是说，在这里就是人的概念），而在我将它归摄在这一条件的全部范围（一切人都是会死的）下面之后，我就据此规定了我的对象的知识（卡尤斯是会死的）。

据此，我们事先在大前提中就其全部范围而言在某个条件下思维一个谓词，然后在一个理性推理的结论中把该谓词限制在某个对象上。该范围完成了的量与这样一个条件相关，就叫做**普遍性**（Universalitas）。在直观的综合中与普遍性相应的

B378

〔251〕

B379

是条件的**全体性**（Universitas）或者**总体性**。因此，先验的理性概念不是别的，是关于一个被给予的有条件者的**种种条件之总体性**的概念。现在，既然惟有**无条件者**才使得种种条件的总体性成为可能，而反过来种种条件的总体性在任何时候本身都是无条件的，所以一个纯粹的理性概念一般而言可以通过无条件者的概念来说明，只要后者包含着有条件者的综合的一个根据。

现在，知性凭借范畴表现出来的关系有多少种类，也就会有多少个纯粹的理性概念。所以应当寻求的是：**第一**，一个主体中**定言综合**的无条件者；**第二**，一个**序列**的各个环节的**假言综合**的无条件者；**第三**，一个**体系**中的各个部分的**选言综合**的无条件者。

也就是说，正好有这么多种类的理性推理，其中的每一个都通过上溯推理推进到无条件者：一种推进到本身不再是谓词的主体，另一种推进到不再以别的东西为前提条件的前提条件，第三种推进到划分的各环节的一个集合体，对这些环节来说，为完成一个概念的划分不再需要任何别的东西了。因此，关于种种条件之综合中的总体性的纯粹理性概念，至少作为要将知性的统一尽可能地延续到无条件者的任务是必要的，而且是根据人类理性的本性的；即使除此之外这些理性概念缺乏一种与它们适合的具体应用，从而除了将知性纳入使其应用在极度扩展中同时与自身完全一致的方向之外，别无其他用途。

但是，当我们在这里把种种条件的总体性和无条件者作为一切理性概念的共同称号来谈论时，我们又遇到了一个术语，我们不能缺少这一术语，但尽管如此却不能按照一种由于长期的误用而附着于它的含混性来可靠地应用它。**绝对**这个词就是在其源始的含义上适用于一个概念、明显地在同一语言中没有

B380

〔252〕

一个别的词精确符合该概念的少数词之一，因此，它的丧失，或者换句话说也一样，它的不稳定的使用，也必然导致概念本身的丧失，而且是这样一个概念的丧失，该概念由于使理性极为关注，缺少该概念不可能不严重损害一切先验哲学。**绝对**这个词经常只是被用来表示，某物就自身而言，从而**内在地**对一个事物有效。在这种意义上，**绝对可能的**意味着就自身（内部的东西）而言可能的东西，这实际上是我们关于一个对象所能够说的最起码的东西。与此相反，它有时也被用来表示，某物在一切关系上（不受限制地）都有效（例如，绝对的统治），而**绝对可能的**在这种意义上就会意味着就所有的方面而言**在一切关系上都可能**的东西，这又是我关于一个事物的可能性所能够说的**最多的东西**。现在，这两种含义虽然有时会遇到一起，例如内在地不可能的东西也在一切关系上不可能，从而绝对不可能。但在大多数场合，这两种含义相去极远，我不能以任何方式推论说：某物由于就自身而言是可能的，就也在一切关系上是可能的，从而是绝对可能的。的确，关于绝对的必然性，我将在下面指出，它绝不是在一切场合都依赖于内在的必然性，因而不必把它视为与后者是同等含义的。其对立面内在地不可能的、当然也就所有的方面而言不可能的东西，其本身因而就是绝对必然的；但是，我不能反过来推论说：绝对必然的东西，其对立面就是**内在地**不可能的，也就是说，事物**绝对的必然性**就是一种**内在的必然性**；因为这种内在的必然性在某些场合是一种极为空洞的表述，我们不能把最起码的概念与它联结起来，与此相反，关于一事物在一切关系（与一切可能的东西的关系）上的必然性的概念就带有一些十分特殊的规定。现在，既然一个在思辨的世俗智慧中具有重大效用的概念的丧失对于哲学家来说绝不可能是无所谓的，所以我希望，对这一概念所依赖的术语加以规定和精心的维护，对于哲学家来说也将

B381

B382

〔253〕

不是无所谓的。

在这种情况下，我将在这种扩展了的含义上使用**绝对**这个词，并且把它与纯然相对地，或者就特殊的考虑而言有效的东西对立起来；因为后者是被限制在一些条件上的，而前者却是无限制地有效的。

现在，先验的理性概念在任何时候都仅仅关涉种种条件之综合中的绝对的总体性，并且永不终止，除非在绝对无条件者，亦即在一切关系上都无条件的东西那里。因为纯粹理性把一切都委托给了知性，知性首先与直观的对象，或者毋宁说与它们在想象力中的综合发生关系。理性只给自己保留了知性概念之应用中的绝对总体性，并试图把在范畴中所思维的综合统一延展至绝对无条件者。因此，人们可以把这种统一性称为**理性的统一性**，就像把范畴所表达的那种统一性称为**知性的统一性**一样。据此，理性就只与知性的应用相关了，并且不是就知性包含着可能经验的根据而言（原因在于，种种条件的绝对总体性不是一个可以在经验中使用的概念，因为没有任何经验是无条件的），而是为了给知性规定朝向某种统一性的方向，知性对这种统一性毫无概念，而这种统一性则旨在把就每一个对象而言的一切知性行动总括成为一个**绝对的整体**。因此，纯粹理性概念的客观应用在任何时候都是**超验的**，而纯粹知性概念的客观应用则就其本性而言在任何时候都必须是**内在的**，因为它仅仅局限于可能的经验。

B383

〔254〕
B384

我把理念理解为一个必然的理性概念，在感官中不能给予它任何相应的对象。因此，我们现在所考虑的理性概念是**先验的理念**。它们都是纯粹理性的概念，因为它们把一切经验知识都看做是由种种条件的绝对总体性所规定的。它们不是任意虚构出来的，而是通过理性本身的本性给出的，因而是以必然的方式与整个知性的应用相关的。最后，它们是超验的，并且超越了一切经验的界限，因而在该界限内永远不可能出现一个与先验理念相符合的对象。如果人们举出一个理念，那么，就客体（即作为纯粹知性的一个对象）而言则说得**很多**，但就主体而言（也就是说，就其在经验性条件之下的现实性而言）则说得**很少**，这恰恰是因为它作为一个极大值的概念，永远不能具体地相应给出。现在，由于后者在理性的纯然思辨的应用中本来就是全部目的，而向一个在实施中毕竟永远无法达到的概念的逼近，与该概念被完全错过是一样的，所以，对于一个诸如此类的概念，就可以说：它**只是**一个理念。这样，人们就可以说：一切显象的绝对整体**只是一个理念**，因为既然我们永远不能勾勒出诸如此类的东西的形象，所以它依然是一个没有任何答案的**问题**。与此相反，由于在知性的实践应用中仅仅涉及依照规则的实施，所以实践理性的理念在任何时候都可以现实地——尽管只是部分地——被具体给予，它甚至是理性的任何实践应用不可或缺的条件。理性的实施在任何时候都是受限制的、有缺陷的，但却是处于不可规定的界限之下，因而在任何时候都处于一种绝对完备性的概念的映像之下。据此，实践理念在任何时候都是极富成果的，而且就现实行动而言是不可避免地必要的。在它里面，纯粹理性甚至拥有将它的概念所包含的东西现实地产生出来的因果性；因此，对于这种智慧，我们不能仿佛是蔑视地说：**它只是一个理念**；而正因为它是具有一切可能目的的必然统一性的理念，所以它必须作为源始的，至少是限制性的条件对一切实践的东西充当规则。

B385

现在，即使我们对于先验的理性概念不得不说：**它们只不过是些理念罢了**，我们也毕竟绝不能把它们视为多余的和毫无意义的。因为尽管由此不能规定任何客体，但它们毕竟在根本上并且不为人觉察地能够对于知性来说充当其扩展的和一致的应用的法规，由此知性虽然没有比它按照概念可能认识的更多

〔255〕

地认识一个对象，但毕竟在这种认识中得到了更好的和更进一步的指导。更不用说，它们也许能够使从自然概念到实践概念的一种过渡成为可能，并使道德理念本身以这样的方式获得支持和与理性的思辨知识的联系。关于这一切，人们必须等待下文作出说明。

但是，按照我们的目的，我们在这里把实践的理念搁置一旁，因而只是在思辨的应用中考察理性，而且在这种应用中也更窄一些，也就是说，仅仅在先验的应用中考察理性。这里，我们必须选择我们上面在范畴的演绎那里所采取的同一条道路，也就是说，考虑理性知识的逻辑形式，看一看理性是否由此也成为概念的一个源泉，即把客体自身视为就理性的这个或者那个功能而言被先天综合地规定的。

理性作为知识的某种逻辑形式的能力来看，就是推论的能力，也就是间接地（通过把一个可能判断的条件归摄在一个被给予的判断的条件之下）作出判断的能力。被给予的判断就是普遍的规则（大前提，即 Major）。另外一个可能判断的条件被归摄在规则的条件之下，就是小前提（Minor）。**在被归摄的事例中**陈述对该规则的肯定的现实判断就是结论（Conclusio）。也就是说，规则普遍地在某种条件下说出某种东西。于是，在一个出现的事例中就存在着规则的条件。因此，在那个条件下普遍有效的东西，就也在出现的事例（该事例自身具有这一条件）中被视为有效的。很容易看出，理性通过构成一个条件序列的那些知性行动而达到一种知识。如果我达到"一切物体都是可变的"这个命题，只是通过我从"一切复合物都是**可变的**"这一较远的知识（其中包含着其条件的物体概念尚未出现）开始，由此进展到隶属于前者条件之下的较近的知识，即"物体都是复合的"，并由此才进展到第三个如今把远距离的知识（可变的）与当前的知识联结起来的知识，即"所以物体都是可变的"，那么，我是通过一个条件（前提）序列达到一个知识（结论）的。如今，每一个其实例（定言判断或者假言判断的实例）已经被给予的序列都可以继续下去；因此，正是同一个理性行动导致了 ratiocinatio polysyllogistica［复合推理］，这是一个推理的序列，它可以要么向条件方面（per prosyllogismos［通过上溯推理］），要么向有条件者方面（per episyllogismos［通过延伸推理］）继续到不被限定的远方。

B388

但是，人们马上就察觉到，上溯推理亦即在一个被给予的知识的根据或者条件方面推论出来的知识，其链条或者序列，换句话说，理性推理的**上升序列**，与理性能力的关系必然不同于**下降序列**，亦即理性在有条件者方面通过延伸推理的进程。因为既然在前一场合知识（结论）只是作为有条件的而被给予的，所以人们要凭借理性达到这种知识，只能是至少在这样一个前提条件下，即该序列在条件方面的所有环节都已经被给予（前提序列中的总体性），因为只有在这一前提条件下，当前的判断才是先天地可能的；与此相反，在有条件者或者结论方面，所设想的只是一个**形成着的**序列，而不是一个已经**完全**预先设定的或者**被给予的**序列，因而只是一个潜在的进程。所以，如果一个知识被视为有条件的，那么，理性就不得不把上升方向上的条件序列视为完成了的或者按照其总体性已经被给予的。但是，如果同一个知识同时被视为其他相互之间构成下降方向上的一个结论序列的那些知识的条件，那么，理性就可以完全不在乎这一进程 a parte posteriori［向后］延伸多远，以及这一序列的总体性是否在任何地方都是可能的；因为它为了自己面临的结论并不需要一种诸如此类的序列，这个结论已经通过它的根据 a parte priori［向前］得到了充分的规定和保证。无论在条件方面前提的序列有没有一个**第一项**来作为至上

B389

［257］

的条件，因而 a parte priori［向前］是没有界限的，它毕竟必须包含着种种条件的总体，哪怕我们永远也不能做到把握这一总体；而且，如果被视为是由整个序列产生出来的结论的有条件者应当被看做是真的，则整个序列就必须是无条件地真的。这是理性的一个要求，理性宣称它的知识是先天地确定的和必然的：这要么是就其自身而言，在这种情况下就不需要任何根据；要么就是被派生出来的，作为一个根据序列的环节，这序列本身无条件地是真的。

第三章　先验理念的体系

我们在这里不研究逻辑的辩证法，它抽掉了知识的一切内容，仅仅揭示理性推理的形式中的虚假幻相，而是研究一种先验的辩证法，它应当完全先天地包含着某些出自纯粹理性的知识和推论出来的概念的起源，这些知识和概念的对象根本不能经验性地被给予，因而完全处在纯粹知性的能力之外。从我们的知识在种种推理和判断中的先验应用与逻辑应用必然具有的自然关系中，我们得出：只有三种辩证的推理，它们与理性能够从原理达到知识所凭借的三种推理方式有关，而且在这所有的辩证推理中，理性的任务都是从知性在任何时候都受其制约的有条件综合上升到知性永远不能达到的无条件综合。

如今，我们的种种表象所能够具有的一切关系的普遍东西是：1. 与主体的关系；2. 与客体的关系，而且这客体要么是显象，要么是一般的思维对象。如果人们把进一步的划分与上面的划分结合起来，则我们对之能够形成一个概念或者理念的种种表象的关系共有三种：1. 与主体的关系；2. 与显象中客体的杂多的关系；3. 与一切一般事物的关系。

于是，一切一般纯粹概念都与种种表象的综合统一有关，而纯粹理性的概念（先验理念）则与一切一般条件的无条件综合统一有关。因此，一切先验理念就可以列入**三类**，其中**第一类**包含着**思维主体**的绝对统一，**第二类**包含着**显象的条件序列**的绝对**统一**，**第三类**包含着**一切一般思维对象的条件**的绝对**统一**。

思维主体是心理学的对象，一切显象的总和（世界）是**宇宙论**的对象，而包含着一切能被思维者的可能性的至上条件的那个物（一切存在者的存在者）则是**神学**的对象。因此，纯粹理性为一种先验的灵魂说（psychologia rationalis［理性心理学]）、为一种先验的宇宙学（cosmologia rationalis［理性宇宙论]），最后也为一种先验的上帝知识（theologia transcen-dentalis［先验神学]）提供理念。甚至这些学问的任何一门的纯然设计也根本不是由知性出发形成的，即便知性与理性的最高逻辑应用亦即一切想得到的推理相结合，以便从知性的一个对象（显象）前进到所有其他对象，直至经验性综合最遥远的环节也不行，相反，它仅仅是纯粹理性的一个纯粹的和真正的产物或者问题。 〔B392〕

纯粹理性概念的什么样的模态处于一切先验理念的这三个项目之下，将在下一部分给予完备的阐述。它们是按照范畴的导线前进的。因为纯粹理性径直地相关的，绝不是对象，而是对象的知性概念。同样，也只有在完全的论述中才能弄清楚，理性如何只有通过它为了定言理性推理所使用的同一种功能的综合应用才必然地达到**思维主体**的绝对统一的概念，假言理性推理中的逻辑程序如何必然导致种种被给予的条件的**一个序列**中的绝对无条件者的理念，最后，选言理性推理的纯然形式如何必然导致关于一个一切**存在者的存在者**的最高理性概念———一个乍一看显得极为荒谬的思想。 〔259〕 〔B393〕

    关于这些先验理念，本来没有任何客观的演绎像我们关于范畴所提供的那样是可能的。因为事实上，它们没有任何同某个能够与它们相符合地被给予的客体的关系，之所以如此，正因为它们仅仅是理念。但是，我们可以设法主观地把它们从我们理性的本性推导出来；这种推导在目前这一篇中也已经做过了。

    人们很容易看出，纯粹理性引以为目的的，无非就是**条件方面**（无论是依存性的条件、隶属性的条件，还是并存性的条件）的综合的绝对总体性，它与**有条件者方面**的绝对完备性则毫不相干。因为要预先设定条件的整个序列并由此将它先天地交给知性，理性只需要前者。但是，一旦有了一个完备地（而且无条件地）被给予的条件，在序列的继续方面就不再需要一个理性概念了；因为知性自己就在执行从条件下降到有条件者的每一个步骤。以这样的方式，先验理念仅仅有助于在条件序列中直至无条件者，亦即直至原则的**上升**。但是，就向有条件者的**下降**而言，虽然也有一种我们的理性对知性规律的广泛逻辑应用，但却没有先验的应用；而且如果我们关于（进展的）这样一种综合的绝对总体性——例如关于世界一切**未来的**变化的整个序列——形成一个理念，这就是一个思想物（ens rationis［理性的存在者］），它只是任意地设想出来的，而不是由理性必然地预先设定的。因为对于有条件者的可能性来说，虽然其条件的总体性被预先设定，但其后果的总体性却不被预先设定。因此，这样一个概念不是先验理念，而我们在这里毕竟仅仅讨论先验理念。

    最后，人们还将察觉：在先验理念本身中间显现出某种关联和统一性，纯粹理性凭借它们使自己的知识形成一个体系。从其自身（灵魂）的知识推进到世界的知识，并凭借世界的知识推进到元始存在者，这是一个如此自然的进展，以至于它与

B394

〔260〕

理性从前提到结论的逻辑进程也显得类似。① 至于这里是否确
实有一种如同逻辑程序和先验程序之间的那种渊源关系暗中作 B395
为基础，也是人们必须在这一研究的过程中才能期待作出回答
的问题之一。我们已经暂时达到了我们自己的目的，因为我们
已经能够把其他情况下通常在哲学家们的理论中与其他概念混 B396
在一起、这些哲学家们未尝将之与知性概念恰如其分地区别开
来的理性的先验概念从这种含混的状态中拔脱出来，说明其起
源，从而同时说明其根本不能再增添的确定数目，在一个系统
的关联中将它们表现出来，由此就为纯粹理性划出和限定一个
特殊的领域。

第二卷 〔261〕
论纯粹理性的辩证推理

尽管一个纯然先验的理念是完全必然地在理性中按照其源

---

① 形而上学仅仅以三个理念为其研究的真正目的：**上
帝、自由**和**灵魂不死**，以至于第二个概念如果与第
一个概念相结合，就应当导向作为一个必然结论的
第三个概念。这门学问此外所研究的一切都纯然是
充当它的手段，为的是达到这些理念和它们的实在
性。它需要这些理念，并不是为了自然科学，而是
为了超越自然。对这些理念的洞识会使**神学、道德**
以及通过二者的结合使**宗教**，从而使我们存在的最
高目的都仅仅依赖于思辨的理性能力，除此之外不
依赖任何别的东西。在那些理念的系统表象中，上
述秩序作为**综合的**秩序是最适当的秩序；但在必须
必然地先行于它的探讨中，颠倒这一秩序的**分析的**
秩序就更为符合目的，以便在我们从经验直接地给
予我们的东西推进到**灵魂说**，推进到**宇宙学**，并由
此一直推进到上帝的知识时，完成我们庞大的计划。

始的规律产生的，但人们仍然能够说，它的对象是某种人们没有任何概念的东西。因为事实上，即便是对于一个应当符合理性要求的对象，也不可能有一个知性概念，也就是说，有一个能够在可能经验中显示并直观化的概念。如果人们说：我们对于同一个理念相应的客体虽然能够有一个或然的概念，但却不能有任何知识，那就毕竟表达得更为得体，较少误解的危险。

B397

如今，至少纯粹理性概念先验的（主观的）实在性，乃是基于我们通过一种必然的理性推理达到这样的理念。因此，有一些理性推理不包含经验性的前提，我们凭借它们从我们认识的某种东西推论到我们毕竟没有任何概念的某种别的东西，而且我们还由于一种不可避免的幻相而赋予这种东西以客观的实在性。因此，诸如此类的推理就其结论而言，与其把它们称为理性推理，倒不如把它们称为**玄想的**推理；尽管它们由于其起因能够当得起理性推理的名称，因为它们毕竟不是虚构的或者偶然产生的，而是起源自理性的本性的。它们不是人们的诡辩，而是纯粹理性本身的诡辩，所有的人中甚至最智慧的人也摆脱不了这些诡辩，虽然也许能在诸多努力之后预防错误，但却永远不能完全摆脱不断地烦扰他和愚弄他的幻相。

因此，这些辩证的理性推理就只有三种，恰如其结论所导致的理念那么多。在**第一种**理性推理中，我从不包含任何杂多东西的主体的先验概念出发，推论到我以这种方式对它根本没有任何概念的这个主体本身的绝对统一。我将把这种辩证推理称为先验的**谬误推理**。**第二种**玄想推理旨在于一般被给予的显象的条件序列之绝对总体性的先验概念；而且我从我关于这个序列在一方面的无条件综合统一任何时候都有一个自相矛盾的概念出发，推论到我尽管如此也没有任何概念的相反的统一的正确性。我将把理性在这些辩证推理中的状态称为纯粹理性的**二论背反**。最后，我按照**第三种**玄想推理从思维能够被给予我

B398

〔262〕

的一般对象的条件的总体性出发，推论到一般事物的可能性之一切条件的绝对综合统一。也就是说，从我根据其纯然的先验概念并不认识的事物出发，推论到我通过一个先验概念更不认识的一切存在者的存在者，而对于它的无条件的必然性，我不能形成任何概念。我将把这种辩证的理性推理称为纯粹理性的**理想**。

第一篇
论纯粹理性的谬误推理

逻辑的谬误推理在于一个理性推理在形式上的错误，除此之外在其内容上却可以随便是什么。但是，一个先验的谬误推理却有一种先验的根据来作出形式上错误的推论。以这样的方式，一种诸如此类的错误推论就在人类理性的本性中有其根据，并带有虽然并非不可消解，但却无法避免的幻觉。

现在，我们到达一个概念，上文并没有在先验概念的一览表中列出该概念，尽管如此却必须列入其中，毕竟并不因此就对那个表有丝毫改变，说明它是有缺陷的。这就是"**我思**"的概念，或者宁可说是判断。但是，人们很容易看出，它是一切一般概念的载体，因而也是先验概念的载体，从而任何时候都在这些概念中间一起被把握，所以同样是先验的，但却不能有任何特殊的称号，因为它仅仅用于指出一切思维都是属于意识的。然而，无论它如何纯粹而不含经验性的东西（感官的印象），它毕竟还是用于从我们的表象能力的本性出发把两种不同的对象区分开来。"**我**"作为思维者是内感官的一个对象，叫做灵魂。是外感官的一个对象的"**我**"则叫做肉体。据此，作为一个能思维的存在者的"**我**"这一术语就已经意味着心理学的对象；如果我对于灵魂并不要求知道得比独立于一切经验

〔263〕

（它们更确切地具体规定我）而从在一切思维中都出现的"我"这一概念能够推论出来的东西更进一步的话，这种心理学就可以叫做理性的灵魂说。

于是，**理性的**灵魂说确实是这样一种冒险；因为只要我的思维的一点经验性的东西、我的内部状态的任何一个特殊的知觉还混杂进这门科学的知识根据之中，这门科学就不再是理性的，而是**经验性的**灵魂说。因此，我们已经面临着一门所谓的科学，它建立于其上的惟一命题就是：**我思**；我们在这里可以完全适当地按照一种先验哲学的本性对这门科学的根据或者无根据加以研究。至于我毕竟对这一表达我自己本身的知觉的命题有一种内部经验，从而在此之上建立的理性的灵魂说永远不是纯粹的，而是部分地根据一个经验性的原则的，人们不要对此有所不满。因为这种内部知觉无非是纯然的统觉：**我思**；它甚至使一切先验概念成为可能，在这些先验概念中所说的是：我思维实体、原因等等。因为一般内部经验及其可能性，或者一般知觉及其与其他知觉的关系，如果不是经验性地给出了它们的某种特殊区别和规定，就不能被视为经验性的知识，而是必须被视为对一般经验性的东西的知识，并且属于对任何一个经验的可能性的研究，而这种研究却是先验的。参与自我意识的普遍表象的知觉，其最低限度的客体（例如仅仅是快乐或者不快）都会使理性的心理学转化为一种经验性的心理学。

因此，**我思**是理性心理学的惟一解说词，它应当从中展开自己的全部智慧。人们很容易看出，这一思想如果应当与一个对象（我本身）发生关系，就只能包含着该对象的一些先验谓词；因为最低限度的经验性谓词都会败坏这门科学对于一切经验的理性纯粹性和独立性。

但是，我们在这里将只能跟随范畴的导线；只是由于这里首先给出了一个物，亦即作为思维存在物的我，所以我们虽然

B401

〔264〕

B402

将不改变相互之间如在范畴表中所表现的上述秩序，但毕竟在这里要从实体范畴开始，由此表现一个物自身，并这样来回溯范畴的序列。据此，理性的灵魂说所可能包含的所有其他东西都必须从它的位置论推导出来，该位置论如下：

1.

灵魂是**实体**①

2.　　　　　　　　　　　　3.

灵魂在其质上是单纯的　　　灵魂就其所在的不同时间

而言是数目上同一的，亦即

单一性（非复多性）

4.

灵魂处于同空间中**可能的**对象的关系中②

从这些要素中，仅仅通过组合，而丝毫不用认识别的原则，就产生出纯粹的灵魂说的所有概念。这种实体纯然作为内感官的对象，提供了**非物质性**的概念，作为单纯的实体提供了**不死性**的概念，其作为理智实体的同一性提供了**人格性**的概念，所有这三项一起提供了**精神性**；与空间中的对象的关系提

〔265〕

B403

---

① 康德在其手写样书中改进为："灵魂作为实体实存"（《康德〈纯粹理性批判〉补遗》，第 CLXI 条）。参见 B410—413。——科学院版编者注

② 不那么容易从这些术语中就其先验抽象性而言猜测出它们的心理学意义以及灵魂的最后这个属性为什么属于**实存性**范畴的读者，将在下文发现它们得到了充分的解释和理由说明。此外，我还要为我不仅在本章中，而且在全书中违背纯正文风的鉴赏插入拉丁术语来取代同等意义的德文术语而请求原谅：我宁可在语言的优雅上有所损失，也不愿因丝毫的晦涩而给教学的用途增加困难。

供了与物体的**交感**；因而它也就把思维的实体表现为物质中生命的原则，亦即把后者表现为灵魂（anima），而且表现为**动物性**的根据，动物性被精神性所限制，表现为**不死性**。

与此相关的有先验的灵魂说的四个谬误推理，先验的灵魂说被错误地视为纯粹理性的一门关于我们能思维的存在者之本性的科学。但我们能够作为这门科学基础的，却无非是单纯的、自身在内容上完全空洞的表象：**我**；关于这个表象，人们就连说它是一个概念也不能，它只不过是一个伴随着一切概念的意识。通过这个能思维的我或者他或者它（物）所表象出来的不是别的，无非是思想的一个先验主体＝X，它惟有通过是它的谓词的那些思想才被认识，而分离开来，我们就永远不能对它有丝毫概念；因此，我们在一个不断的循环中围绕着它打转，因为我们要想对它作出某种判断，在任何时候都必须已经使用了它的表象；这是一种与它不可分离的不便，因为意识自身并不是对一个特殊的客体作出区分的表象，而是应当被称为知识的一般表象的形式；因为只有对于知识，我才能说我由此思维着某物。

但是，一开始必然显得古怪的是，我一般而言在其下进行思维的，因而是我的主体的一种性状的条件，同时应当对一切能思维的对象都有效，而我们居然能够妄称在一个显得是经验性的命题之上建立起一个无可争辩的和普遍的判断，也就是说，凡是进行思维的东西，就都具有自我意识的陈述就我而言所说的那种性状。但这里的原因在于：我们必然要先天地赋予事物以构成我们惟有在其下才思维事物的那些条件的一切属性。于是，对于一个能思维的存在物，我不是通过任何外部经验，而是只有通过自我意识才能有最起码的表象。因此，诸如此类的对象无非是我的这个意识向只有因此才被表象为能思维的存在物的其他事物的过渡。但是，"我思"这个命题在这里

B404

〔266〕

B405

只是被当做或然的，不是就它包含着关于一个存在的知觉而言（笛卡尔的 cogito, ergo sum［我思故我在］），而是根据它的纯然可能性，要看一看有哪些属性能够从这个如此简单的命题出发推论到它的主体（不论诸如此类的主体是否实存）。

假若作为我们关于一般能思维的存在物的纯粹理性知识之基础的不只是 cogito［我思］，假若我们还要求助于对我们思想活动的观察和由此得出的能思维的自我的自然规律，那么，就会产生一种经验性的心理学，它将是一种内感官的**自然学**，也许能够用来说明内感官的显象，但却永远不能用来揭示根本不属于可能经验的那些属性（例如单纯的东西的属性），也不能用来就一般能思维的存在者而言**无可争辩**地告知某种涉及其本性的东西；因此，它不会是**理性的**心理学。

B406

既然"我思"这个命题（作为或然的来看）包含着任何一个一般知性判断的形式，并且作为其载体伴随着一切范畴，那么就很清楚，从它作出的推论就只能包含着知性的一种先验的应用，这种应用排除了经验的一切混杂，对于它的进展，按照我们上面所指出的，我们不可能预先形成任何极有利的概念。因此，我们想以一种批判的眼光通过纯粹的灵魂说的一切陈述词来追踪这一命题。但为了简短起见，要把对这些陈述词的考察放在一个连续的关联中进行。

［267］

首先，下面的总的说明可以增强我们对这种推理方式的重视。我不是仅仅通过我在思维而认识某个客体的，而是惟有通过我就一切思维都存在于其中的那种意识的统一性而言规定一个被给予的直观，我才能认识某个对象。因此，我甚至也不是通过我意识到我自己在思维来认识我自己的，而是当我意识到对我自己的直观是在思维功能方面被规定了的时，我认识到我自己。因此，思维自身中自我意识的一切样式还不是关于客体的知性概念（范畴），而只是一些根本不把任何对象，从而也

B407

不把我自己作为对象提供给思维来认识的逻辑功能。**客体**并不是对**作出规定的**自我的意识，而仅仅是对**可被规定的**自我的意识，亦即对我的内直观（如果它的杂多能够按照思维中统觉的统一性的普遍条件被联结起来的话）的意识。

1. 在一切判断中，我始终是构成判断的那种关系的**作出规定的**主体。但是，能思维的我在思维中永远必须被视为**主体**，被视为某种并非像谓词那样只能被看做是依附于思维的东西，这却是一个无可争辩的，甚至是**同一的命题**；但它并不意味着我作为**客体**是一个对我自己来说**持存着的存在物**或者**实体**。后一种说法走得很远，因此还要求有在思维中根本找不到的材料，也许（如果我把思维者仅仅看做是思维者）要求比我（在思维者中）在任何地方将发现的都更多。

2. 统觉的我，从而在每次思维中的我，乃是一个不能被分解为主体之复数的**单数**，因而表示一个逻辑上单纯的主体，这已经蕴涵在思维的概念中，因而是一个分析命题；但是，这

B408

〔268〕

并不意味着能思维的我是一个单纯的**实体**，后者会是一个综合的命题。实体的概念总是与直观相关，直观在我这里只能是感性的，从而完全处在知性的领域及其思维之外，本来在这里毕竟只是在说我在思维中是单纯的时才谈到思维。如果某物在其他情况下需要作出如此之多的准备，以便在直观所表现的东西中分辨出其中是实体的东西，甚至分辨出这一实体是否可能是单纯的（就像在物质的各部分中那样），在这里却会如此直截了当地在一切表象之最贫乏的表象中仿佛通过一种启示被给予我，这也会是稀奇古怪的。

3. 我所意识到的我自己在一切杂多中的同一性的命题，是一个同样蕴涵在概念之中的命题，从而是分析的命题；但是，主体的这种同一性，我在它的一切表象中都能够意识到，却并不涉及它作为客体被给予所凭借的对它的直观，因而也不

可能意味着它自己的实体作为能思维的存在者在各种状态的一切变易中之同一性的意识被理解所凭借的人格的同一性。为此，要证明这种同一性，单凭对"我思"这一命题的反思是办不到的，而是需要基于被给予的直观的各种综合判断。 B409

4. 我把我自己作为一个能思维的存在者的实存与我（也包括我的肉体）之外的其他事物区别开来，这同样是一个分析命题；因为**其他**事物就是我作为与我**有别**的东西来思维的。但是，我由此却根本不知道，对我自己的这种意识没有我之外使得各种表象被给予我的事物是否可能，因而我是否能够仅仅作为能思维的存在者（不是作为人）实存。

因此，通过对一般思维中的我自己的意识的分析，就对作为客体的我自己的知识而言，没有丝毫收获。对一般思维的逻辑探讨被错误地视为客体的一种形而上学规定。

如果有可能先天地证明，一切能思维的存在者自身都是单纯的实体，因而作为这样的实体（这是从上述证明根据得出的一个结果）都不可分割地具有人格性，而且意识到自己与一切物质相分离的实存，那么，这就会是违背我们的全部批判的一个重大的，乃至惟一的绊脚石。因为以这样的方式，我们毕竟就已经跨出了超越感官世界的一步，我们就会步入**本体**的领域，于是就没有人会否认我们有权在这个领域拓展、定居，并且每一个人只要吉星高照，就可以占领这一领域。因为"每一个能思维的存在者本身都是单纯的实体"这个命题乃是一个先天综合命题，这首先是由于它超越了为它奠定基础的概念，给一般思维附加上了**存在的方式**，其次是由于它给那个概念附加上了根本不能在任何经验中被给予的谓词（单纯性）。因此，先天综合判断就不仅像我所主张的那样，乃是与可能经验的对象相关，也就是说作为这种经验本身的可能性的原则才是可行的和可允许的；相反，它们还可以关涉一般的物和物自身，这 B410

〔269〕

样的结论将断送这整个批判，并且会要求照旧行事就可以了。然而，如果人们更接近事实，危险在这里就没有那么大。

在理性心理学的程序中，起支配作用的是通过以下理性推理展现出的一种谬误推理：

> 只能被思维为主体的东西也只仅仅作为主体实存，因而也就是实体。
>
> 如今，一个能思维的存在者仅仅作为这样的存在者来看，只能被思维为主体。
>
> 因此，它也仅仅作为这样的存在者，亦即作为实体而实存。

B411

在大前提中谈到的存在者，一般而言能够在一切方面来思维，因而也可以像它可能在直观中被给予的那样来思维。但在小前提中谈到的存在者，则只是相对于思维和意识的统一性，却不同时在与它作为思维的客体被给予所凭借的直观的关系中把自己视为主体。因此，这一结论是 per sophisma figura dictionis［通过言说式的诡辩］，因而是通过一种错误的推论得出的。①

---

① 在两个前提中，是在完全不同的意义上对待思维的：在大前提中是如它关涉一般客体那样（因而是如客体可能在直观中被给予那样）；而在小前提中，则只是像它处于同自我意识的关系中那样，因而在这里根本没有任何客体被思维，而只是表现出与作为主体（作为思维的形式）的自己的关系。前者所谈的是只能被思维为主体的物；后者所谈的则不是**物**，而是**思维**（因为人们抽掉了一切客体），在思维中我总是被用做意识的主体；因此，在结论中并不能推论出：我只能作为主体实存，而是只能推论出：我在对我的实存的思维中只能把我用做判断的主体，而这是一个同一的命题，它对我的存在的方式绝对没有揭示任何东西。

如果人们回顾一下原理的系统介绍的总说明和关于本体的
一章，那就会清楚地显示出，把这个著名的论证化解为一个谬
误推理是完全正确的，因为那里已经证明，一个能够独自作
为主体，但却不能够作为纯然的谓词实存的物的概念，还根
本不具有客观的实在性。也就是说，人们无法知道是否在任
何地方都能够有一个对象属于它，因为人们看不出这样一种
实存方式的可能性，因此，该概念根本没有提供任何知识。
所以，如果它应当在一个实体的称谓下表示一个能够被给予
的客体，如果它应当成为一种知识，那么，就必须有一个持
久的直观来作为基础，该直观是一个概念的客观实在性不可
或缺的条件，也就是说，是对象被给予所惟一凭借的东西。
但现在，我们在内直观中根本没有任何持久的东西，因为我
只不过是我的思维的意识罢了；因此，如果我们仅仅停留在思
维上面，我们就也缺乏把实体亦即一个独自持存的主体的概念
应用于作为能思维的存在者的自身的必要条件；与此相联系的
实体的单纯性就与这一概念的客观实在性一起消失了，转变成
一般思维中自我意识的一种纯然逻辑的、质的单一性，而不管
主体是不是复合的。

对门德尔松关于灵魂持久性的证明的反驳

这位敏锐的哲学家很快就发现，在通常应当用来证明灵魂
（如果人们承认它是一种单纯的存在者的话）不可能由于**分解**
而终止存在的论证中，对于保证灵魂的必然存续的目的来说缺
乏充分性，因为人们还可以假定灵魂由于**消失**而终止存在。在
其《斐多篇》中，他试图摈除灵魂的这种短暂性，这种短暂性
会是一种真正的消灭。他大胆地证明道：一个单纯的存在者根
本不可能终止存在，因为既然它不能被减弱而逐渐地丧失其存

在的某种东西，进而**逐渐地转化为无**（因为它在自身中没有部
分，从而也没有复多性），在它存在的瞬间和它不存在的另一
个瞬间之间就根本不会发现任何时间，而这是不可能的。然
而，他没有看到，即使我们承认灵魂有这种单纯的本性，因为
它不包含**彼此外在**的杂多，从而不包含扩展的量，人们也毕竟
就像对任何一个实存者那样，不能否认强弱的量，也就是说，
不能否认就其一切能力而言的实在性的一种程度，甚至一切构
成其存在的东西的一种程度，这种程度可能通过一切无限多的
较小的程度而减弱，这样，所说的实体（其持久性不像通常那
样已经确定的事物）虽然不是通过分解，但却通过其力量的逐
渐减退（remissio）——从而通过枯萎，如果允许我使用这一
术语的话——而转化为无。因为即便是意识，也在任何时候都
有一个总是还能够减弱的程度①，因此意识到自己的那种能力
以及一切其余的能力亦复如是。所以，灵魂的持久性，仅仅作
为内感官的对象来看，依然未得到证明，甚至是不可证明的。
尽管它在生命中的持久性由于能思维的存在者（作为人）同时
是外感官的一个对象而本身是清晰的，但这根本不能让理性心
理学家感到满足，理性心理学家是从事于纯然从概念出发证明

---

① 明晰性并不像逻辑学家们所说的那样是一个表象的
意识；意识的某个尚不足以达到回忆的程度，必然
甚至能够在一些模糊不清的表象中发现，因为如果
没有任何意识，我们在种种模糊表象的联结中就不
能作出任何区分，而我们就一些概念的特征而言毕
竟是能够做到这一点的（例如权利和公正的区分，
又如音乐家在即兴演奏中同时奏出几个音符时的区
分）。但是一个表象，意识在其中足以**意识到**该表象
与别的表象的**区别**，它就是明晰的。如果意识虽然
足以作出区分，但却不足以意识到区别，那么，该
表象就还必须被称为模糊的。因此，意识一直到消
失，有无限多的程度。

灵魂甚至超出生命的绝对持久性的。①

① 一些人为将一种新的可能性引入轨道，而认为只要他们使人们不能向他们指出其前提假设中的矛盾，就已经感到满足了（例如，那些虽然就经验性直观而言只能在人的生命中拥有思维之可能性的例证，但却相信能够看出思维即便在生命终结之后的可能性的人，就全都是这样的人），他们会因为别的丝毫也不更大胆的可能性而陷入严重的困境。诸如此类的东西就是将**一个单纯的实体**分割成多个实体的可能性，以及反过来多个实体汇合（合并）成一个单纯的实体。因为虽然可分割性以一个复合物为前提条件，但它毕竟并不必然要求一个众多实体的复合物，而是仅仅要求同一个实体的众多程度（各种各样的能力）的复合物。正如人们能够设想想灵魂的一切力量和能力，甚至意识的能力都减小到一半，而毕竟实体始终存留下来，人们也能够没有矛盾地想象这消失了的一半被保存下来，但不是保存在灵魂里面，而是保存在它外面，而且既然这里凡是在灵魂里面始终实在的，因而有一种程度的，进而灵魂的整个毫无缺陷的实存都已经被分成两半，在这种情况下，在灵魂外面就会产生一个特殊的实体。因为被分割的复多性是事先就有的，但不是众多实体的复多性，而是作为灵魂中实存的量的每一种实在性的复多性；而实体的单一性只不过是一种实存方式罢了，这种方式惟有通过这种分割才转变为一种自存体的复多性。但这样一来，多个单纯的实体就也可以又汇合成一个实体，此际除了自存体的复多性之外，并不损失任何东西，因为这一实体把此前所有实体的实在性的程度一起包含在自身之中；也许，给予我们一种物质的显象（诚然不是通过相互之间的一种力学的或者化学的影响，而是通过一种我们不知道的影响，前者只不过是后者的显象罢了）的种种单纯实体会通过对作为**强弱量**的父母灵魂进行的诸如此类的**动力学**分割来产生子女灵魂，而父母灵魂又通过与同类新材料的合并来弥补自己的损失。我绝不是承认诸如此类的幻想有丝毫的价值或者效力，而且上面的诸分析论原理也已经充分地说明，对范畴（例如实体的范畴）只能作经验的应用。但是，如果唯理论者仅仅由于思维中的统觉的统一性不允许他从复合物出发作出任何说明，就足够大胆地从纯然的思维能力出发而无须一个对象被给予所凭借的一种持久的直观就去形成一个独立持存的存在者，而不是更好地去承认自己不知道怎样说明一种能思维的自然的可能性，那么，**唯物论者**虽然同样不能为了自己的种种可能性而援引经验，却为什么不应当有权同样大胆地运用自己的原理，同时保持前者作相反应用时的形式统一性呢？

B416
〔273〕
B417

　　现在，如果我们在**综合的**关联中对待我们的上述命题，就像在作为体系的理性心理学中他们必须被当做对一切能思维的存在者都有效那样，并且从关系范畴出发借助"一切能思维的存在者自身都是实体"这一命题向后回溯过范畴的序列，直到完成一个圆圈，那么，我们就最终达到了这些能思维的存在者的实存，这些存在者在这一体系中独立于外部事物不仅意识到

B418

自己的实存，而且还（就必然地属于实体的特性的持久性而言）能够从自身出发规定这种实存。但由此就得出，在同一种唯理论体系中**唯心论**就是不可避免的了，至少是或然的唯心论，而如果外部事物的存在对于规定他自己在时间中的存在来说根本不是必要的，那么，假定外部事物的存在也就只是全然没有道理的了，对此绝不能提供任何证明。

　　与此相反，如果我们遵循**分析的**程序，由于"我思"作为一个已经包含着一种存在于自身的命题，作为被给予的，从而有模态作为基础，而且如果我们对该命题进行分析，以便认识它的内容，即这个我是否以及如何在空间中或者时间中仅仅由此而确定自己的存在。那么，理性灵魂说的种种命题就会不是从一个一般能思维的存在者的概念开始，而是从一种现实性开

B419

始，从这种现实性被思维的方式出发，在这里经验性的一切都被抽掉之后，就推论出属于一个一般能思维的存在者的东西，如下表所示：

1.
我思

2.　　　　　　　　　　3.
作为主体　　　　　　　作为单纯的主体

4.
作为我的思维的任何状态中的同一主体

〔274〕

由于这里在第二个命题中并没有确定我是否能够仅仅作为主体，并不也作为另一个主体的谓词而实存和被思维，所以，一个主体的概念在这里只是在逻辑上对待的，至于它是否应当被理解为实体，依然是未被确定的。但在第三个命题中，尽管我关于主体的性状或者自存性还没有澄清任何东西，统觉的绝对统一性，亦即单纯的我，在构成思维的一切联结和分离都与之相关的表象中却也就自身而言是重要的。统觉是某种实在的东西，其单纯性已经蕴涵在其可能性之中。如今，在空间中没有任何实在的东西会是单纯的；因为点（点是空间中是惟一单纯的东西）仅仅是界限，本身并不是某种作为部分用来构成空间的东西。所以由此就得出，从**唯物论**的根据出发解释作为纯然能思维的主体的我的性状是不可能的。但是，由于我的存在在第一个命题中是被视为被给予的，因为这个命题并不是说每一个能思维的存在者都实存（这同时就会主张它的绝对必然性，所以言之过多），而是仅仅说我在思维时实存，所以它是经验性的，包含着我的存在仅仅就我在时间中的表象而言的可规定性。但是，既然我又为此首先需要某种持久的东西，诸如此类的东西就我思维我自己来说根本没有在内直观中被给予我，所以我实存的方式，无论是作为实体还是作为偶性，都根本不可能通过这种单纯的自我意识而得到规定。因此，如果**唯物论**对于我的存在的解释方式来说是不适用的，那么，**精神论**对此也同样是不充分的；而结论就是：我们以随便任何一种方式都不能对我们灵魂的一般而言涉及其独立实存的可能性的性状而认识某种东西。

B420

而且，通过我们自己只是由于我们为经验的可能性而使用才认识的意识的统一性来超越经验（我们在生命中的存在），甚至通过"我思"这个经验性的，但就一切直观方式而言都不确定的命题来把我们的知识扩展到一切一般能思维的存在者的

B421

本性，这也应当是可能的吗？

因此，不存在一种作为对我们的自我认识有所增益的**学说**的理性心理学，而只存在一种作为在这一领域为思辨理性设置不可逾越的界限的**训练**的理性心理学。这一方面是以免投入无灵魂的唯物论的怀抱，另一方面是以免蜂拥陷入对我们来说在此生没有根据的精神论之中，而毋宁说提醒我们把我们理性对令人满意地答复好奇的、超出此生的问题的这种拒绝视为理性的一种暗示，即把我们的自我认识从无益浮夸的思辨转用到有益的实践应用上去，这种应用虽然也只是始终指向经验的对象，但却自更高的地方取得其原则，并如此规定行为，就好像我们的规定无限远地超越经验，从而超越此生似的。

〔275〕

B422

从这一切可以看出，一种纯然的误解为理性心理学提供了其起源。作为范畴的基础的意识统一性在这里被当做作为客体的主体的直观，实体的范畴被运用于其上。但是，它只不过是思维中的统一性罢了，仅仅由于它还没有任何客体被给予，所以在任何时候都以被给予的直观为前提条件的实体范畴不能运用于其上，从而这个主体根本不能被认识。因此，各范畴的主体不能由于它思维这些范畴就获得关于自己本身作为这些范畴的一个客体的概念；因为要思维这些范畴，它就必须将它自己的纯粹的自我意识奠定为基础，而这种自我意识毕竟是应当予以说明的。时间的表象原初在其中有其根据的主体，同样不能由此规定它自己在时间中的存在，而如果后者不可能，则前者作为通过范畴对它自己本身（作为一般能思维的存在者）的规定也不能成立。①

> ① 如同已经说过的那样，"我思"是一个经验性的命题，在自身中包含着"我实存"的命题。但是，我不能说"凡思维者皆实存"；因为这样的话，思维的属性就会使一切具有这种属性的存在者都成为必然

※　　　※　　　※

　　这样，一种力图超越可能经验的界限，且毕竟属于人类的
最高旨趣的知识，就它应当归功于思辨哲学而言，就消失在迷
茫的期望之中了；此际，批判的严格性依然通过它同时证明对
于经验的对象不可能超出经验界限独断性地澄清某种东西，而
不仅就理性的这一旨趣而言为理性作出了不菲的贡献，还保障
理性免除了对反面的一切可能的肯定；这种情况之所以能够发
生，除非是人们要么无可置疑地证明自己的命题，要么是不能
证明自己的命题时，就找出这种无能的种种根源，这些根源如
果蕴涵在我们的理性的必然界限之中，就必定使任何反对者都
服从拒斥对独断性主张的一切要求的同一条规律。

　　尽管如此，对于按照与思辨的理性应用结合在一起的实践

B423
B424
〔276〕

的存在者了。因此，我的实存也不能像**笛卡尔**所主
张的那样，被视为从"我思"的命题中推论出来的
（因为若不然，"凡思维者皆实存"这个大前提就必
须走在前面），而是与该命题同一的。它表述一种不
确定的经验性直观，亦即知觉（因而它毕竟证明，
已经有属于感性的感觉作为这个实存命题的基础），
但先行于应当通过范畴在时间方面规定知觉的客体
的经验；而实存在这里并不是一个范畴，并不作为
范畴与一个不确定的被给予的客体相关，而是仅仅
与一个人们有其概念，并且人们想知道它是否还在
这一概念之外被设定的客体相关。一个不确定的知
觉在这里意味着某种实在的东西，它被给予，而且
仅仅是为了一般的思维而被给予的，因而不是作为
显象，也不是作为事物自身（本体），而是作为事实
上实存的某物，并在"我思"的命题中被表示为这
样一个某物。因为应当注意的是，当我把"我思"
这个命题称为一个经验性命题的时候，我由此并不
是想说，"**我**"在这个命题中是经验性的表象；毋宁
说，它是纯理智的，因为它属于一般的思维。然而，
没有为思维提供材料的某种经验性表象，"我思"的
行动就毕竟是不成立的，而经验性的东西只不过是
纯粹理智能力的运用或者应用的条件罢了。

的理性应用而接受一种来生的必然性来说，由此在这里并没有
失去任何东西；因为纯然思辨的证明对于通常的人类理性来说
本来就从来不能有任何影响。它是如此建立在一个发梢之上
的，以至于即便是学派要把它保持在这个发梢上，也只能使它

〔277〕 作为一个陀螺围绕着同一个点不停地旋转，因此，它即便在学
派自己的心目中也不能提供一种使某种东西能够建立于其上的
持久基础。对世人有用的种种证明，在此都保持其毫不减弱的

B425 全部价值，毋宁说还通过放弃那些独断的僭妄而获得清晰性和
自然的信念，因为它们将理性置于其特有的领域之中，即置于
毕竟同时又是自然秩序的目的秩序之中，但理性同时作为实践
的能力自身，并不被限制在自然秩序的条件之上，有权利把目
的秩序连同我们自己的实存扩展到经验和此生的界限之外。对
于这个世界上的生物来说，理性必须必然地接受为原理的是，
不能发现任何器官、任何能力、任何冲动，因而任何东西都是
多余的或者与应用不相称的，从而是不符合目的的，而是一切
都完全适合其生命中的规定；根据与这个世界上的生物的**本性
的类比**来作出判断，毕竟是惟一能够在自身中包含着这一切的
终极目的的人，就必须是惟一例外的造物。因为人的自然禀
赋——不仅就天资和应用这天资的动力而言，而且首先是他心
中的道德法则——如此远地超出了他在此生中能够从中得出的

B426 用途和好处，以至于道德法则甚至教人即便缺少一切好处，乃
至于缺少身后荣誉的虚幻而将正直意念的纯然意识置于一切之
上，人在内心中感到有责任通过自己在这个世界中的所作所
为、凭借放弃诸多的好处使自己适合于做一个他在理念中所拥
有的更好的世界的公民。这个强有力的、永远不会被质疑的证
明根据伴随着对我们面前所见的一切事物中的合目的性不断增
加的知识，伴随着对广阔无垠的创造的眺望，从而也伴随着我
们的知识的可能扩展方面的某种不受局限性的意识，连同与这

种不受局限性相符合的冲动，即便我们不得不放弃从对我们自己的纯然理论知识来看出我们的实存的必然延续，也依然还存留下来。

心理学谬误推理之解决的结论 〔278〕

理性心理学中的辩证幻相基于理性的一个理念（一种纯粹的理智）与一个一般能思维的存在者在所有方面都不确定的概念的混淆。我思维我自己，乃是由于一个可能的经验，因为我还抽掉了一切现实的经验，由此推论出：我即便在经验及其经验性条件之外也能够意识到我自己的实存。因此，我把对我经验性地确定的实存的可能**抽象**与自以为对我能思维的自我的一**种孤立地**可能的实存的意识混为一谈，相信认识到我里面的实体性的东西就是先验的主体，因为我在思想中只有一切规定作为知识的纯然形式而当做基础的意识统一性。 B427

说明灵魂与肉体的共联性的任务本来并不属于这里所谈的心理学，因为这种心理学的目的在于证明即便在这种共联性之外（在死后）也还有人格性，因而在真正的意义上是**超验的**，尽管它研究的是经验的一个客体，但却只是就该客体不再是经验的一个对象而言的。不过，即便是对这一点，按照我们的体系也能够给予充分的回答。如同已知的那样，这一任务所造成的困难在于预先设定的内感官对象（灵魂）与外感官对象的异类性，因为作为直观的形式条件而属于前者的只有时间，属于后者的却还有空间。但是，如果人们考虑到，这两种对象彼此的区别在这里并不是内在的，而只是就一个**显现**得外在于另一个而言的，从而作为物自身而是物质显象的基础的东西也许并不如此异类，这一困难就消失了，而存留下来的惟一问题就是，一般而言诸实体的共联性是如何可能的，这一问题的解决 B428

完全处于心理学的领域之外，而且就像读者根据基本力量和能力的分析论中所说的内容而可以轻而易举地判断的那样，毫无疑问也处于一切人类知识的领域之外。

〔279〕

有关从理性心理学向宇宙论的过渡的总说明

"我思"或者"我在思维时实存"的命题是一个经验性的命题。但是，这样一个命题是以经验性的直观，从而也是以作为显象的被思维客体为基础的；这样，看起来就好像是按照我们的理论，灵魂即便在思维中也会完全转变为显象似的，而以这样的方式，我们的意识自身作为纯然的幻相就必然在事实上不关涉任何东西。

B429

思维就其自身而言，仅仅是逻辑的功能，因而纯粹是联结一个可能直观的杂多的自发性，绝不把意识的主体展示为显象，之所以如此，仅仅是因为它并不顾及直观的方式，不管它是感性的还是理智的。由此，我表象我自己，既不是如我本来那样，也不是如我对我显现的那样，而是我思维我自己，仅仅如任何一个我抽掉了其直观方式的一般客体那样。当我在这里把我自己表象为思想的**主体**或者也表象为思维的**根据**的时候，这些表象方式并不意味着实体或者原因的范畴，因为这些范畴都是思维（判断）的那些已经运用于我们的感性直观的功能，而如果我想认识我自己，感性直观当然就是需要的。但如今，我只想意识到我自己是能思维的；至于我自己的自我如何在直观中被给予，我把它搁置一旁，而此时，它就可能对于能思维的我来说——但不是就我在思维而言——纯然是显象；在对纯然思维时的我自己的意识中，我就是**存在者本身**，但对这个存在者本身，当然由此还没有给予我任何东西供思维。

但"我思"这个命题，如果它等于是说**"我在思维时实**

存"，就不是纯然的逻辑功能，而是在实存方面规定着主体（主体在这种情况下同时是客体），没有内感官就不能发生，而内感官的直观在任何时候都不是把客体当做物自身，而仅仅是当做显象来提供的。因此，在它里面就已经不再仅仅有思维的自发性，而是还有直观的感受性，也就是说，对我自己的思维被运用于对同一个主体的经验性直观。在这种情况下，能思维的自我必然在这种直观中寻找为实体、原因等范畴而使用其逻辑功能的条件，以便不仅仅通过"我"来标示自己为客体自身，而且还规定自己存在的方式，也就是说，认识自己为本体；但这是不可能的，因为内在的经验性直观是感性的，且提供的无非是显象的材料，这些材料并不**纯粹意识**的客体认识其独立的实存提供任何东西，而是仅仅被用来为经验服务罢了。

但是如果假定，今后不是在经验中，而是在纯粹的理性应用的某些（不是纯然的逻辑规则，而是）先天地确定的、涉及我们的实存的规律中发现理由，来预先设定我们在我们自己的**存在**方面是**立法的**，并且规定这种实存本身的，那么，由此就会揭示出一种自发性，通过它我们的现实性就是可规定的，为此无须经验性直观的条件；而在这里我们还会觉察到，在对我们的存在的意识中先天地包含着某种东西，它毕竟能够用来在某种与一个理知世界（当然只是被思维的世界）相关的内在能力方面规定我们只是在感性上可以完全地规定的实存。

然而，这仍然丝毫不会促进理性心理学中的所有企图。因为通过道德法则的意识首先给我启示的那种令人惊异的能力，我虽然有一个规定我的实存的原则，该原则是纯粹理智的，但却是通过什么谓词呢？只能通过必须在感性直观中给予我的那些谓词；而这样一来，我就会又陷入我在理性心理学中所处的位置，即陷入对感性直观的需求中，才能赋予我的知性概念如实体、原因等等以意义，我只有通过这些概念才能对我自己拥有知识；但那些直观却绝不能帮助我超出经验的领域。不过，就总是指向经验的对象的实践应用而言，我毕竟是有权按照理论应用中的类似意义而把这些概念应用于自由及其主体的，因为我仅仅把它们理解为主体与谓词、根据与结果的逻辑功能，根据它们，行动或者结果被按照那些规律如此规定，以至于那些规律连同自然规律一起都可以总是按照实体和原因的范畴得到说明，尽管它们产生自完全不同的原则。说这些东西，应当只是为了防止关于我们作为显象的自我直观的学说容易遭受的误解。人们将在下文中有机会应用它们。

〔281〕
B432

第二篇
纯粹理性的二论背反

　　我们在本书这一部分的导论中已经指明，纯粹理性的一切先验幻相都基于辩证的推理，逻辑学在一般理性推理的三种形式中提供了辩证推理的图型，就像各范畴在一切判断的四种功能中发现自己的逻辑图型一样。这些玄想推理的**第一种**关涉（主体或者灵魂的）一切一般表象之主观条件的无条件的统一性，与**定言**理性推理相应，其大前提作为原则而表述一个谓词与一个主体的关系。因此，辩证论证的**第二种**按照与**假言**理性推理的类比，以显象中的客观条件的无条件的统一性为内容，而下一篇将出现的**第三种**则以一般对象的可能性之客观条件的无条件的统一性为主题。

　　但是值得注意的是：就关于我们思维主体的理念而言，先验的谬误推理造成一种纯然片面的幻相，而要断言其反面，则不会产生丝毫出自理性概念的幻相。优点完全在精神论一方，尽管它也不能否认自己的根本缺陷，即不管有什么有利于它的幻相，它仍将在批判的火刑验罪中灰飞烟灭。

B433

〔282〕

当我们把理性运用于显象的**客观综合**的时候，情况就完全不同了。在这里，它虽然想以诸多的幻相建立自己的无条件统一性的原则，但却很快就陷入这样一些矛盾，以至于它不得不在宇宙论方面放弃自己的要求。

也就是说，这里显示出人类理性的一种新现象、一种完全自然的对立，无须任何人苦思冥想或者人为地设置圈套，相反，理性是完全自动地并且不可避免地陷入其中的；理性虽然由此得到保护，得以免除纯然片面的幻相所造成的一种自负信念的安睡，但同时也使它受到诱惑，要么沉浸于怀疑的绝望，要么采取一种独断的固执态度，顽固地担保某些主张，不让反面的根据得到倾听和公正对待。二者都是一种健康哲学的死亡，虽然前者或许还可以被称为纯粹理性的**安乐死**。 B434

在我们展示纯粹理性的各种规律的这种冲突（二论背反）所引起的矛盾和错乱的种种表现之前，我们想进行某些讨论，它们可以说明和解释在探讨我们的对象时所采用的方法。我把所有涉及显象之综合中的绝对总体性的先验理念都称为**世界概念**，部分是因为这同一个绝对的总体性，世界整体的概念也以这个总体性为基础，本身只不过是一个理念罢了，部分是因为它们仅仅关涉显象的综合，因而仅仅关涉经验性的综合，而与此相反，一切一般可能事物的条件之综合中的绝对总体性则将造成纯粹理性的一种理想，这种理想虽然与世界概念相关，但却与它完全不同。因此，就像纯粹理性的谬误推理为一种辩证的心理学奠定基础一样，纯粹理性的二论背反也将展示一种自以为的纯粹的（理性的）宇宙论的先验原理，这不是为了认定它们有效并采用它们，而是像理性的一种冲突这一称谓已经表现出来的那样，为了在其眩目而又虚假的幻相中展示它们是一种不能与显象统一的理念。 B435

〔283〕

第一章　宇宙论理念的体系

如今，为了能够按照一个原则系统精密地列举这些理念，**第一**，我们必须注意，纯粹的和先验的概念只能从知性中产生，理性本来根本不产生任何概念，而是充其量只能使**知性概念摆脱**一种可能经验的不可避免的限制，并且力图使它扩展到经验性事物的界限之外，但毕竟仍与经验性事物相联结。之所以如此，乃是因为理性对于一个被给予的有条件的东西来说在条件（知性在这些条件下使一切显象都服从综合的统一）方面要求绝对的整体性，并由此使范畴成为先验的理念，以便通过将经验性综合一直延伸到无条件者（无条件者绝不是在经验中，而是在理念中发现的）而给予经验性综合以绝对的完备性。理性提出这种要求，乃是依据如下原理：**如果有条件者被给予，则种种条件的整个总和，从而绝对无条件者也被给予**，惟有通过后者，前者才是可能的。因此，先验理念首先就本来无非是成为那些一直扩展到无条件者的范畴，而且能够被纳入一个按照范畴的各项排列的表。但**其次**，适合于这样做的毕竟也不是所有的范畴，而是只有综合在其中构成一个**序列**，而且是关于一个有条件者的相互隶属的（不是相互并列的）条件之序列的范畴。绝对的总体性只是就它涉及关于一个被给予的有条件者的种种条件的上升序列而言，才为理性所要求，因而不是在谈到后果的下降序列，也不是谈到关于这些后果的并列条件之集合体时所要求的。因为就被给予的有条件者而言，条件乃是已经预先设定的，并且与有条件者一起被视为被给予的；相反，既然后果并不使其条件成为可能，而是毋宁说以其为前提，所以人们在向后果的进展中（或者在从被给予的条件向有条件者的下降中），就可以不考虑序列是否中止，而关于其总体性的问题就根本不是理性的一种前提了。

这样，人们就必然地把直到被给予的瞬间已经完全过去了的时间也思维成被给予的（尽管不是能够由我们规定的）。但就未来的时间而言，既然它并不是达到现在的条件，所以为了把握现在，我们要如何看待未来的时间，是想让它在某处终止还是延续到无限，则是完全无所谓的。今有一个序列 m、n、o，其中 n 被给予，就 m 而言它是有条件的，但它同时又是 o 的条件；这个序列从有条件者 n 上升到 m (l、k、i 等等)，同样从条件 n 下降到有条件者 o (p、q、r 等等)。这样，为了把 n 视为被给予的，我就必须以前面的序列为前提条件，而 n 按照理性（诸般条件的总体性）就只有凭借该序列才是可能的，但它的可能性却并不基于下面的序列 o、p、q、r，因而下面的序列就不能被视为被给予的，而是只能被视为 dabilis [可被给予的]。 B438

我想把一个在条件方面，因而从最接近被给予的显象的条件开始，并且这样达到较遥远的条件的序列之综合称为**回溯的**综合，而把在有条件者方面从最接近的后果前进到较遥远的后果的综合称为**前进的**综合。前者是在 antecedentia [先行者] 中进行的，后者是在 consequentia [后来者] 中进行的。因此，宇宙论的理念探讨的是回溯的综合的总体性，是在 antecedentia 中进行的，而不是在 consequentia 中进行的。如果发生后一种情况，那么，它就是纯粹理性的一个任意的而非必然的问题，因为对于完全地理解在显象中被给予的东西来说，我们所需要的是根据，而不是后果。

如今，为了按照范畴表建立理念表，我们首先采用我们的一切直观的两个源始的量，即时间和空间。时间就自身而言是一个序列（而且是一切序列的形式条件），因此在时间中，就一个被给予的现在而言，antecedentia 作为条件（过去的东西） 〔285〕

先天地有别于 consequentia（未来的东西）。因此，关于一个被给予的有条件者的诸般条件之序列的绝对总体性的先验理念，就只关涉到一切过去了的时间。按照理性的理念，全部过去了的时间作为被给予的瞬间的条件必然被思维成已被给予的。至于空间，在它里面就其自身而言没有前进与回溯之别，因为它构成一个**集合体**，但并不构成**任何序列**，它的各个部分全都是同时的。我只能就过去的时间而言把现在的时刻视为有条件的，但绝不能把它视为过去的时间的条件，因为这个时刻惟有通过逝去的时间（或者毋宁说通过先行时间的流逝）才产生出来。但是，既然空间的各个部分并不相互隶属，而是相互并列，所以一个部分就不是另一个部分的可能性的条件，所以空间并不像时间那样就自身而言构成一个序列。然而，我用来把握空间的那种对空间各杂多部分的综合毕竟是渐进的，因而是在时间中发生的，包含着一个序列。而既然在一个被给予的空间之集合起来的各空间（例如一杆中的各尺）的这一序列中，在继续附加上的空间那里总有前面的空间的**界限的条件**，所以对一个空间的**测量**也可以被视为一个被给予的有条件者的诸般条件之序列的一种综合；只是条件方面与有条件者所遵循的方面就自身而言并没有什么区别，因此空间中的回溯和前进就显得是一回事。然而，由于空间中的一个部分并不是通过别的部分被给予的，而是通过别的部分被限制的，所以，就此而言我们必须把每一受限制的空间也视为有条件的，它预先设定另一空间为其界限的条件，依此类推。因此，就限制而言，空间中的前进也是一种回溯，而条件序列中的综合之绝对总体性的先验理念也涉及空间，我既可以追问空间中显象的绝对总体性，也可以追问逝去的时间中的绝对总体性。但是，是否在任何地方对此都有一种回答，将在后面予以规定。

第二，空间中的实在性亦即**物质**是一个有条件者，它的内在条件就是其各个部分，而部分的部分则是遥远的条件，以至于在这里出现一种回溯的综合，理性要求这种综合的绝对总体 〔286〕性，这种绝对的总体性惟有通过一种完成了的分割才能成立，而这样一来，物质的实在性就要么消失为无，要么消失为不再是物质的东西，即消失为单纯的东西。所以在这里，也有一个条件的序列和向无条件者的前进。

第三，至于显象中间的实在关系的各个范畴，实体及其偶 B441 性的范畴并不适宜于成为先验的理念；也就是说，理性没有任何根据就这一范畴而言回溯到条件。因为偶性（就它们依存于同一个实体而言）都是彼此并列的，并不构成任何序列。但就实体而言，它们本来也并不从属于实体，而是实体本身的实存方式。在这里，还能够显得是先验理性的一个理念的东西，是**实体性的东西**的概念。然而，既然这无非意味着一般对象的概念，而当人们在一般对象那里所思维的是没有任何谓词的先验主体的时候，这一般对象就是自存的，但此处所说的仅仅是显象序列中的无条件的东西，所以显而易见的是，实体性的东西不能构成该序列中的一个环节。这同样的说法也适用于共联性中的实体，这些实体是纯然的集合体，并不具有一个序列的表征，因为它们并不像人们关于各空间能够说的那样，是作为彼此可能性的条件而相互从属的，各空间的界限绝不是就自身而言，而是始终通过另一个空间被规定的。因此，存留下来的就只是**因果性**的范畴了，该范畴呈现出一个被给予的结果的原因 B442 序列，在这个序列中人们能够从作为有条件者的结果上升到作为条件的原因，并回答理性的问题。

第四，可能的东西、现实的东西和必然的东西的概念，并不导向任何序列，除非**偶然的东西**在存在中必须任何时候都被视为有条件的，并且按照知性的规则指向一个使其必然的条件，此条件又指向一个更高的条件，直到理性仅仅在这一序列的总体性中才达到无条件的必然性为止。

据此，当人们挑出在杂多之综合中必然导致一个序列的那些范畴时，按照范畴的四个项目就只有四个宇宙论的理念。

〔287〕
B443

1.

一切显象的被给予的整体之

组合的绝对完备性

2.

显象中一个被给予的整体之

分割的绝对完备性

3.

一个一般显象之

产生的绝对完备性

4.

显象中可变化者之

存在的依赖性的绝对完备性

这里要说明的是：首先，绝对总体性的理念所涉及的仅仅是**种种显象**的展示，因而与关于种种一般事物的一个整体的纯粹知性概念无关。所以，在这里显象被视为被给予的，而理性则就显象的可能性之条件构成一个序列而言要求其绝对的完备性，因而要求显象能够按照知性规律得到展示所凭借的那种绝对（也就是说，在所有方面）完备的综合。

其次，理性在对条件的这种以序列方式进行的、回溯式进展的综合中所寻找的，本来就只是无条件的东西，仿佛就是前提序列中的完备性，这些前提总起来再不以别的前提为前提条件。这种**无条件的东西**任何时候都包含在**序列的绝对总体性**之中，只要人们在想象中表象它。然而，这种绝对完成了的综合又是一个理念；因为人们不能知道，至少事先不能知道，这样一种综合在显象这里是否也是可能的。如果人们仅仅通过纯粹的知性概念，无须感性直观的条件就表象一切，那么，人们就

B444

可以直截了当地说：对于一个被给予的有条件者来说，也有互相从属的条件的整个序列；因为前者只是通过后者才被给予的。但在显象这里，可以发现条件如何被给予的方式的一种特别的限制，也就是说，是由于直观之杂多的渐进的综合，这综合在回溯中应当是完备的。至于这种完备性如今在感性上是否可能，还是一个问题。然而，这种完备性的理念毕竟还处在理念之中，不管是否有可能把与它相符的经验性概念联结起来。因此，既然在显象中的杂多之回溯式综合（按照范畴的引导，范畴把显象表象为一个被给予的有条件者的条件序列）的绝对完备性里面必然包含着无条件者，哪怕人们让是否以及如何能够实现这种总体性悬而不决，所以，理性在这里采取的道路就是从总体性的理念出发，尽管它本来以**无条件者**为终极目的，无论是整个序列的无条件者还是序列的一个部分的无条件者。

人们可以这样思考这一无条件者：它要么是纯然在于整个序列，因而在整个序列中所有环节都毫无例外地是有条件的，只有序列的整体才是绝对无条件的，而在这种情况下，回溯就叫做无限的；要么绝对无条件者只是序列的一个部分，序列的其余环节都从属于它，但它自己却不服从其他任何条件。① 在前一种场合，序列 a parte priori［向前］是没有界限（没有开端）的，也就是说，是无限的，并且仿佛是完整地被给予的，但它里面的回溯却是绝未完成的，只能被称为潜在地无限的。在第二种场合，序列有一个最初者，它就逝去的时间而言是**世**

〔288〕

B445

B446

---

① 一个被给予的有条件者之条件序列的绝对整体在任何时候都是无条件的，因为在该序列之外不再有任何条件使该整体能够是有条件的。然而，这样一个序列的这种绝对整体只不过是一个理念，或者毋宁说是一个或然的概念，它的可能性尚需研究，尤其是就无条件者作为关键所在的真正的先验理念何以能够包含在其中的方式而言。

界的开端，就空间而言是**世界的界限**，就一个在它的界限中被给予的整体的各部分而言是**单纯的东西**，就原因而言就是绝对的**自我能动性**（自由），就可变事物的存在而言就叫做绝对的**自然必然性**。

〔289〕

我们有两个术语：**世界**和**自然**。这两个术语有时是相互渗透的。前者意味着一切显象在数学上的整体和其综合的总体性，无论是在宏观上还是在微观上，也就是说，无论是在通过组合进行的综合之进展中还是在通过分割进行的综合之进展中。但是，这同一个世界如果被视为一个力学的整体，就被称为自然①；而人们所关注的不是空间中或者时间中的集合，以便把它当做一个量来完成，而是种种显象的**存在**中的统一。在这里，所发生的事物的条件就叫做原因，而显象中原因的无条件的因果性就叫做自由，与此相反，其有条件的因果性在狭义上就叫做自然原因。一般存在中的有条件者就叫做偶然的，而无条件者则叫做必然的。**显象**的无条件的必然性可以叫做自然必然性。

B447

我们现在所研究的理念，我在上面称之为宇宙论的理念，之所以如此，部分是因为我们的世界被理解为一切显象的总和，而我们的理念也仅仅指向显象中的无条件者，部分也是因为世界这个词在先验的意义上意味着实存事物之总和的绝对总体性，而我们只注意（虽然本来仅仅在向条件的回溯中的）综

---

① 自然，在形容词上（形式上）来对待，意味着一个事物的种种规定按照一个内在的因果性原则的联系。与此相反，人们在实体上（质料上）把自然理解为凭借一个内在的因果性原则无一例外地相互关联的种种显象的总和。在前一种意义上，人们谈到流体物质的自然、火的自然等等，并且仅仅在形容词上使用这个词；与此相反，当人们谈到自然的种种事物时，人们在思想中有一个持存的整体。

合的完备性。此外，这些理念全都是超验的，它们虽然在**种类**上并不超越客体亦即显象，而是仅仅与感官世界（不与本体）打交道，但却将综合推进到一种超越一切可能的经验的程度，鉴于此，在我看来，人们可以把它们全都极为适当地称为**世界概念**。就回溯之目的所在的数学上的无条件者和力学上的无条件者的区别而言，我却要把前两者在狭义上称为世界概念（宏观上的世界和微观上的世界），把余下的两者称为**超验的自然概念**。这一区分在目前还没有特别的重要性，但它在以后就会变得更为重要。

B448

〔290〕

第二章 纯粹理性的反论

如果正论每一个都是独断学说的总和，那么，我就不把反论理解为反面的独断主张，而是理解为表面上独断的知识（thesin cum antithesi［正论与反论］）的冲突，人们并不认为一种知识对另一种知识在要求赞同方面占有优势。因此，反论并不研究片面的主张，而是按照理性的普遍知识彼此之间的冲突及其原因来考察这些普遍知识。先验的反论是对纯粹理性的二论背反及其原因和结果的一种研究。当我们不是纯然为了知性原理的应用而把自己的理性运用于经验的对象，而是冒险地将这些原理扩展到经验的界限之外时，就产生出**玄想的**定理，这些定理在经验中既不能指望得到证实，也不必担心受到反驳，它们的每一个都不仅就自身而言没有矛盾，而且甚至在理性的本性中也可以找到其必然性的条件，只不过不幸的是，对立的定理在自己那方面也有作出断言的同样有效和必然的根据。

B449

因此，在纯粹理性的这样一种辩证法中自然而然地呈现出来的问题是：1. 究竟在哪些命题中，纯粹理性不可避免地陷入一种二论背反。2. 这种二论背反基于哪些原因。3. 尽管如此，理性在这种矛盾下是否以及以什么方式还留有达到确定性的道路。

据此，纯粹理性的一个辩证定理必须自身具有这种把它与一切诡辩的命题区别开来的东西，即它所涉及的不是人们仅仅为了某个任意的意图提出的一个问题，而是任何人类理性在其进展中都必然遇到的问题；其次，它与其对立命题所包含的，并不纯然是一种一经发现就马上消失的人为幻相，而是一种自然的和不可避免的幻相，这种幻相即使在人们不再受其愚弄的时候也总是迷惑人，尽管不是欺骗人，因此，虽然能够使它成为无害的，但却绝不能根除它。

这样一种辩证学说与经验概念中的知性统一性无关，而仅仅与理念中的理性统一性相关；既然它首先作为依照规则的综合应当与知性一致，但同时又作为综合的绝对统一而应当与理性一致，所以，它的种种条件在它与理性统一性相符时对于知性来说就太大，在它适合知性时对于理性来说就太小；由此就必然产生一种无论人们怎么做都不能避免的冲突。

因此，这些玄想的主张就开辟了一个辩证的战场，其中任何被容许着手进攻的一方都保持着优势，而被迫纯然采取守势的一方则都无疑落败。因此，精力充沛的骑士们不管担保的是好事还是坏事，只要设法拥有进行最后进攻的特权，而无须抵抗敌人的新进攻，就肯定能够戴上胜利的桂冠。人们轻而易举地就能够想象，这一战场自古以来就争战不已，双方都已取得过多次胜利，但对于决定成败的最后胜利来说，在任何时候都被安排得让好事的捍卫者们独自保有战场，那是由于其敌人被禁止继续拿起武器。作为公正的裁判，我们必须把竞争者为之战斗的是好事还是坏事置之一旁，让他们在自己中间澄清自己的事情。也许，在他们相互之间斗得精疲力尽而不能互相伤害之后，他们自己就看到其争执毫无意义，而作为好朋友分手告别。

这种旁观或者毋宁说甚至唆使各种主张的争执的方法，并不是为了最终作出有利于一方或者另一方的裁决，而是为了研究争执的对象是否也许是一个纯然的幻象，每一方都徒劳地捕捉这个幻象，但即使它根本不受到抵抗，在这个幻象上它也不能有丝毫收获；依我说，人们可以把这种行事方式称为**怀疑的方法**。这种方法与**怀疑论**全然不同，怀疑论是艺术上和科学上无知的原则，它破坏一切知识的基础，以便尽可能地到处都不留下知识的可信性和可靠性。因为怀疑的方法旨在确定性，它力图在双方真诚地对待且理智地进行的这样一种争执中揭示出误解之处，以便像睿智的立法者所作的那样，从法官在讼案中所感到的困惑为自己得出关于自己的法律中的缺陷和不确定之处的教训。在法律的应用中显露出来的二论背反，对我们受限制的智慧来说是立法论证的最好检验尝试，以便让在抽象的思辨中不容易觉察到自己错误的理性由此注意在规定自己的原理时的种种因素。

但是，这种怀疑的方法在本质上仅仅为先验哲学所拥有，在任何一个别的研究领域里也许可以缺少，惟有在这个领域里是不可或缺的。在数学中使用这种方法就会是荒谬的，因为在数学中，由于证明在任何时候都必须按照纯直观的导线并且通过在任何时候都自明的综合来进行，所以没有错误的主张能够隐藏自己而不为人所见。在实验哲学中，一种延迟的怀疑诚然可能是有益的，但毕竟至少不可能有不能轻而易举地被排除的误解，而在经验中毕竟最终必然蕴涵着裁决怀疑的最终手段，无论它被发现是早还是晚。道德至少能在可能的经验中将其原理全都具体地连同实践的后果一起给出，并由此避免对抽象的误解。与此相反，甚至自认为有扩展到一切可能经验的领域之

〔292〕

B452

B453

[293] 外的洞识的先验主张，既不处在其抽象的综合能够在某种直观中先天地被给予出来的情况中，也不具有误解能够凭借某种经验被揭示的性状。因此，先验理性除了使它的种种主张相互配合，从而首先使它们相互之间自由地不受阻碍地争执的尝试之外，不允许有别的任何试金石，而我们现在就要处理这种争执。①

[294]   先验理念的第一个冲突   [295]

B454   **正论**   **反论**   B455
         世界有一个时间中的开   世界没有开端，没有空
    端，就空间而言也被封闭在界   间中的界限，相反，无论就
    限之中。   时间而言还是就空间而言，
                                它都是无限的。

                    证明   **证明**
         因为人们可以假定世界在   因为人们可以设定：它有
    时间上没有开端，那么，到每   一个开端。既然开端是一种存
    一个被给予的时刻为止，都有   在，有一个事物尚不存在的时
    一个永恒已经过去，从而在世   间先行于它，所以，必须有一
    界中有种种事物前后相继的各   个世界尚不存在的时间，亦即
    种状态的一个无限序列已经流   一个空的时间已经过去了。但
    逝了。但如今，一个序列的无   如今，在一个空的时间中不可
    限性恰恰在于它绝不能通过渐   能有某个事物的产生，因为这
    进的综合来完成。因此，一个   样一个时间的任何部分都不先

---

① 这些二论背反是按照上面所列举的先验理念的顺序前后相继的。

301

无限的已经流逝的世界序列是不可能的，从而世界的一个开端是它的存在的一个必要的条件；这是首先要证明的一点。

就**第二点**而言，人们又可以假定反面：这样，世界就将是同时实存着的事物的一个无限的被给予了的整体。如今，我们不能以别的方式，只能通过对各部分的综合来设想一个并未在任何直观的某些界限内部被给予的量的大小①，且只能通过完成了的综合或者通过单位的反复附加来设想这样一个量的总体性②。据此，为了把充填一切空间的世界设想为一个整体，对一个无限的世界的各个部分进行的渐进综合就必须被视为已经完成，也就是

于别的部分而在不存在的条件之前就具有某种作出区分的存在条件（无论人们假设该条件是自行产生的还是通过另外一个原因产生的）。因此，在世界中虽然可能开始一些事物的序列，但世界自身却不可能有开端，因此它就过去的时间而言是无限的。

至于第二点，人们可以首先假定反面，即世界就空间而言是有限的和受限制的，这样，世界就处在一个不受限制的空的空间之中。因此，就不仅会发现空间中种种事物的关系，而且会发现种种事物与空间的关系。如今，既然世界是一个绝对的整体，在它之外没有发现直观的任何对象，从而没有发现世界与之处于关系之

---

① 当一个不确定的量被封闭在界限之中时，我们就能够把它视为一个整体，无须通过测量，亦即通过其各个部分的相继综合来构成它的总体性。因为界限通过截断一切更多的东西，已经规定着完备性。
② 总体性的概念在这一场合无非是它的各个部分完成了的综合的表象，因为既然我们不能从整体的直观（直观在这一场合是不可能的）中得出这个概念，我们就惟有通过对各个部分的综合直到至少在理念中完成无限者，才能领会这个概念。

B456

〔296〕

B457

说，一个无限的时间必须在历数一切并存的事物时被视为已经流逝了的；而这是不可能的。据此，现实事物的一个无限的集合体不能被视为一个被给予了的整体，从而也不能被视为同时被给予了的。所以，一个世界就空间中的广延而言**不是无限的**，而是被封闭在其界限之中的；这是第二点。

中的相关物，所以世界与空的空间的关系就会是它**不与任何对象**的关系。但这样一种关系，从而还有空的空间对世界的限制都是无；因此，世界就空间而言是根本不受限制的，也就是说，世界就广延而言是无限的。①

〔297〕

B458

第一个二论背反的说明

B459

正论的说明

就这些彼此争执的论证而言，我并没有寻找幻象，以便

反论的说明

被给予了的世界序列和世界整体的无限性的证明基于：

① 空间纯然是外直观的形式（形式的直观），但不是能够在外部直观到的现实对象。空间，先于规定（充实或者限制）它或者毋宁说给出一个符合它的形式的**经验性直观**的一切事物，在绝对空间的名义下无非是外部显象的单纯可能性，只要这些外部显象或者是自身能够实存的，或者是还能够附加在被给予的显象之上的。因此，经验性的直观不是由显象和空间（知觉和空的直观）复合而成的。一方并不是另一方的综合相关物，而只是在同一个经验性直观中作为该直观的质料和形式相结合。如果人们把这二者中的一个置于另一个之外（把空间置于一切显象之外），就将从中产生出对外部直观的各种各样空洞的规定，这些规定毕竟不是可能的知觉：例如，无限的空的空间中世界的运动和静止，就是对运动和静止相互关系的一种规定，这种规定绝不能被知觉到，因此也是一个纯然的思想物的谓词。

进行一种律师式的证明，这种证明利用对方的不小心来达到自己的利益，很乐意让对方诉诸一个被误解的法律，以便于把自己的不正当要求建立在对该法律的反驳上。这些证明的每一个都是从事情的本性得出的，并且把双方的独断论者的错误结论所可能给予我们的好处搁置一旁。

我也可以按照独断论者的习惯，对一个被给予的量的无限性预置一个有欠缺的概念来在表面上证明正论。一个量，在它之上不可能有更大的量（也就是说，超出其中所包含的一个被给予单位的数量），它就是**无限的**。如今，没有任何数量是最大的数量，因为总是还能够附加上一个或者多个单位。因此，一个无限的被给予了的量，从而还有一个（无论就流逝了的序列而言还是就广延而言）无限的世界是不可能的，它在这两方面都是受限制的。这样，我就能够完成我的证明了；然而，这个概念与人们关于一个无限的整体所理

〔298〕

在相反的场合必须有一个空的时间或者一个空的空间来构成世界的界限。如今，我并非不知道有人违背这一结论在寻找借口，说世界在时间和空间上的一种界限是完全可能的，无须我们假定一个先于世界的绝对时间作为开端或者假定一个绝对的、扩展到现实世界之外的空间；而这是不可能的。我对**莱布尼茨**学派哲学家们的这一见解的后一部分十分满意。空间纯然是外部直观的形式，但却不是能够在外部直观到的现实对象，不是显象的相关物，而是显象本身的形式。因此，空间绝对（就其自身而言）不是作为事物的存在中之某种确定的东西出现的，因为它根本不是任何对象，而是可能对象的形式。因此，事物作为显象规定着空间，也就是说，在空间的所有可能谓词（量和关系）中间，事物使得这些或者那些属于现实性；但反过来，空间却不能作为某种自存的东西在量或者形状方面规定事物的现实性，因为空间

〔299〕

B460 解的东西并不一致。由此并没有表现出它有**多大**，从而它的概念也不是一个**极大**的概念，而是由此仅仅思维了它与一个任意假定的单位的关系，就此单位而言，它是大于一切数字的。根据这个单位被假定得更大还是更小，无限者也就更大或者更小；然而，无限性既然仅仅在于与这个被给予的单位的关系，它就会总是保持为同一个无限性，尽管整体的绝对的量由此还根本不为人所知，即便在这里也没有谈及它。

无限性的真正的（先验的）概念是：单位的渐进综合在测量一个量时绝不可能得到完成。① 由此可以完全肯定地得出：各种现实的前后相继的状态直至一个被给予了的（当前的）时刻的一个永恒不可能逝去，因而世界就必须有一个

自身不是什么现实的东西。因此，空间（无论是充实的还是空的）② 可以被显象所限制，但显象却不能被它们之外的一个**空的空间**所限制。同样这一点也适用于时间。即使承认这一切，无可争议的也是：如果假定一个世界整体，无论是就空间而言还是就时间而言，人们都必须绝对假定世界之外的空的空间和世界之前的空的时间这两个荒谬的东西。 B461

因为就人们力图避免这一结论——按照这一结论我们说，如果世界（在时间上和空间上）有界限，无限的空虚就必然在其量上规定现实事物的存在——所凭借的出路来说，它只是暗地里在于：人们所想的不是一个**感官世界**，而是谁也不知道什么样的理知世界，不是最初的开端（即有一个非

---

① 由此，这个量就包含着大于任何数字的（被给予单位的）数量，这就是无限者的数学概念。

② 人们可以轻而易举地发现由此想说的东西：**空的空间，就它被显象所限制而言**，从而**世界内部**的空的空间，至少不与先验原则相矛盾，因而就先验原则来说是被允许的（尽管由此并没有马上断定它的可能性）。

开端。

就正论的第二部分来说，虽然没有一个无限的但毕竟又过去了的序列的困难，因为一个在广延上无限的世界的杂多是**同时**被给予了的。然而，为了思维这样一个数量的总体性，既然我们不能诉诸自行在直观中构成这一总体性的界限，我们就必须说明我们的概念，该概念在这样一种场合不能从整体推进到各部分的确定数量，而是必须通过各部分的渐进综合来说明一个整体的可能性。既然这一综合必须构成一个永远不能完成的序列，所以人们就不能在先于它，从而也不能通过它思维一个总体性。因为总体性的概念自身在这一场合是对各部分的一种完成了的综合的表象，而这种完成，从而还有完成的概念都是不可能的。

〔300〕

存在的时间先行于它的那个存在）而是一般而言不以世界中的**任何其他条件**为**前提条件**的存在，不是广延的界限，而是世界整体的限制，并由此避开了时间和空间。但在这里，所说的只是 mundus phaenomenon〔作为现象的世界〕和它的量，对这个世界来说，人们绝对不可能抽掉上述感性条件而不取消它的本质。感官世界如果是受限制的，就必然处在无限的空虚中。如果人们想取消这一点，从而取消作为显象之可能性的先天条件的一般空间，则整个感官世界就被取消了。在我们的课题中，被给予我们的只是这个世界。Mundus intelligibilis〔理知世界〕无非是一般而言的世界的普遍概念罢了，在这个概念中人们抽掉了世界之直观的一切条件，因而关于理知世界，就根本不可能有综合的命题，无论是肯定的还是否定的都不可能。

〔301〕

先验理念的第二个冲突

正论

在世界中每一个复合的实体都是由单纯的部分构成的，而且除了单纯的东西或者由单纯的东西复合而成的东西之外，任何地方都没有任何东西实存着。

反论

在世界中没有任何复合的事物由单纯的部分构成，而且在世界中任何地方都没有单纯的东西实存着。

证明

因为假定复合的实体不是由单纯的部分构成的，那么，当一切复合都在思想中被取消时，就会没有什么复合的部分留存下来，而且（既然不存在任何单纯的部分）也没有任何单纯的部分留存下来，从而也没有任何东西留存下来，因而也没有任何实体被给予。所以，要么不可能在思想中取消一切复合，要么在取消一切复合之后就必须留存有某种无须任何复合而持存的东西，亦即单纯的东西。但在前一种情况下，复合物就又会不是由实体构成的（因为在实体这里，复

证明

假定一个复合的事物（作为实体）由单纯的部分构成。由于一切外部的关系，从而还有实体的一切复合都惟有在空间中才是可能的，所以，该复合物由多少部分构成，它所占有的空间也就由多少部分构成。如今，空间不是由多个单纯的部分，而是由多个空间构成的。因此，复合物的每一个部分就必须都占有一个空间。但是，一切复合物的绝对最初的部分都是单纯的。所以，单纯的东西占有一个空间。如今，既然一切占有一个空间的实在的东西都在自身中包含着

〔302〕

B464 合仅仅是种种实体的一种偶然的关系，没有这种关系实体也必须作为独立持久的东西持存）。如今，既然这种情况与前提条件相矛盾，那么就只剩下第二种情况：也就是说，在世界中实体性的复合物是由单纯的部分构成的。

由此直接得出：世界上的事物全都是单纯的存在物，复合只是它们的一种外部状态，而且，即使我们永远不能完全使这些基本实体摆脱这种结合状态并把它们孤立起来，理性毕竟还必须把它们设想为一切组合的第一批主体，从而先于组合是单纯的存在物。

彼此外在的杂多，从而是复合的，而且作为一个实在的复合物不是由偶性（因为偶性不能没有实体而彼此外在地存在）复合的，因而是由实体复合的，所以，单纯的东西就会是一个实体性的复合物；而这是自相矛盾的。 〔303〕

反论的第二个命题，即世界上根本没有任何单纯的东西实存着，在这里只不过是意味着：绝对单纯的东西的存在，不能从任何经验或者知觉，无论是外知觉还是内知觉得到说明，因此，绝对单纯的东西是一个纯然的理念，其客观实在性永远不能在任何一个可能的经验中得到说明，因而在阐明经验时没有任何用处和对象。因为我们想要假定的是可以为这个先验理念找到一个经验对象；这样，对某一个对象的经验性直观就必须被认为是这样一种直观，它绝对不包含任何彼此外在并联结为统一体的杂多。如今，既然从这样一种杂多未被意识推论到这种杂多在对一个客体的任何一种直观中 B465

的完全不可能性是无效的，而这种推论对于绝对的简单性又是完全必要的，由此就可以得出，无论从什么样的知觉中，都不能推论出这种简单性。因此，既然作为绝对单纯的客体的某物永远不能在某个可能的经验中被给予，而感官世界却必须被视为一切可能经验的总和，所以，在感官世界中任何地方都没有单纯的东西被给予。

反论的第二个命题比第一个命题走得更远。第一个命题只是把单纯的东西从对复合物的直观中排除掉了，与此相反，第二个命题却在这里把它从整个自然中删掉了；因此，该命题也不能从一个被给予的外部直观对象（复合物）的概念来证明，而是要从这个概念对于一个一般可能经验的关系来证明。

第二个二论背反的说明

正论的说明

当我谈到一个必然由单纯的部分构成的整体时，我只是把它理解成为一个实体性的整

反论的说明

物质无限分割的这一命题，其证明根据是纯然数学的；针对这一命题，**单子论者**

体，作为一个真正的合成物，也就是说，是**分离地**（至少在思想中）**被给予**、被置于一种相互联结之中，并由此构成一个东西的杂多的偶然统一体。人们本来不应当把空间称为合成物，而是应当称为总体，因为空间的各个部分惟有在整体中才是可能的，而并非整体通过各个部分才是可能的。它充其量可以叫做 Compositum ideale［观念的合成物］，但不能叫做 Compositum reale［实在的合成物］。不过这毕竟有点吹毛求疵。既然空间不是由实体（甚至也不是由实在的偶性）复合而成的东西，所以当我在它里面取消一切复合的时候，就必然没有任何东西留存下来，甚至就连点也没有留存下来；因为点惟有作为一个空间（从而一个复合物）的界限才是可能的。因此，空间和时间不是由单纯的部分构成的。仅仅属于一个实体的状态的东西，即便它有一种量（例如变化），也都不是由单纯的东西构成的；也就是说，变化的某

B468

们曾提出种种异议，这些异议已经使自己变得可疑，因为它们不愿意承认最清晰的数学证明是对空间——就空间事实上是一切物质的可能性的形式条件而言——的性状的洞识，而是把它们仅仅视为从抽象但却任意的概念出发的、不能与现实的事物发生关系的推论。这就好像是有可能发明另一种与在对空间的源始直观中被给予的直观不同的直观方式，而空间的先天规定不同时涉及一切惟有通过充实这个空间才有可能的东西似的。如果听从这些异议，则人们就必须在单纯的，但不是空间的一部分，而纯然是空间的界限的数学点之外，还设想出物理学的点，这些点虽然也是单纯的，但却具有作为空间的部分通过其纯然的集合充实空间的优点。在这里，无须重复人们大量遇到的对这种谬论的常见而又清晰的反驳了，要通过纯然推论的概念来用玄想破除数学的自明性，这是完全徒劳无功的。我仅仅说明，当哲学在这里刁难

种程度并不是通过许多单纯的变化的增长产生的。我们从复合物到单纯的东西的推理仅仅适用于自己持存的事物。但状态的偶性并不自己持存。因此，单纯的东西作为一切实体性复合物的组成部分，如果把它的必然性的证明扩展得太远，而且还像实际上已经多次发生的那样，使它无区别地对一切复合物生效，人们就很容易会败坏这种证明，并由此败坏自己的事情。

〔306〕

此外，我在这里谈到单纯的东西，只是就它必然在复合物中被给予而言的，因为复合物能够分解成作为其组成部分的单纯的东西。**单子**一词（按照莱布尼茨的用法）的本来意义应当仅仅关涉这样一种单纯的东西，它**直接地**作为单纯的实体被给予（例如在自我意识中），而不是作为复合物的要素，后者称为原子会更好。而既然我只是就复合物而言想证明单纯的实体是其要素，所以我可以把第二个二论背反的正论称为先验的**原子论**。但是，

B470

数学时，之所以发生这样的事情，乃是因为哲学忘记了在这个问题中仅仅涉及**显象**及其条件。但在这里，仅仅为复合物的纯粹**知性概念**找到单纯的东西的概念是不够的，而是要为复合物（物质）的**直观**找到单纯的东西的直观；按照感性的规律，从而也就是在感官的对象那里，这是完全不可能的。因此，对于惟有通过纯粹知性来思维的由实体构成的整体来说，说我们在这个整体的一切复合之前必须拥有单纯的东西，这可能是适用的；但是，这并不适用于 totum substantiale phaenomenon〔作为现象的实体性总体〕，后者作为空间中的经验性直观，自身具有必然的属性，即它没有一个部分是单纯的，因为空间没有一个部分是单纯的。然而，单子论者们足够巧妙地要逃避这一困难，他们不是把空间预先设定为外部直观对象（物体）的可能性的条件，而是把这些对象和实体的力学关系预先设定为空间的可能性的条件。如

B469

〔307〕

今，我们只是由于这个词久已用来表示物体显象（molecularum［分子］）的一种说明方式，从而以经验性的概念为前提条件，所以它可以叫做单子论的辩证原理。

对作为显象的物体才有一个概念，但作为显象，物体就必须必然地把空间预先设定为一切外部显象的可能性的条件；因此，这种逃避是徒劳的，在上面先验感性论中，它就已经被充分地切断了。诚然，如果物体是物自身，单子论者们的证明还是可以有效的。

第二种辩证的主张自身具 B471
有特殊之处，即它有一个与自己对立的独断主张，该主张在所有的玄想主张中是惟一着手根据一个经验对象来明显地证明我们上面仅仅归之于先验理念的东西的现实性，即证明实体的绝对简单性的主张：也就是说，内感官的对象，即在此思维的我，是一个绝对单纯的实体。我现在不探讨这一点（因为上面已经更为详细地考虑过了），我只是说明：如果某种东西仅仅被作为对象来思维，不为它的直观附加任何一种综合的规定（就像这通过"我"这个完全没有内容的表象所发生的那样），那么，当然在这样一个表象中就不能知觉到任何杂多和复合了。此外，既然我思维这个对象所凭借的谓词纯然是内感官的直观，所以，在其中也不可能出现任何证明一种彼此外在的杂多，从而证明实在的复合的东西。因此，自我意识所造成的就是：由于能思维的主体同时就是它自己的客体，所以它就不能把自己划分开来（虽然能够把依附于它的规定划分开来）；因为就它本身来说，每一个对象都是绝对的统一。尽管如此，当这个主体**在外部**作为直观的对象被考察时，它毕竟还会在显象自身中显示出复合。但是，如果人们想知道在它里面是否有一种彼此外在的杂多，它就必须始终被如此考察。

〔308〕　　　　　　　　　先验理念的第三个冲突　　　　　　〔309〕

B472

正论

　　按照自然规律的因果性，并不是世界的显象全都能够由之派生出来的惟一因果性。为了解释这些显象，还有必要假定一种通过自由的因果性。

反论

　　没有任何自由，相反，世界上的一切都仅仅按照自然规律发生。

B473

证明

人们假定，除了按照自然规律的因果性之外，不存在任何别的因果性；这样，一切**发生的事情**都以一个在先的状态为前提条件，它按照一条规则不可避免地跟随该状态。但现在，在先的状态本身也必须是某种发生的事情（在时间中形成的，因为此前它并不存在），因为如果它任何时候都存在，它的后果就也不会刚刚产生，而会是一直存在的。因此，某物发生所凭借的原因的因果性本身是某种**发生的事情**，它按照自然的规律又以在先的状态及其因果性为前提条件，而这个状态同样以一个更早的状态为前提条件，如此等等。因此，如果一切都是按照纯然的自然规律发生的，那么，在任何时候都只有一个次等的开端，但永远没有一个最初的开端，因而一般来说在一个起源自另一个的原因方面没有序列的完备性。但现在，自然的规律恰恰在于：没有充分地先天规定的原因，什么东西都不会

B474

证明

假定有一种先验意义上的**自由**作为一种特殊方式的因果性，世界上的事情按照它才能发生，这就是绝对地开始一种状态，从而也开始其后果的一个序列的能力；这样，就不仅是一个序列将通过这种自发性绝对地开始，而且是产生该序列的这种自发性本身的规定亦即因果性也将绝对地开始，以至于没有任何东西先行，使得这一发生的行动按照持久的规律得到规定。但是，每一个行动的开端都是以尚未行动的原因的一个状态为前提条件的，而该行动的力学第一开端则是以一个与同一个原因的先行状态根本没有因果性关联，也就是说不以任何方式从中产生的状态为前提条件的。因此，先验的自由是与因果规律相对立的，而且是起作用的种种原因之相互承继状态的这样一种联结，按照这种联结，经验的任何统一性都是不可能的，所以在任何经验中都找不到这种联结，因而先验的自由是一个空

B475

发生。因此，如果一切因果性都只有按照自然规律才是可能的，则这个命题就其不受限制的普遍性来说就是自相矛盾的，因而这种因果性不能被假定为惟一的因果性。

〔310〕 据此，必须假定一种因果性，某物通过它发生，无须对它的原因再继续通过另一个先行的原因按照必然的规律来加以规定，也就是说，它是原因的一种**绝对的自发性**，即自行开始一个按照自然规律进行的显象序列，因而是先验的自由，没有这种自由，甚至在自然的进程中显象的序列继起在原因方面也永远不是完备的。

洞的思想物。

因此，我们所拥有的无非是**自然**，我们必须在自然中寻找世界上的事情的关联和秩序。对自然规律的自由（独立性）虽然是对**强制**的一种**解脱**，但也是对一切规则的**导线**的一种解脱。因为人们不能说，进入世界进程的因果性之中的不是自然规律而是自由规律，因为如果自由是按照规律规定的，自由就不是自由，而其本身就无非是自然了。因此，自然与先验自由的区别正如合规律性与无规律性的区别，其中自然虽然给知性增添了困难，即在原因序列中越来越高地向上寻找种种事件的起源，因为因果性在这些事件中任何时候都是有条件的，但作为补偿它也许诺了经验的无一例外的和合规律的统一性，因为与此相反，自由的幻象虽然给进行研究的知性在原因的链条中许诺了休息地，它把知性引导到一种自行开始行动的无条件的因果性，但这种因果性由于本身是盲目的，所以扯断
〔311〕

315

了规则的导线，而只有遵循这一导线，一种无一例外地关联着的经验才是可能的。

第三个二论背反的说明

正论的说明

自由的先验理念远远没有构成这一名称的心理学概念的全部内容，该内容大部分是经验性的，相反，它仅仅构成了行动的绝对自发性的全部内容，来作为行动的自负其责的真正根据。但尽管如此，它对哲学来说却是真正的绊脚石。哲学在容忍诸如此类的无条件的因果性方面发现了不可克服的困难。因此，在关于意志自由的问题中历来使思辨理性感到十分为难的东西，本来就只是**先验的**，而且仅仅关涉是否必须假定一种**自行**开始相互承继的事物或者状态的一个序列的能力。至于这样一种能力如何可能，则是同样不必回答的，因为我们就按照自然规律的因果性而言同样必须满足于先天地认识到，必须以这样一

反论的说明

自然万能的辩护者（先验的自然主义）在与自由学说的对立中会针对后者的玄想推理以如下方式来维护自己的命题。**如果你们不在世界中假定就时间而言有任何数学上最初的东西，那么，你们也就没有必要就因果性而言寻找一种力学上最初的东西。**是谁让你们来想出一个绝对最初的状态，从而想出一个川流不息的显象序列的绝对开端，并由此为了给你们的想象创造一个休息地，而为不受限制的自然设置一些界限呢？既然世界上的实体在任何时候都存在，至少经验的统一性使这样一个前提条件成为必然的，所以也就没有任何困难来假定实体种种状态的变迁亦即其变化的序列也在任何时候都存在，从而就不可

种因果性为前提条件，尽管我们无论如何也不能把握如何通过某一存在来设定另一事物的存在的可能性，因而必须仅仅以经验为根据。现在，尽管我们本来只是就世界的一个起源的可理解性所要求的而言，来阐明一个显象序列出自自由的一个最初开端的必要性，而一切后起的状态，人们都可以当做是一个按照纯然的自然规律的序列。但由于这样一来，毕竟就证明了（虽然并没有看出）完全自行地开始一个时间中的序列的能力，所以我们现在也被容许在世界的进程中间让种种不同的序列在因果性上自行开始，并赋予这些序列的实体以从自由出发行动的能力。但是，人们在这里不要让自己被如下的误解所阻止：既然世界上的一个渐进的序列只能有一个相对最初的开端，因为世界上毕竟总是有事物的一种状态先行，所以在世界的进程中，就不可能有一个序列的绝对最初开端。因为我们在这里所谈的不是时间上的，而是

B478

〔312〕

以寻求任何最初的开端，无论是数学的还是力学的。这样一种没有最初环节——就它而言其余的一切都是后继的——的无限起源的可能性，就最初环节的可能性而言是无法令人理解的。但是，如果你们想由此甩掉这个自然之谜，你们就将发现自己被迫摈弃许多你们同样不能理解的综合的基本性状（基本力量），甚至一般变化的可能性也必然使你们感到反感。因为如果你们不通过经验发现这些变化是现实的，你们就绝不能先天地想出存在与不存在的这样一种不停的继起是如何可能的。

即便是为了开始世界的变化，自由的一种先验能力能够得到承认，这样一种能力也毕竟至少将必须仅仅存在于世界的外面（尽管在所有可能直观的总和外面再假定一个不能在任何可能的知觉中被给予的对象，始终还是一种大胆的僭妄）。然而在世界本身中把这样一种能力归于实体，则是绝不能允许的，因为在这种情况

〔313〕

B479

因果性上的绝对最初开端。如果我现在（举例来说）完全自由地、无须自然原因的必然规定性影响就从我的椅子上站起来，那么，在这个事件连同其直到无限的自然后果中，就绝对地开始了一个新的序列，尽管在时间上这个事件只不过是一个先行序列的延续而已。因为这个决定和行动根本不在单纯自然结果的序列之中，不是它的一个纯然的延续；相反，决定性的自然原因在这一事件之上就其发生而言完全终止，其发生虽然继那些自然原因而起，但却不是从中**产生**的，因此虽然不是在时间上，但却就因果性而言必须被称为一个显象序列的绝对最初开端。

理性的**需求**，即在自然原因的序列中诉诸一个出自自由的最初开端，其证实在下面这一点上极为清晰地映入眼帘：古代所有的哲学家们（伊壁鸠鲁学派除外）都发现自己被迫为解释世界的运动而假定一个**第一推动者**，也就是说，一个首先并且自行开始各种状

下，人们称之为自然的那种按照普遍规律必然地相互规定的种种显象的联结，以及把经验与梦幻区别开来的经验性真理的标志，就会绝大部分消失了。与自由的这样一种无规律的能力相伴，自然就几乎无法设想了，因为自然的规律将不断地被自由的影响所改变，而显象按照单纯的自然整齐划一的运动也将由此变得紊乱和支离破碎。

态的这个序列的自由行动的原
因。因为他们不敢从纯然的自
然出发来解释一个最初的
开端。

〔314〕

先验理念的第四个冲突

〔315〕

B480 **正论**

有某种东西属于世界，它
或者作为其部分或者作为其原
因，是一个绝对必然的存
在者。

反论 B481

任何地方，无论是在世界
之中，还是在世界之外，都没
有作为世界的原因的绝对必然
的存在者实存。

证明

感官世界作为一切显象的
整体，同时包含着一个变化的
序列。因为没有这个序列，就
连作为感官世界的可能性之条
件的时间序列的表象也不会被
给予我们。① 但是，任何一种
变化都从属于时间上先行于它
的条件，它在这种条件下是必

证明

假定世界本身是一个必然
的存在者，或者在世界中有一
个必然的存在者，那么，在它
的变化序列中就要么有一个开
端，它是无条件地必然的，从
而是没有原因的，而这与规定
时间中一切显象的力学规律相
冲突；要么序列本身没有任何
开端，而且它尽管在其一切部

---

① 时间作为变化的可能性的形式条件，虽然在客观上
先行于这些变化，但在主观上并且在意识的现实性
中，这一表象毕竟只是如同任何别的表象一样，乃
是通过知觉的缘起而被给予的。

然的。如今，任何一个被给予的有条件者就其实存而言都以种种条件直到绝对无条件者的完备序列为前提条件，而这绝对无条件者则是绝对必然的。因此，某种绝对必然的东西如果有一种变化作为其后果而实存，那就必定是实存的。但这个必然的东西本身属于感官世界。因为假定它处于感官世界之外，那么世界的变化序列就会从它引申出自己的开端，而这个必然的原因本身却不属于感官世界。这是不可能的。因为既然一个时间序列的开端惟有通过时间上先行的东西才能得到规定，所以一个变化序列的开端之至上条件就必须在该序列尚不存在的时间中实存（因为开端是一种存在，有一个时间先行于它，开始的事物在这时间中尚不存在）。因此，种种变化的必然原因的因果

B482

分中都是偶然的和有条件的，但在整体上却依然是绝对必然的和无条件的，而这是自相矛盾的，因为一个集合如果没有任何一个部分拥有自身必然的存在，该集合的存在就不可能是必然的。

与此相反，假定在世界之外有一个绝对必然的世界原因，那么，这个原因作为世界上的变化之**原因序列**的至上环节，就会首先开始这些变化的存在及其序列。① 但在这种情况下，这个原因就必定也开始行动，而它的因果性就会属于时间，但正因为此而属于显象的总和，也就是说，属于世界，所以它本身，亦即原因，并不处于世界之外，而这与前提条件是矛盾的。因此，无论在世界之中，还是在世界之外（但与世界处于因果联结之中），都没有任何绝对必然的

B483

〔317〕

---

① 开始这个词是在双重意义上采用的。第一种意义是**能动的**，此时原因开始（infit）一个种种状态的序列作为其结果；第二种意义是**被动的**，此时因果性在原因本身中起始（fit）。我在这里从第一种意义推论到第二种意义。

性，从而还有原因本身，都属
于时间，从而属于显象（时间
只有借着显象作为显象的形式
才是可能的）；所以，时间不
〔316〕 能被与作为一切显象之总和的
感官世界分离开来思维。因
此，在世界本身中，包含着某
种绝对必然的东西（无论这绝
对必然的东西是整个序列本
身，还是它的一个部分）。

存在者。

B484

第四个二论背反的说明

B485

正论的说明

为了证明一个必然的存在
者的存在，我有责任除了**宇宙
论的论证**外，不使用其他任何
论证；宇宙论的论证通过人们
把概念中的无条件者视为序列
之总体性的必然条件，而从显
象中的有条件者上升到该无条
件者。试图从一切存在者中的
一个至上存在者的纯然理念出
发作出这种证明，这属于理性
的另一个原则，因此，这样一
种证明将必须特别地产生。

纯粹宇宙论的证明，除了
将一个必然的存在者是世界本

反论的说明

如果人们在显象的序列中
上升时自认为遇到不利于一个
绝对必然的至上原因之存在的
困难，那么，这些困难也必然
不是基于一般事物的必然存在
的纯然概念，因而不是本体论
的，而是出自与一个显象序列
的因果联结（为的是给该显象
序列假定一个本身无条件的条
件），因此是宇宙论的，且是
按照经验性规律推论出来的。
也就是说必须展示，原因序列
中的上升（在感官世界中）绝
不能在一个经验性无条件的条

身还是一个与世界有别的事物的问题悬而不决之外，不能以任何别的方式阐明该存在者的存在。因为要澄清该问题，所需要的原理就不再是宇宙论的，不是在显象的序列中继续的，而是需要一般偶然存在者（如果它们纯然被当做知性的对象来考虑）的概念和一种通过纯然的概念把这些存在者与一个必然的存在者联结起来的原则，凡此种种都属于一种**超验哲学**，此处尚没有这种超验哲学的位置。

但是，人们一旦通过以显象的序列和按照因果性的经验性规律在显象序列中进行的回溯为根据，而以宇宙论的方式开始证明，就不能在此后离开这里，过渡到某种根本不作为一个环节属于该序列的东西。因为某物被视为条件，同有条件者与其条件的关系在应当以连续的进步导向这个最高条件的序列中被对待，必须是在同一种意义上。现在，如果这种关系是感性的，并且属于可能的经验性的知性应用，那么，

B486
〔318〕

件那里终止，从世界的种种状态的偶然性出发依据其变化作出的宇宙论论证的结果不利于一个最初的、绝对首先开始该序列的原因的假定。

但是在这一二论背反中，表现出一种奇特的对比：也就是说，在正论中推论出一个源始存在者的存在，与在反论中推论出该存在者的不存在，乃是出自同样的证明根据，而且具有同样的精确性。起初说：**有一个必然的存在者**，因为整个过去的时间在自身中包含着一切条件的序列，从而也包含着无条件的东西（必然的东西）。现在又说：**没有任何必然的存在者**，同样是因为整个逝去的时间在自身中包含着一切条件的序列（因此这些条件全都又是有条件的）。这方面的原因如下：第一个论证仅仅关注在时间中相互规定的种种条件之序列的**绝对总体性**，由此得出一个无条件的和必然的东西；与此相反，第二个论证考虑到一切在**时间序列**中被规定的东西的**偶然性**（因为在每

B487
〔319〕

至上的条件或者原因就只能按照感性的规律，从而只能作为属于时间序列的来结束回溯，必然的存在者就必须被视为世界序列的至上环节。

尽管如此，人们却冒昧地作了这样一种跳跃（μεταβαδιε ειϛ αλλο γενοϛ［转变至另一种类］）。也就是说，人们从世界中的变化推论到经验性的偶然性，亦即推论到变化对经验性规定原因的依赖，并得到一个经验性条件的上升序列，这也是完全正确的。但是，既然在这里不能发现任何最初的开端和至上的环节，人们就突然离开了偶然性的经验性概念，拿起了纯粹范畴，纯粹范畴在这种情况下就造成了一个纯然理知的序列，其完备性基于一个绝对必然的原因的存在。现在，既然这个绝对必然的原因不受任何感性条件的束缚，它也就摆脱了时间条件自己开始其因果性。如人们从下文能够推论出来的那样，这种行事方式是完全悖理的。

在范畴的纯粹意义上偶然

一个东西之前都有一个时间，其中条件本身又必须作为有条件的而被规定），由此一切无条件的东西和一切绝对的必然性都完全消逝了。然而，两个论证中的推论方式都完全符合通常的人类理性，通常的人类理性由于从两种不同的立场出发思考自己的对象，屡屡陷入自己与自己发生纠纷的境地。马兰先生认为两位著名的天文学家因一种类似的困难关于选择观测点而产生的争执是一个十分值得注意的现象，值得对此撰写一篇专门的论文。也就是说，一位天文学家推论说：**月球绕自己的轴自转**，乃是因为它总是以同一个面朝向地球；另一位则推论说：**月球并非绕自己的轴自转**，恰恰是因为它总是以同一个面朝向地球。就人们采用的观察月球运动的观测点而言，两种推论都是正确的。

的东西，就是其矛盾的对立面
有可能的东西。现在，人们根
本不能从经验性的偶然性推论
到那种理知的偶然性。被改变

B488 的东西，其（状态的）对立面
在另一个时间里是现实的，从
而也是可能的。因此，这个状
态不是先前状态的矛盾对立
面，矛盾对立面要求在先前状
态存在的同一时间里其对立面
已经能够取代它，这是根本不
能从变化推论出来的。一个在
运动中的物体（等于 A）达到
静止（等于非 A）。现在，从
状态 A 的一个相反状态继状

〔320〕 态 A 而起这一事实，根本不
能推论说，A 的矛盾对立面
是可能的，因而 A 是偶然的；
因为为此就要求在运动存在的
同一时间里，静止就能够取代
它了。现在，除了静止在继起
的时间里是现实的，从而也是
可能的之外，我们并不知道任
何别的东西。但是，一个时间
里的运动和另一个时间里的静
止彼此并不矛盾对立。因此，
相反规定的演替亦即变化绝不
证明根据纯粹知性概念的偶然

性，因而也不能导向一个根据
纯粹知性概念的必然存在者的
存在。变化仅仅证明经验性的
偶然性，也就是说，根据因果
性的规律，没有一个属于先前
时间的原因，新状态就根本不
能自行出现。这个原因，即便
是被假定为绝对必然的，也毕
竟必须以这种方式在时间中发
现，且属于显象的序列。

〔322〕
B490

第三章　论理性在它的这种冲突中的旨趣

如今，我们在这里已经拥有宇宙论理念的全部辩证活动。
这些理念根本不允许在任何一种可能的经验中有一个一致的对
象被给予它们，就连理性与普遍的经验规律一致地思维它们也
不允许，尽管如此，它们毕竟不是被任意地虚构出来的，相反，
理性在其经验性综合的连续进展中，如果想使按照经验的规则
在任何时候都只能有条件地被规定的东西摆脱一切条件，并且
在其无条件的总体性中把握它，就必然导向这些理念。这些玄
想的主张不过是解决理性的四种自然的和不可避免的问题的尝
试而已；因此，问题恰恰只能有四种，不多也不少，乃是因为
只有四种综合的前提条件的序列先天地限制经验性的综合。

我们只是以仅仅包含其合法要求的根据的枯燥公式，来表
现把自己的领域扩展到经验的一切界限之外的理性之出尽风头
B491　的僭妄，并且与一种先验哲学相称地消除掉这些僭妄的一切经
验性的东西，尽管理性主张的全部辉煌惟有与经验性的东西相
结合才能显示出来。但在这种应用以及理性应用的不断进步的

扩展中，由于它从经验的领域开始并且逐渐地翱翔直上，直达这些崇高的理念，哲学就表现出一种尊严；只要哲学能够维护自己的僭妄，这种尊严就会远远地超过其他一切人类科学的价值，因为它为我们对一切理性能力最终必然汇聚于其中的终极目的的最大期望和展望许诺了基础。世界是否有一个开端，它在空间中的广延是否有某个界限；是否在某个地方，也许就在我的能思维的自我里面有一种不可分割的、不可毁坏的统一性，抑或只有可分割的东西和转瞬即逝的东西；我在我的行动中是否是自由的，抑或与其他存在者一样受自然和命运的导线所支配；最后，是否有一个至上的世界原因，抑或自然物及其秩序构成了我们在自己的所有考察中都必须止步不前的最后对象。凡此种种问题，都是数学家乐意献出其全部科学来换取其解决的问题；因为就最高的和最关切的人类目的而言，其全部科学毕竟不能给他造成任何满足。甚至数学（人类理性的这一骄傲）的尊严也基于：既然数学给理性提供指导，使它无论在宏观上还是在微观上都在自然的秩序和合规则性中，此外在推动自然的种种力量的值得惊赞的统一中，远远超越建立在通常经验之上的哲学的一切期望来洞察自然，数学由此也就甚至为理性扩展到一切经验之外的那种应用提供了诱因和鼓励，此外又向致力于此的世俗智慧供给最杰出的材料，在其研究的性质所允许的范围内通过适当的直观支持其研究。〔323〕 B492

对思辨来说不幸的是（但也许对人的实践规定来说幸运的是），理性发现自己在其最大的期待中如此囿于根据与反根据的冲突，以至于既然无论为其荣誉还是甚至为其安全，抽身而退并且漠然地把这种纷争当做一场纯然的儿戏来对待，都是不可行的，绝对地要求和平更是不可行，因为争执的对象是非常利益攸关的，所以留存给理性的，惟有思索理性与自己本身的这种不和的起源：一种纯然的误解是否应当为此负责？在这一 B493

讨论之后，虽然双方也许都须放弃高傲的要求，但理性对知性和感官的持久平和的统治也会由此而开始。

现在，我们想暂时搁置这一缜密的讨论，先考虑一下：如果我们被迫表态，我们最愿意站在哪一边呢？既然我们在这种场合不问真理在逻辑上的试金石，而是只问我们的旨趣，所以这样一番研究尽管就双方的有争议的权利而言并不澄清任何东西，但仍然有用，即解释这场争执的参加者为什么宁可站在某一边而不站在另一边，却没有对对象的一种出色的洞识作为这样做的原因，此外还说明了另外一些次要的事情，例如一方的狂热激情和另一方的冷静断言，以及为什么他们乐意愉快地赞同一方，而对另一方却事先就毫不妥协地抱有偏见。

但是，有某种在这种暂时的判断中规定观点的东西，惟有从这种观点出发才能以相应的缜密从事这种判断，而这种东西就是双方由以出发的原则的比较。在反论的种种主张中，人们注意到一种思维方式的完全齐一性和准则的完全统一性，也就是说，一个纯粹**经验论**的原则，不仅在于对世界上的种种显象的说明，而且也在于世界总体本身的先验理念的解决。与此相反，正论的种种主张除了显象序列内部的经验性解释方式之外还以理智的开端为根据，而准则就此而言则不是单纯的。但是，根据其本质性的区别特征，我要把正论称为纯粹理性的**独断论**。

因此，在规定宇宙论的理性理念时的独断论一方或者正论一方表现出：

第一，某种**实践的旨趣**，每一个思想正常的人，如果他了解自己的真正好处，都会热心参与这种旨趣。世界有一个开端，我能思维的自我具有单纯的，因而永不泯灭的性质，这个自我同时在一种任意的行动中是自由的和超越自然强制的，最后，构成世界的种种事物的整个秩序源自一个元始存在者，一切都从这个元始存在者获得其统一性和合目的的联结，这些全都是道德和宗教的基石。反论则剥夺了我们所有这些支柱，或者至少是看起来剥夺了我们这些支柱。

第二，在这一方也表现出理性的一种**思辨的旨趣**。因为如果以这样的方式接受并使用各先验理念，人们就可以完全先天地把握种种条件的整个链环，并理解有条件的东西的由来，因为人们是从无条件者开始的；反论则不提供这种东西，它感到自己很糟糕，因为它对于自己的综合之条件的问题，不能给出不使人无穷地继续追究的回答。按照反论，人们必须从一个被给予的开端上升到一个更高的开端，每一个部分都导致一个更小的部分，每一个事件都总是有另一个事件在其上作为原因，而一般存在的条件总是又依据其他条件，绝不能在一个作为元始存在者的独立事物中获得无条件的支持和支柱。

B495

〔325〕

第三，这一方也有**通俗性**的优点，这种优点肯定不是其受欢迎的最无关紧要的原因。通常的知性在一切综合的无条件开端的理念中没有发现丝毫的困难，因为它对下降到后果本来就比对上升到根据更为习惯，并且在绝对最初者（它并不苦思冥想绝对最初者的可能性）的概念中感到惬意，同时有一个固定的点，以便将自己的步伐的导线连接在它上面，与此相反，它在从有条件者向条件的永无止境的上升中，任何时候都有一只脚悬在空中，根本不能得到满意。

在规定宇宙论的理念时**经验论**一方或者反论一方发现：

B496

第一，没有这样一种像道德和宗教所带来的出自纯粹的理性原则的实践旨趣。毋宁说，纯然的经验论看起来剥夺了道德和宗教的一切力量和影响。如果不存在一个与世界有别的元始存在者，如果世界没有开端，因而也没有创造者，我们的意志不是自由的，灵魂与物质具有同样的可分性和可朽性，那么，**道德的**理念和原理就也就丧失了一切效力，与构成其理论支柱的**先验理念**一起作废了。

但**与此相反**，经验论也给理性的思辨旨趣提供了好处，这些好处很诱人，而且远远胜过理性理念的独断教师所能够许诺的好处。按照经验论，知性在任何时候都处于自己特有的地基之上，即处于纯粹可能的经验的领域里，它探究这些经验的规律，并凭借这些规律而能够无穷尽地扩展自己的可靠而又易于理解的知识。在这里，它能够并且应当表现对象，不仅是就其自身而言，而且是在其直观关系之中，或者是在其图像能够在被给予的类似直观里面清楚明白地提供出来的概念中。不仅它没有必要离开自然秩序的链环来依赖理念，理念的对象是它所不知道的，因为理念的对象作为思想物绝不能被给予出来；而且它也根本不容许离开自己的任务，借口自己的任务已经完成而转入观念化的理性的领域，转向超越的概念，在这里它不再需要观察和按照自然规律进行研究，而是仅仅**思维**和**创作**，可以保证不能被自然的事实所反驳，因为它同样不为这些事实的见证所束缚，而是可以置之不理它们，甚至让它们从属于一个更高的威望，即从属于纯粹理性的威望。

因此，经验论者绝不允许把自然的某一个时期假定为绝对最初的时期，或者把他远眺自然范围的某一个界限视为最外面的界限，或者从它通过观察和数学能够分辨并且在直观中综合地予以规定的对象（有广延的东西）过渡到无论是感官还是想象力都绝不能具体地表现的对象（单纯的东西）；他也不允许人们甚至**在自然**中把一种不依赖于自然规律而起作用的力量（自由）作为基础，并由此减轻知性按照必然规则的导线探究种种显象的产生的任务；最后，他也不同意人们在自然之外寻找这方面的某个原因（元始存在者），因为我们所认识的惟有自然，惟有自然才能向我们展示对象并告诉我们它们的规律。

尽管经验论哲学家在提出反论时并没有其他意图，只是要打消认错自己真正规定性的理性的冒失和胆大妄为，这种理性在洞识和知识真正说来终止的地方炫耀**洞识**和**知识**，并且要把人们只是鉴于实践的旨趣才承认的东西冒充为对思辨的旨趣的一种促进，为的是在有益于它的舒适的地方打断物理研究的线索，并且借口扩大知识而把这线索连接在先验理念上，人们本来通过先验理念只是认识到**人们一无所知**；如果——我要说——经验论者满足于此，他的原理就会是在提出要求时有节制、在作出断言时谦逊，同时借助于真正配备给我们的导师亦即经验来尽可能地扩展知性的一条准则。因为在这样一种场合，我们就不会被剥夺有利于我们的实践事务的种种理智的**前提条件**和**信仰**；只不过人们不能让它们以科学和理性洞识的名义和排场出现罢了，因为真正的思辨知识除了经验的对象之外，在任何地方都不可能遇到别的对象，而且如果人们逾越了经验的界限，试探不依赖于经验的新知识的综合就没有可以使它得以实施的直观的基底。

〔327〕

B499

但是，如果经验论就理念而言（就像经常发生的那样）自己变得独断，并且放肆地否定超出其直观的知识范围之外的东西，那么，它本身就陷入了非分的错误，这种错误在这里更应当受到责难，因为由此对理性的实践旨趣造成了一种无法弥补的损害。

这就是**伊壁鸠鲁主义**①与**柏拉图主义**的对立。

---

① 然而，**伊壁鸠鲁**是否曾经把这些原理讲述为客观的主张，还是一个问题。如果这些原理无非是理性的思辨应用的准则，那么，他就借此显示出一种比古代任何一位世俗智者都更为纯正的哲学精神。至于人们在说明显象时必须如此进行，就好像研究的领域不为世界的任何界限或者开端封锁似的；必须如此假定世界的材料，就像经验把它告知我们时它必然是的那样；除了像各种事件由不变的自然规律规定的那样之外，不得利用任何别的产生，最后，不得利用任何与世界有别的原因；这些直到现在都是正确的原理，但却少有人遵守。它们扩展思辨哲学，也不依赖于外来的辅助源泉来发现道德的原则，由此，要求在我们从事纯然的思辨时**不理睬**那些独断命题的人，就不可因此被指责为想**否定**它们。

〔328〕

B500

二者中的每一个都说的比知道的更多，但**前者**虽然不利于实践的东西，却鼓励并促进了知识，**后者**虽然为实践的东西提供了卓越的原则，但却正因如此而在一切只能给予我们一种思辨知识的事物里面，允许理性追忆对自然显象的观念性说明，而忽视对此的物理学探讨。

最后，就在冲突双方之间作出暂时选择时所能关注的**第三种**要素而言，令人极为惊讶的是，经验论完全不为大众所喜闻乐见，尽管人们应当相信，通常的知性将热切地采纳使它指望仅仅通过经验知识及其合理性的联系而得到满足的规划，而不是让先验的独断论迫使它上升到远远超过在思维方面最纯熟的

B501

大脑的洞识和理性能力的概念。但恰恰这一点是它被打动的原因。因为在这种情况下，它处于一种即使最有学问的人也不能对它有任何指责的状态中。即使它对此理解甚少或者毫无理解，也毕竟没有任何人能够自诩理解得更多，而且尽管对此不能像其他人那样按照学术规范说话，它也毕竟能够无限更多地进行玄想推论，因为它游荡于纯粹的理念之间，关于理念人们之所以最为健谈，正是因为人们**对此一无所知**；而关于自然的探究，它就不得不一言不发，承认自己的无知了。因此，惬意和虚荣已经是这些原理的强劲引荐了。此外，尽管对于一个哲学家来说，接受某种东西为原理却不能因此而作出解释，或者干脆引入看不出其客观实在性的概念，是非常困难的，但对于通常的知性来说，却毕竟没有更习以为常的事情了。它要有某种东西来信心十足地由以开始。把握这样一种前提条件本身的困难并不使它不安，因为它（它不知道什么叫做把握）从未想到过这个前提条件，它把由于经常使用而对它来说司空见惯的东西视为已知的。但最终，一切思辨的旨趣在它那里都消失在

〔329〕

B502

实践的旨趣面前，它自负能够看出，并且知道忧虑和希望激励它去接受和相信的东西。这样，经验论就被完全剥夺了先验的

和观念化的理性的一切受欢迎之处，而且无论它包含有多少对至上的实践原理不利的东西，毕竟根本不用担忧它会在某个时候越过学派的界限而在日常事务中赢得一种还算可观的威望，在大众那里赢得一些宠爱。

人类理性就其本性而言是有建筑术的，也就是说，它把一切知识都视为属于一个可能的体系，因此也仅仅允许这样一些原则，即它们至少不使一种有计划的知识不能在某一个体系中与其他知识并列。但是，反论的命题却具有使得一座知识大厦的完成完全不可能的性质。按照这些命题，在世界的一种状态之上总是还有一个更古老的状态，在任何部分中都总是还有其他部分，这些部分又是可以分割的，在任何事件之前都有另一个事件，该事件又同样是以其他方式被产生的，在一般的存在中一切都总是有条件的，不承认任何一种无条件的最初存在。因此，既然反论在任何地方都不承认一个最初的东西，不承认绝对可以充当建筑之基础的开端，所以，鉴于这样的前提条件，一座完备的知识大厦就完全不可能了。因此，理性的建筑术旨趣（它不要求经验性的理性统一性，而是要求先天纯粹的理性统一性）就为正论的各种主张带来了一种自然的引荐。

B503

但是，如果一个人能够表示放弃一切旨趣，纯然按照理性的种种主张之根据的内容来考察它们，不问其结论如何，那么，这样一个人，假设他除了皈依冲突的两种学说的这一种或者另一种之外，不知道以别的方式走出困境，他就会处在一种不断摇摆的状态之中。他会在今天深信不疑地觉得人的意志是**自由的**；明天，当他考察不可分解的自然链条的时候，又会认为自由无非是自我欺骗，一切都仅仅是**自然**。但一旦付诸作为和行动，纯然思辨理性的这种游戏就会如一场梦的幻影一般消失，他就会纯然按照实践的旨趣来选择自己的原则。但是，由于对一位进行反思和研究的存在者来说，把某些时间专用来检

〔330〕

验他自己的理性，但在此时完全甩脱一切党派性，并这样把他的觉察公开地交给别人评判，毕竟是得体的，所以，没有人可以责怪，更不可以阻止让命题和反命题出现，就像它们能够不为任何威胁所恐吓地在他自己那个阶层（即有弱点的人的阶层）的陪审员们面前为自己辩护。

B504

第四章　论纯粹理性的绝对必须
能够被解决的先验课题

　　要解决一切课题和回答一切问题，这会是一种不知羞耻的自吹自擂和一种如此过分的自高自大，以至于人们会必然由此立刻丧失一切信任。尽管如此，还是有一些科学，其本性就造成，每一个在其中出现的问题都绝对必须能够从人们知道的东西出发得到回答，因为答案必然产生自问题由以产生的同一源泉，而且在这里，绝对不允许借口不可避免的无知，而是能够要求解决。人们按照规则必须能够知道，在所有可能的场合里什么是**对的**或者**不对的**，因为这涉及我们的责任。而对于**我们不能知道的东西**来说，我们就也没有责任。然而，在说明自然的显象时，必然有许多东西是我们不确知的，一些问题依然是不能解决的，因为我们关于自然所知道的东西，对于我们应当说明的东西来说远非在所有的场合都是充足的。如今的问题是：在先验哲学里面，是否有涉及呈现给理性的一个客体的某个问题，是通过这同一个纯粹理性所无法回答的，以及人们是否能够通过把这作为（从我们能够认识的一切出发）绝对不确知的而归为我们虽然有如此之多的概念来提出问题，但我们却完全缺乏手段或者能力来随时回答该问题的东西，来合理地放弃对问题作出决定性的回答。

　　如今我断言，先验哲学在一切思辨知识中间具有这样的特

B505

〔331〕

点：根本没有任何一个涉及被给予纯粹理性的对象的问题对于
这同一个人类理性来说是无法解决的，没有一种不可避免的无
知和课题艰深莫测的借口能够解除缜密而且完备地回答该问题
的责任，因为使我们能够提问的同一个概念，绝对必然也使我
们有能力对该问题作出回答，对象根本不是在概念之外遇到的
（像在法与非法那里一样）。

　　但在先验哲学中，惟有宇宙论的问题人们才能够有理由要 B506
求作出一种令人满意的、涉及对象性状的回答，并不容许哲学
家借口无法参透的晦暗而逃避回答；而且这些问题只能涉及宇
宙论的理念。因为对象必须是被经验性地给予的，而且问题仅
仅关涉对象与一个理念相符合。如果对象是先验的，从而本身
是未知的，例如其显象（在我们里面）是思维的某物（灵魂）
是否是一个就自身而言单纯的存在物，一切事物是否共有一个
绝对必然的原因，等等，那么，我们就应当为我们的理念寻找
一个我们可以承认其不为我们所知，但却毕竟并不因此就不可
能的对象。① 惟独宇宙论的理念才自身具有这种独特之处，即 B507
它们能够把自己的对象和对象的概念所必需的经验性综合预设 〔332〕
为已被给予的；从它们里面产生的问题仅仅涉及这种综合应当

---

　　① 对于一个先验对象具有什么样的性状，即**它是什么**
　　　的问题，人们虽然不能给出回答，但却可以说这个
　　　问题本身没有意义，因为没有给出问题的对象。因
　　　此，先验灵魂说的一切问题也都是可回答的，并且
　　　确实得到了回答；因为它们都涉及一切内在显象的
　　　先验主体，这个主体本身却不是显象，从而不是作
　　　为对象**被给予的**，而且范畴（问题提出所真正指向
　　　的范畴）中没有一个找到运用于该主体之上的条件。
　　　因此，这里就是俗语所谓无回答亦是回答的情况，
　　　也就是说，关于因完全被置于能够被给予我们的对
　　　象的领域之外而不能通过任何确定的谓词来思维的
　　　某物的性状的问题，是完全无意义和空洞的。

包含绝对总体性的进展，这种绝对总体性由于不能在任何经验中被给予，所以就不再是经验性的东西。在这里，既然我们所谈论的仅仅是作为一个可能经验的对象的东西，而不是作为一个事物自身的东西，所以对超验的宇宙论问题的回答就不可能在理念之外的其他任何地方，因为它不涉及任何对象自身；而就可能的经验而言，所问的并不是具体地在某个经验中能够被给予的东西，而是蕴涵在经验性的综合仅仅应当接近的理念之中的东西。因此，它必然只能从理念出发得到解决；因为理念纯然是理性的造物，因此理性就不能推卸责任，将它推诿给未知的对象。

B508　　一门科学就所有属于其整体的问题（quaestiones domesticae [内部的问题]）而言完全能够要求并期待某些解答，尽管这些解答目前也许还没有被找到，这也并不像乍一看那样非同寻常。除了先验哲学之外，还有两门纯粹的理性科学，一门具有纯然思辨的内容，另一门则具有实践的内容，即**纯粹数学**和**纯粹道德**。人们不是曾经听到过，仿佛是由于对种种条件的必然无知，无论是在有理数中还是在无理数中，直径与圆周具有什么样的比例，被说成是不确定的吗？既然这种比例通过有理数根本不能被准确地给予，而通过无理数还没有被找到，所以人们就作出判断：至少这样的解答的不可能性是能够确切地认识到的，而且**兰贝特**也曾对此作出过证明。在道德的普遍原则中，不可能有任何不确定的东西，因为种种命题要么是完全空洞、毫无意义，要么是必须纯然出自我们的理性概念。与此相反，在自然科学中有无限多的猜测，就它们而言永远不能期待确定性，因为自然显象是不依赖于我们的概念被给予我们的对象，因而解开它们的钥匙不在我们和我们的纯粹思维里面，而是在我们之外，也正是因此之故，在许多场合找不到，从而也不能期待可靠的解释。我并不把涉及我们纯粹知识的演绎的先

〔333〕

B509

验分析论的问题列入其内，因为我们现在仅仅是就对象而言讨论判断的确定性，而不是就我们的概念的起源而言讨论判断的确定性。

因此，我们不能通过对我们理性的狭隘限制提出抱怨，并以一种谦卑的自知之明的外表承认澄清下述问题超出了我们的理性，来逃避对提出的理性问题作出一种至少是批判的解答的责任。这些问题是：世界是永恒存在的，还是有一个开端；宇宙空间是以至无限都被存在物所充满，还是被封闭在某些界限之内；在世界上是有某种东西是单纯的，还是一切都必定可无限分割；是有一种出自自由的产生和创造，还是一切都取决于自然秩序的链条；最后，是有某种完全无条件的、就自身而言必然的存在物，还是一切在自己的存在上都是有条件的，从而在外部是依赖性的、就自身而言是偶然的。因为所有这些问题都涉及一个除了在我们的思想中之外不能在其他任何地方被给予的对象，亦即显象之综合的绝对无条件的总体性。如果我们从我们自己的概念出发不能对此说出和澄清任何确定的东西，那么，我们就不可以归咎于对我们将自身隐蔽起来的事物；因为诸如此类的事物（由于它在我们的理念之外的任何地方都未被遇到）根本不能被给予我们，而是我们必须在我们的理念中寻找本身是一个不允许有任何解答的问题的原因，而且关于它，我们毕竟还固执地假定有一个现实的对象与我们的理念相符合。对在我们的概念本身中蕴涵的辩证法的一种清晰的阐明，会使我们对于我们就这样一个问题而言应当作出判断的东西，很快达到完全的确定性。 B510

对于你们提出的在这些问题方面的不确定性的借口，人们可以提出你们至少必须清晰地予以回答的这个问题来反驳：你们是从哪里得到其解答令你们在此陷入这样一些困难的理念的？你们需要作出说明的是显象，而且关于显象你们只能根据 〔334〕

这些理念寻找其阐释的原则或者规则吗？假定自然在你们面前已得到完全的揭示；呈现给你们的直观的一切都没有任何东西对你们的感官和意识隐蔽起来，但是，你们毕竟不能通过任何经验具体地认识你们的理念的对象（因为除了这种完备的直观之外，还要求有一种完成了的综合及其绝对总体性的认识，而这根本不可能通过任何经验性的认识实现）；因此，你们的问题绝不可能是为说明某个呈现的显象而必然地，因而仿佛是通过对象本身提出的。这种对象绝不能呈现给你们，因为它不能通过任何可能的经验被给予。你们尽管有一切可能的知觉，也依然无论是就空间而言还是就时间而言，始终囿于**条件**，达不到任何无条件的东西，来发现这个无条件的东西是应当设置在综合的绝对开端中，还是应当设置在没有任何开端的序列的总体性中。但是，经验性意义上的大全在任何时候都仅仅是比较的。量的绝对大全（宇宙），一般存在的分割、起源、条件的绝对大全，连同它是通过有限的综合还是通过进展到无限的综合来完成的所有问题，都不与任何可能的经验有某种关系。例如，无论你们假定物体由单纯的部分构成，还是假定它无一例外地总是由复合的部分构成，都丝毫不会更好地或者哪怕只是别样地说明物体的显象；因为任何时候都不可能有单纯的显象呈现给你们，也同样不可能有一种无限的复合呈现给你们。显象只是就其解释根据在知觉中被给予而言才要求得到解释，但就显象而言，在某个时候能够被给予的一切，复合在一个**绝对的整体**中，自身并不是一个知觉。但是，这个大全本来就是在先验的理性课题中所要求说明的东西。

因此，既然这些课题的解决绝不可能在经验中呈现出来，所以你们就不能说，就此而言应当归之于对象的东西是不确定的。因为你们的对象仅仅在你们的大脑中，在你们的大脑之外根本不能被给予；所以，你们只需要关注与你们自己一致，避免使你们的理念成为一个经验性地被给予，从而也可以按照经验规律来认识的客体的所谓表象的那种歧义。因此，独断论的 〔335〕解决并不是不确定，而是不可能。而能够完全确定的批判性解决则根本不是客观地考察问题，而是根据它们所依据的知识之基础来考察问题。

第五章　贯穿所有四个先验理念的对
宇宙论问题的怀疑论观念

B513

　　如果我们事先已经了解，回答的结果无论如何，都只会增加我们的无知，使我们从一种不理解陷入另一种不理解，从一种晦暗陷入一种更大的晦暗，也许甚至陷入矛盾，那么，我们就会很乐意放弃发现我们的问题得到独断的回答的要求。如果我们的问题所指望的纯然是肯定或者否定，那么，暂时搁置作出回答的猜测性根据，首先考虑如果回答的结果在一方人们将会获得什么，如果回答的结果在另一方人们将会获得什么，将是明智的行动。如果情况恰好是在两种场合得到的结果都是无意义的东西（无稽之谈），那么，我们就有理由要求批判地研究我们的问题本身，并看一看它是否本身建立在一个无根据的预设之上，并且在玩弄那个其错误在应用中并通过其后果比在分离的表象中更好地暴露出来的理念。这就是探讨纯粹理性提交给纯粹理性的种种问题的怀疑论方式所具有的重大用途，而且通过这种方式，人们就能够以较少的花费来免除一大堆独断 B514论的杂物，以便用一种清醒的批判来取代它，这种批判作为一种真正的净化，将成功地清除妄念连同其随从，即万事通。

　　据此，关于一个宇宙论理念，如果我事先就能够看出，无论它影响到显象的回溯性综合的无条件者的哪一边，它毕竟对于任何一个**知性概念**来说不是**太大**就是**太小**，我就会了解到， 〔336〕

既然它毕竟仅仅与应当同一个可能的知性概念相符合的经验对象相关，所以它必定是完全空洞的和没有意义的，因为无论我怎样使对象迁就它，对象都不能符合它。而且对于所有的宇宙概念来说都确实如此，它们也正是因此而使理性只要赞同它们就陷入一种无法避免的二论背反。因为：

第一，假定**世界没有开端**，那么，世界对于你们的概念来说就**太大**；因为这个在于一种渐进的回溯的概念，永远不能达到全部已逝的永恒。假定**世界有一个开端**，那么，世界对于你们的知性概念来说在必然的经验性回溯中又**太小**。因为，由于开端总是以一个先行的时间为前提条件，所以它还不是无条件的，而知性的经验性应用的规律迫使你们还追问一个更高的时间条件，因此，世界对于这一规律来说显然太小。

关于世界在空间上的大小的问题，其双重的回答亦复如是。因为**如果它是无限的**和没有界限的，那么，它对于任何可能的经验性概念来说就**太大**。**如果它是有限的**和有界限的，那么，你们就有理由再问：是什么东西规定着这一界限？空的空间并不是事物的一个自存的相关物，不能是一个让你们可以停留下来的条件，更不是构成一个可能经验的一部分的经验性条件。（因为谁能对绝对空无有一个经验呢？）但是，要达到经验性综合的绝对总体性，在任何时候都要求无条件者是一个经验概念。因此，**一个有界限的世界**对于你们的概念来说就**太小**。

第二，如果空间中的任何显象（物质）都**由无限多的部分**构成，那么，分割的回溯对于你们的概念来说在任何时候都太大；而如果空间的**分割**应当在分割的某一环节（单纯的东西）**终止**，那么，分割的回溯对于无条件者的理念来说就太小。因为这个环节总还是留下一种向更多它所包含的部分的回溯。

第三，如果你们假定，在世界上所发生的一切事情中，都只有按照**自然**规律的结果，那么，原因的因果性就永远还是某种发生的事情，并使你们向更高原因的回溯，从而使 a parte priori［向前的］条件序列永无休止的延长成为必要。因此，纯然起作用的**自然**对于你们在世界事件之综合中的任何概念来说就**太大**。 〔337〕

如果你们偶尔选择**由自身**造成的事件，即出自自由的产生，那么，"为什么"就按照一条不可避免的自然规律追踪着你们，迫使你们按照经验的因果规律越过这个点，你们会发现联结的诸如此类的总体性对于你们必然的经验性概念来说**太小**了。

第四，如果你们接受一个**绝对必然的**存在者（无论它是世界本身，还是世界中的某种东西，还是世界的原因），那么，你们就把它置入一个无限远离任何一个被给予的时间点的时间之中了，因为若不然，它就会依赖于另一个更早的存在。但在这种情况下，这个实存对于你们的经验性概念来说就是无法接近的和**太大**的，以至于你们永远不能通过某种延续的回溯达到它。

但是，如果按照你们的看法，属于世界的一切（无论是作 B517 为有条件的还是作为条件的）都是**偶然的**，那么，任何被给予你们的实存对于你们的概念来说就**太小**。因为它迫使你们一再去寻觅它所依赖的另一个实存。

我们在所有这些事例中都说过，**世界理念**对于经验性的回溯来说，从而对于任何可能的知性概念来说，要么是太大，要么是对它来说也太小。我们为什么不作相反的表述，说在第一种场合经验性概念对于理念来说任何时候都太小，在第二种场合却太大，从而仿佛是罪过在于经验性的回溯，而是指责宇宙论的理念，说它要么太大，要么太小，偏离了它的目的，即可能的经验呢？理由在于：可能的经验是惟一能够给予我们的概念以实在性的东西；没有这种东西，任何概念都只是理念，没有真实性，不与一个对象相关。因此，可能的经验性概念是一个准绳，必须根据它来判断理念，看它是纯然的理念和思想物，还是在世界中发现其对象。因为惟有对于仅仅为了某种别的事物而假定，且必须根据该事物来设立的东西，人们才说它相对于该事物来说太大或者太小。古代辩证法学校的游戏有这样一个问题：如果一个球未穿过一个洞，人们应当说什么呢？是说球太大，还是说洞太小？在这一事例中，随便你们说什么都是无所谓的；因为你们并不知道二者中哪一个是为另一个而存在的。与此相反，你们不会说人对他的衣服来说太长，而是说衣服对人来说太短。

〔338〕
B518

因此，我们至少得出了有根有据的怀疑：诸般宇宙论理念以及与它们相关的一切陷入互相冲突的玄想主张，也许是以关于这些理念的对象如何被给予我们的方式的一种空洞且纯然想象出来的概念为依据的；而这种怀疑已经能够把我们引向正确的迹象，来揭露长期以来使我们误入歧途的幻象。

第六章　先验唯心论是解决宇宙论辩证法的钥匙

我们在先验感性论中已经充分地证明：在空间或者时间中被直观到的一切，从而对我们来说可能的经验的一切对象，都无非是显象，也就是说，是纯然的表象，它们就被表象而言作为有广延的存在者或者变化的序列，在我们的思想之外没有任何自身有根据的实存。我把这种学说称为**先验唯心论**。①先验意义上的实在论者则把我们感性的变状当做自存的事物，因而

B519

〔339〕

---

① 我在别的地方有时也把它称为**形式的**唯心论，以便把它与**质料的**唯心论亦即通常的怀疑或者否定外部事物本身实存的唯心论区别开来。在许多场合，宁可使用这些表述而不使用上述表述，以便防止误解，似乎是可取的。

把**纯然的表象**当做事物自身。

如果要把早已声名狼藉的经验性唯心论强加给我们，那对我们是不公正的。经验性唯心论在承认空间有自己的现实性的同时，却否认空间中有广延的事物的存在，至少认为这种存在是可疑的，在这方面不承认梦幻与真理之间有任何可充分证明的区别。至于时间中的内感官的显象，经验性唯心论把它们当做现实的事物没有任何困难；它甚至断言，这种内部经验独自就充分证明了其客体（客体自身及所有这些时间规定）的现实存在。

与此相反，我们的先验唯心论承认：外部直观的对象就像它们在空间中被直观到的那样，也是现实存在的，而在时间中一切变化就像内感官表象它们的那样，也是现实的。因为既然空间已经是我们称为外部直观的那种直观的形式，而且没有空间中的对象就根本不会有任何经验性的表象，所以我们就能够并且必须承认在空间中有广延的事物是现实的；对于时间来说亦复如是。但是，那空间本身连同这种时间以及与二者相关的一切显象，毕竟自身还不是**事物**，而无非是表象，根本不能在我们的心灵之外实存；甚至我们的心灵（作为意识的对象）——其规定乃是通过时间中不同状态的演替被表象——的内部感性直观也不是什么自身实存的自我或者先验的主体，而仅仅是被给予这个我们所不知道的存在者的感性的一种显象。这种作为一个自身实存的事物的内部显象，其存在是不能承认的，因为它的条件是时间，而时间不能是某个物自身的规定。但在空间和时间中，显象的经验性的真实性得到了充分的保障，并与同梦幻的亲缘性充分区别开来了，只要二者按照经验性的规律在一个经验中正确而且普遍地联结起来。

据此，经验的对象**绝不是就自身而言**被给予，而是仅仅在经验中被给予，而且在经验之外根本没有实存。说月球上可能

B520

B521

[340] 有居民，虽然没有一个人曾经见过他们，这一点也当然必须给予承认，但这仅仅意味着：我们在经验的可能进展中有可能遇到他们；因为凡是按照经验性进展的规律与一个知觉相联结的东西就都是现实的。因此，如果他们与我的现实意识有一种经验性的联结，他们就是现实的，虽然他们并不因此就是就自身而言，即在经验的进展之外是现实的。

除了知觉以及从这一知觉到其他可能的知觉的经验性进展之外，没有任何东西被现实地给予我们。因为就自身而言，显象作为纯然的表象惟有在知觉中才是现实的，而知觉事实上无非是一个经验性表象亦即显象的现实性。在知觉之前称一个显象是现实的事物，要么意味着我们在经验的进展中必然遇到这样一个知觉，要么是根本没有意义。因为如果所说的是一个物

B522 自身，那当然可以说它就自身而言，不与我们的感官和可能的经验发生关系而实存。但这里所说的仅仅是一个空间和时间中的显象，而空间和时间二者都不是物自身的规定，仅仅是我们的感性的规定；因此，在空间和时间中的东西（显象）不是就其自身而言的某种东西，而是纯然的表象，表象如果不是在我们里面（在知觉中）被给予，在任何地方都是遇不到的。

感性的直观能力真正说来只是一种接受性，即以某种方式伴随着表象被刺激，而种种表象的相互关系就是空间和时间的纯直观（纯粹是我们感性的形式），这些表象如果在这种关系中（在空间和时间中）按照经验的统一性的规律联结起来，并且是可规定的，就叫做**对象**。这些表象的非感性原因对于我们来说是完全未知的，所以我们不能把这原因当做客体来直观；因为诸如此类的对象必然既不在空间中也不在时间中（空间和时间是纯然的感性表象条件）被表象，没有这些条件我们就根

[341] 本不能思维直观。然而，我们可以把一般显象的纯然理知的原因称为先验的客体，这只是为了有某种东西与作为一种接受性

的感性对应。我们可以把我们可能的知觉的全部范围和联系归于这个先验的客体，并且说：它是先于一切经验就其自身而言被给予的。但是，显象符合这个先验客体，却不是就其自身而言，而是仅仅在这种经验中被给予的，因为它们是纯然的表象，而表象作为知觉，惟有在这一知觉按照经验统一性的规则与所有其他知觉联系起来的情况下才意味着一个现实的对象。这样，人们就能够说：过去时间的现实的事物是在经验的先验对象中被给予的；但是，它们只是在我想象到，可能知觉按照经验性规律的回溯序列（无论是依照历史的导线还是依照原因与结果的迹象），一言以蔽之，即世界的过程，导向一个作为当前时间的条件的已逝时间序列时，才对我来说是对象，并且在过去的时间里是现实的；而已逝时间序列在这种情况下毕竟只是在一个可能经验的联系中，不是就其自身而言被表象为现实的，这样，从亘古以来在我的存在之先已逝的所有事件，无非意味着把经验的链条从当前的知觉开始向上延长到在时间上规定这一知觉的诸般条件的可能性。 B523

　　据此，如果我把感官在一切时间和一切空间中的所有实存对象表象给我自己的话，我并不是在经验之先把这样的对象安置在时间和空间中，相反，这种表象无非是关于一个可能经验就其绝对完备性而言的思想。惟有在它里面，那些对象（它们无非是纯然的表象）才被给予。但是人们说，它们实存于我的一切经验之先，这只不过意味着，可以在我从知觉出发必然**进展**到的**那个**经验部分中发现它们。这种进展的经验性条件的原因，以及我在回溯中会遇到哪些环节或者在什么程度上遇到诸如此类的环节，是先验的，因而不为我所知。但是，我所关心的并不是这种原因，而只是对象亦即显象在其中被给予我的经验的进展规则。即便就结果而言，我是说我在空间里的经验性进展中能够遇到比我看到的星球还要远百倍的星球，还是说即 B524

〔342〕

便从来没有一个人看到过它们或者将看到它们，但在宇宙空间中也许会看到它们，这都是一回事；因为即便它们是作为物自身，与一般可能经验毫无关系地被给予的，它们也毕竟对我来说什么也不是，从而不是对象，除非它们包含在经验性回溯的序列中。惟有在另一种关系中，当为了一个绝对整体的宇宙论理念而使用这些显象时，因而当涉及一个超越可能经验的界限的问题时，对人们对待所思维的感官对象的现实性的方式作出区分才具有重要性，为的是防止一种不可避免地必然从对我们自己的经验概念的误解中产生的骗人的妄念。

第七章　理性与自身的宇宙论争执的批判裁定

纯粹理性的整个二论背反都建立在以下的辩证论证上：如果有条件的东西被给予，那么，它的一切条件的整个序列就也被给予；这样，感官的对象就作为有条件的东西被给予我们；依此类推。这种理性推理的大前提看起来是如此自然和明显，通过它，根据（在显象的综合中）诸般条件的不同，就它们构成一个序列而言，就引入了同样多的宇宙论理念；这些理念要求这些序列的绝对总体性，并正因为此而把理性不可避免地置入与自身的冲突之中。但是，在我们揭示这种玄想论证的骗人的东西之前，我们还必须通过纠正和规定其中出现的某些概念来使自己有能力这样做。

首先，以下命题是清晰的和无可置疑地确定的：如果有条件者被给予，则正因为此，在它的一切条件的序列中进行回溯就是我们**应负有的任务**；因为有条件者的概念已经包含着这一点，使得某物与一个条件相关，如果这条件又是有条件的，则与一个更远的条件相关，并如此通过序列的所有环节。因此，这个命题是分析的，摆脱了对一种先验批判的一切畏惧。它是理性的一个逻辑公设：通过理性追踪并尽可能地继续一个概念的已经附着于该概念的种种联结及其条件。

此外，如果无论是有条件者还是它的条件都是物自身，那么，当前者被给予时，就不仅回溯到后者是**应负有的任务**，而且后者也由此而随之现实地**被给予**，而且由于这一点适用于序列的一切环节，所以条件的完备序列，从而包括无条件者，都由于惟有通过那个序列才可能的有条件者被给予而同时被给予，或者毋宁说被作为前提条件。在这里，有条件者连同它的条件的综合是一种纯然知性的综合，知性表象事物**如其所是**，并不考虑我们是否以及如何能够达到事物的知识。与此相反，如果我与显象打交道，而显象作为纯然的表象，如果我不达到 B527 它们的知识（也就是说，达到它们本身，因为它们无非是经验性的知识），它们就根本不被给予，那么，我就不能在同样的意义上说：如果有条件者被给予，则它的所有条件（作为显象）就也都被给予，从而就绝不能推论到条件序列的绝对总体性。因为**显象**在把握本身中无非是一种（空间和时间中的）经验性综合，从而仅仅**在这种综合中**被给予。于是就根本不能得出：如果有条件者（在显象中）被给予，则构成其经验性条件的综合就由此而一起被给予并被作为前提条件，相反，这种综合惟有在回溯中才发生，没有回溯就绝不会发生。但是，在这样一个场合我们所能够说的是：向条件的一种**回溯**，也就是说，一种进展的经验性综合，在这一方面是被责成之事或者**应负有的任务**，而且不能缺少通过这种回溯被给予的种种条件。

由此可见，宇宙论理性推理的大前提是在一个纯粹范畴的先验意义上对待有条件者的，而小前提则是在一个运用于纯然显象的知性概念的经验性意义上对待有条件者的，因此在其中 〔344〕就发现了那种人们称之为 Sophisma figura dictionis〔言说式的 B528

诡辩〕的辩证欺骗。但是，这种欺骗并不是人为的，而是通常的理性的一种完全自然的迷惑。因为由于这种迷惑，在某种东西作为有条件的而被给予时，我们（在大前提中）就仿佛是**不加考虑地**以条件及其序列为前提，因为这无非是为一个被给予的结论命题假定完备的前提的逻辑要求；而在这里，在有条件者与其条件的联结中找不到时间秩序；它们就自身而言被预设为同时被给予的。此外，（在小前提中）把显象看做是物自身，同时看做被给予纯然知性的对象，这与在大前提中发生的事情，即我把惟有在其下对象才能被给予的一切直观条件都抽掉，是同样自然而然的。然而，此时我们忽视了概念之间的一种值得注意的区别。有条件者连同其条件的综合和这些条件的整个序列（在大前提中）丝毫不带有时间的限制，不带有任何演替的概念。与此相反，经验性综合与（被包摄在小前提中的）显象的条件序列必然是继起的，并且惟有在时间中才前后相继地被给予；因此，我在这里不能像在那里那样预设综合与由综合表现的序列的绝对**总体性**，因为序列的所有环节在那里

B529　是就自身而言（没有时间的条件）被给予的，在这里却惟有通过相继的回溯才有可能，而相继的回溯惟有通过人们现实地完成它才被给予。

　　在指出了（各种宇宙论主张）共同作为基础的论证的这样一种错误之后，就可以把争论的双方都当做未把自己的要求建立在缜密的权利之上的而予以拒斥。但是，它们的争论却还并不因此而了结，就好像它们已被证明，它们或者双方中的一方在自己所主张的事情本身上（在结论中）没有道理似的，即使它不知道把自己的事情建立在有效的证明根据上。然而，一方主张世界有一个开端，另一方则主张世界没有开端，而是永恒

〔345〕　存在的，双方必有一方正确，这似乎是再清楚不过的。但即便如此，由于清晰性在双方是相同的，所以在某个时候查明哪一

方正确是不可能的；即便两派在理性的法庭上同样被呵斥而安静下来，但争执却持续依旧。因此，除了既然它们毕竟都能够如此有力地互相批驳，所以它们最终都被证明，它们是在做无谓的争论，而且有某种先验的幻相在用一种虚无缥缈的现实愚弄它们之外，再也没有别的办法来彻底地、令双方满意地了结争执了。我们现在就想选择这条调解一场无法判决的争执的道路。 B530

※　　　　　　※　　　　　　※

爱利亚的芝诺是一个精细的辩证法家，他已经被**柏拉图**指斥为故意的诡辩家，说他为了表现自己的技巧，试图先用显明的论证证明一个命题，在此之后马上又用同样有力的论证再推翻该命题。他断言，神（也许在他那里无非就是世界）既不是有限的也不是无限的，既不处在运动中也不处在静止中，既不与任何其他事物相似也不与之不相似。在就此评判他的人们看来，他要同时完全否定两个相互矛盾的命题，而这是荒谬的。但我并不认为这能够合理地被归咎于他。我马上就将探讨这些命题的前一个。至于其他的命题，如果把**神**这个词理解为宇宙，那么，他当然就必须说：宇宙既不是持久地呆在它的位置上（处在静止中），也不改变它的位置（在运动），因为一切位置都在宇宙中，因而宇宙本身就不在任何位置上。如果宇宙把一切实存的东西都包含在自身中，那么，它就此而言也就不与**任何其他事物**相似，也不与之不相似，因为在它之外不存在**任何事物**能够与它进行比较。如果两个彼此对立的判断都预设一 B531 个不成立的条件，尽管它们有冲突（冲突并不是真正的矛盾），它们双方却都要被否定，因为这两个命题都惟有在其下才能有效的那个条件被否定了。

如果有人说，每一个物体都要么气味好闻要么气味不好 〔346〕 闻，那就有一个第三者，即它根本没有气味（无味），这样，

348

两个对立的命题就可能都是错误的。如果我说，它要么是好闻的，要么不是好闻的（vel suaveolens vel non suaveolens），那么，这两个判断就是矛盾地对立的，而且只有前一个是错误的，而其矛盾的对立面，即一些物体不是好闻的，也包含了**根本没有气味**的物体在内。在前面（per disparate［通过对比］）的对立中，物体概念的偶然条件（味）虽有对立的判断而依然存在，因而并没有被后者一并除去，所以后者就不是前者的矛盾对立面。

据此，如果我说：世界在空间上要么是无限的，要么不是无限的（non est infinitus），那么，假如前一个命题是错误的，它的矛盾对立面，即世界不是无限的，就必然是正确的。由此我只是否定了一个无限的世界，却没有设定另一个世界，即有限的世界。但如果说：世界要么是无限的，要么是有限的（非无限的），那么，二者就可能都是错误的。因为在这种情况下，我把世界视为就自身而言在其大小上被规定的，而在反命题中，我不仅否定了无限性，也许随之还否定了它的整个单独的实存，而且还把一种规定附加在作为一个就自身而言现实的事物的世界上，而这同样可能是错误的，也就是说，如果世界根本**不是作为一个物自身**，从而就其大小而言既不是作为无限的也不是作为有限的而被给予的话。请允许我把诸如此类的对立称为**辩证**的对立，而把矛盾的对立称为分析的**对抗**。因此，两个辩证地相互对立的判断可能都是错误的，因为一个并不是纯然与另一个相矛盾，而是表述了比矛盾所需更多的东西。

如果把"世界在大小上是无限的"和"世界在其大小上是有限的"这两个命题视为两个彼此矛盾对立的命题，那么，人们就是在假定世界（显象的整个序列）是一个物自身。因为无论我在其显象的序列中结束的是无限的回溯还是有限的回溯，世界都依然存在。但是，如果我抛弃这种预设或者先验的幻

相，并且否认它是一个物自身，那么，两种主张的矛盾冲突就 〔347〕
转化为一种纯然辩证的冲突；而由于世界根本不是就自身而言 B533
（不依赖于我的表象的回溯序列）实存的，所以它的实存既不
是作为**一个就自身而言的无限整体**，也不是作为**一个就自身而
言的有限整体**。它只能在显象序列的经验性回溯中，而根本不
能独自地被发现。因此，如果这种序列在任何时候都是有条件
的，那它就永远不被完全地被给予，因而世界也就不是无条件
的整体，也不作为这样一个整体实存，无论是以无限的大小，
还是以有限的大小。

　　这里关于第一个宇宙论理念，即关于显象中的大小的绝对
总体性所说的，也适用于其余所有的宇宙论理念。条件的序列
只有在回溯的综合本身中才能发现，而不是就自身而言在作为
一个特别的，在一切回溯之先被给予的事物的显象中发现的。
因此，我也必须说：在一个被给予的显象中，各部分的数量就
自身而言既不是有限的，也不是无限的，因为显象并不是任何
就自身而言实存的东西，而且各部分惟有通过分解性综合的回
溯，并在这一回溯中才被给予，而这种回溯永远不是绝对**完整
地**被给予，无论是作为有限的还是作为无限的。这也适用于互
相隶属的原因的序列，或者有条件的实存直到无条件的必然的 B534
实存的序列，这种序列永远不能就自身而言在其总体性上被给
予，无论是作为有限的还是作为无限的，因为它作为互相隶属
的表象的序列，只存在于力学的回溯中，根本不能在这种回溯
之先，并且作为物自身的独立存在的序列实存。

　　据此，纯粹理性在其宇宙论理念中的二论背反已被取消，
因为已经指出，它纯然是辩证的，是一种幻相的冲突，这种幻
相之所以产生，乃是因为人们把仅仅被视为物自身的条件的总
体性理念运用于显象，而显象仅仅在表象中实存，当它们构成
一个序列时在渐进的回溯中实存，在其他地方根本不实存。但

是，人们反过来也从这种二论背反中得到一种真正的好处，虽然不是独断论的好处，但却是批判的和学理上的好处；也就是说，如果有人对先验感性论中的直接证明并未感到满足的话，

〔348〕 由此就间接地证明了显象的先验观念性。证明就在于这种二难推理。如果世界是一个就自身而言实存的整体，那么，它就要么是有限的，要么是无限的。现在，无论是前者还是后者都是错误的（根据上述反论和正论各自的证明）。因此，说世界（所有显象的总和）是一个就自身而言实存的整体，也就是错

B535 误的。由此得出，在我们的表象之外的一般显象什么也不是，而这正是我们通过显象的先验观念性想说出的东西。

这一说明颇为重要。人们由此看出，上述四重二论背反的各种证明并不是幻象，而是缜密的，也就是说，是根据显象或者一个将它们都包含在自身之内的感官世界乃是物自身这一预设的。但是，由此产生的各种命题的冲突，说明在这一预设中蕴涵着一种错误，并使我们得以揭示作为感官对象的事物的真正性状。因此，先验的辩证法绝不对怀疑论有什么助长，但却助长怀疑的方法。当人们让理性的种种论证以其极大的自由彼此对立地出现时，怀疑的方法就能够借先验的辩证法显示出其重大效用的一个例证。理性的种种论证即使最终并不提供人们所寻求的东西，但却在任何时候都提供某种有用的东西和有助于纠正我们的判断的东西。

B536
第八章　纯粹理性在宇宙论理念
方面的范导性原则

既然通过宇宙论的总体性原理，作为物自身的感官世界中的条件序列的极大值并没有被**给予**出来，而是只能在该序列的回溯中当做应**负有的任务**，所以上述纯粹理性的原理在其如此

纠正了的意义上依然保有其良好的有效性，虽然不是作为**公理**把客体中的总体性思维为现实的，而是作为知性的，因而是主体的一个**问题**，以便按照理念中的完备性着手并继续一个被给予的有条件者的条件序列中的回溯。因为在感性中，也就是说，在空间和时间中，我们在阐明被给予的显象时所能够达到的任何条件又都是有条件的，原因在于：这些显象并不是或许能够在其中出现绝对无条件者的对象自身，而纯然是经验性的表象，这些表象在任何时候都必然在直观中发现在空间或者时间上规定它们的条件。因此，理性的这条原理真正说来只不过是一条**规则**罢了，它要求在被给予的显象的条件序列中进行一种回溯，这种回溯绝不允许在一个绝对无条件者那里停留下来。因此，它不是经验和感官对象的经验性知识之可能性的原则，从而也不是知性的原理，因为任何经验都（根据被给予的直观）被封闭在自己的界限之内；它也不是理性把感官世界的概念扩展到一切可能经验之外的**建构性原则**，而是经验之最大可能的继续和扩展的原理，根据它，必须不把任何经验性的界限视为绝对的界限，因此它是理性的一条原则，它作为**规则**要求我们在**回溯**中应当做什么，而不是**预知**在**客体**中于一切回溯之先什么就自身而言被给予。因此，我把它称为理性的一条**范导性**原则，因为与此相反，作为在客体（显象）中就自身而言被给予的，条件序列的绝对总体性的原理是建构性的宇宙论原则。我想通过这种区分来说明后者的无效，并由此阻止人们像通常（通过先验的暗中偷换意义）不可避免地发生的那样，赋予一个只是作为规则用的理念以客观的实在性。

为了恰如其分地规定纯粹理性的这一规则的意义，必须首先说明，它不能说**客体是什么**，而是说**应当如何着手进行经验性的回溯**，以便达到客体的完备概念。因为如果前者成立，那么，它就会是一条建构性的原则，而诸如此类的东西从纯粹理

〔349〕

B537

B538

〔350〕

性出发是绝不可能的。因此，人们绝不能由此就想说，一个被给予的有条件者的条件序列就自身而言是有限的或者无限的；因为这样一来，一个仅仅在理念本身中才被创造出来的绝对总体性的纯然理念就会来思维在任何经验中都不能被给予的对象了，因为一序列显象就会获得一种独立于经验性综合的客观实在性。因此，理性理念将只是给条件序列中的回溯性综合规定一个规则，按照这个规则，该综合从有条件者开始，凭借所有相互隶属的条件进展到无条件者，即使该无条件者永远达不到。因为在经验中根本遇不到绝对无条件者。

为了这一目的，首先就必须精确地规定一个永远不能完备的序列的综合。人们在这方面通常使用两个应当在其中区分某种东西的术语，但是人们毕竟还不善于正确地说明这种区分的根据。数学家仅仅谈到一种 progressus in infinitum［无限进展］。概念的研究者（哲学家）则只想用一种 progressus in indefinitum［不限定进展］来取而代之。我不想在检验这样一种区分给这些术语带来的疑虑以及应用这种区分有用还是没用之处逗留，而是力图与我的目的相联系，以便精确地规定这些概念。

关于一条直线，人们可以正当地说：它可以被延长到无限，而在这里，无限进展和不限定进展（progressus in indefinitum）的区分就会是一种空洞的吹毛求疵。原因在于，尽管在说引出一条线时，附加上 in indefinitum［不限定］当然要比说 in infinitum［无限］更为正确，因为前者无非意味着**随你们便**延长这条线，而后者则意味着你们应当永不停止地延长这条线（这在此处恰恰不是本意），但如果所说仅仅是能力，则毕竟前一个表述是完全正确的；因为你们能够无限地使这条线越来越长。在人们仅仅谈到进展，也就是从条件到有条件者的进展的一切场合里，情况也都是如此；这种可能的进展在显象的序列

B539

中前进至无限。从一对父母开始，你们可以沿着生育的下降线无止境地前进，并且也完全可以设想，这条线现实地在世界里面如此前进。原因在于，理性在这里绝不需要序列的绝对总体性，因为它并不把这样的总体性预设为条件并且是**被给予的**（datum），而是仅仅把它预设为某种有条件的东西，这种东西只不过是可被给予的（dabile）并且可以无止境地附加罢了。

B540
〔351〕

下面的问题就完全不同了：在一个序列中从被给予的有条件者向条件上升的回溯延伸多远？我能够说它是**一种无限的回溯**，还是只能说它是一种**不限定**（in indefinitum）延伸多远的回溯呢？因此，我是从现今生存的人在其祖先的序列中能够无限地上升，还是只能够说，无论我回溯多远，都永远遇不到一个经验性的根据来在某处把序列视为有界限的，以至于我有权利并且有义务为每一个祖先还进一步寻找其先祖，尽管同样不能够预设这样的先祖？

据此我说：如果整体在经验性直观中被给予，那么，其内部条件的序列中的回溯就将无限地进行。但是，如果序列的一个环节被给予，回溯应当从该环节前进到绝对的总体性，那么，就只有一种不限定的（in indefinitum）回溯。这样，关于在其界限内被给予的物质（一个物体）的分割就必须说：它将无限地进行。因为这物质是整体的，从而是连同其所有可能的部分一起在经验性直观中被给予的。既然这个整体的条件就是它的部分，该部分的条件又是部分的部分，依此类推，而且既然在这一分解的回溯中永远遇不到这个条件序列的一个无条件的（不可分的）环节，所以不仅任何地方都没有一个经验性的根据来在分割中停下来，而且继续的分割之更远的环节本身就是先于这种继续的分割而经验性地被给予的，也就是说，分割将无限地进行。与此相反，一个被给予的人的祖先序列并未在任何可能的经验中在绝对的总体性上被给予；回溯却毕竟从这

B541

种生育的每一个环节进行到一个更高的环节，以至于不能遇到任何经验性的界限来把一个环节表现为绝对无条件的。但是，既然可能为此提供条件的各环节并不在回溯之先就已经蕴涵在整体的经验性直观中，所以这种回溯就不是无限地进行（对被给予者的分割的回溯），而是不限定地为被给予的环节寻找更多的环节，而这更多的环节又在任何时候都是有条件地被给予的。

〔352〕

B542　　在这两种场合的任何一个场合里，无论是 regressus in infinitum［无限的回溯］还是 regressus in indefinitum［不限定的回溯］，条件的序列都不被视为无限地在客体中被给予的。这里不是就自身而言被给予的物，而是作为相互的条件仅仅在回溯本身中被给予的显象。因此问题就不再是：这一条件序列就自身而言有多大，是有限的还是无限的，因为它不是什么就自身而言的东西；相反，问题是：我们如何进行经验性的回溯，以及我们应当把它进行到多远。而在这里，就这种进展的规则而言，有一种显著的区别。如果整体被经验性地给予，那么，在它的内部条件的序列中**无限地**回溯就是**可能的**。但是，如果整体没有被给予，而是应当通过经验性的回溯才被给予，那我就只能说：进展到序列的更高条件是**无限地可能的**。在前一种场合我能够说：总是有比我通过（分解的）回溯所达到的更多的环节存在并被经验性地给予；而在第二种场合我能够说的则是：我在回溯中还总是能够走得更远，因为没有一个环节作为绝对无条件的而被经验性地给予，所以还总是有一个更高的环节是可能的，从而也就允许探讨这个更高的环节是必然的。在前一种场合，**发现**序列更多的环节是必然的，而在第二种场合，由于没有任何经验被绝对地设定界限，所以**追问**更多的环节就总是必然的。因为你们要么没有知觉来给经验性的回溯绝

B543　对设定界限，而且在这种情况下你们就必须不把自己的回溯视

为完成了的，要么有这样一个为你们的序列设定界限的知觉，于是这一知觉就不能是你们已经过的序列的一个部分（因为**设定界限的东西必须有别于由此被设定界限的东西**），因而你们就必须把自己的回溯也继续进行到这种条件，并继续进行下去。

下一章将通过其应用对这一说明作出恰如其分的阐释。

第九章　就一切宇宙论理念而言论理性的范导性原则的经验性应用 〔353〕

既然像我们已经多次指出的那样，无论是纯粹的知性概念还是纯粹的理性概念，都没有先验的应用；既然感官世界中条件序列的绝对总体性仅仅依据于理性的先验应用，理性要求它预设为物自身的东西的这种无条件的完备性；既然感官世界不 B544 包含诸如此类的完备性；所以，就绝不能再说感官世界中序列的绝对的大小，无论它是有界限的还是就自身而言无界限的，而是只能说在经验性的回溯中，在把经验导回到其种种条件时，我们应当走多远，以便依照理性的规则，除了在对理性的问题与对象相符合的回答上停留下来之外，不在任何其他回答上停留下来。

因此，在充分地阐明了**理性原则**作为显象自身的一条建构性原理的无效性之后，惟一给我们留下来的东西就是它作为一个可能经验的**继续**和大小之规则的**有效性**。如果我们能够毫不怀疑地牢记这种有效性，理性与自身的争执就也将完全终止，因为不仅通过批判的解析取消了使理性与自身分裂的幻相，而且取而代之的是揭示了一种意义，理性在这种意义上与自身一致，惟有对它的误解才导致争执，一条通常是**辩证的**原理就被转化为一条**学理的**原理了。实际上，如果这条原理按照它的主观涵义，即与经验的对象相符合地规定知性在经验中的最大可

B545 能的应用，而能够得到证明，那么，这就完全等于是说它像一条公理那样（这从纯粹理性出发是不可能的）先天地规定对象自身了；因为即便是公理，除了它证明自己在我们知性扩大了〔354〕的经验应用中起作用之外，也不能在经验的客体方面对我们知识的扩大和纠正有更大的影响。

一、关于显象复合成一个世界整体之总体性的宇宙论理念的解析

无论是在这里，还是在其余的宇宙论问题中，理性的范导性原则的根据都是以下命题：在经验性的回溯中，不可能发现**任何关于一个绝对界限的经验**，从而不可能发现任何关于一个条件是**经验性地绝对无条件的**条件的经验。但它的根据却是：一个诸如此类的经验必须在自身中包含着通过无或者空为经验设定界限，继续的回溯能够凭借一个知觉遇到这种界限，而这是不可能的。

于是，这一命题等于是说，我在经验性的回溯中任何时候都只能达到这样一个条件，它本身又必须被视为经验性地有条B546 件的。这一命题 in terminis［归根结底］包含着一条规则：无论我由此在上升的序列中走多远，我在任何时候都必须追问序列的一个更高的环节，不管这个环节是否能够通过经验为我所知。

于是，为了解决第一个宇宙论问题，所需要的只是还澄清：在向世界整体（在时间和空间上）无条件的大小的回溯中，这种绝不被设定界限的上升是叫做**无限的回溯**，还是仅仅叫做一种**不限定的继续回溯**（in indefinitum）。

一切已逝的世界状态，以及在宇宙空间中同时存在的事物，其序列的纯然普遍的表象，本身无非是一个我所思维的——尽管还不确定地思维的——可能的经验性回溯，惟有通过它，被给予的知觉之条件的这样一个序列的概念才能够产

生。① 于是，我在任何时候都只是在概念中才有世界的整体， 〔355〕
而绝不是在直观中拥有它（作为整体）。因此，我不能从它的 B547
大小推论到回溯的大小，并根据前者来规定后者，相反，我必
须通过经验性回溯的大小才对世界的大小形成一个概念。但
是，关于这种经验性的回溯，我所知道的永远不过是，我总是
还必须从经验序列的每一个被给予的环节经验性地向一个更高
的（更远的）环节前进。因此，由此根本没有绝对地规定种种
显象之整体的大小，所以人们也不能说这种回溯将无限地进
行，因为这将会预知回溯尚未达到的环节，并且把这些环节的
数量表现为如此之大，以至于没有任何经验性综合能够达到
它，从而在回溯之先就会（尽管只是消极地）**规定**世界的大
小，而这是不可能的。因为世界不是通过任何直观（在其总体
性上）被给予我的，因而它的大小也根本不是在回溯之先被给
予我的。据此，我们关于世界的大小自身根本不能说任何东
西，就连说在世界里面有一种 regressus in infinitum［无限的
回溯］也不行，而是必须仅仅根据在它里面规定经验性回溯的
规则来寻找其大小的概念。但是，这个规则所说的不过是，无 B548
论我们在经验性条件的序列中走过了多远，我们都不能在任何
地方假定一个绝对的界限，而是把每一个显象作为有条件的来
隶属于另一个作为其条件的显象，因而必须进一步前进到后
者，而这就是 regressus in indefinitum［不限定的回溯］；由于这
种回溯不在客体中规定大小，因而可以足够清晰地把它与 re-

---

① 因此，世界序列既不能比它的概念惟一作为依据的
可能经验性回溯更大，也不能比之更小。而且既然
这种回溯既不能给予任何确定的无限者，也同样不
能给予一个确定的有限者（绝对有界者），所以很
明显，我们既不能假定世界的大小是有限的，也不
能假定它是无限的，因为回溯（世界的大小得以表
象所凭借的回溯）不允许这二者中的任何一个。

gressus in infinitum ［无限的回溯］区别开来。

据此，我不能够说世界在已逝的时间上或者在空间上是**无限的**。因为关于作为一个被给予的无限性的大小，诸如此类的概念是经验性的，从而对于作为感官的一个对象的世界来说也

〔356〕

是绝对不可能的。我也不会说：从一个被给予的知觉向一切无论在空间中还是在已逝的时间中在一个序列里面给这个知觉设定界限的东西的回溯将**无限地**进行；因为这预设了世界的无限大小；我也不会说：世界是**有限的**，因为绝对的界限同样在经验性上是不可能的。据此，关于经验的整个对象（感官世界），我不能说任何东西，我所能够说的只是与经验的对象相符合来进行并且继续经验所应当遵循的规则。

因此，对于世界大小的宇宙论问题，第一个并且是消极的回答就是：世界在时间上没有最初的开端，在空间上没有最外面的界限。

B549

因为在相反的情况下，世界就会一方面为空的时间，另一方面为空的空间所限制。既然世界作为显象不能就自身而言是这二者中的任何一种，因为显象不是物自身，所以对受绝对空的时间或者空的空间所限制的知觉就必须是可能的，通过它，世界的这些终端在一个可能的经验中被给予。但这样一种经验，作为完全空无内容的，是不可能的。因此，一种绝对的世界界限在经验性上是不可能的，因而也是绝对不可能的。①

① 人们将发现：此处的证明是以与上面第一个二论背反的反论中的证明不同的方式进行的。在那里，我们按照通常的、独断的表象方式把感官世界视为一个就自身而言先于一切回溯而在其总体性上被给予的物，并且根本否认它——如果它不是占有一切时间和一切空间的话——在二者中占有某个确定的位置。因此，那里的结论也不同于这里的结论，也就是说，那里推论到世界现实的无限性。

由此同时得出**肯定的**回答：世界显象序列中的回溯作为世界大小的一种规定，将 in indefinitum［不限定地］进行，这就等于是说：感官世界没有绝对的大小，而是经验性的回溯（惟有通过经验性的回溯，感官世界才能在其条件方面被给予）有它自己的规则，也就是说，在任何时候都从序列的任何一个作为有条件者的环节向一个更远的环节（或者是通过自己的经验，或者是通过历史的导线，或者是通过结果与其原因的链条）前进，并且在任何地方都不放弃扩展自己知性的可能的经验性应用，这也是理性就其原则而言的真正的和惟一的任务。 〔357〕

由此并没有规定一种确定的在某种显象中无止境地进行的经验性回溯，例如，人们必须从一个活着的人出发在祖先的序列中一直上溯，并不指望有第一对夫妇，或者在天体的序列中一直上溯，并不允许有一个最远的太阳；相反，所要求的只是从显象到显象的前进，即使它们并不提供现实的知觉（如果它们在程度上对于我们的意识来说太弱，不能形成经验），因为它们尽管如此毕竟还属于可能的经验。

一切开端都在时间中，有广延的东西的一切界限都在空间中。但空间和时间都只在感官世界中。因此，惟有显象**在世界中**是有条件的，而**世界**本身却既不是有条件的，也不是以无条件的方式被设定界限的。

正因为此，而且既然世界永远**不能被完整地**给予出来，甚至一个被给予的有条件者的条件序列也**不能**作为世界序列被**完整地**给予出来，所以世界之大小的概念就只是通过回溯，而不是在回溯之先在一个集合的直观中被给予的。但是，回溯始终只是在于对大小的**规定**，因而并不提供任何**确定的**概念，从而也不提供任何关于就某个尺度而言无限的大小的概念，所以也不无限地（仿佛是被给予的）进行，而是不限定地进行，以便提供一个（经验的）大小，这个大小惟有通过这种回溯才成为

B550

B551

现实的。

二、关于分割直观中一个被给予的整体之总体性的宇宙论
理念的解析

当我分割一个在直观中被给予的整体时，我是从一个有条
件者前进到它的可能性的条件的。各部分的分割（subdivisio
［细分］或者 decompositio［分解］）是在这些条件的序列中的
〔358〕　回溯。这一**序列**的绝对总体性惟有在回溯能够一直达到**单纯的**
部分的情况下才会被给予。但是，如果所有的部分在一种连续
的分解中都一直又是可分割的，那么，分割亦即从有条件者到
其条件的回溯就将 in infinitum［无限地］进行，因为条件
B552　（即部分）就包含在有条件者本身之中，而且既然这有条件者
是在一个被包围在界限之间的直观中被完整地给予的，所以条
件也就全都被一起给予了。因此，这种回溯就不可仅仅被称为
in indefinitum［不限定的］回溯。惟有前一个宇宙论理念才允
许这样做，因为我应当从有条件者前进到它的条件，这些条件
是在有条件者之外，从而不是由此同时一起给予的，而是在经
验性的回溯中才附加上的。尽管如此，关于一个无限可分割的
整体，毕竟绝不允许说**它由无限多的部分组成**。因为尽管所有
的部分都包含在整体的直观中，但**全部的分割**毕竟并不包含在
其中，而是存在于继续的分解或者回溯本身中，回溯才使序列
成为现实的。既然这种回溯是无限的，所以虽然它所达到的一
切环节（部分）都包含在被给予的作为**集合体**的整体中，但其
中并不包含**分割**的整个**序列**，这个序列是渐进地无限的，永远
不是**完整的**，所以不能表现无限的数量及其在一个整体中的
结合。

这种一般的提醒首先可以轻而易举地运用于空间。每一个
在其界限内被直观的空间都是这样一个整体，其各个部分无论

如何分解也都一直又是空间，因而是无限可分的。

由此也完全自然而然地得出第二种应用，即应用于一个被
包围在其界限内的外部显象（物体）。物体的可分割性建立在
空间的可分割性之上，空间构成了作为一个有广延的整体的物
体的可能性。因此，这个物体是无限可分割的，但并不因此就
是由无限多的部分构成的。

虽然看起来，既然一个作为实体的物体必须在空间中得以
表象，所以就空间的可分割性规律而言，它与空间是有别的；
因为人们也许可以承认，分解归根结底永远不能除去所有的合
成，那样的话甚至一切通常并不是什么独立东西的空间就会不
是空间了（这是不可能的）；然而，说如果在思想中取消物质
的一切合成就根本不会有任何东西存留，这似乎与实体的概念
无法统一，实体真正说来应当是一切合成的主体，必然存留在
其元素中，即使这些元素在空间中的结合——它们由此构成一
个物体——被取消。不过，对于**在显象中**叫做实体的东西来
说，就不像人们对于一个物自身来说通过纯粹知性概念所思维
的那样了。前者不是一个绝对的主体，而只是感性的持久形
象，无非是直观，在直观中任何地方都遇不到什么无条件的
东西。

然而，尽管在细分一个作为空间之纯然充填的显象时，这
条无限进展的规则毫无疑问是成立的，但在我们也要把它扩展
到在一个被给予的整体中已经以某种方式分离开来的各部
分——这些部分由此构成一个 quantum discretum［分离的
量］——的数量时，它却毕竟不能生效。假设在每一个有分支
的（有组织的）整体中每一个部分又都是有分支的，人们以这
样的方式在无限分解各个部分时还总是发现新的人为的部分，
一言以蔽之，假设整体是无限地有分支的，这根本不可思议，
尽管可以假设，物质的各部分在分解时能够被无限地划分。因

为对空间中一个被给予的显象进行分割的无限性所依据的仅仅是：通过这种分割，只有可分割性亦即各部分的一个就自身而言绝对不确定的数量被给予出来了，而各部分本身则惟有通过细分才被给予和被规定，简言之，整体不是就自身而言已经被划分的。因此，能够在整体中规定一个数量的分割，其程度如同人们在分割的回溯中前进的程度。与此相反，在一个无限地有分支的有机物体那里，整体正是通过这一概念被表现为已经划分了的，并且在一切分割的回溯之先就在它里面发现了各部分的一个就自身而言确定的，但却无限的数量；由此人们陷入了自相矛盾，因为这种无限的纠缠被视为一种永远不能完成的序列（无限的），尽管如此却在一种总括中被视为完成了的。无限的分割仅仅把显象描述为 quantum continuum ［连续的量］，并且与空间的充填不可分，因为无限可分割性的根据正是在于空间的充填。但是，一旦某种东西被当做 quantum discretum ［分离的量］，各单位的数量在其中就是确定的，因而也在任何时候都等于一个数字。因此，在一个有分支的物体中组织能够达到什么程度，只有经验才能弄清楚，而尽管经验肯定没有达到任何无机的部分，这样的部分也毕竟至少蕴涵在可能的经验中。但是，对一个一般的显象进行的先验分割达到什么程度，这根本不是经验的事情，而是理性的一个原则，即在分解有广延的东西时依照这一显象的本性永远不把经验性的回溯视为绝对完成了的。

※　　　※　　　※

数学先验理念之解析的结束语和力学先验理念之解析的前言

我们曾用一个图表来表现纯粹理性贯穿一切先验理念的二论背反，在那里，我们说明了这种冲突的根据和消除这种冲突的惟一办法，这种办法就在于宣布两种对立的主张都是错误的；那时，我们到处都把条件表现为按照空间和时间的关系属于有条件者的。这是通常的人类知性惯用的预设，那种冲突也完全是依据于此。考虑到这一点，一个有条件者的条件序列中的总体性之一切辩证的表象，都完全具有**同样的性质**。总是有一个序列，其中条件与有条件者作为序列的各环节联结起来，从而是**同类的**，这里绝不能把回溯设想为完成了的，或者如果把它视为完成了的，就必然把一个就自身而言有条件的环节错误地当做一个最初的环节，从而当做无条件的。因此，虽然没有到处纯然按照其大小来衡量客体亦即有条件者，但毕竟是按照其大小来衡量客体的条件序列，而且在这里，不能用任何调解，只能通过完全斩开死结来克服的困难就在于：理性使它对于知性来说不是**太长**就是**太短**，以至于知性永远不能与理性的理念相匹配。 B557
〔361〕

但在这里，我们忽视了客体，亦即理性力图提升为理念的知性概念中的一种本质性的区别，因为按照我们上面的范畴表，有两个范畴意味着显象的**数学**综合，其余两个范畴意味着显象的**力学**综合。迄今为止，上述情况还根本不可能发生，因为就像我们在一切先验理念的一般表象中一直仅仅处在**显象**中的条件之下一样，我们在两个数学的先验理念中除了显象中的对象之外，也没有任何别的**对象**。但现在，既然我们前进到知性的应当适合理性理念的力学概念，那种区分就成为重要的，并且就理性所卷入的争讼而言为我们开启了一个全新的视界；既然这种争讼此前作为建立在双方的错误预设之上的而被**驳回**，而现在，由于也许在力学的二论背反中这样一种与理性的要求能够共存的预设是成立的，从这种观点出发，并且由于法官弥补了人们在双方都误认为的合法根据的不足，就能够作出**调解**来使双方都满意，而就数学的二论背反中的争执而言，这是无法做到的。 B558

就人们仅仅考虑条件序列的**延伸**，看它是适合理念，还是理念对它来说太大或者太小而言，条件的序列当然都是同类的。然而，以这些理念为基础的知性概念却或者仅仅包含着**同类的东西的综合**（这对于每一个大小来说无论是在其合成中还是在其分割中都被预设的），或者也包含着**异类的东西的综合**，这在力学的综合中，无论是就因果的结合而言还是就必然的东西与偶然的东西的结合而言，都是可以允许的。

〔362〕

B559

因此就出现了这样的情况，即在显象序列的数学联结中，除了**感性的**条件亦即自身是序列的一个部分的条件之外，不能被放入任何别的条件。与此相反，感性条件的力学序列却还允许一个异类的条件，它不是序列的一个部分，而是作为纯然**理知的**而处于序列之外，这就满足了理性，并且预设了显象的无条件者，却没有搅乱任何时候都有条件的显象序列，打断它而违背知性的原理。

由于力学的理念允许在显象的序列之外有显象的一个条件，亦即一个本身不是显象的条件，所以就发生了某种完全有别于数学的二论背反的结果的事情。也就是说，数学的二论背反导致必须宣布两种辩证的主张都是错误的。与此相反，力学序列无一例外有条件的东西作为显象与序列不可分，却与虽然在经验性上是无条件的，但却也是**非感性的**条件相联结，一方面满足了**知性**，另一方面也满足了**理性**①，而且由于以这种或者那种方式在纯然的显象中寻找无条件的总体性的辩证论证都

---

① 因为知性在**显象**中间不允许任何本身在经验性上无条件的条件。但是，如果能够为（显象中的）一个有条件者设想一个不作为一个环节属于显象序列的**理知的**条件，由此而丝毫不打断经验性条件的序列，那么，就可以允许这样一个条件是**在经验性上无条件的**，由此而不在任何地方打断经验性的连续回溯。

被取消，与此相反，理性命题在以这样的方式纠正了的意义上就能够使得**双方均为真**；这在仅仅涉及数学上无条件的统一性的宇宙论理念那里是不能成立的，因为在它们那里，除了本身还是显象，并且作为显象一起构成序列的一个环节的条件之外，不能发现显象序列的任何其他条件。 B560

三、关于世界事件自其原因派生的总体性之宇宙论理念的解析

就发生的事情而言，人们只能设想两种因果性，要么是按照**自然**，要么是出自**自由**。前者是感官世界中一个状态与一个在先状态的联结，该状态按照一条规则继在先的状态而起。如今，既然显象的**因果性**依据的是时间条件，而且在先的状态如果是在任何时候都存在的，就不能造成一种在时间中才产生的结果，因此，发生的或者产生的东西，其原因的因果性也是**产生的**，并且按照知性的原理本身又需要一个原因。 〔363〕

与此相反，我把自由在宇宙论意义上理解为**自行**开始一个状态的一种能力，因此，自由的因果性并不按照自然规律又服从另一个在时间上规定它的原因。在这种意义上，自由就是一个纯粹的先验理念，首先它不包含任何借自经验的东西，其次它的对象也不能以在经验中被规定的方式被给予，因为凡发生的东西都必然有一个原因，从而**本身发生**或者产生的原因的因果性也必须又有一个原因，这是一条甚至一切经验之可能性的普遍规律；这样一来，经验的整个领域无论延伸到多远，都将转化为一个纯然自然的总和。但是，既然以这样的方式得不出因果关系中的条件的绝对总体性，所以理性就给自己创造出一种能够自行开始行动的自发性的理念，而不用预置另一个原因，来又按照因果联结的规律规定它去行动。 B561

极为值得注意的是，自由的实践概念把自己建立在这种**自**

由的先验理念之上，自由的先验理念在自由中构成了自古以来就环绕着自由之可能性问题的那些困难的真正要素。**实践意义上的自由**是任性对感性冲动的**强迫**的独立性。因为任性就它**以生理变异的方式**（由于感性的动因）**受到刺激**而言，是**感性的**；如果它能够**以生理变异的方式被必然化**，它就叫做动物性的（arbitrium brutum［动物性的任性］）。人的任性虽然是一种 arbitrium sensitivum［感性的任性］，但却不是 brutum［动物性的］，而是 liberum［自由的］，因为感性并不使其行为成为必然的，相反，人固有一种独立于感性冲动的强迫而自行决定自己的能力。

B562

〔364〕

人们很容易就可以看出，如果感官世界里的所有因果性都纯然是自然，那么，任何事件就都会是由另一事件在时间中按照必然的规律规定的。从而，既然显象就它们规定任性而言，必定使任何行动都作为它们的自然结果成为必然的，对先验自由的取消就会同时根除一切实践的自由。因为实践的自由预设，某物尽管尚未发生，但却毕竟是应当发生的，因此它在显象中的原因就不是如此去规定，以至于在我们的任性中，并不蕴涵着一种独立于那些自然原因，甚至违背它们的势力和影响来产生某种在时间秩序中按照经验性规律被规定的东西，从而**完全自行**开始一个时间序列的因果性。

因此，这里就发生了在一种冒昧超越可能经验的界限的理性之冲突中所发现的事情，即任务真正说来不是**自然学**的，而是**先验**的。因此，自由的可能性问题虽然由心理学来考察，但既然它依据的仅仅是纯粹理性的辩证论证，它就必须连同其解决一起都仅仅由先验哲学来处理。为使不能拒绝对此作出令人满意的回答的先验哲学能够做到这一点，我就必须首先力图通过一种说明来更为精确地规定它在这一任务上的工作程序。

B563

如果显象是物自身，从而空间和时间是物自身的存在形

式，那么，一切条件就会与有条件者一起，在任何时候都作为
环节而属于同一个序列，由此也在目前的场合里产生所有先验
理念所共有的二论背反，即这个序列的结果必然不可避免地对
于知性来说太大或者太小。但是，我们在这一节和下一节所探
讨的力学的理性概念却具有这样的特点，即既然它们不涉及一
个作为大小来考察的对象，而是仅仅涉及该对象的**存在**，所以
人们也可以抽掉条件序列的大小，而且在它们这里仅仅涉及条 B564
件与有条件者的力学关系，以至于我们在关于自然和自由的问 〔365〕
题中已经遇到了困难，即自由是否在某个地方是可能的，而如
果它是可能的，那它是否能够与因果性的自然规律的普遍性共
存；从而，说世界上的任何一个结果都必然**要么**是产生自自
然，**要么**是产生自自由，这是否是一个正确的选言命题，或者
是否毋宁说**二者**在不同的关系中就同一事件而言可以同时成
立。关于感官世界的所有事件按照不可变更的自然规律无一例
外地相互连续的原理，其正确性已经作为一个先验分析论的原
理得以确定，不容许有任何损害。因此，问题仅仅是：尽管如
此，就同一个按照自然被规定的结果而言，是自由也能够成
立，还是自由被那个不容侵犯的规则所完全排斥。而在这里，
对显象的**绝对实在性**的虽然通常但却骗人的预设，立刻就表现
出它搅乱理性的有害影响。因为如果显象是物自身，那么，自
由就不可挽救。在这种情况下，自然就是那个事件的完备的、
就自身而言充足的规定原因，事件的条件就在任何时候都仅仅
包含在连同其结果都必然服从自然规律的显象序列之中。与此
相反，如果显象被视为无非是它们实际上所是的东西，也就是 B565
说，不被视为物自身，而是被视为按照经验性规律相互联系的
纯然表象，那么，它们本身就必然还有不是显象的根据。但
是，这样一种理知的原因虽然其结果显现出来，并且能够被另
外的显象所规定，但就其因果性而言却不是由显象规定的。因

此，它连同自己的因果性处在序列之外，与此相反，它的结果却可以在经验性条件的序列中发现。因此，结果可以就其理知的原因而言被视为自由的，而同时就显现而言被视为按照自然的必然性出自这些显象的结果；这样一种区分，如果一般地并且完全抽象地陈述出来，就必然显得极为难以捉摸和晦涩，但在应用中却会变得清晰。在此我只想说明：既然一切显象在自然的一个关联中无一例外的联系是一个绝不变更的规律，如果人们要顽固地坚持显象的实在性，那么，这条规律就必然不可避免地毁灭一切自由。因此，即便是那些在这方面追随通常意见的人，也绝不能达到使自然和自由相互一致的程度。

〔366〕

B566　　与自然必然性的普遍规律相一致的由于自由的因果性之可能性

　　我把一个感官对象中本身不是显象的东西称为**理知的**。据此，如果感官世界中必须被视为显象的东西就自身而言也有一种能力，这种能力不是感性直观的对象，但通过它，该东西毕竟能够是种种显象的原因，那么，人们就可以从两个方面来考察这个存在物的**因果性**：就其作为一个物自身的行动而言是**理知的**，而就其作为一个感官世界中的显象的结果而言是**可感的**。据此，关于这样一个主体的能力，我们要形成其因果性的一个经验性的概念，此外也要形成一个理智的概念，这两个概念就同一个结果而言都是成立的。设想一个感官对象的能力的这样一种双重的方式，并不与我们关于显象、关于一个可能的经验所能够形成的概念中的任何一个相矛盾。因为既然由于它们不是物自身，它们就必须以一个把它们作为纯然的表象来规定的先验对象为基础，所以就没有任何东西阻碍我们在先验对象借以显现的属性之外，也把一种尽管在显象中发现其结果，但却不是显象的**因果性**归之于这个先验对象。但是，任何一个

B567

起作用的原因都有一种性质，亦即其因果性的一条规律，没有这条规律它就根本不会是原因。而在这里，就一个感官世界的主体而言，首先，我们要有一种**经验性的**性质，通过这种性质，它的种种行动就作为显象全都与其他显象按照恒常的自然规律处于联系之中，并且能够作为它们的条件而从它们推导出来，从而与它们相结合，构成惟一的一个自然秩序序列的环节。其次，人们必须还允许它有一种**理知的**性质，通过这种性质，它虽然是那些作为显象的行动的原因，但这种性质本身却不从属于感性的任何条件，本身并不是显象。人们也可以把前者称为这样一个物在显象中的性质，把后者称为物自身的性质。 〔367〕

这个行动主体按照其理知的性质不会从属于任何时间条件，因为时间只不过是显象的条件罢了，但却不是物自身的条件。在这个主体里面，不会有任何**行动产生**或者**消逝**，从而它也不会从属于一切时间规定、一切可变事物的规律，即凡是**发生的东西**，都在（在先状态的）**显象中**有其原因。一言以蔽之，它的因果性如果是理智的，就根本不处在使得感官世界中的事件成为必然的经验性条件的序列之中。这种理知的性质虽然永远不能直接地认识到，因为我们不能知觉任何东西，除非它显现出来；但是，这种性质毕竟必须根据经验性的性质来**思维**，就像我们虽然关于一个先验对象就其自身而言是什么而一无所知，但却必须在思想中把它当做显象的基础一样。 B568

因此，根据它的经验性性质，这个主体作为显象会服从按照因果联结进行规定的一切规律；就此而言，它无非是感官世界的一个部分，它的结果与任何别的显象一样，都不可避免地从自然中流溢出来。就像外部显象影响它，它的经验性性质亦即它的因果性的规律通过经验被认识一样，它的所有行动也都必须按照自然规律来解释，为完全且必然地规定这些行动所需要的一切辅料，也都必须在一个可能的经验中来发现。

B569

但是，按照它的理知的性质（尽管我们对此所能够拥有的无非是它的一般概念），这同一个主体却必须被免去感性的一切影响和经由显象的规定；既然在它里面，就它是**本体**而言，没有任何东西**发生**，没有任何需要力学的时间规定的变化被发现，从而没有任何与作为原因的显象的联结被发现，所以这个

〔368〕 行动着的存在物在其行动中就会独立于并且没有任何自然必然性，自然必然性惟有在感官世界里才可遇到。关于它，人们可以完全正确地说，它**自行**开始它在感官世界里的结果，但并没有行动**在它自身里面**开始；而这一点可以是有效的，没有感官世界中的结果因此而可以自行开始，因为它们在感官世界里任何时候都通过在先时间中的经验性条件被预先规定，但却毕竟只是凭借经验性性质（经验性性质纯然是理知的性质的显象）才被预先规定，惟有作为自然原因序列的一个延续才是可能的。在这种情况下，自由和自然就可以每一个都在其充分的意义上，就同一些行动而言，根据人们把它们与其理知的原因相比较还是与其可感的原因相比较，同时被发现而毫无冲突。

B570

与普遍的自然必然性相结合对自由的宇宙论理念的说明

我曾经赞同，首先勾画出我们的先验问题之解析的梗概，以便人们能够更好地概览在解析它的时候理性的进程。现在，我们想分析理性的裁定真正说来关键所在的种种因素，并对每一个都特别予以考虑。

凡是发生的东西都有一个原因，这个原因的因果性，亦即**行动**，既然在时间中先行，并且就在此**产生**的一个结果而言本身不能是一直存在的，而必须是**发生的**，也在显象中间有自己的原因，通过这一原因它被规定，因而自然秩序中的一切事件都是经验性地被规定的，这是一条自然规律；惟有通过这条规

律，种种显象才能够构成一个**自然**，并提供经验的对象；这条
规律是一条知性规律，不允许以任何借口背离这条规律，或者
把某个显象作为例外；因为若不然，人们就会把这显象置于一
切可能的经验之外，但这样一来就会把它与可能经验的一切对 B571
象区别开来，并且使它成为纯然的思想物，成为一个幻影。

　　但是，尽管在这里看起来好像有一个原因的链条，它在回 〔369〕
溯到其条件时根本不允许有任何**绝对的总体性**，但是，这种疑
虑毕竟根本不会使我们止步不前；因为在对理性在显象的序列
中企图达到无条件者的时候所产生的二论背反的一般评断中，
这种疑虑已经被除去了。如果我们想对先验实在论的欺骗作出
让步，那就既不剩下自然，也不剩下自由了。这里的问题只
是：如果人们在种种事件的整个序列中仅仅承认自然必然性，
那么，是还有可能把一方面是纯然的自然结果的同一事件在另
一方面视为出自自由的结果，还是在这两种因果性之间将遇到
直接的矛盾。

　　在显象中的种种原因中间，肯定不可能有任何东西能够绝
对地并且自行地开始一个序列。每一个行动作为显象，就它造
成一个事件而言，本身就是事件或者发生的事情，预设着另一
个在其中发现原因的状态。于是，凡是发生的东西，都是序列
的一种延续，而不可能是序列中自行发生的开端。因此，自然
原因在时间次序中的一切行动，本身又都是同样在时间序列中 B572
预设其原因的结果。使此前并不存在的某种东西得以发生的一
种**源始的**行动，是不能期待显象的因果联结来提供的。

　　但在这种情况下，如果结果是显象，其本身（即原因）亦
是显象的原因的因果性就必须仅仅是经验性的，这也是必然的
吗？毋宁说，尽管对于显象中的每一个结果来说，按照经验性
因果性的规律当然都要求与其原因的一种联结，但这种经验性
的因果性本身在丝毫不破坏它与自然原因的联系的情况下，毕

竟能够是一个非经验性的、理知的因果性的一个结果，这难道是不可能的吗？也就是说，这种因果性是一个原因的就显象而言源始的行动，因此，这个原因就此而言不是显象，相反，就这种能力而言它是理知的，虽然除此之外全然作为自然链条的一个环节，它必须被一起归属于感官世界。

我们需要显象彼此之间的因果性的命题，以便能够寻找和说明自然事件的自然条件亦即显象中的原因。如果这得到承认，并且不被任何例外所削弱，那么，就其经验性应用而言在所有的事件中所看到的无非是自然，并且有权利这样看的知性，就有了它所能够要求的一切，而且自然的说明也就畅行无阻地继续走自己的路了。如今，如果人们假定，在自然原因中间也有一些原因具有一种只是理知的能力，因为这种能力为了行动而有的规定性绝不是依据经验性的条件，而是依据纯然知性的根据，但又假定，这一原因**在显现中的行动**符合经验性的因果性的所有规律，即使这纯然是虚构出来的，也对它没有丝毫的损害。因为以这种方式，行动的主体作为 causa phaenomenon［本身是现象的原因］在其所有行动的不可分离的依赖性上与自然联结在一起，只不过这个主体的 phaenomenon［现象］（连同它在显象中的所有因果性）①包含着某些条件，当人们想从经验性的对象上升到先验的对象时，这些条件就必须被视为纯然理知的。因为如果我们仅仅在显象中间能够是原因的东西中服从自然规则，那么，我们就可以不去顾虑在对我们来

〔370〕
B573

① 括号中的附注"连同他在显象中的所有因果性"以及随后的限制"当人们想从经验性的对象上升到先验的对象时"就已经表明，必须被诠释为"这个主体的 phaenomenon［现象］"。因此，哈滕施泰因使用 noumenon［本体］取代 phaenomenon 是不合理的。——科学院版编者注

说经验性上未知的先验主体中被设想的这些显象及其联系的一种什么样的根据。这个理知的根据根本不关注经验性的问题，而是仅仅涉及纯粹知性中的思维；而尽管纯粹知性的这种思维和行动的结果在显象中被发现，这些显象也毕竟必须能够从其在显象中的原因出发按照自然规律完全得到解释。因为人们把它们的纯然经验性性质作为至上的解释根据来遵循，却把是经验性性质的先验原因的理知性质完全当做未知的而忽略，除非它仅仅通过作为它的感性标志的经验性性质得到说明。让我们把这一点运用于经验。人是感官世界中的显象之一，就此而言也是其因果性必须服从经验性规律的自然原因之一。据此，作为这样一个自然原因，他必然与其他一切自然事物一样也有一种经验性的性质。我们通过他在自己的结果中表现出来的力量和能力来注意到这种性质。在无生命的或者纯然动物生命的自然中，我们没有发现任何根据来设想某种能力不是纯然在感性上有条件的。然而，通常仅仅通过感官来认识整个自然的人，也通过纯然的统觉来认识自己本身，而且是在他根本不能算做感官印象的行动和内在规定中认识的。人对自己本身来说当然一方面是现象，但另一方面，亦即就某些能力而言，则是一个纯然理知的对象，因为这个对象的行动根本不能算做感性的接受性。我们把这些能力称为知性和理性；尤其是理性，被十分本真地以杰出的方式与所有经验性地有条件的力量区别开来，因为它仅仅按照理念来考虑自己的对象，并据此来规定知性，知性在这种情况下对自己的（虽然也是纯粹的）概念作一种经验性的应用。

这种理性具有因果性，至少我们想象这种理性有一种诸如此类的因果性，这一点从我们在所有实践事务中作为规则加给实施的力量的那些**命令**就可以清楚知道。**应当**表示一种必然性和与种种根据的联结，它在整个自然中其他地方都不曾出现。

知性关于自然所能够知道的，只是**存在的东西**，或者过去曾经存在的东西，或者将来要存在的东西。自然中的某种东西**应当是**不同于它在所有这些时间关系中实际上所是的东西，这是不可能的。确实，当人们仅仅关注自然的进程时，应当就根本没有任何意义。人们根本就不能问，在自然中应当发生什么；这和不能问一个圆应当有什么样的属性是一样的；而是要问，在自然中发生了什么，或者圆有什么样的属性。

这种应当表示一种可能的行动，这种行动的根据除了一个纯然的概念之外，别无他物；而与此相反，一个纯然的自然行动的根据在任何时候都必须是一个显象。在应当指向行动时，行动当然必须在种种自然条件下才是可能的；但是，这些自然条件并不涉及任性本身的规定，而是仅仅涉及它在显象中的结果和后果。无论有多少自然的根据、有多少感性的诱惑推动我达到**意欲**，它们都不能造成应当，而是仅仅造成一种意欲，这种意欲远远不是必然的，而是任何时候都有条件的；与此相反，理性所宣布的应当则以尺度和目的，甚至禁止和尊重来与意欲相对立。无论这是纯然感性的对象（适意的东西）还是纯粹理性的对象（善的东西），理性都不服从那种经验性地被给予的根据，不遵从事物在显象中展现出来的那种秩序；而是以完全的自发性按照理念给自己造就一种独特的秩序，让经验性的条件适应这种秩序。它甚至按照理念宣布种种行动是必然的，这些行动**不曾发生**，而且也许将来也不发生，但尽管如此还是预设，理性在与它们的关系中能够有因果性；因为若不然，它就不能指望自己的理念有经验中的结果。

现在让我们在这里停下来，至少假定这是可能的：就显象而言，理性确实有因果性；虽然它是理性，它也必然自身展示出一种经验性的性质，因为任何原因都预设一条规则，某些显象按照这条规则作为结果继起；而每一条规则都要求结果的齐一性，这种齐一性论证了原因（作为一种能力）的概念；如果这个概念必须从纯然的显象得到说明，我们就可以把它称为经验性的性质。这种性质是持久不变的，但它的结果却根据伴随的、部分地起限制作用的条件的不同而以可变的形象显现。

在这种情况下，每一个人的任性都有一种经验性的性质，这种性质无非就是他的理性的某种因果性；这种因果性就自己在显象中的结果而言展示出一条规则，按照这规则，人们就能够根据其方式和程度来得知该因果性的理性根据和行动，并对该人的任性的主观原则做出判断。由于这种经验性的性质本身必须从作为结果的显象中、从经验显示的显象之规则得出，所以人在显象中的一切行动就都是从他的经验性性质和一同起作用的其他原因出发按照自然的秩序规定的；而且如果我们能够穷根究底地研究他的任性的一切显象，那么，就不会有任何一种人的行动我们不能可靠地预言并且从其先行的条件出发认识为必然的。因此，就这种经验性的性质而言，不存在有自由，而且如果我们只是想观察，并且像在人类学中发生的那样以自然学的方式研究人的行动的动因的话，那么，惟有按照这种经验性的性质我们才能考察人。

B578

〔373〕

但是，如果我们把同样一些行动与理性相关来考虑，而且不是为根据其起源来**解释**这些行动的思辨理性，而仅仅是就理性是**产生**这些行动本身的原因而言；一言以蔽之，如果我们出自**实践的**意图把这些行动与理性进行比较，那么，我们就发现一个与自然秩序完全不同的规则和秩序。因为也许一切按照自然进程**发生了**的，并且按照其经验性的根据必然不可避免地发生的东西，在这里都**不是应当发生的**。但是，我们有时候发现，或者相信至少可以发现，理性的理念确实证明了在人的作为显象的行动方面的因果性，而且这些行动之所以发生，并不是因为它们是由经验性的原因规定的，不是的，而是因为它们是由理性的根据规定的。

B579 　　假定人们可以说，理性在显象方面具有因果性；既然理性的行动在理性的经验性性质（感官的方式）中是极为精确地被规定和必然的，理性的行动还能够叫做自由的吗？经验性的性质又是在理知的性质（思维的方式）中被规定的。但我们并不认识思维的方式，而是通过真正说来惟有感官的方式（经验性的性质）直接给予供认识的显象来描述它。① 行动可以被归之于作为其原因的思维方式，尽管如此却根本不是按照经验性规律从思维方式得出的，也就是说，不是使纯粹理性的条件**先行**，而是仅仅使它们在内感官的显象中的结果**先行**。纯粹理性作为一种纯然理知能力，不从属于时间形式，因而也不从属于时间继起的条件。理性在理知性质中的因果性**并不**为了造成一

〔374〕 个结果而**产生**，或者在某个时间开始。因为若不然，它本身就
B580 会从属于显象的自然规律，因为自然规律按照时间规定着因果序列；而因果性在这种情况下就会是自然而不是自由。因此，我们将可以说：如果理性在显象方面能够有因果性，那么，它是一个经验性的结果序列的感性条件由以开始的一种能力。因为理性中所蕴涵的条件不是感性的，因而本身就不开始。据此，我们在所有经验性的序列中所惦念的东西，即一个渐进的事件序列的**条件**本身能够在经验性上是无条件的，在这种情况下就是成立的。因为在这里，条件在显象的序列**之外**（在理知

---

① 因此，行动的真正道德性（功与过）依然对我们来说是完全隐秘的，即便是我们自己的行为的真正道德性亦复如是。我们的归责只能与经验性的性质发生关系。但有多少这方面的纯粹结果可以归之于自由，有多少可以归之于纯然的自然和气质的无辜错误或者其幸运的性状（merito fortuna［幸运的功劳］），没有人能够探究，因而也没有人能够完全公正地裁断。

的东西中），因而不从属于任何感性条件，不由于在先的原因而从属于时间规定。

尽管如此，同一个原因在另一种关系中却也属于显象的序列。人本身是显象。他的任性有一种经验性的性质，这种性质就是他的所有行动的（经验性的）原因。没有一个根据这种性质来规定人的条件不包含在自然结果的序列之中，并且服从自然结果的规律，按照这一规律，在时间中发生的东西根本没有任何经验性上无条件的因果性。因此，没有任何被给予的行动（由于它只能被感知为显象）能够绝对自行开始。但关于理性，人们不能说：在它规定自己任性的状态之前先行着另一个该状态本身被规定的状态。因为既然理性本身不是显象，不服从感性的条件，在它本身里面就其因果性而言也就不存在时间继起，因而按照规则规定时间继起的自然力学规律就不能被运用于它。 B581

因此，理性是人在其中显现的所有任性行动的持久条件。这些行动在还没有作为行动发生之前，就每一个都在人的经验性的性质中被预先规定了。经验性的性质只不过是理知性质的感性图型罢了，就理知的性质而言，没有**在前**和**在后**；任何行动，无论它与其他显象处于什么样的时间关系之中，都是纯粹理性的理知性质的直接结果；因此，理性是自由地行动的，并不以力学的方式通过外在的或者内部的，但却先行的根据而在自然原因的链条中被规定；人们不可以把它的这种自由仅仅消极地视为对经验性条件的独立性（因为这样一来，理性的能力就不再是显象的原因了），而是要也积极地通过一种自行开始事件序列的能力来描述它，以至于在它里面没有任何东西开始，而是它作为任何任性行动的无条件的条件，在自身之上不允许任何在时间上先行的条件，然而，它的结果毕竟是在显象的序列中开始的，但绝不能在其中构成一个绝对最初的开端。 〔375〕

B582

　　为了从理性的经验性应用中举一个例子来说明理性的范导性原则，而不是为了证实这一原则（因为诸如此类的证明不适用于先验的主张），人们可以选取一个任性的行动，例如一个人由以在社会上造成某种混乱的恶意谎言；人们首先根据它由以产生的动因来研究它，然后判断它连同其后果如何能够被归咎于该人。出自前一个意图，人们审视他的经验性的性质直到其起源，人们在糟糕的教育、不良的社交，部分地也在一种不知羞耻的气质的恶劣中寻找这种起源，部分地把它推诿于轻率和欠考虑；在这方面，人们也没有忽视诱发的偶因。在这一切里面，人们的行事方式是和研究一个被给予的自然结果的规定性原因序列时一样的。尽管相信行动就是由此规定的，人们却

B583

依然责备肇事者，而且不是因为他的不幸的气质，不是因为影响他的那些情况，甚至也不是因为他过去奉行的生活方式；因为人们预设可以把这种生活方式过去怎样置之一旁，可以把已经逝去的条件序列视为没有发生的，但把这一事实视为就在先状态而言完全无条件的，就好像肇事者由此完全自行地开始一个后果序列似的。这种责备根据的是理性的一条规律，此时人们把理性视为一个原因，这个原因能够并且应当不顾上述一切

〔376〕

经验性的条件而以别的方式规定人的行为。而且人们并不把理性的因果性仅仅视为竞争，而是视为就其自身而言完备的，即使感性动力根本不赞同它，而是完全反对它；行动被归之于他的理知性质，现在，在他说谎的那一刻，它是完全有过的；因此，不管行为有什么样的经验性条件，理性都是自由的，行为可以完全归咎于理性的失责。

　　从这种归责的判断很容易就可以看出，人们在这里想到，

B584

理性根本不为所有那些感性所刺激；它也不变化（尽管它的显象，亦即它在自己的结果中表现自己的方式，是变化的）；在它里面，没有任何规定继起状态的状态先行；因此，它根本不

属于按照自然规律使得显象成为必然的感性条件的序列。它，即理性，对人在一切时间状态中的一切行动都是在场的，都是一回事，但它自己并不在时间中，并不陷入一个它之前并不在其中的新状态；就这种新状态而言，它是**规定者**，但却**不是可被规定者**。因此，人们不可以问：理性为什么不以别的方式规定**自己**？而是要问：它为什么不以别的方式通过自己的因果性规定**显象**？但是，对此不可能有一种回答。因为另外一种理知的性质会给予另外一种经验性的性质；而当我们说，不管他迄今为止所奉行的全部生活方式，肇事者毕竟还是能够不说谎的，那么这仅仅意味着，这谎言是直接处在理性的支配之下的，而理性就其因果性而言不从属于显象和时间进程的任何条件，时间的区别虽然能够造成显象彼此之间的一种基本区别，但既然显象不是事物自身，因而也不是原因自身，所以并不造成行动就与理性的关系而言的区别。

因此，我们对自由行动就其因果性而言所作的判断只能达 〔B585〕
到理知的原因，但却不能**超出这一原因**；我们能够认识到它是自由的，也就是说，不依赖于感性而被规定，并且以这样的方式能够是显象的感性上无条件的条件。但是，为什么理知的性质在呈现出来的情势下恰恰给予的是这些显象和这种经验性的
性格，对此作出回答远远超过了我们理性的一切能力，甚至超 〔377〕
过了理性哪怕仅仅提出问题的一切权限，就好像人们问：我们外部感性直观的先验对象何以恰恰给予的只是**空间中的**直观，而不是某种别的直观似的。然而，我们所要解决的课题根本不要求我们这样做，因为这一课题仅仅是：在同一行动中自由与自然必然性是否冲突，我们对此已经给予了充分的回答，因为我们指出了，既然在自由那里，可能与之发生关系的条件同在自然必然性那里完全不同种类，所以后者的规律也就不刺激前者，从而二者能够相互独立、丝毫不相互干扰地并存。

B586　　人们必须清楚地看到，我们并没有想由此阐述作为包含着我们感官世界的种种条件之原因的种种能力之一种的自由的**现实性**。因为除了这根本不会是仅仅与概念打交道的先验考察之外，它也不可能成功，因为我们从经验出发永远不能推论到某种根本不必按照经验规律来思维的东西。此外，就连证明自由的**可能性**，我们也根本没有去想；因为这也不会成功，原因在于，我们根本不能从纯然的先天概念出发认识任何实在根据和因果性的可能性。在这里，自由仅仅被当做一个先验理念来对待，通过它，理性设想通过感性的有条件者开始显象中的条件序列，但在这里就卷入了与它自己的规律的一种二论背反，这些规律是它为知性的经验性应用所规定的。我们惟一能够提供的，而且我们也惟一关切的东西是：这种二论背反所依据的是一种纯然的假象，自然与出自自由的因果性至少**并不冲突**。

〔378〕　　**四、显象一般就其存在而言的依赖性之总体性的宇宙论理**
B587　**念的解析**

在上一节中，我们就其力学序列而言考察了感官世界的变化，在那里，每一种变化都隶属于另一作为其原因的变化。现在，种种状态的这一序列对我们来说仅仅充当达到一种能够是一切可变者的最高条件的存在，亦即**必然的存在者**的向导。这里所涉及的不是无条件的因果性，而是实体本身的无条件的实存。因此，我们所面临的序列真正说来只不过是种种概念的序列，而不是种种直观的序列，这是就一直观是另一直观的条件而言的。

但人们很容易看出：既然种种显象之总和中的一切都是可变的，从而就存在而言是有条件的，所以在依赖性存在的序列中，任何地方都不可能有无条件的环节，其实存竟然会是必然的；因此，如果显象是物自身，但正因为此其条件与有条件者

在任何时候都属于同一个直观序列，那么，作为感官世界种种
显象的存在之条件的一个必然的存在者就永远不能成立了。 B588

但是，力学的追溯自身具有这种独特的、与数学的追溯有
别的东西：既然数学的追溯真正说来只能与各部分组合成一个
整体或者整体分解成其各个部分相关，所以这个序列的条件就
总是必须被视为这个序列的各个部分，因而被视为同类的，进
而被视为显象；相反，在力学的追溯中，所涉及的并不是由被
给予的各个部分组成的一个无条件整体的可能性或者一个被给
予的整体的一个无条件部分的可能性，而是从其原因推导出一
个状态，或者从必然的实体推导出实体本身的偶然存在，条件
就不可以必然地与有条件者构成一个经验性的序列。

因此，就呈现在我们面前的表面上的二论背反而言，还给 〔379〕
我们留下了一条出路，即所有两个相互冲突的命题在不同的关
系中可以同时是真的，以至于感官世界的所有事物都完全是偶
然的，从而也永远只有经验性上有条件的实存，尽管整个序列
还有一个非经验性的条件，也就是说，有一个无条件地必然的
存在者。因为这个存在者作为理知的条件，根本不作为序列的
一个环节（就连作为至上的环节也不是）而属于序列，也不使 B589
序列的任何环节成为经验性地无条件的，而是使整个感官世界
保持其贯穿所有环节的经验性上有条件的存在。因此在这里，
使一个无条件的存在成为种种显象的基础的这种方式，会有别
于上一节中（自由的）经验性上无条件的因果性，即就自由而
言，作为原因的事物本身（substantia phaenomenon ［作为现
象的实体］）尽管如此仍属于条件的序列，而只有它的因果性
被思维成理知的，但在这里，必然的存在者必须被思维成完全
在感官世界的序列之外的（作为 ens extramundanum ［世界之
外的存在者］），因而是纯然理知的，惟其如此，才能防止使它
自己从属于所有显象的偶然性和依赖性的规律。

因此，就我们的这一课题来说，理性的**范导性原则**就是：感官世界中的一切都有经验性上有条件的实存，在它里面就任何属性而言都没有一种无条件的必然性；条件的序列没有一个环节不使人们必须一直期待，并力所能及地寻找在一个可能的经验中的经验性条件，没有任何东西使我们有理由从经验性序列之外的一个条件推导出某一个事物，或者也在序列本身中把该事物视为绝对独立自主的；但尽管如此却根本不由此否认，整个序列能够依据某个理知的存在者（这个理知的存在者因此而没有任何经验性的条件，毋宁说包含着所有这些显象的可能性的根据）。

但在这里，所指的根本不是证明一个存在者的无条件地必然的存在，或者也不仅仅哪怕是在这上面建立感官世界种种显象之实存的一种纯然理知的条件的可能性；而是仅仅像我们限制理性那样，使理性不离开经验性条件的导线，陷入**超验的**、不能作出具体阐述的解释根据，因而另一方面也限制知性的纯然经验性应用的规律，以免它对一般事物的可能性作出裁定，而且即使理知的东西在解释显象方面对我们来说毫无用处，也并不因此就把它宣布为不**可能的**。因此，由此仅仅指出，所有的自然事物及其所有的（经验性的）条件无一例外的偶然性都能够与一个必然的，尽管纯然理知的条件的任性预设共存，因而在这些主张之间找不到真正的矛盾，从而它们**双方都能够是真的**。即便这样一个绝对必然的知性存在者自身是不可能的，这一点也毕竟绝不能从一切属于感官世界的东西的普遍偶然性和依赖性推论出来，同样也绝不能从不停留在感官世界的任何一个偶然环节并诉诸世界之外的一个原因的原则推论出来。理性就经验性应用而言按正常情况进行，就先验应用而言则按特殊情况进行。

感官世界所包含的无非是显象，而显象则是纯然的表象，表象又总是在感性上有条件的；而既然我们在这里绝不以物自身为我们的对象，所以毫不奇怪，我们绝对没有权利从经验性序列的一个环节——不管它是哪个环节——跳出感性的联系，就像它们是在它们的先验根据之外实存的物自身，而且人们可以为了在它们外面寻找它们存在的原因而离开它们似的；这一点，对于偶然的**事物**来说当然是最终必然发生的，但对于事物纯然的**表象**来说就不行，表象的偶然性本身只是现象，而且除了规定现象的回溯之外，也就是说，除了经验性的回溯之外，不可能导致任何别的回溯。但是，设想种种显象亦即感官世界的一个理知的根据，并设想它摆脱了种种显象亦即感官世界的偶然性，这既不与显象序列中不受限制的经验性回溯相悖，也不与显象无一例外的偶然性相悖。但是，这也是我们为消除表面上的二论背反惟一能够提供的东西，而且只能以这种方式做这件事。因为如果每一个（就其存在而言）有条件者每次的条件都是感性的，正因为此是属于序列的，那么，它本身就又是有条件的（就像第四个二论背反的反论所表明的那样）。因此，要么是与要求无条件者的理性的冲突必然依旧存在，要么这种东西必须被置于序列之外，被置于理知的东西中，理知的东西的必然性既不需要也不容许经验性的条件，因而相对于显象来说是无条件地必然的。 B592
〔381〕

理性（就感官世界中的存在的条件而言）的经验性应用并不因为承认一个纯然理知的存在者而受到影响，而是按照无一例外的偶然性的原则从经验性的条件前进到一直还是经验性的更高条件。但同样，如果所涉及的是理性（就目的而言）的纯粹应用，这种范导性的原理也并不排除假定一个不在序列中的理知原因。因为在这时，那个原因就只不过是意味着一般感性序列的可能性的对我们来说纯然先验的和未知的根据罢了，这个根据的不依赖于感性序列的一切条件，并且就这些条件而言无条件地必然的存在，根本不与感性序列未被设置界限的偶然性相悖，从而也根 B593
本不与经验性条件的序列中永无止境的回溯相悖。

纯粹理性整个二论背反的最后说明

只要我们以我们的理性概念仅仅把感官世界中的条件的总体性以及就它们而言能够发生什么有利于理性的东西作为对象，我们的理念就虽然是先验的，但却毕竟是**宇宙论的**。但是，一旦我们把无条件者（这里毕竟本来谈的就是无条件者）置于完全处在感官世界之外，因而处在一切可能的经验之外的东西里面，理念就成为**超验的**：它们就不只是被用于完成理性的经验性应用（这种完成始终是一个永远不能实行的，但尽管如此却可以遵循的理念），相反，它们还把自己与这种经验性应用分开，使自己成为对象；这种对象的材料并非取自经验，

〔382〕

其客观实在性也不依据经验性序列的完成，而是依据纯粹的先天概念。诸如此类的超验理念有一种纯然理知的对象，承认这种对象是人们除此之外一无所知的先验客体固然是允许的，但

B594

是，我们在自己这方面既没有可能性的根据把它（作为独立于一切经验概念的）设想为一个可以通过其独特的和内在的谓词来规定的事物，也没有丝毫正当的理由来假定这样一个对象，因此它是一个纯然的思想物。尽管如此，在所有的宇宙论理念中，引起第四个二论背反的理念却使我们斗胆采取这一步骤。因为显象的在自身中完全没有根据的，而是始终有条件的存在要求我们：探究某种与一切显象有别的东西，从而探究一种偶然性在其中终止的理知对象。但是，由于在我们曾经允许自己在全部感性的领域之外假定一种独立自存的现实性的时候，显象只能被视为这样一些本身是理智的存在者对理知对象的偶然表象方式，所以给我们存留下来的就无非是类比，我们按照类比利用经验概念，以便对我们就自身而言没有丝毫知识的理知事物形成某些概念。由于我们无非是通过经验来认识偶然的事

物的，而在这里所谈的是根本不应当是经验对象的事物，所以我们将必须从就自身而言必然的东西、从事物的纯粹概念引申出它们的知识。因此，我们在感官世界之外所采取的第一个步骤迫使我们从研究绝对必然的存在者开始我们的新知识，从绝对必然的存在者的概念引申出一切纯然理知的事物的概念；我们要在下一篇着手这一尝试。

B595

第三篇
纯粹理性的理想

〔383〕

第一章 论一般的理想

我们在上面已经看到，没有感性的条件，通过**纯粹的知性概念**，根本不能表象任何对象，因为缺乏这些概念的客观实在性的条件，而且在它们里面所发现的无非是纯然的思维形式。尽管如此，如果人们把它们运用于显象，就能够得到具体的表现；因为在显象那里，它们真正地拥有经验概念的材料，而经验概念无非是具体的知性概念。但是，**理念**比范畴更远离客观的实在性；因为找不到任何显象使理念能够具体地表现自己。理念包含着任何可能的经验性知识都达不到的某种完备性，而理性在这里只想要一种系统的统一性，它试图使经验性上可能的统一性接近系统的统一性，但却永远不能完全达到它。

B596

但是，我称之为**理想**的东西似乎比理念还远离客观的实在性。所谓理想，我所理解的不仅仅是具体的理念，而且是个体性的理念，也就是说，是一个个别的、惟有通过理念才能被规定或者已经被规定的事物。

人性就其全部完善性而言，不仅包含着一切属于这种本性的、构成我们关于这种本性的概念的本质属性的扩展，直到与它们那就是我们的完善人性的理念的目的完全符合，而且还包含着在这一概念之外属于理念无一例外的规定的东西；因为在所有相互对立的谓词之中，毕竟只有惟一的一个适合完善的人的理念。对我们来说是一个理想的东西，对**柏拉图**来说就是一个**属神知性的理念**，是这种知性的纯粹直观中的一个个别的对象，是任何一种可能的存在者的最完善者，是显象中一切摹本的原型。

〔384〕

B597

但是，我们并不如此肆无忌惮，我们必须承认，人的理性不仅包含理念，而且也包含理想，这些理想虽然不像**柏拉图的理想**那样具有创造性的力量，但毕竟（作为范导性的原则）具有实践的力量，并且为某些**行动**的完善性的可能性奠定了基础。道德概念并不完全是纯粹的理性概念，因为它们以某种经验性的东西（快乐或者不快）为基础。尽管如此，就理性为就自身而言没有规律的自由设置限制所凭借的原则来讲（因而当人们只注意它们的形式时），它们却尽可以用做纯粹理性概念的实例。德性以及伴随它的人类智慧，在其完全的纯粹性上，就是理念。但是，（斯多亚主义者的）智者却是一个理想，也就是说，是一个仅仅在思想中实存，但与智慧的理念完全符合的人。就像理念提供**规则**一样，理想在这样的场合也可以用做摹本无一例外的规定的原型；而且对于我们的行动来说，我们所拥有的准绳无非是这个属神的人的行为，我们把自己与它进行比较，对自己作出判断，并由此来改善自己，尽管永远也达不到它。这些理想，虽然人们不能承认它们有客观的实在性（实存），但却毕竟不能被因此而视为大脑的虚构，相反，它们提供了理性

B598

的一种不可或缺的准绳，理性需要在自己的类中完备无缺的东西的概念，以便由此估量和衡量不完备的东西的程度和缺陷。但是，要在一个实例中，也就是说在显象中实现理想，例如一部小说中的智者，却是行不通的，而且除此之外自身还有悖理之处，少有教化的东西，因为不断地损害理念中的完备性的那

些自然限制，使得这样的尝试中的一切幻觉都成为不可能的，从而使得理念中蕴涵的善本身成为可疑的，类似于一种虚构。

理性的理想就是这种情况，它在任何时候都依据一定的概念，并且必然充当无论是遵循还是判断的规则和原型。想象力的种种造物则完全是另一情形，没有人能够说明白它们，并且给出一个可理解的概念；它们仿佛是一些**交织字母**，仅仅是一些个别的特征，尽管不能按照任何可告知的规则来规定这些特征；与其说它们构成一个确定的图像，倒不如说它们构成一幅仿佛在不同的经验的介质中飘移的素描，画家和相士伪称在自己的头脑中有诸如此类的东西，据说这是他们的产品或者他们的判断的一种不可言传的影像。它们可以——虽然只是非本意地——被称做感性的理想，因为据说它们是可能的经验性直观的不能达到的模型，尽管如此却不提供任何能够说明和检验的规则。 〔385〕

与此相反，理性及其理想的意图是按照先天的规则进行普遍的规定；因此，它思维一个应当按照种种原则普遍地可规定的对象，尽管在经验中缺乏这方面的充足的条件，因而概念本身是超验的。 B599

第二章　论先验的理想（Prototypon transscendentale ［先验的原型］）

任何一个**概念**，就它本身里面不包含的东西而言，是未被规定的，并且从属于可**规定性**的原理：在**任何**两个彼此矛盾对立的谓词中间，只有一个能够属于该概念。这条原理依据的是矛盾律，因而是一条纯然逻辑的原则，它抽掉了知识的一切内容，仅仅关注知识的逻辑形式。

但是，任何一个事物按照其可能性都还从属于**普遍的规定**的原理，按照这条原理，在**事物所有可能的谓词**中间，如果把

B600 这些谓词与它们的对立面进行比较，就必然有一个谓词属于该事物。这依据的不仅仅是矛盾律；因为它除了在两个相互冲突的谓词的关系之外，还在与**全部的可能性**亦即一般事物的所有谓词之总和的关系中考察每一个事物；而由于它预设这样的可能性是先天的条件，所以它表现每一个事物，都如同该事物从自己在那个全部的可能性中所占的份额引申出其自己的可能性

〔386〕 一样。①因此，普遍的规定的原则涉及内容，而不仅仅涉及逻辑形式。它是应当形成一个事物的完备概念的一切谓词之综合的原理，而不仅仅是凭借两个对立的谓词中的一个的分析表象

B601 的原理，而且包含着一种先验的预设，也就是说，**一切可能性**的质料的预设，这种质料应当先天地包含着任何事物的**特殊**可能性的材料。

凡是实存的东西都是普遍地被规定的，这一命题不仅仅意味着，在每一对相互对立的**被给予的**谓词中总有一个属于该实存的东西，而且也意味着，在所有**可能的**谓词中总有一个属于它；通过这一命题，不仅仅是把种种谓词相互之间以逻辑的方式加以比较，而且是把事物本身与所有可能的谓词的总和以先验的方式加以比较。这等于是想说：为了完备地认识一个事物，人们就必须认识一切可能的东西，并由此或肯定地或否定地规定它。因此，普遍的规定是一个我们绝不能按照其总体性来具

---

① 因此，通过这一原理，任何事物都与一个共同的相关物亦即全部的可能性相关，而全部的可能性（也就是说，一切可能的谓词的材料）如果是在惟一的一个事物的理念中发现的，就会通过一切可能的东西的普遍的规定之根据的同一性来证明一切可能的东西的亲和性。任何一个概念的**可规定性**都隶属于排中律的普遍性（universalitas），而一个**事物**的**规定**则隶属于**全称性**（universitas）或者一切可能的谓词的总和。

体地表现的概念，因此，这个概念的根据是一个理念，该理念惟有在给知性规定其完备应用的规则的理性中才有其位置。

虽然**一切可能性的总和**的这一理念，就该总和作为条件是任何一个事物普遍的规定的基础而言，在可能构成该总和的种种谓词方面本身还是未被规定的，而且我们由此所思维的，在根本上无非就是一切可能的谓词的总和，然而，我们在更仔细的研究中毕竟发现，这个理念作为元始概念排除了一大堆作为通过别的谓词引申出来的而已经被给予的，或者与其他谓词不能共存的谓词；它把自己提炼为一个普遍先天地被规定的概念，并由此成为一个单一的对象的概念，这个对象通过纯然的理念完全地被规定，从而必须被称为纯粹理性的**理想**。 B602 〔387〕

当我们不仅仅以逻辑的方式，而且以先验的方式来考虑一切可能的谓词的时候，也就是说，当我们按照在它们那里能够先天地思维的内容来考虑它们的时候，我们发现，通过它们中的一些被表现的是一种存在，通过它们中的另一些被表现的是一种纯然的不存在。仅仅通过"不"这个字来表示的逻辑否定真正说来绝不依附于一个概念，而是仅仅依附于该概念与判断中另一个概念的关系，因而远远不足以就其内容而言描述一个概念。"不死的"这一表述根本不能使人认识到，由此对象那里的一种纯然的不存在得到了表现，而是使一切内容都未受触及。与此相反，一种先验的否定意味着先验的肯定与之对立的不存在自身，先验的肯定是一个某物，该某物的概念自身就已经表达着一种存在，从而被称为实在性（物性），因为惟有通过它，而且就它所及，对象才是某物（物），与此相反，对立的否定意味着一种纯然的阙如，而且在仅仅思维它的地方，被表现的是一切事物的取消。 B603

于是，除非以相反的肯定作为基础，没有人能够确定地设想一种否定。天生的盲人不能对黑暗形成丝毫的表象，因为他没有光明的表象；野蛮人不能对贫穷形成丝毫的表象，因为他不知道富足①；无知者对他自己的无知没有概念，因为他对知识没有概念，等等。因此，种种否定的一切概念都是派生的，而实在性则包含着一切事物的可能性和普遍规定的材料，可以说是包含着其质料或者先验内容。

〔388〕 因此，如果把一种先验的基底作为我们理性中的普遍规定的基础，这种基底仿佛能够被当做材料的全部储备，从而被当做事物的一切可能的谓词，那么，这个基底就不是别的什么东

B604 西，它就是一个实在性的大全（omnitudo realitatis）的理念。在这种情况下，一切真正的否定都无非是**限制**，如果不以无限制者（大全）作为基础，它们就不能被称为限制。

但是，通过对实在性的这种全部占有，**一个物自身**的概念也被表象为普遍被规定的，而一个 entis realissimi〔最实在的存在者的〕概念就是一个单一的存在者的概念，因为在它的规定中，发现了所有可能的对立谓词中的一种谓词，即绝对属于存在的谓词。因此，这个存在者是一个先验的**理想**，它是在一切实存的东西那里必然被发现的普遍规定的基础，构成其可能性的至上的和完备的质料条件，一般对象的一切思维在其内容上都必须回溯到这个条件。但是，它也是人类理性所能有的惟一真正的理想，因为只有在这个惟一的场合里，一个事物就自身而言的普遍概念才通过自身而被普遍规定，并被认做一个个体的表象。

通过理性对一个概念的逻辑规定所依据的是选言的理性推

---

① 天文学家的观察和计算已经教导了我们许多值得惊赞的东西，但最重要的是他们为我们揭示了无知的深渊，没有这种知识，人类理性绝不能想象这一深渊有如此之深，对此的反思必然在对我们的理性应用的终极目的做出规定时造成一种巨大的变化。

理；在这一推理中，大前提包含着一个逻辑划分（对一个普遍概念的范围的划分），小前提把这个范围限制到一个部分，而结论则用这个部分来规定概念。一个一般实在性的普遍概念不能被先天地划分，因为没有经验，人们就不知道实在性的任何包含在那个类之下的确定的种。因此，一切事物的普遍规定的先验大前提，无非就是一切实在性的总和的表象，不仅仅是一个把一切谓词都按照其先验的内容包摄**在自身之下**的概念，而且是把它们都包摄**在自身之中**的概念；而任何一个事物的普遍规定所依据的都是对实在性的这种**大全**的限制，因为实在性的一些因素被归之于事物，其余的则被排除了，这与选言大前提的非此即彼和通过小前提中这种划分的种种环节之一对对象的规定是一致的。据此，理性把先验理想奠定为它规定一切可能事物的基础所凭借的应用，就类似于它在选言的理性推理中行事所遵循的那种应用；这就是我在上面奠定为对一切先验理念的系统划分之基础的命题，按照这个命题，它们被产生出来，与三种理性推理平行且相适应。

〔389〕

B605

不言而喻，理性为了它的这一目的，即仅仅表现事物必然的普遍规定，并不预设这样一个符合理想的存在者的实存，而是仅仅预设它的理念，以便从普遍规定的无条件的总体性中引申出有条件的总体性，亦即受限制者的总体性。因此，理想对它来说是一切事物的原型（Prototypon），而一切事物全都作为有缺陷的摹本（ectypa）从它获取其可能性的材料，而且即使或多或少地接近它，但却在任何时候都远远不能达到它。

B606

在这种情况下，事物（就其内容而言的杂多之综合）的一切可能性都被视为派生的，惟有在自身中包含着一切实在性的事物的可能性被视为源始的。因为一切否定（它们毕竟是一切东西与最实在的存在者能够被区别开来所凭借的惟一谓词）都是对一个更大的实在性、最终对最高的实在性的纯然限制，所以它们都以这种实在性为前提条件，而且在内容上纯然从这种实在性引申出自己。事物的一切杂多性都只不过是限制作为它们共同基底的最高实在性的概念的一种同样杂多的方式罢了，就像一切图形都惟有作为限制无限的空间的不同方式才有可能一样。因此，它们的理想仅仅在理性中存在的对象也被称为**元始存在者**（ens orginarium），就在它之上没有任何东西而言，被称为**最高存在者**（ens summum），就一切都作为有条件的而隶属于它而言，被称为**一切存在者的存在者**（ens entium）。但是，所有这些都并不意味着一个现实的对象与其他事物的客观关系，而是意味着**理念**与**概念**的关系，并且使我们对一个具有如此出类拔萃的优势的存在者之实存依然完全无知。

〔390〕 由于我们也不能说，一个元始存在者是由诸多派生的存在者组成的，因为后者中的每一个都以前者为前提条件，从而就不能构成前者，所以，元始存在者的理想也必须被设想为单纯的。

因此，一切其他的可能性都从这一元始存在者派生出来，这准确地说也不能被视为对它的最高实在性的一种**限制**，就好像是对这种实在性的一种**分割**似的；因为在这种情况下，元始存在者就会被视为种种派生的存在者的一个纯然的集合体，而这按照我们以上所说是不可能的，尽管一开始的时候，我们在最初粗略的梗概中曾这样表现过它。毋宁说，一切事物的可能性都以作为一个**根据**的最高实在性为基础，而不是以作为**总和**的最高实在性为基础，而且前者的杂多性所依据的也不是对元始存在者本身的限制，而是它的完备的后果；在这种情况下，就连我们的全部感性以及显象中的一切实在性也都属于这一后果，它们不能作为一种成分属于最高存在者的理念。

如果我们通过把我们的这个理念实体化来进一步深究它，我们就可以通过最高实在性的纯然概念来把元始存在者规定为一个惟一的、单纯的、极为充足的、永恒的等等的存在者，一

B607

B608

言以蔽之，就它无条件的完备性而言通过一切谓词来规定它。这样一个存在者的概念在先验的意义上来说就是上帝的概念；于是，如同我在上面也说过的那样，纯粹理性的理想就是一种先验**神学**的对象。

然而，先验理念的这种应用毕竟已经超越了它的规定与许可的界限。因为理性只是把它作为一切实在性的**概念**奠定为事物的普遍规定的基础的，并没有要求所有这些实在性都是客观地被给予的，而且甚至构成一个事物。这样的事物是一个纯然的虚构，通过它我们把我们的理念的杂多作为一个特殊存在者的理想中结合起来，我们并没有这样做的权限，甚至就连直截了当地接受这样一种假设的可能性的权限也没有；就像从这样一个理想得出的所有结果与一般事物的普遍规定——除了理念为此目的所必需之外——都毫无关涉，也没有丝毫影响一样。

仅仅描述我们理性的程序和它的辩证法是不够的，人们还必须力求揭示这种辩证法的源泉，以便能够说明这种幻相是知性的一种现象；因为我们所说的理想，其根据在于一种自然的，而非纯然任性的理念。因此我问：理性何以能够把事物的一切可能性都视为派生自一个惟一的作为基础的可能性，也就是说派生自最高实在性的可能性，并在这种情况下预设后者是包含在一个特殊的元始存在者里面的？ 〔391〕
B609

答案自行从先验分析论的探讨中呈现出来。感官对象的可能性是这些对象与我们的思维的一种关系，其中某物（也就是说经验性的形式）能够被先天地思维，而构成质料的东西，即显象中的实在性（与感觉相应的东西）则必须是被给予的；没有这种东西，某物就根本不能被思维，从而它的可能性就不能被表象。于是，一个感官对象惟有在它与显象的所有谓词进行比较，并通过这些谓词被肯定地或者否定地表象的时候，才能够被普遍地规定。但是，由于其中构成（显象中的）事物本身

B610 的东西，亦即实在的东西，必须是被给予的，没有这种东西事物就根本不能被思维；而一切显象的实在的东西在其中被给予的东西，是惟一的包囊一切的经验，所以，感官一切对象的可能性的质料就必须被预设为在一个总和中被给予的，经验性对象的一切可能性、它们彼此之间的区别以及它们普遍的规定所依据的都只能是这个总和的限制。如今，事实上除了感官的对象之外，没有别的任何对象能够被给予我们，而且除了在一个可能经验的关联中之外，也不能在任何地方被给予我们，因此，如果不预设一切经验性的实在性的总和为自己的可能性的条件，就没有任何东西对**我们**来说是一个对象。按照一种自然的幻觉，我们如今把这视为一条必然对一切事物完全有效的原理，但它真正说来却只对作为我们感官的对象被给予的事物有效。因此，我们将通过除去这种限制，把我们对于作为显象的事物之可能性的概念的经验性原则视为一般事物的可能性的先验原则。

〔392〕

但是，我们据此把一切实在性的总和的这个理念实体化，则是因为我们辩证地把知性的经验应用的**分配**的统一转变为一个经验整体的**集合**的统一，并根据这个显象的整体思维一个单

B611 一的、自身包含着一切经验性的实在性的事物，该事物此后被凭借上面已经论述的先验偷换，与一个居于一切事实的可能性之巅、为一切事物的普遍规定提供实在条件的事物的概念相混淆。①

---

① 因此，最实在的存在者的这个理想虽然是一个纯然的表象，却首先被实在化，也就是说被当做客体，然后被实体化，最后通过理性向着统一性之完成的自然进步，如我们马上要引证的那样，甚至被人格化；因为经验的范导性统一并不基于显象自身（惟独感性），而是基于其杂多通过知性（在一个统觉中）的联结，因而最高实在性的统一和一切事物无一例外的可规定性（可能性）似乎就在一个最高的知性中，从而在一个理智中。

第三章　论思辨理性推论到一个最高 存在者的存在的论据

尽管理性有迫切的需要，即预设某种能够完备地为知性普遍地规定自己的概念而奠定基础的东西，它察觉这样一种预设的理想因素和纯然虚构因素也毕竟太容易了，以至于如果不是由此以另外的方式被逼迫，要在被给予的有条件者向无条件者回溯时在某个地方寻找歇息地的话，它就不应当单凭这点而被说服，把它的思维的一个纯然自造物假定为一个现实的存在者；无条件者虽然就自身而言并且根据其纯然概念并不是作为现实的而被给予出来，但惟有它才能完成被引向其根据的诸般条件的序列。这是任何人类理性，甚至最通常的人类理性都在采取的自然进程，尽管并不是每一种都在这上面坚持到底。理性不是从概念开始，而是从通常的经验开始，因而奠定了某种实存的东西作为基础。但是，如果这个地基不是建立在绝对必然者的不可动摇的磐石之上，它就会沉陷。但这磐石如果在自身之外和之下还有空的空间，而且如果它不是自己充填一切并由此不再给"为何"留下余地，也就是说就实在性而言是无限的，那么，它自己就会没有支撑而漂浮不定。 B612 〔393〕

如果有东西——不管它是什么——实存，那就必须也承认某种东西**以必然的方式**实存。因为偶然的东西惟有在另一偶然的东西作为其原因的条件下才实存，而推论又继续适用于这一原因，直至一个并非偶然地，正因为此无须条件而以必然的方式存在的原因。这就是理性论证其向元始存在者的前进所依据的论证。

于是，理性到处寻找一个作为无条件的必然性而与这样一种实存优势相适合的存在者的概念，不是为了在这种情况下从它的概念先天地推论到它的存在（因为如果理性胆敢这样做， B613

它就完全可以仅仅在纯然的概念之间进行研究，不必奠定一个被给予的存在作为基础），而是仅仅为了在可能事物的一切概念中间找到那个自身不包含任何与绝对的必然性相冲突的东西的概念。因为毕竟必须有某种东西绝对必然地实存着，这一点它按照前一个推论就已经视为确定无疑的。如果它现在能够把一切与这种必然性不相容的东西都除去，只剩下一个东西，那么，这个东西就是绝对必然的存在者，而不论人们是否能够把握它的必然性，亦即是否能够仅仅从它的概念推导出这种必然性。

于是，其概念对一切"为何"都包含着"为此"的东西，在任何部分和任何方面都没有缺陷，在任何地方作为条件都是充足的，正因为此看起来就是适合于绝对的必然性的存在者，因为它由于自身具有一切可能的东西的一切条件而本身不需要任何条件，甚至不能有诸如此类的条件，所以至少在一点上满足了无条件的必然性的概念，在这点上没有任何别的概念能够与它媲美；别的概念由于本身是有缺陷的和需要补充的，所以自身没有表现出任何这样不依赖于一切其他条件的特征。确实，从这里还不能肯定地推出：自身不包含最高的和在一切方面都完备的条件的东西，因此就本身在其实存上必然是有条件的；但是，它毕竟自身不具有无条件的存在的惟一标志，理性掌握这种标志，乃是为了通过一个先天的概念把某一个存在者认定为无条件的。

B614
〔394〕

因此，一个具有最高实在性的存在者的概念在可能事物的所有概念中间最适合成为一个无条件地必然的存在者的概念，而且即便它不完全满足这一概念，我们也毕竟别无选择，而是发现自己被迫依据它；因为我们不可以把一个必然存在者的实存当做耳旁风，但如果承认这种实存，我们毕竟在可能性的整个领域里找不到任何东西能够对存在中的这样一种优势提出更有根据的要求。

因此，人类理性的自然进程就是这种性质。首先，它相信**某一个**必然的存在者的存在。在这个存在者中，它认识到一种无条件的实存。于是，它就去寻找不依赖于任何条件者的概念，并且在本身就是其他一切事物的充足条件的东西中，也就是说，在包含着一切实在性的东西中找到了这一概念。但是，没有限制的大全就是绝对的统一性，并且带有一个惟一的存在者亦即最高的存在者的概念；这样，它就推论出，最高的存在者作为一切事物的始基，是以绝对必然的方式存在的。 B615

如果谈到**决断**，也就是说，如果应当承认某一个必然的存在者的存在，而且人们一致同意必须对把这个存在者置于何处表明党派立场的话，那么，这一概念具有某种缜密性是无可争议的；因为在这种情况下，人们不可能作出更适当的选择，或者毋宁说人们别无选择，而是被迫赞同作为可能性之根源的完备实在性的绝对统一性。但是，如果没有任何东西推动我们作出决断，而且我们宁可把整个事情搁置一旁，直到我们被充足分量的证明根据所迫使而表示赞同，也就是说，如果这只是涉及**判断**我们对这一课题知道多少，哪怕是我们自诩知道什么，那么，上述推论就显得远远不是如此有利，而需要偏爱来弥补其合法要求的不足了。

这是因为，即便我们让一切都保持像此处在我们面前呈现的样子；也就是说，首先，从任何一个被给予的实存（必要时也仅仅是我自己的实存）都可以有一个正确的推论，推出一个无条件地必然的存在者的实存；其次，我必须把一个包含着一切实在性，因而也就包含着一切条件的存在者视为绝对无条件的，因此，适合于绝对必然性的事物的概念就由此找到了；然而，从中毕竟根本不能推论说，一个不具有最高实在性的受限制的存在者的概念因此就与绝对的必然性相矛盾。因为尽管我在它的概念中没有发现已经带有种种条件之大全的无条件者，但从 〔395〕 B616

中毕竟根本不能得出结论说，它的存在正因为此而必然是有条件的；就像我在一个假言的理性推理中不能说：凡是不存在某种条件（此处也就是根据概念而来的完备性的条件）的地方，就也不存在有条件者。毋宁说，即使我们不能从我们关于其余一切受限制的存在者所拥有的普遍概念推论出它们的必然性，但也让它们同样被视为无条件地必然的，这是随我们的便的。但以这样的方式，这个论证就不会给我们造就丝毫关于一个必然存在者的属性的概念，而且在任何地方都不会提供任何东西。

B617　　尽管如此，这个论证仍然具有某种重要性和一种威望，还不能因为这种客观上的不充分就马上剥夺它的这种威望。因为假定有一些义务，它们在理性的理念中是完全正确的，但是，如果不预设一个能够给予实践法则以效果和强调的最高存在者，它们就会没有运用于我们本身的任何实在性，也就是说，没有动机，所以，我们也会有一种义务来遵循这些概念，它们即使不可能是客观上充分的，但毕竟按照我们理性的尺度是占压倒优势的，而且与它们相比，我们毕竟不知道有更好、更有确证能力的东西。选择的义务在这里就会由于一种实践的附加物而使思辨的踌躇失去平衡，甚至理性即便自己本身是最宽恕的法官，如果它在迫切的动因下，哪怕只是洞察力有缺陷，而不去遵循其判断的这些根据——我们毕竟至少不知道有比它们更好的根据——也会找不到辩护理由的。

〔396〕　　这个论证即使由于事实上依据的是偶然事物的内在不充分性而是先验的，也毕竟是如此简单和自然，以至于最平常的人之感觉一旦被引导到这上面来，这一论证就适合于它。人们看到事物变化、产生和消亡；因此，它们或者至少是它们的状态，就必须有一个原因。但是，关于每次在经验中能够被给予的任何原因，又都可以追问这一点。所以，无论我们把**至上的**

B618　因果性置于何处，都不应当比置于也有**最高的**因果性的地方更为合理，也就是说，置于在自身中源始地包含着任何可能结果的充分性的存在者之中，它的概念也很容易通过无所不包的完善性这个惟一的特征建立起来。在这种情况下，我们把这个最高的原因视为绝对必然的，因为我们发现绝对有必要一直上升到它，没有理由还要进一步超越它。因此，我们在一切民族那里都毕竟看到一神论的若干微光透过它们最盲目的多神教映现出来，导致这种情况的，不是反思和深刻的思辨，而只是通常知性逐渐变得明了的自然进程。

从思辨理性出发只有三种上帝存在的证明方式是可能的

人们在这方面所能够选择的所有道路，要么是从确定的经验和由这种经验所认识的我们感官世界的特殊性状开始，并根据因果律由它一直上升到世界之外的最高原因；要么经验性地以不确定的经验为基础，也就是说以某一种存在为基础；最后，要么抽掉一切经验，完全先天地从纯然的概念推论到一个最高原因的存在。第一种证明是**自然神学的**证明，第二种证明是**宇宙论的**证明，第三种证明是**本体论的**证明，没有更多的证明方式，也不可能有更多的证明方式。

我将阐明：理性沿着一条道路（经验性的道路）和沿着另一条道路（先验的道路）同样少有建树，而且理性徒然地张开自己的双翼，要单凭思辨的力量超越于感官世界之上。至于这些证明方式必须在其中得到检验的秩序，则恰好与逐渐扩展的理性所采取的秩序，以及我们最初也将它们置入的那个秩序相反。因为将要表明的是：尽管经验提供了这方面的最初诱因，但纯然是**先验的**概念引导着理性作出它的这种努力，并在所有这样的尝试中揭示出理性给自己规定的目标。因此，我将从检验先验的证明开始，然后再看一看，经验性东西的附加能够对扩大它的证明力量做些什么。

B619

〔397〕

B620

第四章　论上帝存在的本体论证明的不可能性

从以上所述人们很容易看出：一个绝对必然的存在者的概念是一个纯粹的理性概念，也就是说，是一个纯然的理念，它的客观实在性凭借理性需要它还远远没有得到证明，它也只是对某一种尽管无法达到的完备性提供了指示，而且真正说来，与其说是被用来把知性扩展到新的对象上，倒不如说是被用来给理性设置界限。如今，这里所存在的令人惊异和荒谬的东西是，从一个被给予的一般存在到某个绝对必然的存在的推论似乎是迫切的和正确的，而尽管如此，我们对于这样一种必然性形成一个概念所具有的一切知性条件却完全与我们相悖。

在一切时代里，人们都谈到过**绝对必然的**存在者，而且没有像证明它的存在那样去花费同样多的力气，来理解人们是否以及如何能够哪怕是仅仅思维一个此类的事物。如今，虽然这个概念的名称解释是十分容易的，也就是说，它是其不存在不可能的某种事物；但是，就使得把一个事物的存在视为绝对不

B621

可思议成为不可能的条件而言，人们由此却**丝毫没有变得更聪明**，而这些条件本来是人们想要知道的东西，也就是说，我们是否通过这个概念在任何地方都思维了某种东西。因为凭借

〔398〕

"无条件的"这个词把知性为了将某种东西视为必然的而在任何时候都需要的一切条件抛弃掉，这还远远没有使我理解，我在这种情况下通过一个无条件必然的东西的概念是还在思维着某种东西，还是也许根本不思维任何东西。

更有甚者，这个纯然碰运气贸然得来的，最后变得极为流行的概念，人们还相信已通过大量的实例作出了说明，以至于所有进一步的追问都显得由于它的明白易懂性而完全不必要。几何学的任何一个命题，例如一个三角形有三个角，是绝对必

然的；于是，人们就谈论起一个完全处在我们知性的领域之外的对象，就好像人们完全清楚地懂得自己以这个概念关于这个对象所想说的东西似的。

一切预先给予的实例都无一例外地仅仅取自**判断**，而不是取自**事物**及其存在。但判断无条件的必然性却不是事物的绝对必然性。因为判断的绝对必然性只不过是事物或者判断中的谓词的有条件的必然性罢了。上面那个命题并不是说三个角是绝对必然的，而是说在三角形存在（被给予）的条件下，也有（它里面的）三个角以必然的方式存在。尽管如此，这种逻辑的必然性却证明了其幻觉的一种如此巨大的力量，使得人们由于关于一个事物形成了一个先天概念，这个概念被如此提出，以至于人们根据自己的意见把存在一起包括进它的范围，就由此相信能够有把握地推论出：由于存在必然地属于这个概念的客体，也就是说，在我把这个事物设定为被给予的（实存的）这种条件下，它的存在也必然（按照同一律）被设定，因而这个存在者本身就是绝对必然的，因为它的存在在一个任意假设的概念中、在我设定这个概念的对象的条件下也一起被思维了。 B622

如果我在一个同一的判断中取消谓词而保留主词，就产生出一种矛盾，所以我说：那个谓词以必然的方式属于这个主词。但如果我把主词与谓词一起取消，就不产生任何矛盾；因为**不再有**能够与之发生矛盾的**任何东西了**。设定一个三角形但却取消它的三个角，这是矛盾的；但把三角形与它的三个角一起取消，这却不是矛盾。一个绝对必然的存在者的概念恰恰就是这种情况。如果你们取消这一存在者的存在，你们就是把事物本身连同其所有谓词一起取消；在这种情况下，矛盾又从何而来呢？在外部没有任何会与之矛盾的东西，因为事物不应当是外在地必然的；在内部也没有任何会与之矛盾的东西，因为你们已经通过取消事物本身而把一切内在的东西都同时取消了。上帝是全 〔399〕 B623

能的，这是一个必然的判断。如果你们设定一种神性，亦即一个无限的存在者，上帝与这个无限的存在者的概念是同一的，那么，全能就不能被取消。但是如果你们说：**上帝不存在**，那就既没有全能也没有上帝的任一别的谓词被给予；因为它们全都连同主词一起被取消了，而在这一思想中没有表现出丝毫的矛盾。

因此你们已经看到，如果我把一个判断的谓词连同主词一起取消，就绝不会产生一种内在的矛盾，而不论谓词是哪个谓词。如今，你们已经无处可遁了，除非你们必须说：有一些主词根本不能被取消，因而必须保留下来。但这就会等于是说：有一些绝对必然的主词；这是一个其正确性我正在怀疑的预设，而你们却想给我指出它的可能性。因为对于一个事物来说，如果它连同自己所有的谓词都被取消，却还留下一种矛盾，我不能形成起码的概念；而没有矛盾，我单凭纯粹的先天概念就没有不可能性的任何标志。

针对所有这些一般的推论（没有任何人能够拒绝这些推论），你们通过一个实例来诘难我，你们把它当做一个经由事实的证明来提出：毕竟有一个而且只有这一个概念，其对象的不存在或者取消是自相矛盾的；而这就是最实在的存在者的概念。你们说它具有一切实在性，你们有权利假定这样一个存在者是可能的（我姑且同意这一点，尽管不自相矛盾的概念还远远没有证明该对象的可能性）。①如今，在所有的实在性中间也

B624

---

① 只要概念不自相矛盾，它就总是可能的。这是可能性的逻辑标志，而且它的对象也由此与 nihil negativum［否定的无］区别开来。但尽管如此，如果概念由以产生的综合的客观实在性并没有得到特别的阐明，这概念就仍然可能是一个空洞的概念；然而，如上面已经指出的，这种阐明在任何时候依据的都是可能经验的原则，而不是分析的原理（矛盾律）。这是一个警告，不要从概念的可能性（逻辑的可能性）马上推论出事物的可能性（实在的可能性）。

一并包含了存在。因此，存在就蕴涵在一个可能的东西的概念中。如果这个事物被取消，则该事物的内在可能性也就被取消，而这是矛盾的。

〔400〕

B625

我的答复是：无论以什么暗藏的名目，如果你们已经把你们只想按照其可能性来思维的事物之实存的概念带入该事物的概念，你们就已经陷入了矛盾。如果允许你们这样做，你们就在表面上获胜了，但实际上却什么也没有说；因为你们所做的是一种纯然的同义反复。我问你们：**这个或者那个事物**（无论它是什么事物，我都姑且承认它是可能的）**实存着**；我要说，这个命题是一个分析命题还是一个综合命题呢？如果它是前者，则你们通过事物的存在对你们关于该事物的思想没有任何增添；但在这种情况下，要么你们心中的思想必须是该事物本身，要么你们把一种存在预设为属于可能性的，在此之后按照这个借口从内在的可能性推论出存在，而这无非是一种贫乏的同义反复。"实在性"这个词在事物的概念中听起来有不同于谓词概念中的实存的韵味，它是于事无补的。因为如果你们也把所有的设定（不论你们设定什么）都称为实在性，你们就已经把该事物连同它所有的谓词都设定在主词的概念中了，并且假定它是现实的，而在谓词中你们只不过是重复它罢了。与此相反，如果就像每一个有理性的人都必须合理地承认的那样，你们也承认每一个实存性命题都是综合的，那么，你们怎么还想断言：实存的谓词不能无矛盾地取消呢？因为这种优势只是分析命题所特有的，分析命题的特性所依据的正是这一点。

B626

我虽然希望，如果我没有发现逻辑的谓词与实在的谓词（即一个事物的规定）的混淆中的幻觉几乎拒斥了一切教诲的话，就直截了当地通过对实存概念的一种精确的规定来使这种苦思冥想的空谈破灭。随便什么东西都可以充当**逻辑的谓词**，甚至主词也可以由自身来谓述；因为逻辑抽掉了一切内容。但

〔401〕

是，**规定**是一个添加在主词的概念之上并扩大了这个概念的谓词。因此，它必须不是已经包含在主词的概念之中的。

"**是**"显然不是实在的谓词，也就是说，不是关于可以加给一个事物的概念的某种东西的一个概念。它纯然是对一个事物或者某些规定自身的肯定。在逻辑应用中，它仅仅是一个判断的系词。**上帝是全能的**，这个命题包含着两个概念，它们都有自己的客体：上帝和全能；"**是**"这个词并不是此外的一个谓词，而仅仅是以与主词**相关的方式**设定谓词的东西。现在，如果我把主词（上帝）与它的所有谓词（全能也包括在内）结合起来并且说：**上帝存在**，或者存在着一个上帝，我并没有为上帝的概念设定一个新谓词，而是仅仅把主词自身连同他的所有谓词，也就是说，把**对象**设定在与我的**概念**的关系中。二者必须包含的是同一种东西，所以不能因为我把概念的对象思维成绝对被给予的（通过"它存在"这一表述），就有什么东西进一步添加在仅仅表达可能性的概念上去。这样，现实的东西所包含的并不多于纯然可能的东西。一百个现实的塔勒所包含的丝毫不多于一百个可能的塔勒。因为既然后者意味着概念，而前者却意味着对象及其肯定自身，所以假如对象所包含的多于概念，我的概念就会不表达整个对象，从而也不是该对象的合适概念。但是，在我的财产状况中，一百个现实的塔勒就比它们的纯然概念（也就是说，它们的可能性的概念）有更多的内容。因为对象在现实性上并不仅仅分析地包含在我的概念中，而是综合地加在我的概念（它是我的状况的一个规定）上，而通过我的概念之外的这种存在，这所设想的一百塔勒本身并没有得到丝毫的增益。

因此，当我思维一个事物时，无论我通过什么谓词以及多少谓词来思维它（甚至在普遍的规定中），通过我附加上"**该物存在**"，也对该物没有丝毫的增益。因为若不然，就会不正好是该物，而是比我在概念中所思维的更多的对象在实存着，

B627

B628
〔402〕

而且我不能说，恰恰是我的概念的对象实存着。即使我甚至在一个事物中设想一种实在性之外的所有实在性，也并不由于我说这样一个有缺陷的事物实存着，阙如的实在性就补加上去了。相反，它恰恰是带着我思维它时的那种缺陷实存着，否则就是与我所思维的不同的某物在实存了。现在，如果我设想一个存在者是最高的实在性（没有缺陷），就总是还有它是否实存这个问题。因为尽管我关于一个事物的可能实在内容的概念不缺少任何东西，但与我的整个思维状态的关系却毕竟仍然缺少某种东西，即那个客体的知识也是后天地可能的。而在这里也表现出此处存在的困难的原因。如果所说的是感官的一个对象，那么，我就不能把事物的实存与该事物的纯然概念混为一谈。因为通过概念，对象只是被思维成与一般可能的经验性知识的普遍条件相一致，而通过实存，它则被思维成包含在全部经验的关联之中；因为在这种情况下，通过与全部经验的内容 B629 的联结，对象的概念并没有丝毫的增多，而我们的思维却通过这种内容而多获得了一种可能的知觉。与此相反，如果我们想仅仅通过纯粹的范畴来思维实存，那么，我们无法提供任何标志来把它与纯然的可能性区别开来，就毫不奇怪了。

因此，无论我们关于一个对象的概念包含着什么东西以及多少东西，我们都毕竟必须从它走出来，以便把实存赋予它。在感官的对象那里，这是通过按照经验性规律与我的某一个知觉的联系发生的；但对于纯粹思维的客体来说，就完全没有办法来认识它们的存在了，因为这种存在必须完全先天地来认识；但是，我们对一切实存的意识（无论是通过知觉直接地意识，还是通过把某物与知觉结合起来的推论来意识）却是完全属于经验的统一性的；而在这个领域之外的一种实存虽然不能绝对地被宣布为不可能，但它却是一个我们不能通过任何东西为之辩护的预设。

一个最高存在者的概念是一个在许多方面都十分有用的理 〔403〕

念；但是，正因为它仅仅是理念，所以完全没有能力仅仅凭借自己来扩展我们在实存的东西方面的知识。甚至就连在一个更多者的可能性方面教导我们，它也不能做到。可能性的分析标志在于纯然的肯定（实在性）不产生矛盾，虽然不能否认更多者具有这种标志，但既然一切实在的属性在一个事物中的联结是一种综合，关于这些属性的可能性我们就不能先天地作出判断，因为实在性并没有被特别地给予我们，而且即使被特别地给予我们，也在任何地方都根本没有判断在其中成立，因为综合知识的可能性的标志永远必须仅仅在经验中去寻找，而一个理念的对象却不可能属于经验；所以，著名的**莱布尼茨**就远远没有提供他所自夸的东西，即要先天地洞察一个如此崇高的理想存在者的可能性。

B630

因此，就从概念出发对一个最高存在者的如此著名的本体论证明（笛卡尔学派的证明）而言，一切气力和劳作都白费了，而一个人不能从纯然的理念出发使洞识变得更加丰富，恰如一个商人不能为了改善自己的状况就想给自己的库存现金账添上几个零来使财产增多一样。

第五章　论上帝存在的宇宙论 证明的不可能性

B631

想从一个完全任意地设计的理念中拣选出与它相应的对象本身的存在，这是某种完全非自然的东西，纯然是学院笑话的重演。事实上，如果不是我们的理性为一般的实存假定某种必然的东西（人们在上溯时能够在它那里停下来）的需求走在前面的话，如果不是理性因这种必然性必须是无条件的和先天确定的而被迫寻找一个倘若可能就满足这种要求并完全先天地提供一种存在供认识的概念的话，人们永远也不会在这条道路上作出尝试。现在，人们相信在一个最现实的存在者的理念中找到了这个

〔404〕

概念，于是这个理念就仅仅被用做这个存在者，亦即必然的存在者的更确定的知识，关于这个存在者，人们已经以其他方式被说服或者劝服，相信它必然实存着。然而，人们隐瞒理性的这种自然进程，不是在这个概念终结，而是试图从它开始，以便从它推导出存在的必然性，而它毕竟只是注定要补充这一必然性。由此 B632 产生失败的本体论证明，无论对于自然的和健康的知性来说，还是对于学理的检验来说，它都不带有某种令人满意的东西。

我们现在要研究的**宇宙论**证明，保持着绝对必然性与最高的实在性的联结；但不是像前一证明那样从最高的实在性推论到存在中的必然性，而毋宁说是从事前被给予的某一存在者无条件的必然性推论到它不受限制的实在性，并这样进一步把一切都至少纳入一种推论方式的轨道，我不知道这种推论方式是理性的还是玄想的，但至少是自然的，不仅对于通常的知性来说，而且对于思辨的知性来说也具有极大的说服力；显然，它也为自然的神学的一切证明划出了人们在任何时候都遵循并将继续遵循的最初的基本路线，而不论人们如今用多少枝叶和花纹来装饰和遮掩它。莱布尼茨也把这种证明称为 a contingentia mundi［出自世界的偶性］的证明，我们现在就要关注和检验这种证明。

因而它的内容如下：如果某种东西实存着，那就必定也有一个绝对必然的存在者实存着。现在，至少我自己实存着，所以一个绝对必然的存在者实存着。小前提包含着一个经验，大前提则包含着从一个一般经验到必然者的存在的推论。① 因 B633

---

① 这种推理如此为人熟知，以至于没有必要在这里详细讲述它了；它依据的是所谓先验的因果性自然规律：一切**偶然的东西**都有其原因。这个原因如果又是偶然的，就同样必须有一个原因，直到相互隶属的原因的序列必定在一个绝对必然的原因那里终止，没有这个原因，序列就不会有完备性。

〔405〕此，证明真正说来是从经验开始的，从而它就不完全是先天地进行的或者不是本体论的；而由于一切可能经验的对象就叫做世界，所以它就被称为**宇宙论的**证明。既然它也抽掉了这个世界由以能够与任何可能世界区别开来的经验对象的一切特别属性，所以它在自己的命名上就已经也与用我们的这个感官世界的特别性质作为证明根据的自然神学证明区别开来了。

现在，这种证明继续推论道：必然的存在者只能以惟一的一种方式来规定，也就是说，就一切可能的对立谓词而言只能通过其中的一种来规定，所以它必须通过它自己的概念来被普遍地规定。现在，关于一个事物，只有惟一的一个先天地普遍规定它的概念是可能的，这就是 entis realissimi〔最实在的存在者的〕概念。因此，最实在的存在者的概念就是能够思维一

B634 个必然的存在者所凭借的惟一的概念，也就是说，一个最高的存在者以必然的方式实存着。

在这种宇宙论的论证中，有如此之多的玄想原理汇聚在一起，以至于思辨理性在这里似乎使用了它所有辩证招数，来完成最为可能的先验幻相。然而，我们想把对它们的检验暂时搁置一旁，以便仅仅揭露思辨理性的一个狡计，思辨理性用这个狡计把一个旧论证装扮一新，当做一个新论证提出，并且诉诸两个证人的赞同，也就是说一个纯粹的理性证人，另一个持有经验性的信任状的证人，在这里其实只有前者，它只是改变自己的服装和声音，以便被视为第二个证人。为了相当可靠地奠定自己的基础，这种证明立足于经验之上，并且由此装出一副样子，就好像它完全有别于把自己的全部信心完全置于纯粹的先天概念之上的本体论证明似的。但是，宇宙论证明利用这种经验，仅仅是为了走出惟一的一步，亦即达到一个一般的必

〔406〕然存在者的存在。至于这个必然的存在者具有什么属性，经验性的证明根据是不能教导人的，相反，理性在这里完全离开了

这种证明根据，纯粹在概念背后研究：一个绝对必然的存在者一般而言必须具有哪些属性，也就是说，在一切可能的事物中哪一个在自身包含着一种绝对的必然性所要求的条件（requisita）。现在，它相信惟有在一个最现实的存在者的概念中才能发现这种所要求的条件，然后推论说：这就是绝对必然的存在者。但是很清楚，人们在这里预设一个具有最高实在性的存在者的概念完全满足存在中的绝对必然性的概念，也就是说，从最高的实在性能够推论到绝对的必然性；这是本体论的论证所主张的一个命题，人们在宇宙论的证明中假定它并把它作为基础，但人们在这里其实是要避免它的。因为绝对的必然性乃是一种出自纯然的概念的存在。如果我现在说：entis realissimi［最实在的存在者的］概念是这样一个概念，而且是惟一适合并且相当于必然存在的概念，那么，我们就必须也承认，从它能够推论出必然的存在。因此，在所谓的宇宙论证明中包含着所有证明力的，真正说来只是纯粹从概念出发的本体论证明；所谓的经验是完全多余的，也许只是为了把我们引导到绝对必然性的概念，但却不是为了在某一确定的事物那里阐明这种绝对必然性。因为一旦我们以此为目的，我们就必须立即离开所有的经验，并在所有的概念中间寻找，看它们中间的哪一个包含着一个绝对必然的存在者的可能性的条件。但是，只要以这样的方式看出了这样一个存在者的可能性，则它的存在也就被阐明了；因为这就等于是说：在所有可能的事物中只有一个事物具有绝对的必然性，也就是说，这个存在者是绝对必然地存在的。

推论中的一切幻象，如果人们以学理的方式观察它们，就极容易暴露出来。这里就是这样一种阐述。

如果"任何一个绝对必然的存在者同时是最实在的存在者"这个命题是正确的（这是宇宙论证明的 nervus probandi

[应予检验的关键]），那么，它就必须像一切肯定判断那样，至少可以 per accidens [通过偶性] 换位。因此，一些最实在的存在者同时是绝对必然的存在者。但现在，一个 ens realis-simum [最实在的存在者] 不在任何方面有别于另一个最实在的存在者，因而适用于**有些**包含在这一概念下的存在者的，也适用于**所有**包含在这一概念下的存在者。所以，我也将能够把它（在这一场合）**绝对地**换位，也就是说，每一个最实在的存在者都是一个必然的存在者。现在，由于这一命题纯然是从它的先天概念出发规定的，所以最实在的存在者的纯然概念也必须带有它的绝对的必然性；这正是本体论证明所主张，而宇宙论证明不想承认，尽管如此却把它的推论——虽然以隐蔽的方式——置于其下的东西。

〔407〕

B637

于是，思辨理性为证明最高的存在者所采取的第二条道路就不仅与第一条同样骗人，而且还自身具有这样的可指责之处，即它犯了一种 ignoratio elenchi [盲目论证]，因为它向我们许诺引导一条新路，但在绕了一个小弯之后却把我们带回我们因它的缘故已经离开了的旧路。

此前不久我曾说过，在这个宇宙论的论证中藏有一整套辩证的僭妄，它们是先验的批判很容易就能够揭露和摧毁的。现在，我只是想列举出它们，至于进一步深究和取缔这些骗人的原理，我把它交给训练有素的读者。

这里存在的东西例如有：第一，从偶然的东西推论到一个原因的先验原理，这个原理惟有在感官世界才有重要性，在它之外却连一种意义也没有。因为偶然事物的纯然理智概念根本不能产生综合的命题，例如因果性的命题，而因果性的原理除了仅仅在感官世界中之外，也根本没有重要性和其使用的标志；但在这里，它却恰恰被用来超越到感官世界之外。第二，从一个无限序列的不可能性通过感官世界中相互给予的原因推

B638

论到一个最初原因的原理，理性在经验中的应用本身的原则并不给我们权利这样做，更不能把一原理扩展到经验之外（这一序列根本不能延长到的地方）。第三，理性在完成这一序列方面错误的自满，凭借的是人们最终除去一种必然性的概念无之则不能成立的一切条件，而且既然人们在这种情况下不能再把握任何其他东西，就把这假定为自己的概念的完成。第四，一 〔408〕个具有一切结合起来的实在性（没有内在的矛盾）的概念的逻辑可能性与先验可能性的混淆，先验可能性需要这样一种综合的可行性的原则，但这种原则又只能行进到可能经验的领域，等等。

宇宙论证明的技巧仅仅旨在避免先天地通过纯然概念证明一个必然的存在者的存在，这后一种证明必须以本体论的方式来进行，而我们却觉得自己完全没有能力这样做。怀着这样的意图，我们从一个作为基础的现实存在（一个一般的经验）尽可能地推论到它的某种绝对必然的条件。在这种情况下，我们 B639 没有必要说明这种条件的可能性。因为如果已经证明它存在，它的可能性的问题就是完全多余的。现在，如果我们想就其性状来更仔细地规定这个必然的存在者，我们就不去寻找那种充分的东西，即从它的概念出发来把握存在的必然性；因为如果我们能够做到这一点，我们就不需要任何经验性的预设；不，我们仅仅寻找消极的条件（conditio sine qua non ［必要的条件］），一个存在者没有这种条件就不会是绝对必然的。这在其他一切从一个被给予的后果到其根据的推论方式中都是可行的，但在这里不幸的却是，人们为绝对的必然性所要求的条件只能在惟一的一个存在者里面发现，因此这个存在者在自己的概念中就必须包含绝对的必然性所要求的一切，从而使得先天地推论到这种必然性成为可能；也就是说，我必须也能够反过来推论：这个（最高实在性的）概念属于哪个事物，那个事物就是绝对必然的；而如果我不能这样推论（就像我要想避免本体论的证明就必须承认这一点那样），我就也在我的新道路上遭遇了失败，并且又处在我由以出发的地方了。最高存在者的概念可以先天地满足关于一个事物的内在规定提出的一切问题，故而也就是一个独一无二的理想，因为普遍的概念把它同时标明为一切可能的事物中的一个个体。但是，它根本不能满足关于它自己的存在的问题，而这却恰恰是真正的关键之所在；对于假定一个必然的存在者的存在并且只想知道一切事物中间究竟哪一个必须被视为这样的存在者的人的质询，人们就不能回答说：这一个就是绝对的存在者。

假定一个具有最高充足性的存在者的存在为一切可能的结果的原因，以便使理性容易找到它所寻求的解释根据的统一性，这是可以允许的。然而如此放肆，以至于人们甚至说**这样一个存在者必然实存**，就不再是一个可以允许的假说的谦逊表现，而是一种不容置疑的确信肆无忌惮的僭妄了；因为人们自称认识到其为绝对必然的东西，对此的知识也必须自身带有绝对的必然性。

先验理想的整个课题取决于，要么为绝对的必然性找到一个概念，要么为关于某一个事物的概念找到该事物的绝对必然性。如果人们能够做到一点，则人们也必然能够做到另一点；因为理性仅仅把从其概念出发必然的东西认识为绝对必然的。但是，二者都完全超出了在这一点上满足我们知性的一切极大的努力，但也超出了由于我们知性的这种无能而安慰它的一切尝试。

我们当做一切事物的终极承载者而如此不可或缺地需要的无条件的必然性，对于人类理性来说却是真正的深渊。甚至永恒，尽管有一位**哈勒**把它描述得极为崇高，但对心灵却远远没有造成令人晕眩的印象；因为它仅仅**度量**事物的持存，却并不

B640

〔409〕

B641

413

承载事物。一个存在者，我们也把它表象为一切可能的存在者中间的最高存在者，仿佛在自言自语地说：我是从永恒到永恒的，在我之外，除了仅仅由于我的意志而是某物的东西以外，没有任何东西存在；**但我是从何处来的呢？**人们不能抑制这种思想，但也不能容忍这种思想。在这里，一切都沉沦到我们下面，最大的完善也好，最小的完善也好，都在思辨的理性面前萍飘无定，对它一钱不值；这一个也好，那一个也好，它都让它们毫无障碍地消失。

自然的许多力量通过某些结果来表现自己的存在，它们对我们来说依然是无法探究的；因为我们通过观察远远不能充分地追究它们。作为显象基础的先验客体，以及随之而来的我们的感性何以具有这些至上条件而不是具有另一些至上条件的根据，对我们来说是并且依然是无法探究的，尽管除此之外事情本身已被给予，但却没有被洞察。但是，纯粹理性的一个理想却不能叫做**无法探究的**，因为除了理性凭借它完成一切综合的统一性的需求之外，它并不能进一步出示自己的实在性的任何信任状。因此，既然它甚至也不是作为可思维的对象被给予的，它就也不是作为这样一个对象无法探究的；毋宁说，它作为纯然的理念，必须在理性的本性中找到自己的位置和解答，从而能够被探究；因为理性正是在于我们能够说明我们的一切概念、意见和主张，不论是出自客观的根据，还是当它们是一个纯然的幻相时出自主观的根据。

〔B642〕
〔410〕

关于一个必然的存在者的一切先验证明中的辩证幻相之揭示和说明

迄今为止进行的两种证明都是先验地尝试的，也就是说不依赖于经验性原则来尝试的。因为尽管宇宙论证明以一种一般的经验为基础，但它毕竟不是从这种经验的某一个特殊性状出

B643 发，而是从纯粹的理性原则出发与一种通过一般的经验性意识被给予的实存相联系进行的，而且甚至离开了这种指导，以便完全依据纯粹的概念。如今，在这些先验的证明中，把必然性和最高的实在性联结起来并使毕竟只能是理念的东西实在化和实体化的这种辩证但又自然的幻相，其原因是什么呢？在实存的事物中间假设某种东西是就自身而言必然的，但同时却面对这样一个存在者的存在如同面对一道深渊而吓得退避三舍，其不可避免的原因是什么呢？人们如何开始使理性在这一点上理解自己，并从一种犹豫不决、决而复悔的摇摆状态中走出达到从容不迫的洞识呢？

　　某种绝对值得注意的东西是：如果预设某种东西实存着，人们就不能回避得出结论，说也有某种东西以必然的方式实存。宇宙论的论证所依据的就是这种完全自然的（尽管因此还

〔411〕 不是可靠的）推论。与此相反，我可以任意假定关于一个事物的概念，这样我就发现，它的存在永远不能被我表象为绝对必然的，而且无论是什么实存着，都没有任何东西阻碍我设想它的不存在；所以，我虽然必须为实存的东西在根本上假定某种必然的东西，但却不能把任何一个事物本身设想为就自身而言必然的。这就是说：不假定一个必然的存在者，我就永远不能

B644 **完成**向实存的条件的回溯；但是，我却永远不能从这个存在者**开始**。

　　如果我们为了一般实存的事物而必须设想某种必然的东西，但没有权限设想任何物自身是必然的，那么，由此不可避免地产生的就是：必然性和偶然性必定不关涉事物本身，因为若不然，就会发生矛盾；因此，两种原理中没有一个是客观的，相反，它们充其量只能是理性的主观原则，也就是说，一方面为一切作为实存的被给予的东西寻找某种必然的东西，也就是说，除了在一种先天地完成的说明那里之外，不在其他任

何地方停留下来，另一方面却也永远不期望这种完成，也就是说，不假定任何经验性的东西是无条件的，并由此免除进一步的推导。在这样的意义上，两个原理作为纯然启迪性的和**范导性的**，不关心理性的形式旨趣之外的任何东西，完全可以并行不悖。因为一个说：你们应当如此对自然进行哲学思维，就好像对于一切属于实存的东西来说都有一个必然的最初根据似的，其目的仅仅是为了通过你们追求这样一个理念，亦即追求一个想象出来的至上根据，来给你们的知识带来系统的统一性；但另外一个则警告你们，不要把涉及事物实存的任何一个规定假定为这样一种至上的根据，也就是说，假定为绝对必然的，而是始终为进一步的推导留有余地，并由此在任何时候都把它还当做有条件的来对待。但是，如果在事物那里知觉到的一切都必须被我们看做有条件地必然的，那么，也就没有一个事物（可能经验性地被给予的事物）能够被视为绝对必然的了。 B645

　　但由此就得出，你们必须**在世界之外**假定绝对必然的东西，因为它只是应当作为种种显象的至上根据被用做显象之最大可能的统一性的原则，而且你们**在世界中**永远不能达到这种统一性，因为第二条规则要求你们，任何时候都把统一性的所有经验性原则视为派生的。 〔412〕

　　古代的哲学家们把自然的一切形式都视为偶然的，但却按照通常理性的判断把质料视为源始的和必然的。但是，如果他们不是相对地把质料作为显象的基底来考察它，而是**就自身而言**按照其存在来考察它，绝对必然性的理念就会立刻消失。因为没有任何东西绝对地把理性绑在这种存在之上，相反，它在任何时候都可以在思想中取消这种存在并且不发生冲突；但是，绝对的必然性仅仅蕴涵在思想中。因此，就这种说服而言，必然是以一种范导性的原则为基础的。实际上，就连广延 B646

和不可入性（它们共同构成了质料的概念）也是显象之统一性的至上的经验性原则，并且就这种原则是经验性上无条件的而言，自身具有范导性原则的属性。尽管如此，既然构成显象之实在东西的质料的任何规定，从而还有不可入性都是一种结果（行动），而结果必须有自己的原因，因而永远还是派生的，所以质料还不适合于一个作为一切派生的统一性之原则的必然存在者的理念，因为它的实在属性的每一个都作为派生的而只是有条件地必然的，因而就自身而言是能够被取消的，但这样一来，质料的整个存在就会被取消；但如果不发生这种情况，我们就会经验性地达到统一性的最高根据，而这是被第二条范导性的原则所禁止的。可见，质料以及一般来说属于世界的东西都不适合于一个作为最大经验性统一的纯然原则的必然元始存在者的理念，相反，这一元始存在者必须被设定在世界之外；在这种情况下，我们就能够始终信心十足地把世界的显象及其存在从其他显象推导出来，就好像不存在必然的存在者似的，并且尽管如此仍然能够坚持不懈地追求推导的完备性，就好像这样一个作为至上根据的存在者已经被预设了似的。

B647

〔413〕

　　根据这些考察，最高存在者的理想无非是理性的一个**范导性原则**，即如此看待世界中的一切结合，**就好像**它们产生自一个极为充足的必然原因似的，以便在此之上建立说明世界中的结合时的一种系统的、按照普遍的规律而必然的统一性的规则；这一理想不是对就自身而言必然的实存的一种断言。但同时，凭借一种先验的置换把这种形式的原则表现为建构性的，并把这种统一性设想为实体性的，这是无法避免的。因为就像空间由于原初地使所有仅仅是它的不同限制的形象成为可能，所以尽管它仅仅是感性的一个原则，却正因为此而被视为一个绝对必然地独立存在的某物和一个先天地就自身而言被给予的对象一样，既然自然的系统统一性不能以任何方式被确立为我们理性的经验性应用的原则，除非我们以一个作为至上原因的最实在的存在者的理念为基础，所以这个理念由此被表现为一个现实的对象，而这个对象又由于是至上的条件而被表现为必然的，因而一种**范导性的**原则转变为一种**建构性的**原则，就也是极为自然的了；由于在我把相对于世界来说绝对地（无条件地）必然的至上存在者视为自为的事物时，这种必然性就不能有任何概念，从而必定只能作为思维的形式条件，而不能作为存在的质料条件和实体性条件在我的理性中被发现，上述偷换就昭然若揭了。 B648

第六章　论自然神学的证明的不可能性

如果无论是一般事物的概念，还是任何一个**一般存在**的经验，都不能提供所需要的东西，那就只剩下一种办法了，即试一试一个**确定的经验**，因而现存世界的事物的经验，它们的性状和秩序能否提供一种证明根据，有助于我们可靠地达到对一个最高存在者的存在的确信。我们要把这样一种证明称为**自然神学的**证明。如果这种证明也是不可能的，那么，关于一个与我们的先验理念相适应的存在者的存在，就在任何地方也没有任何一种出自纯然思辨理性的令人满意的证明是可能的了。 〔414〕

按照以上所作的所有说明人们很快就可以看出，可以期待对这一质询有一个言简意赅的答复。因为如何可能在某个时候被给予一个应当与一个理念相适合的经验呢？理念的独特之处恰恰在于，永远也不可能有一个经验与它符合。关于一个必然的、极为充足的元始存在者的先验理念是如此超越地伟大，如此高出一切在任何时候都是有条件的经验性的东西，以至于人们一方面永远不可能在经验中找到足够的材料来填充这样一个概念，另一方面永远在有条件者中间四处摸索，始终徒劳地追 B649

寻无条件者，没有任何一个经验性综合的规律为我们提供它的一个实例或者为此提供丝毫的指导。

如果最高的存在者处在种种条件的此链条中，那么，它本身就会是条件序列的一个环节，并且就像它被置于其前的低级环节一样，由于它的更高的根据而要求进一步的探究。与此相反，如果人们想把它与这个链条分开，作为一个纯然理知的存在者不包括进自然原因的序列，那么，理性在这种情况下能够架设一座什么样的桥梁来到达它那里呢？因为从结果到原因之过渡的一切规律，甚至我们知识的一切综合和扩展，一般而言所依靠的无非是可能的经验，从而仅仅是感官世界的对象，并且仅仅就这些对象而言才能够具有一种意义。

B650

现存世界为我们展现出杂多性、秩序、合目的性和美的一个如此巨大的舞台，人们可以在空间的无限性中或者在空间没有界限的分割中追踪它们，甚至根据我们贫弱的知性对此能够获得的知识，一切语言关于如此众多并且难以估量地巨大的奇迹都找不到自己的力度，一切数字都找不到自己度量的力量，甚至我们的思想也找不到任何界限，以至于我们关于整体的判断必然变成为一种失语的，但却更加意味深长的惊愕。我们到处都看到一个结果与原因、目的与手段的链条，看到产生或者消亡中的合规则性；而且由于没有任何东西是自行进入它所处身于其中的状态的，所以它总是进一步指示着另一个作为它的原因的事物，而这原因恰恰使得同样的进一步追问成为必要，以至于按照这样的方式，如果人们不假定某种东西在这个无限的偶然者之外独自原初地和独立地自存着，保持着它，并且作为它的起源的原因同时保证着它的存续，整个万有就必然会沉沦入无的深渊。这个最高的原因（就世界的所有事物而言），人们应当把它设想为多么大呢？我们并不是按照其全部内容来认识世界的，我们也更不善于通过与一切可能的东西相比较来

〔415〕

B651

估量它的大小。但是，既然我们在因果性方面需要一个终极的和至上的存在者，是什么东西阻碍我们不按照完善性的程度把它置于**其他一切可能的东西之上**呢？如果我们把它想象成为一个惟一的实体，在它里面结合着一切可能的完善性，那么，我们就很容易做到这一点，虽然只是通过一个抽象概念的粗略草图；这个概念是有利于我们理性在节省原则方面的要求的，在自身之中并没有矛盾，甚至通过这样一个理念在秩序与合目的性方面给予的指导而有益于理性在经验中的应用的扩展，但在任何地方都不以明显的方式与一种经验相抵触。

这种证明在任何时候都值得尊重地提及。它是最古老、最明晰、最适合通常的人类理性的证明。它激励着自然的研究，一如它本身从这种研究获得存在，并由此一直获得新的力量。它把目的和意图引向我们的观察未能自行揭示它们的地方，并且通过一种其原则在自然之外的特殊统一性来扩展我们的自然知识。但是，这种知识又反作用于其原因，也就是说，反作用 B652 于诱发的理念，并且增强对一个最高的创造者的信仰，使之一直成为一种不可抗拒的确信。

因此，想对这种证明的威望有所削弱，则不仅前景黯淡，而且也是完全徒劳的。理性不断地被如此强有力的、一直在它的手下增长着的，尽管仅仅是经验性的证明根据所鼓励，不可能因精细的、抽象的思辨的怀疑而如此沮丧，以至于它不应当只要向自然和宇宙之壮观的奇迹投去一瞥，就被从任何一种苦 〔416〕思冥想的犹豫不决中拔脱出来，犹如从一场梦中觉醒，以便升华自己从伟大到伟大直至最高的伟大，从有条件者到条件直至最高的和无条件的创造者。

但是，即使我们不想对这种行事方式的符合理性与有用性提出任何异议，而毋宁说想推荐它和鼓励它，我们也毕竟不能因此就赞同这种证明方式对不容置疑的确定性、对一种根本不需要偏爱或者外来支持的赞许可能提出的种种要求；使一个尖酸刻薄的玄想家的独断语言降低到一个足以作出安抚的，虽然并不要求无条件屈从的信仰的节制和谦逊的语调，绝不可能损害这件好事。据此，我断言，自然神学的证明永远不能单独地阐明一个最高存在者的存在，而是在任何时候都必须托付本体论的证明（它只是充当本体论证明的导论）来弥补这种缺陷，因而本体论证明一直还包含着任何人类理性都不能忽视的**惟一可能证明根据**（只要在任何地方有一种思辨的证明成立）。

上述自然神学的证明的要点如下：1. 在世界上到处都有一种按照一定的意图的秩序的明显迹象，这种意图是以伟大的智慧在一个不仅内容纷繁复杂无法描述，而且范围广大无边无际的整体中贯彻的。2. 这种合目的的秩序对于世界的种种事物来说是完全陌生的，只是偶然地附着于它们的，也就是说，如果不是由一个进行安排的理性原则按照作为基础的理念为此真正说来加以选择和安置，不同事物的本性就不能自行通过如此众多结合起来的手段协调一致地实现一定的终极意图。3. 因此，有一个（或者多个）崇高和智慧的原因实存着，它必然不仅仅作为盲目地起作用的无所不能的自然通过**能产性**，而是作为理智通过自由而是世界的原因。4. 这个原因的统一性可以从像一个人工建筑之各环节的世界之各部分的相互关系中，根据我们的观察所及，确定地，但进一步却按照类比的种种原理或然地推论出来。

自然理性是从一些自然产品与人类艺术在对自然施加暴力、强迫自然不按照自己的目的行事，而是适应我们的目的时所创造的东西的类比出发（从自然产品与房屋、舟船、钟表的相似性出发）进行推理的；在自然理性那里，当它还从另一种，虽然是超人类的艺术推导出自由起作用的自然的内在可能性（亦即使得一切艺术，也许甚至还首先使理性成为可能的内在可能性）的时候，作为基础的恰恰是这样一种因果性，也就是说知性和意志；这样一种推论方式也许经不起极为苛刻的先验批判。这里且不就它的推理对它进行指责，但人们毕竟必须承认，当我们列举一种原因的时候，我们在此并不能比按照与我们完全已知原因和结果的那些合目的的产生的类比更有把握地行事。如果理性要从它认识的因果性过渡到它不认识的隐晦的和无法证明的解释根据，它就会不能在自己那里为自己辩解。

按照这种推论，如此之多的自然部署的合目的性与和谐性必然只证明形式的偶然性，但并不证明质料亦即世界中的实体的偶然性；因为要证明后者，就要求能够证明，世界的种种事物就自身而言，如果不是——甚至**就其实体**而言——一个最高智慧的产品，就不适合于诸如此类按照普遍规律的秩序与和谐；但为此就会要求有别的证明根据，完全不同于与人类艺术类比的证明根据。因此，这种证明所能够阐明的，至多是一个总是受他所加工的材料的适用性限制的**世界建筑师**，而不是一切都要服从其理念的一个**世界创造者**；这远远不足以实现人们所关注的那个伟大的意图，即证明一个极为充足的元始存在者。如果我们想证明质料本身的偶然性，我们就必须求助于一种先验的论证，而这正是在这里应予避免的。

因此，这种推论是把在世界中如此普遍可观察到的秩序与合目的性当做一种完全偶然的安排，从它出发前进到一个**与它相应**的原因的存在。但这个原因的概念却必须给予我们关于它的某种完全**确定的东西**以供认识，因此它不是别的概念，而是关于一个具有一切权能、智慧等等的存在者的概念，一言以蔽之，一个作为极为充足的存在者而具有一切完善性的存在者的概念。因为**极其伟大、令人惊异的权能、不可测度的权能**这些谓词，根本不给出任何确定的概念，真正说来并没有说出这个

B655

〔418〕

B656

事物就自身而言是什么，而仅仅是（世界的）观察者与自身及其理解能力进行比较的对象的大小的关系表象而已，而且不论人们是放大对象，还是在与对象的关系中缩小观察主体，这些谓词的结果都是同样赞美性的。在重要的是一个事物的（完善性的）大小的地方，除了包括全部可能的完善性的概念之外，不存在其他确定的概念，而只有实在性的大全（omnitudo）才在概念中是完全被规定的。

现在，我并不想希望有人应当敢于洞察他所观察的世界的大小（既是就范围而言也是就内容而言）与全能、世界秩序与最高的智慧、世界的统一性与创造者的绝对统一性等等的关系。因此，自然神学关于至上的世界原因不能给出任何确定的概念，所以就不足以成为又应当构成宗教之基础的神学的一个原则。

通过经验性的道路迈进到绝对的总体性是根本不可能的。现在，人们却在自然神学的证明中这样做。因此，人们使用什么手段来越过这个如此宽阔的鸿沟呢？

B657

在人们达到对世界创造者的智慧、权能等等的伟大的惊赞并且不能再继续前进之后，人们就突然离开通过经验性证明根据进行的论证，前进到一开始就从世界的秩序与合目的性推论出来的世界的偶然性。惟有从这种偶然性出发，人们才仅仅通过先验的概念前进到一个绝对必然的东西的存在，并从第一因的绝对必然性的概念前进到那个存在者的完全被规定或者进行规定的概念，亦即一个无所不包的实在性的概念。因此，自然神学的证明在其行动中卡壳了，在这种困境中突然跃进到宇宙论的证明，而既然宇宙论的证明是一种隐蔽的本体论证明，所以自然神学的证明虽然一开始否认与纯粹理性有任何亲缘性，并且把一切都归诸从经验出发的显而易见的证明，但实际上却是通过纯粹理性来实现它自己的意图的。

〔419〕

因此，自然神学家根本没有理由对先验的证明方式如此矜持，并且以独具慧眼的自然研究者的自负来蔑视先验的证明方式，就像是蔑视隐晦的苦思冥想者织出的蛛网。因为只要他们愿意检验一下自己本人，他们就会发现，当他们在自然和经验的地基上前进了一大段路程，并发觉自己尽管如此还离他们的　B658理性所面对的对象同样遥远之后，他们就突然离开这个地基，转移到纯然可能性的王国，在那里他们希望鼓起理念的双翼来接近那曾经回避他们的一切经验性探究的东西。在他们最终自以为通过如此有力的一跃而站稳了脚跟之后，他们就把从现在起确定了的概念（他们拥有这个概念，却不知道是如何拥有的）扩展到创造的整个领域，并通过经验来说明——尽管这种说明是足够蹩脚的、远远在其对象的尊严之下的——这个仅仅是纯粹理性的一个产物的理想，却不想承认，他们是通过另一条路径、不同于经验的路径来达到这种知识或者预设的。

据此，关于一个作为最高存在者的惟一元始存在者的存在，自然神学的证明以宇宙论的证明为基础，而宇宙论的证明则以本体论的证明为基础；而既然除了这三种道路之外再也没有给思辨理性留下道路，所以，只要在任何地方有一种关于一个如此高出于一切经验性的知性应用的命题之证明是可能的，那么，完全从纯粹理性概念出发的本体论证明就是惟一可能的证明。

第七章　从理性的思辨原则出发 对一切神学的批判

〔420〕
B659

如果我把神学理解为对元始存在者的知识，那么，它要么是出自纯然理性的神学（theologia rationalis），要么是出自启示的神学（theologia revelata）。理性神学思维自己的对象，要么是仅仅通过纯粹的理性，完全凭借先验的概念（ens originarium［元始的存在者］、ens realissimum［最实在的存在者］、ens entium［一切存在者的存在者］），并叫做**先验**神学，要么通过它从自然（我们的灵魂）借来的一个作为最高理智的概念，并必然叫做**自然的神学**。仅仅承认一种先验神学的人被称为**理神论者**，也接受一种自然的神学的人则被称为**有神论者**。理神论者承认我们充其量能够通过纯然的理性认识一个元始存在者的存在，但我们关于它的概念却纯然是先验的，也就是说，只是作为关于一个具有所有的实在性的存在者的概念，但人们却不能更精确地规定这些现实性。有神论者则主张，理性有能力按照与自然的类比更精确地规定对象，即规定为一个通过知性和自由而在自身中包含着所有其他事物的始基的存在者。因此，理神论者把这个存在者仅仅表现为一个**世界原因**（至于是通过其本性的必然性，还是通过自由，这一点尚未确定），而有神论者则把它表现为一个**世界创造者**。

B660

先验神学要么是想从一个一般经验（不对它所属的世界作出更精确一些的规定）推导出元始存在者的神学，并且叫做**宇宙神学**，要么相信通过纯然的概念无须丝毫经验的帮助就认识它的存在，并且被称为**本体神学**。

自然的神学从在这个世界中被发现的性状、秩序和统一性出发推论到一个世界创造者的属性和存在，而在这个世界中必须假定两种因果性及其规则，也就是说自然和自由。因此，它从这个世界上升到最高的理智，要么是把它当做一切自然秩序和完善性的原则，要么是把它当做一切道德秩序和完善性的原则。在前一种场合它叫做**自然神学**，在后一种场合它叫做**道德神学**。①

〔421〕

① 不是神学**道德**；因为神学道德包含着**预设**一个最高的世界统治者的存在的道德法则，与此相反，道德神学是对一个最高的存在者的存在的信念，这种信念建立在道德法则之上。

既然人们已经习惯于把上帝的概念理解为不纯然是作为万物根源的一个盲目起作用的永恒自然，而是应当通过知性和自由是万物的创造者的一个最高存在者，而且也惟有这个概念才使我们感兴趣，所以严格说来，人们可以否认**理神论者**对上帝有任何信仰，而仅仅给他留下一个元始存在者或者至上原因的主张。然而，既然没有人因为不敢作出主张就该被指责为他想作出否定，所以说**理神论者**相信一个上帝，而**有神论者**则相信一个**活的上帝**（summam intelligentiam［最高的理智］），就更为温和、更为公道。现在，我们想研究理性的所有这些尝试的可能源泉。

我在这里满足于通过我用来认识**存在的东西**的知识来解释理论知识，而通过我用来表象**应当存在的东西**的知识来解释实践的知识。据此，理性的理论应用是我先天地（必然地）认识到某物存在所凭借的应用；而理性的实践应用则是某物应当发生被先天地认识到所凭借的应用。如果某物或者存在或者应当发生是无可置疑地确定的，但只不过是有条件的而已，那么，这方面的某种一定的条件就或者可以是绝对必然的，或者它可以是随意和偶然地预设的。在前一种场合条件是被公设的（per thesin［由于主张］），而在后一种场合条件则是被假设的（per hypothesin［由于假设］）。既然有绝对必然的实践法则（道德法则），所以如果这些法则必然地把某一种存在预设为其**约束力**的可能性的条件，则这种存在必须被**公设**，之所以如此，乃是因为推论到这个确定的条件由以出发的有条件者，本身被先天地认识为绝对必然的。我们以后将就道德法则指出，它们不仅预设一个最高存在者的存在，而且由于它们在其他方面是绝对必然的，所以还有理由公设这种存在，当然只是在实践上；现在，我们把这种推论方式暂且搁置一旁。

既然在仅仅谈论存在的东西（不是应当存在的东西）时，

B661

B662

〔422〕

在经验中被给予我们的有条件者在任何时候都也被思维成偶然的，所以属于它的条件也不能由此被认识为绝对必然的，而是仅仅被用做相对必然的，或者毋宁说**必要的**，但就自身而言并且先天地为有条件者的理性认识而做的任意预设。因此，如果应当在理论知识中认识一个事物的绝对必然性，这就只能从先天概念出发来发生，但永远不是作为与通过经验被给予的一种存在相关的原因的绝对必然性。

一种理论的知识如果关涉人们不能在任何经验中达到的一个对象或者关于一个对象的这样一些知识，它就是**思辨的**。它被与**自然知识**对立起来，除了能够在一种可能的经验中被给予的之外，自然知识不关涉任何其他对象或者它们的谓词。

B663

把发生的东西（经验性上偶然的东西）作为一个结果，从它推论到一个原因，这一原理是自然知识的一个原则，但并不是思辨知识的一个原则。因为如果人们把它视为一个包含着一般可能经验的条件的原理抽掉，而且想通过除去一切经验性的东西，就一般偶然的东西来陈述它，那么，这样一个综合命题就没有丝毫的理由，来从中认识我如何能够从某种存在的东西过渡到某种与此完全有别的东西（被称为原因）了；甚至一个原因的概念也与偶然的东西的概念一样，在这样的纯然思辨的应用中失去了其客观实在性应当具体地来说明的所有意义。

现在，如果人们从世界中**事物**的存在推论到其原因，那么，这就不属于**自然的**理性应用，而是属于**思辨的**理性应用，因为前者当做经验性上偶然的而与某一个原因联系起来的，不是事物本身（实体），而仅仅是**发生的东西**，因而是事物的状态；至于实体本身（质料）在存在上是偶然的，这必须是一种纯然思辨的理性知识。但即使所说的只是世界的形式、它的结合方式和它的变迁，但我却想从中推论到一个与世界全然有别的原因，这也会又是纯然思辨理性的一个判断，因为对象在这里根本不

〔423〕

B664

是一种可能经验的客体。但在这种情况下，仅仅在经验的领域内部才有效并且在这个领域之外没有应用，甚至没有意义的因果性原理，就会完全背离它的规定。

我现在断言：理性在神学方面的一种纯然思辨的应用的一切尝试都是完全没有结果的，就其内部性状而言是毫无价值的，而它的自然应用的原则却根本不导致任何神学；因此，如果人们不把道德原则作为基础或者用做导线，那么，在任何地方都不可能有理性的神学。因为知性的一切综合原理都只有内在的应用；但是，一个最高存在者的知识却要求这些原理的一种超验的应用，而我们的知性却根本没有为此装备起来。如果经验性地有效的因果性规律导致元始存在者，那么，这一存在者就必须也属于经验对象的链条；但在这种情况下，它就会和一切显象那样本身又是有条件的。但是，即使人们允许凭借结果与 _{B665} 其原因的力学规律跳跃到经验的界限之外，这种行事方式又能给我们带来什么概念呢？远远不是关于一个最高存在者的概念，因为经验绝不给我们提供一切可能结果的最大结果（对其原因的见证应当提供这样的结果）。如果仅仅为了在我们的理性中不留下任何空当，我们就应当被允许通过最高的完善性和源始的必然性的纯然理念来填补完全规定的这种缺陷，那么，这虽然可以出自偏爱来接受，却不能出自一种令人折服的证明的权利来要求。因此，自然神学的证明也许能够通过把思辨与直观结合起来而给予其他证明（如果可以有其他证明的话）以强调，但就其自身而言却与其说让知性**独自**能够完成神学知识的工作，倒不如说使知性对此作好准备，并给予它一个笔直的和自然的方向。

因此，人们由此可以清楚地看出，先验的问题只允许有先 [424] 验的答复，也就是说，完全从先天概念出发，无须丝毫的经验性掺杂。但在这里，问题显然是综合的，并且要求我们的知识

B666 扩展到经验的所有界限之外，也就是说，扩展到一个与我们的纯然理念相应的存在者的存在，而这个理念却绝没有任何一种经验能够与之媲美。现在，按照我们上面的证明，一切先天综合知识都只是由于表达一种可能经验的形式条件才是可能的，因此，一切原理都只具有内在的有效性，也就是说，它们仅仅与经验性知识的对象或者显象相关。所以，就一种纯然思辨的理性的神学而言，即使通过先验的行事方式，也将一事无成。

但是，即使有人宁可怀疑上面分析论的所有证明，也不愿丧失对如此长久地使用的证明根据之重要性的信念，如果我要求，人们至少应当对自己究竟如何以及凭借什么醒悟而敢于靠纯然理念的力量飞越一切可能的经验作出辩解，人们也不能拒绝满足这种要求。无论是新的证明还是旧的证明的改良工作，我都会一概乞免。因为尽管由于一切纯然思辨的证明最终的结果毕竟都是惟一的一种证明，亦即本体论的证明，人们在这里没有多少选择余地，因此我并不担心受到那种脱离感官的理性的独断捍卫者们之能产性的特别纠缠；尽管我除此之外虽不自

B667 以为在这方面十分好斗，却也不想拒绝在每一个此类的尝试中揭露错误并由此挫败其僭妄的要求，但是，在习惯了独断劝服的人们那里，侥幸成功的希望却毕竟绝不因此就被完全消除；所以，我坚持惟一公道的要求，即人们普遍地并且从人类知性连同其余一切知识源泉的本性出发，对自己想如何开始完全先

〔425〕 天地扩展自己的知识并且一直延伸到任何可能的经验，从而任何保证由我们自己想出来的某一个概念的客观实在性的手段都达不到的地方来作出辩解。无论知性如何达到这一概念，该概念的对象的存在毕竟不可能分析地在该概念中找到，因为客体**实存**的知识正是在于它就自身而言被设定**在思想之外**。但是，自行走出一个概念，并且不遵循经验性的联结（但通过经验性的理解在任何时候所给予的都仅仅是显象）就达到对新对象和

超越的存在者的揭示，这是完全不可能的。

但是，即使理性在其纯然思辨的应用中远远不足以实现这个如此伟大的意图，亦即达到一个至上的存在者的存在，它也毕竟在这一点上具有十分大的效用，即**纠正**可能从别处得来的对该存在者的知识，使其与自身以及任何理知的意图一致，并且使其免除一切可能与一个元始存在者相悖的东西和经验性限制的一切掺杂。 B668

据此，先验神学即使有其一切不足，也依然有重要的消极应用，并且在我们的理性仅仅与纯粹的，正因为此只容许有先验的尺度的理念打交道时，是它的一个经常的审查者。因为如果在其他的，也许是实践的关系中，一个最高的并且极为充足的存在者是至上的理智这种预设毫无争议地主张自己的有效性，那么，在其先验的方面把这一概念精确地规定为一个必然的和最实在的存在者的概念，并除去与最高的实在性相悖、属于纯然的显象的东西（属于广义上的神人同形同性论的东西），同时清除道路上的一切对立的主张，不论它们是**无神论的、理神论的还是神人同形同性论的**，就是极其重要的了；这在这样一种批判的主张中是十分容易的，因为使得人类理性在**主张**一个诸如此类的存在者方面的无能昭然若揭的那些根据，必然也足以证明任何一种**相反主张**的无效用性。因为，某人通过理性的纯粹思辨从哪里获得这样的见解，即认为不存在一个作为万物始基的最高存在者，或者我们根据其后果表现为与一个能思维的存在者的力学实在性相类似的种种属性没有一个属于它，或者这些属性在后一场合也必须臣服于感性不可避免地加给我们通过经验认识的理智之上的一切限制呢？ B669
〔426〕

因此，最高的存在者对于理性纯然思辨的应用来说依然是一个纯然的，但毕竟**完美无缺的理想**，是一个完成全部人类知识并使其达到顶峰的概念，它的客观的实在性沿着这条道路虽然不能得到证明，但也不能被反驳；而且如果应当有一种能够弥补这种缺陷的道德神学的话，那么在这种情况下，此前尚成问题的先验神学就通过对它的概念的规定和对一种足够经常地被感性蒙骗，并且并不总是与其自己的理念一致的理性的不断的监察，而证明了自己的不可或缺性。必然性、无限性、统一性、世界之外的存在（不是作为世界灵魂）、没有时间条件的永恒性、没有空间条件的全在性、全能等等，都完全是先验的谓词，而且因此之故，这些谓词纯化了的概念为任何一种神学都十分需要，都只能从先验神学得来。

B670

先验辩证论的附录

论纯粹理性各理念的范导性应用

纯粹理性一切辩证尝试的结局，不仅证实我们在先验分析论中已经证明了的东西，即我们所有那些要带领我们超越到可能经验的领域之外的推论都是骗人的、没有根据的；而且它还同时教给了我们这种特殊的东西，即人类理性在这方面有一种超越这一界限的自然倾向，先验理念对于理性来说和范畴对于知性来说一样是自然的，尽管区别之处在于，范畴导致真理亦即导致我们的概念与客体的一致，而先验理念则造成一种纯然的，但却不可抗拒的幻相，人们几乎不能通过苛刻的批判来阻止这种幻相的欺骗。

〔427〕

凡是在我们的力量的本性中有其根据的东西，都必定是合目的的，并且与我们的力量的正确应用一致，只要我们能够防止某种滥用，并找到它们的真正方向。因此，先验理念无论怎样猜测都有其良好的，因而是**内在的**应用，尽管如果它们的意义被错认，它们被当做现实事物的概念的话，它们就会在应用

B671

上是先验的，并正因为此是骗人的。因为不是理念自身，而仅仅是它们的应用，才能就全部可能经验而言或者是**飞越的**（超越的），或者是**本土的**（内在的），根据的是人们使它或者直接指向一个自以为与它相应的对象，或者就知性应用所关涉的对象而言仅仅指向一般知性应用；而一切偷换的错误在任何时候都只能归之于判断力的阙如，而不能归之于知性或者理性。

　　理性从不直接与一个对象相关，而是仅仅与知性相关，并且凭借知性与它自己的经验性应用相关，因而不**创造任何**（关于客体的）概念，而是仅仅**整理**概念，并把概念在其最大可能地扩展时，也就是说与序列的总体性相关时所能够具有的那种统一性给予它们；知性根本不关注序列的总体性，而是只关注条件的**序列**到处按照概念**得以实现所凭借的**那种联结。因此，理性真正说来仅仅以知性及其合目的的运用为对象；而且就像知性通过概念把客体中的杂多统一起来一样，理性在自己这方面也通过理念把概念的杂多统一起来，因为它把某种集合的统一性设定为知性行动的目标，若不然，知性行动就只处理分离的统一性。 B672

　　据此我断言：先验理念绝不具有建构性的应用，以至于某些对象的概念会由此被给予，而且如果人们这样来理解它们，它们就纯然是玄想的（辩证的）概念。与此相反，它们具有一种杰出的、对于我们来说不可或缺的必然的范导性应用，也就是说，使知性指向某一个目标，知性的一切规则的方向线都参照这一目标而汇聚于一点，尽管这个点只是一个理念（focus imaginarius［想象的焦点］），知性的概念实际上并不是从它出发的，因为它完全处在可能经验的界限外面，但尽管如此，它仍然被用来给知性概念带来一种与最大的扩展相伴的最大统一。现在，虽然由此对我们来说产生出一种欺骗，就好像这些方向线是从处于经验性上可能的知识领域之外的对象本身发出的似 ［428］

B673

的（就像在镜面背后看到客体一样）；然而，如果我们除了呈现于我们眼前的对象之外，同时还想看到远在我们背后的对象，也就是说，如果我们在我们的实例中想使知性超出被给予的任何经验（全部可能经验的部分），从而也达到最大可能的和极度的扩展，那么，这种幻觉（人们毕竟可以阻止这种幻觉，使它不骗人）仍然是不可或缺地必然的。

如果我们就其全部范围而言纵览我们的知性知识，我们就会发现，理性对此独有并且试图实现的东西，就是知识的**系统化的东西**，也就是说，知性知识从一个原则出发的联系。这种理性的统一在任何时候都预设一个理念，即一个知识整体的形式的理念，这个整体先行于各部分的一定知识，包含着先天地为每个部分规定其位置和与其他部分的关系的条件。据此，这个理念以知性知识的完备统一性为公设，通过这种统一性，知性知识并不纯然成为一个偶然的集合体，而是成为一个按照必然的规律相互联系的体系。真正说来，人们不能说这个理念是一个关于客体的概念，毋宁说就它给知性充当规则而言，它是关于这些概念的普遍统一的概念。诸如此类的理性概念不是从自然得来，毋宁说我们按照这些理念审问自然，而且只要我们的知识与这些理念不相称，我们就把它们视为有缺陷的。人们

B674

〔429〕

承认，简直不可能有**纯土、纯水、纯气**等等。尽管如此，人们毕竟还是需要它们的概念（因此，就完全的纯净而言，它们惟有在理性中才有自己的起源），以便恰如其分地规定这些自然原因中的每一个在显象中所占的份额；这样一来，人们就把一切物质归结为土（仿佛是纯然的重量）、盐和燃烧体（作为力），最终归结为作为工具的水和气（仿佛是前两种起作用所凭借的机器），以便按照一种机械性的理念说明物质相互之间的化学作用。因为即便人们实际上并不如此表达，但理性对自然科学家的分类的这样一种影响毕竟是极易发现的。

如果理性是一种从共相推导出殊相的能力，那么，要么共相已经是**就自身而言确实的**和被给予的，而在这种情况下它就只要求进行归摄的**判断力**，殊相由此被必然地规定。我把这称为理性不容置疑的应用。要么共相只是被**或然地**假定，是一个纯然的理念；殊相是确实的，但达到这个后果的规则的普遍性却是一个问题；这样，许多特殊的实例全都是确实的，它们都被根据规则来试验，看它们是否由此得出；而在这种场合，如果看起来一切有关的特殊实例都由此产生，则就可以推论出规则的普遍性，而由规则的普遍性又进一步推论到一切就其自身而言也没有被给予的实例。我要把这种应用称为理性的假设性的应用。 B675

以作为或然概念的理念为基础，理性从它们出发的假设性应用真正说来不是**建构性的**，也就是说，如果严格地作出判断，它们并不具有由此得出作为假设被假定的普遍规则的真理性的性质；因为人们要怎样知道所有因从这条假定的原理得来而证明其普遍性的可能后果呢？相反，它只是范导性的，以便尽可能地由此将统一性引入特殊的知识，由此使规则**接近**普遍性。

因此，假设性的理性应用关涉知性知识的系统统一性，而这种统一性则是规则的**真理性的试金石**。反过来说，系统的统一性（作为纯然的理念）仅仅是**规划出来的**统一性，就自身而言，人们必须不把它看做是被给予的，而是看做问题；但是，它有助于为杂多和特殊的知性应用找到一个原则，并由此把这种应用也引导到并未被给予的实例，并使之相互之间有联系。 〔430〕

但是，人们由此所看出的只是：杂多的知性知识的系统的或者理性的统一性是一个**逻辑的**原则，为的是在知性独自不足以成为规则的地方通过理念来继续帮助它，同时尽可能地给其 B676

规则的差异性带来在一个原则下的一致性（系统的一致性），并由此造就联系。但是，对象的性状或者把对象认识为对象的知性的本性是否就其自身而言就被规定有这种系统的统一性，以及人们是否能够先天地无须顾及理性的这样一种旨趣就在某种程度上公设这种统一性，从而说一切可能的知性知识（其中包括经验性的知识）都具有理性的统一性，都从属于种种共同的原则，它们尽管各不相同却都能够从这些原则推导出来，凡此种种，就会是理性的一条**先验的**原理，它不仅使系统的统一性作为方法在主观上和逻辑上成为必然的，而且还在客观上成为必然的。

我们想通过理性应用的一个实例来说明这一点。在依据知性概念的不同种类的统一性中间，还包括有被称为力量的实体之因果性的统一性。同一实体的不同显象乍一看表现出如此众多的异类性，以至于人们因此而一开始就几乎必须假定有多少结果就有多少种力量，例如在人的心灵中有感觉、意识、想象、回忆、机智、辨别力、快乐、欲望等等。起初，有一条逻辑的准则，要求尽可能地通过比较来揭示隐蔽的同一性，并查看是否想象与意识相结合就是回忆、机智、辨别力，也许甚至是知性和理性，由此来减少这种表面上的差异。关于**一种基本力**，逻辑根本弄不清诸如此类的东西是否存在，但它的理念至少是力量杂多性的一种系统表象的一个问题。逻辑的理性原则要求尽可能地实现这种统一性，而且这种力和那种力的显象越是被发现是彼此同一的，它们就越有可能无非是同一种力的不同表现，这种力（相对而言）就可以叫做它们的**基本力**。对于其他的力量来说依此类推。

相对而言的基本力必须又相互比较，以便通过揭示它们的一致性来使它们接近惟一的一种根本的，也就是说绝对的基本力。但这种理性的统一性纯然是假设的。人们并不主张必须实

B677

〔431〕

际上发现这样一种基本力，而是主张为了理性，也就是说为了确立某些原则，必须为经验可能提供的各种各样的规则去寻找这种基本力，而且必须尽可能地以这样的方式把系统的统一性引入知识。 B678

但是，当人们关注知性的先验应用时，却可以看出基本力的这一理念一般来说并不仅仅被规定为假设性应用的问题，而是伪称有客观的实在性，由此而公设一个实体的种种力量的系统统一性，并确立一种不容置疑的理性原则。因为我们并不曾尝试过种种力量的一致性，甚至在我们经过一切尝试之后不能揭示这种一致性的情况下，我们却预设：能够发现这样一种一致性；而这不仅像在已列举的实例中那样因为有实体的统一性，而且在发现了许多虽然在某种程度上同类的力的地方，例如在一般的物质那里，理性也预设多种多样的力的系统统一性；在这里，特殊的自然规律都从属于更普遍的自然规律，而原则的节约不仅仅成为理性的一条经济原理，而且成为自然的内在规律。

事实上，也看不出种种规则的理性统一性的逻辑原则如何能够成立，除非是预设一条先验的原则，通过它来把这样一种系统的统一性作为附着于客体的而先天地假定为必然的。因为 B679 如果理性可以随意承认一切力都同样可能是异类的，它们的推导的系统统一性同样可能不符合自然，那么，理性以什么权限能够在逻辑应用中要求把自然给予我们供认识的种种力量的杂多性当做一种纯然隐蔽的统一性来对待，并且尽可能地从某一种基本力推导出这种统一性呢？因为在这种情况下，理性就会由于把一个与自然的安排完全矛盾的理念设定为自己的目标， 〔432〕而恰恰是在违背自己的规定而行事。人们也不能说，它在之前已经从自然的偶然性状得出了这种符合理性原则的统一性。原因在于，理性寻找这种统一性的规律是必然的，因为我们没有这一规律就根本不会有理性，没有理性就不会有相互联系的知性应用，而缺少这种应用就不会有经验性真理的充足标志；因此，就后者而言，我们必须预设自然的系统统一性完全是客观有效的和必然的。

我们发现，这个先验的预设也以一种值得惊异的方式隐藏在哲学家们的原理中，尽管他们在其中并不总是认识到或者自己承认这一预设。种种个别事物的所有杂多性都不排除种的同一性，多种多样的种必须被仅仅当做少数**属**的不同规定来对待，而这些属又必须被仅仅当做更高的**类**的不同规定来对待，等等；因此，一切可能的经验性概念，就它们可以从更高的和更普遍的概念推导出来而言，它们的某种系统统一性是必须寻找的；凡此种种，是一条基本规则或者逻辑原则，离开了它就不会有理性的任何应用，因为我们只是就事物的普遍属性被当做特殊属性所隶属的基础而言，才能够从共相推论到殊相。

但是，即便在自然中也发现了这样一种一致性，这是哲学家们在那条著名的学院规则中预设的，即没有必要人们就不必增多开端（本原）了（entia praeter necessitatem non esse multiplicanda［如无必要，勿增实体］）。它说的是，事物的本性本身就呈现出理性统一性的材料，而表面上的无限差异并不可以妨碍我们在它们背后猜测基本属性的统一，惟有通过多次的规定才能从这些基本属性推导出多种多样性。这种统一性虽然是一个纯然的理念，但人们却在所有的时代里如此热切地探究它，以至于人们有理由节制对它的渴望，而不是鼓励这种渴望。化学家能够把一切盐都还原为两个基本的属，即酸性物和碱性物，这已经不错了，他们甚至还试图把这种区别仅仅视为同一种基本材料的变异或者不同的表现。人们逐渐地试图把土的众多的种（石头，甚至金属的材料）还原成三个属，最终还原成两个属；但他们并不以此为满足，他们不能放弃这样的思想，即在这些变异之后还有惟一的一个属，甚至猜测这些土和盐有一个共同的本原。人们也许想认为，这是理性的一个纯然经济的技巧，为的是尽可能多地节省力气，而且是一个假设的尝试，如果它成功的话，就恰恰通过这种统一性赋予预设的解释根据以盖然性。然而，这样一种自私的意图是很容易与理念区别开来的，按照理念，任何一个人都预设，这种理性统一性是适合自然本身的，而且理性在这里并不是在乞求，而是在命令，尽管不能规定这种统一性的界限。

如果在种种呈现给我们的显象中间有一种如此巨大的差异——我想说的不是在形式上（因为在形式上他们可能是彼此相似的），而是在内容上，也就是说，在实存的存在者的多样性上——以至于就连最苛刻的人类知性通过这一显象与那一显象的比较也不能发现丝毫的相似（一个很可以设想的实例），那么，属的逻辑规律就根本不会成立；甚至不会有任何属的概念或者某一个普遍的概念成立，就连仅仅与这样的概念打交道的知性也不会成立。因此，属的逻辑原则如果应当运用于自然（我在这里把自然仅仅理解为被给予我们的种种对象），就以一种先验的原则为前提条件。按照这一先验的原则，在一个可能经验的杂多中必然地以同类性（尽管我们不能先天地规定它的程度）为前提条件，因为没有这种同类性，就没有经验性的概念是可能的，从而也就没有任何经验是可能的。 B682

属的逻辑原则公设同一性，另一条原则，即种的逻辑原则与它相对立，后者需要事物的杂多性和差异，不管它们在同一个属中的一致，并且规定知性关注杂多性和差异不亚于关注同一性。这条（敏锐或者辨别能力的）原理对前一条原理（机智的原理）的轻率加以限制，而理性则在这里表现出一种双重的、相互冲突的旨趣，一方面是就属而言的**范围**（普遍性）的旨趣，另一方面是在种的杂多性方面的**内容**（确定性）的旨 〔434〕

趣，因为知性在前一场合虽然多是在概念之下思维，在第二种
场合却更多地是在**概念**之中思维。这一点也在自然科学家们十
分不同的思维方式中表现出来，它们中一些人（偏爱思辨的
人）仿佛是敌视异类性，而另一些人（偏爱经验性的人）则不
断地试图把自然分裂成如此之多的多样性，以至于人们几乎不
得不放弃按照普遍的原则对自然的显象作出判断的希望。

这后一种思维方式明显地也以一种逻辑原则为基础；如果
我从属开始下降到属所包含的杂多，并且就像在前一种场合我
上升到属，试图给体系带来统一那样，试图以这样的方式给体
系带来扩大，那么，这种逻辑原则的意图就是一切知识体系的
系统完备性。因为从标志着一个属的概念的范围出发与从物质
能够占有的空间出发一样，都难以看出它们的分割能够进行到
多远。因此，任何属都要求有不同的**种**，而种又要求有不同的
亚种；而且既然后者中没有一个不是始终又有一个范围（作为
conceptus communis［共同概念］的范围），所以理性在其整
个扩展中就要求，任何种都不被视为就自身而言最低的种，因
为既然它毕竟总还是一个概念，在自身中仅仅包含不同的事物
共有的东西，不能够是完全被规定的，从而也不能首先与一个
个体发生关系，所以在任何时候都必然在自身中包含着其他概
念，亦即亚种。这一特殊化的规律可以这样表达：entium va-
rietates non temere esse minuendas［不可贸然削减存在者的差
异］。

但是，人们很容易看出，如果不是有一个先验的**特殊化规
律**作为基础，就连这一逻辑规律也将没有意义、毫无用处；先
验的特殊化规律虽然并不要求能够成为我们的对象的事物在差
异方面有一种现实的**无限性**，因为仅仅主张逻辑范围就可能的
分割而言的**不确定性**的逻辑原则并没有为此提供理由；但尽管
如此却责成知性在呈现给我们的每一个种之下寻找亚种，为每

B683

B684

〔435〕

一种差异寻找更小的差异。因为如果没有较低的概念，就也没有较高的概念。现在，知性惟有通过概念才认识一切：因此，就它在划分中所及而言，绝不是通过纯然的直观，而是始终又通过较低的概念。显象的知识在其完全的规定（这种规定惟有通过知性才是可能的）中要求对知性的概念有一种不断继续的特殊化，并且要求前进到在种的概念中已经被抽掉、在属的概念中被抽掉更多、但却始终还留存的差异。

这种特殊化的规律也不能借自经验；因为经验不可能给予 B685
一种如此辽远的景观。如果经验性的特殊化不是被已经先行的先验的特殊化规律当做理性的一条原则所引导，去寻找这样的特殊化，并且在它并不立刻呈现给感官的时候还一直猜想它的话，就会很快在区分杂多时停留下来。发现吸收性的土还有不同的种（钙质土和盐酸土），这需要一条先行的理性规则，理性由于预设自然如此丰富多彩而猜测有差异，故把寻找差异规定为知性的任务。因为惟有在自然中有差异的预设下，我们才有知性，正如在自然的客体就自身而言具有同类性的条件下我们才有知性一样，因为正是能够被包摄在一个概念之下的东西的杂多性，才构成了这一概念的应用和知性的工作。

因此，理性为知性准备了行动领域：第一，通过在较高的属下面杂多的东西具有**同类性**的原则；第二，通过在较低的种下面同类的东西具有**差异性**的原理；而为了完成系统的统一性，它还附加上：第三，一切概念有**亲合性**的规律，这条规律要求通过差异的逐步增加而从一个种到另一个种连续地过渡。我们可以把它们称为形式的**同类性、特殊性和连续性**的原则。 B686
连续性的原则的产生，乃是由于人们把前两条原则结合起来，因为人们无论在向较高的属的上升中还是在向较低的种的下降中，都在理念中完成了系统的联系；在这种情况下，所有的杂 〔436〕
多性彼此都有亲缘性，因为它们全都通过扩展了的规定的一切程度而源自惟一的一个至上的属。

人们可以用如下的方式来直观地说明三条逻辑原则之下的系统统一性。人们可以把每一个概念视为一个点，这个点作为观察者的观测站具有自己的视界，也就是说，大量从这个点能够被表现，并且仿佛是能够被纵览的事物。在这个视界内部，必须能够无限地给出大量的点，它们每一个都又有自己较狭小的视域；也就是说，每一个种按照特殊性的原则都包含着诸亚种，而逻辑的视界只是由诸较小的视界（诸亚种）构成的，而不是由不具有范围的点（个体）构成的。但是，可以设想为不同的视界，亦即为从同样多的概念出发来规定的不同的属划出一个共同的视界，从它出发，就像是从一个中心点出发一样，人们把不同的视界尽收眼底，而这个中心点就是一个较高的属，直到最后，最高的属就是普遍的和真正的视界，这个视界是从最高的概念的观测点出发来规定的，并且在自身之下包含着作为属、种和亚种的一切杂多性。

B687

把我们带到这个最高的观测点的是同类性的规律，把我们带到一切较低的观测点及其最大的差异性的是特殊性的规律。但是，既然以这样的方式在所有可能的概念的整个范围里都没有任何空当，而且在它之外也不能发现任何东西，所以就从那个普遍的视域和该视域的完全划分的预设中产生出如下原理：non datur vacuum formarum［各形式没有空当］，也就是说，不存在不同的源始的和最初的属，仿佛是被隔离的，被彼此（通过一个空的间隙）分开的，相反，所有杂多的属都只不过是一个惟一的、至上的和普遍的属的划分罢了；而从这条原理就产生出它的直接结论：datur continuum formarum［各形式有连续性］，也就是说，各个种的所有差异都相互接壤，不允许通过一种飞跃，而是只能通过一切更小的区别程度来过渡到另一个种，由此人们就可以从一个种达到另一个种；一言以蔽之，不存在任何种或者亚种彼此（在理性的概念中）是最接近的种或者亚种，相反，还总是有中间的种，它与第一个种和第二个种的区别小于这两个种彼此之间的区别。

〔437〕

B688

因此，第一条规律防止跑题进入不同的源始的属，并推崇同类性。与此相反，第二条规律又限制对一致的这种倾向，并且要求在人们以自己的普遍概念转向个体之前，要区分亚种。第三条规律则把前两条结合起来，因为它不顾极度的杂多性，仍然通过从一个种到另一个种的逐步过渡而规定了同类性，就不同的分枝全都从一个主干长出而言，这表明了它们的一种亲缘性。

但是，这条 continui specierum［种的连续性］（formarum logicarum［逻辑形式的连续性］）的逻辑规律以一条先验的规律（lex continui in natura［自然中的连续性的规律］）为前提条件，没有后者，知性的应用只会被前一种规定引入歧途，因为它也许会选取一条恰恰与自然相悖的道路。因此，这条规律所依据的必须是纯粹的先验根据，而不是经验性的根据。因为在后一种情况下，它就会迟于体系；但是真正说来，这规律首先造成了自然知识的系统性的东西。在这些规律背后，也没有隐藏着把它们当做试验来进行检验的意图，尽管这种联系在它适用的地方当然就会提供强有力的根据，来把以假设的方式想出的统一性视为有根有据的，因而它们在这方面也是有其用处的；相反，人们从它们身上清晰地看出，它们把基本原因的节省、结果的杂多性和一种由此而来的自然各环节的亲缘性就其自身而言判断为合理性的、适合自然的，因此，这些原理直接地具有受欢迎之处，而不是纯然作为方法的技巧才受欢迎的。

B689

但是，人们很容易看出，诸形式的这种连续性是一个纯然的理念，在经验中根本不能给它指出一个相应的对象：这**不仅**是因为自然中的种确实已被划分，从而就自身而言必然构成一

种 quantum discretum ［分离的量］，而且如果亲缘性中的逐步
进展是连续的，那么，它们就也必定包含着处于两个被给予的
种内部的中间环节的真正无限性，而这是不可能的；**而且**是因
为我们对于这一规律根本不能作确定的经验性应用，由此并没
有显示出亲和性的丝毫征兆，告诉我们应当根据什么来寻找亲
合性的差异的级别顺序，以及寻找到什么程度，而无非是一个
一般的指示，即我们应当寻找这种级别顺序。

〔438〕

B690　　如果我们把现在列举的这些原则按照其顺序加以安置，以
便让它们**符合经验的应用**，那么，系统统一性的各原则就会顺
序如下：**杂多性、亲缘性**和**统一性**，它们中的每一个都被当做
其完备性已达最高程度的理念。理性以首先被运用于经验的知
性知识为前提条件，按照远远超出经验所能及的理念来寻找知
性知识的统一性。虽然有其差异却服从统一性原则的杂多的亲
缘性并不仅仅涉及事物，而是更多得多地涉及事物的纯然属性
和力量。因此，如果举例来说，行星的轨道通过一种（尚未完
全纠正的）经验作为圆形的被给予我们，而我们发现了种种差
异，那么，我们就在能够按照一种稳定的规律通过无限多的中
间程度把圆形改变成为这些偏离运转中的一种东西里面猜测这
些差异，也就是说，不是圆形的行星运动将或多或少地接近圆
形的属性，并且成为椭圆。彗星表现出其轨道的一种更大的差
异，因为它们（就观察所及）甚至不以圆形返回，然而我们猜
想一种抛物线状的运转，它毕竟与椭圆有亲缘性，而且如果椭

B691　　圆的长轴延伸得很长，在我们的一切观察中就能够与椭圆没有
差别。这样，我们就按照那些原则的指导达到了这些轨道在其
形状上的属的统一性，但因此又进一步发现它们的运动的一切
规律之原因的统一性（引力）；由此出发，我们之后又扩大了
自己的战果，还力图从同一个原则出发来说明一切差异和表面
上对那些规则的偏离，最终甚至附加上多于经验在某个时候能

够证实的东西，亦即按照亲缘性的这些规则本身设想双曲线状的彗星轨道，这些天体以这些轨道完全离开我们的太阳系，并且在它们从一个太阳到另一个太阳的时候，在它们的运转中把一个对我们来说无边无际而又通过同一种运动力联系在一起的宇宙体系的更遥远的各部分结合起来。 〔439〕

就这些原则而言值得注意且我们也惟一探讨的是：它们看起来是先验的，而且虽然它们所包含的是供理性的经验性应用遵循的纯然理念，理性的经验性应用只能仿佛是渐近线状地，也就是说仅仅接近地遵循它们，永远也达不到它们，但它们作为先天综合命题还是有客观的，但不确定的有效性，并且充当可能经验的规则，也实际上在加工经验时被用做启迪性的原理而取得很大的成功，但人们毕竟不能完成对它们的一种先验的演绎，如上面所证明，这在理念方面任何时候都是不可能的。 B692

在先验分析论中，我们曾根据知性的原理把**力学**原则作为直观的纯然范导性原则与就直观而言是建构性的**数学**原则区别开来。尽管如此，上述力学的规律就**经验**而言却当然是建构性的，因为它们使任何经验无之则不成立的**概念**成为先天可能的。与此相反，纯粹理性的各原则甚至就经验性**概念**而言也不是建构性的，因为不能给予它们任何相应的感性图型，因此它们不能有任何具体的对象。如果我放弃把这些原则当做建构性原理的这样一种经验性的应用，我想，尽管如此，怎样才能仍保证一种范导性的应用，并随之保证一些客观的有效性呢？而且这种应用能够有什么意义呢？

知性对于理性来说构成一个对象，正如感性对于知性来说构成一个对象一样。使一切可能的经验性的知性行动的统一性成为系统的，乃是理性的工作，就像知性通过概念把显象的杂多联结起来并置于经验性的规律之下一样。但是，没有感性图型的知性行动是**不确定的**；同样，**理性的统一性**在知性系统地 〔440〕 B693

联结其概念所应当隶属的条件和这种结合的程度方面也是**就自身而言不确定的**。然而，尽管对于一切知性概念完全的系统统一性来说，不能在**直观**中找到任何图型，但毕竟能够而且必须有这样一种图型的类似物被给予，这个类似物就是知性知识在一个原则中的划分和统一的**极大值**的理念。因为只要除去提供不确定的杂多性的制约条件，极大者和绝对必然者是可以确定地设想的。因此，理性的理念就是感性图型的一个类似物，但区别在于，把知性概念运用于理性图型，却并不（就像把范畴运用于其感性图型那样）是对象本身的一种知识，而仅仅是一切知性应用的系统统一性的一条规则或者原则。现在，既然为知性先天地确立其应用的完全统一的任何原理也都——尽管只是间接地——适用于经验的对象，所以理性的各原理就对象而言也将有客观的实在性；但这不是为了根据它们**规定**某种东西，而仅仅是为了显示一种行事方式，知性的经验性的和确定的经验应用按照这种行事方式就能够与自身完全一致，因为它被与完全统一性的原则**尽可能地**联系起来并由此推导出来。

B694

一切不是得自客体的性状，而是得自理性在该客体的知识之某种可能的完善性方面的旨趣的主观原理，我都称之为理性的**准则**。这样，就有一些思辨理性的准则，它们所依据的仅仅是理性的思辨旨趣，尽管可能看起来它们好像是客观的原则。

如果纯然的范导性原理被视为建构性的，那么，它们就可能作为客观的原则而自相冲突；但是，如果人们仅仅把它们视为准则，那就不是一种真正的冲突，而纯然是理性的一种造成思维方式之分离的不同旨趣罢了。事实上，理性只有一种统一的旨趣，而它的种种准则的冲突则只不过是满足这种旨趣的种种方法的差异和相互限制罢了。

〔441〕

以这样的方式，在**这一个**玄想家这里就可能更偏重于**杂多性**（依据特殊性的原则），而在**那一个**玄想家那里则可能更偏

重统一性（依据集合性的原则）。二者中的每一个都相信自己
的判断乃出自对客体的洞见，但毕竟都是把它仅仅建立在对两
个原理的某一个的或大或小的偏执之上的；这两个原理没有一
个依据的是客观的根据，而是仅仅依据理性的旨趣，因此称它
们为准则就会比称它为原则更好。如果我发现有识之士们因
为人、动物或者植物乃至矿物体的特征而相互争论，既然一些
人例如假定特殊的、根据在于起源的民族特性，或者还假定各
家族、各种族有被决定的和遗传的差别等等，而另一些人则相
反，认为自然在这方面所做的投资是完全一样的，一切区别所
依据的仅仅是外在的偶然性，那么，为了理解这对象对双方来
说隐蔽得太深，以至于他们不能从对客体的本性的洞识出发来
说话，我只需考虑对象的性状就可以了。这无非是理性的双重
旨趣，其中一方醉心于或者偏爱一种旨趣，而另一方则醉心于
或者也偏爱另一种旨趣，因此是自然的杂多性或者自然的统一
性两种准则的差异；这两种准则是极易调和的，但只要把它们
视为客观的洞识，它们就不仅造成争执，而且造成长期阻碍真
理的障碍，直到找出一种办法调和有争议的旨趣并使理性在这
方面感到满足为止。

对于被如此广为征引的、由**莱布尼茨**提出并由**博奈特**杰出
地修订的造物之连续**阶梯**的规律的维护或者攻击也是同样的情
形。它无非是对依据理性旨趣的亲合性原理的一种遵循；因为
对自然的安排的观察和洞识根本不能把这一规律当做客观的主
张提供出来。这样一个阶梯的各级，如同经验能够向我们说明
的那样，彼此相距太远，而我们的自以为微小的差别通常在自
然中却是如此宽阔的鸿沟，以至于根本不能指望这样的观察
（尤其是鉴于事物的一种巨大的杂多性，因为找出某种相似性
或者接近，必然总是容易的事情）当做自然的意图提供任何东
西。与此相反，按照这样一种原则在自然中寻找秩序的那种方

法，以及把自然中的这样一种秩序——虽然在何处以及在多大程度上尚不确定——在根本上视为有根有据的那种准则，当然是理性的一条合法的和杰出的范导性原则，但它作为这样一条原则却比经验或者观察能够与它比肩行走的远得多，它毕竟没有规定某种东西，而是给理性指明了达到系统的统一性的道路。

B697

论人类理性的自然辩证法的终极意图

纯粹理性的种种理念就自身而言永远不可能是辩证的，相反，只有它们的纯然滥用才必然使得从它们给我们产生一种骗人的幻相；因为它们是通过我们理性的本性被给予我们的，而我们的思辨的一切权利和要求的这一至上法庭却不可能自己包含着源始的欺骗和幻象。因此，它们也许在我们理性的自然禀赋中有其正当的和合目的的规定。但是，一帮玄想家却照例喊叫理性的不和谐和矛盾，攻讦他们自己不能看透其最内在计划的统治，而他们其实应当把自己的存续，乃至使他们有能力责难和谴责这种统治的文化，都归功于这种统治的良好影响。

不对一个先天概念进行过先验的演绎，人们就不能可靠地使用它。纯粹理性的种种理念不允许范畴所允许的那种演绎；但是，如果他们应当至少有一些——哪怕是不确定的——客观

B698

的有效性，并且不仅仅表现空的思想物（entia rationis ratiocinantis［进行推论的理性的存在者］）的话，那就绝对必须有一种它们的演绎是可能的，即使它远远不同于人们对范畴能够采取的那种演绎。这是纯粹理性的批判工作的完成，而我们现在就想这样做。

某物是作为一个**绝对的对象**还是作为一个**理念中的对象**被给予我的理性，这是有很大区别的。在前一种情况下，是我的

〔443〕

概念去规定对象；在第二种情况下，它实际上只是一个图型，

没有一个对象被直接加给它，就连以假设的方式也不行，相反，它仅仅被用来让我们凭借与这个理念的关系根据其系统的统一性来表现其他对象，从而间接地表现它们。例如我说，一个最高理智的概念是一个纯然的理念，也就是说，它的客观实在性不应当在于它直截了当地与一个对象相关（因为在这样的意义上，我们就会不能为其客观的有效性辩解），而是在于它仅仅是一个一般事物的概念按照最大的理性统一性的条件安排的图型，这个图型只被用来在我们理性的经验性应用中保持最大的系统统一性，因为人们仿佛是从这个理念的想象出来的对象中推导出经验的对象的，理念的想象出来的对象仿佛是经验的对象的根据或者原因。在这种情况下，例如就说：必须这样来看待世界的种种事物，就好像它们从一个最高的理智获得其存在似的。以这样的方式，理念真正说来只是一个启迪性的概念，而不是一个明示性的概念，它所说明的不是一个对象有什么性状，而是我们应当如何在它的引导下去**寻找**一般经验的对象的性状和联结。于是，如果人们能够指出，尽管三种先验理念（**心理学的、宇宙论的**和**神学**的理念）并不直接同任何与它们相应的对象及其**规定**相关，但理性的经验性应用的所有规则根据这样一个**理念中的对象**的预设而导致系统的统一性，并在任何时候都扩展经验的知识，但永远也不与经验的知识相悖，那么，按照诸如此类的理念行事，就是理性的一条必然的**准则**。而这就是思辨理性所有理念的先验演绎，不是作为我们的知识扩展到多于经验所能给予的对象的**建构性**原则，而是作为一般经验性知识的杂多之系统统一性的**范导性**原则，经验性知识由此在自己的界限之内，与没有这样的理念，仅仅通过知性原理的应用所可能发生的相比，将得到更多的培植和纠正。

我想把这一点讲得更清楚。依据上述作为原则的理念，**第一**（在心理学中），我们按照内部经验的导线，如此联结我们

B699

〔444〕
B700

心灵的所有显象、行动和感受性，就**好像**心灵是一个以人格的同一性持久（至少在活着时）实存的单纯实体似的，尽管这个实体的种种状态——肉体的种种状态只是作为外部条件属于它们——是不断地变易的。**第二**（在宇宙论中），我们必须在这样一个永远不会完成的探究中追踪外部自然显象和内部自然显象的种种条件，就**好像**这种探究自身就是无限的和没有一个最初的或者至上的环节似的，尽管我们因此而在一切显象之外并不拒绝显象的纯然理知的最初原因，但毕竟绝不可以把它们纳入自然解释的联系，因为我们根本不认识它们。最后**第三**，无论什么东西，只要它属于可能经验的联系，我们都必须（就神学而言）这样看待它们，就**好像**这种经验构成一个绝对的，但完全依赖性的，始终还在感官世界内部有条件的统一性似的，但同时，毕竟又**好像**一切显象的总和（感官世界自身）在其自己的范围之外有一个惟一的、至上的和极为充足的根据，也就是说，有一个仿佛独立的、源始的和创造性的理性似的；与这个理性相关，我们在**我们的**理性的经验性应用的最大扩展中这样来调整这种应用，就**好像**对象本身是从一切理性的那个原型产生出来的似的。这就是说：不是从一个单纯的、能思维的实体推导出灵魂的内部显象，而是按照一个单纯的存在者的理念把那些显现相互推导出来；不是从一个最高的理智推导出世界秩序及其系统的统一性，而是从一个极为智慧的原因得到规则，按照这种规则，理性在联结世界中的原因和结果时为达到自己的满意就能够得到最好的应用。

B701

现在，没有丝毫东西阻碍我们把这些理念也**假定**为客观的和实体性的，惟独除了宇宙论的理念；在宇宙论的理念中，如果理性想实现它们，就会遇到一种二论背反（心理学的理念和神学的理念根本不包含诸如此类的二论背反）。因为在心理学的理念和神学的理念中不包含任何矛盾。因此，怎么会有人能够与我们争论，否认它们的客观实在性，因为关于它们的可能性，他为否定它们与我们为肯定它们，所知道的是同样地少！〔445〕尽管如此，为了假定某种东西，仅仅没有积极的障碍与之相悖是不够的。而且不能容许我们仅仅根据欲完成其工作的思辨理性的信誉，就把超越我们的一切概念——虽然不与我们的任何一个概念相矛盾——的思想存在者当做现实的和确定的对象来采用。因此，不应当就自身而言来对待它们，而是只承认它们 B702作为一切自然知识的系统统一性之范导性原则的图型的实在性，因而它们应当只是作为现实事物的类似物，而不是作为现实事物自身被奠定为基础。我们从理念的对象那里取消了限制我们知性概念的条件，但也只有这些条件才使我们有可能关于某一个事物形成一个确定的概念。而现在，我们设想一个某物，关于它就自身而言是什么，我们根本没有任何概念，但我们对此毕竟设想与显象之总和的一种关系，这种关系与显象相互之间所拥有的关系是类似的。

如果我们据此假定这样一些理想的存在者，则我们真正说来并没有把我们的知识扩展到可能经验的客体之外，而是仅仅通过系统的统一性扩展了可能经验的经验性统一性；理念给我们提供的是系统统一性的图型，因而理念不被视为建构性的原则，而是仅仅被视为范导性的原则。因为我们设定一个与理念相应的事物、一个某物或者现实的存在者，由此并不是说，我们想用超验的概念扩展我们对于事物的知识；因为这个存在者只是在理念中，而不是就自身而言被奠定为基础，因而只是为了表达对我们来说应当充当理性的经验性应用之准绳的系统统 B703一性，而关于这种统一性的根据或者这样一个存在者的内在属性是什么，当做原因来依据的是什么，毕竟没有澄清什么东西。

这样，纯然的思辨理性关于上帝给予我们的先验的和惟一确定的概念，在最精确的意义上就是**理神论的**；也就是说，理性甚至没有给予这样一个概念的客观有效性，而是仅仅给予了关于某物的理念，一切经验性的实在性都把自己最高的和必然的统一建立在这个某物之上，而我们也只能按照一个根据理性

〔446〕

的规律就是一切事物的原因的现实实体的类比来思维这个某物；只要我们着手在任何地方都把它当做一个特殊的对象来思维，而不是宁可满足于理性的范导性原则的纯然理念，把思维的一切条件的完成当做对人类的知性来说超验的东西置于一旁；后者与我们知识中的一种完全系统的统一性的意图是无法共存的，至少理性并没有为这种意图设置限制。

因此所发生的事情就是：如果假定一个属神的存在者，则我虽然无论是对于它的最高完善性的内在可能性，还是对于它

B704

的存在的必然性，都没有丝毫的概念，但在这种情况下，我毕竟能够满足于所有其他涉及偶然的东西的问题，而且就理性的经验性应用中应当查清的最大统一性而言能够给理性以最完美的满足，但并不是就这个预设本身使理性满足；这说明，使理性有权利从一个远远处于它的领域之外的点出发来由此在一个完备的整体中考察它的对象的，是理性的思辨旨趣，而不是它的洞识。

这里表现出在同一个预设那里思维方式的一种差别，这种差别相当细微，尽管如此，在先验哲学中却十分重要。我可以有充足的根据相对地假定某种东西（suppositio relativa［相对的假定］），但却没有权限绝对地假定它（suppositio absoluta［绝对的假定］）。如果所涉及的是一条范导性的原则，这种区分是对的；我们虽然认识它就自身而言的必然性，但却根本不认识这种必然性的源泉，而我们假定一个至上的根据，仅仅是为了与——例如，当我把一个与纯然而且先验的理念相应的存在者设想为实存着的的时候相比，更为确定思维原则的普遍

性。在后一种情况下，我绝不能就自身而言假定这个事物的存在，因为使我能够确定地设想某一个对象的那些概念，都达不到这一点，而我的概念的客观有效性的条件则被这个理念本身所排除。实在性、实体性、因果性的概念，甚至存在中的必然性的概念，除了使一个对象的经验性知识成为可能的用途之外，根本没有规定某一个客体的意义。因此，它们虽然能够被用于解释感官世界中的事物的可能性，但却不能被用于解释一个**世界整体本身**的可能性，因为这个解释根据必然在世界之外，从而不是一个可能经验的对象。现在，尽管如此相对于感官世界我仍然可以假定这样一个不可把握的存在者，一个纯然理念的对象，尽管不能就自身而言就假定它。因为如果我以一个理念（系统的完备的统一性的理念，我马上就要更确定地谈到它）为我的理性的最大可能的经验性应用的基础，这个理念尽管为了使经验性的统一接近最大可能的程度而是绝对必要的，就自身而言，却永远不能在经验中得到恰切的表现，那么，我将不但有权利，而且也不得不实现这个理念，也就是说，给它设定一个现实的对象，但只是作为一个我就自身而言根本不认识的某物，而且我把这个某物当做那种系统的统一性的根据，与系统的统一性相联系把类似于经验性应用中的知性概念的那些属性赋予它。因此，我将按照世界中的实在性、实体性、因果性和必然性的类比来设想一个在最高的完善性中拥有这一切的存在者，而且由于这个理念所依据的仅仅是我的理性，就能够把这个通过最大的和谐和统一的理念而是世界整体之原因的存在者设想成为**独立的理性**，以至于我删除一切限制这一理念的条件，仅仅是为了在这样一个始基的庇护下使世界整体中杂多的系统统一性成为可能，并借助这种统一性使最大可能的经验性的理性应用成为可能，因为我是这样看待所有的结合的，就**好像**它们是一个最高理性的安排似的，而我们的理

B705

〔447〕

B706

性只不过是这个最高理性的一个模糊的摹本罢了。在这种情况下，我完全通过真正说来仅仅在感官世界才有其应用的概念来设想这个最高的存在者；但是，既然我只是相对地使用那个先验的预设，也就是说，它应当提供最大可能的经验统一的基底，所以我完全可以通过仅仅属于感官世界的那些属性来思维一个我与世界区别开来的存在者。因为我绝不要求也没有权利要求按照我的理念的这个对象就自身而言所可能是的东西来认识它；为此我并没有概念，甚至实在性、实体性、因果性的概念，就连存在中的必然性的概念，如果我以此斗胆超越到感官的领域之外，就也都失去了一切意义，是概念的空洞名称而没有任何内容。我设想一个就自身而言根本不为我所知的存在者与世界整体的最大的系统统一性的关系，仅仅是为了使这个存在者成为我的理性的最大可能的经验性应用之范导性原则的图型。

B707

〔448〕

如果我们把自己的目光投向我们理念的先验对象，我们就会看到，我们不能按照实在性、实体性、因果性等等的概念来**就自身而言**预设它的现实性，因为这些概念对完全有别于感官世界的某种东西没有丝毫的用处。因此，理性关于一个最高的存在者是至上的原因的假设纯然是相对的，是为了感官世界的系统统一性而设想的，纯然是理念中的某物，关于它**就自身而言**是什么，我们没有任何概念。由此也就说明，何以我们虽然与实存着被给予感官的东西相关而需要一个就自身而言**必然的**元始存在者，但却绝不能对这个存在者及其绝对的**必然性**有丝毫的概念。

B708

从现在开始，我们就可以把整个先验辩证论的结果展现在眼前，精确地规定纯粹理性各理念的终极意图了。这些理念只是由于误解和不谨慎才成为辩证的。纯粹理性实际上除自身之外不涉及任何东西，也不能有别的事务，因为被给予它的不是要达到经验概念之统一的对象，而是要达到理性概念亦即在一个原则中的联系之统一的知性知识。理性的统一性是体系的统一性，而这种系统的统一性并不是客观地充当理性的一个原理，来把理性扩展到对象上，而是主观地充当理性的准则，来把理性扩展到对象的一切可能的经验性认识上。尽管如此，理性能够给予经验性的知性应用的那种系统联系，仍然不仅促进这种应用的扩展，而且同时还保障这种应用的正确性；这样一种系统的统一性的原则也是客观的，但却以不确定的方式是客观的（principium vagum［不确定的原则］）；不是作为建构性的原则，使人就它的直接对象而言规定某种东西，而是作为纯然范导性的原则和准则，通过开辟知性不认识的新道路来无限地（不确定地）促进和加强理性的经验性应用，而在这方面绝不与经验性应用的规律有丝毫的抵触。 〔449〕

但是，理性除了给予自己的理念以一个对象之外，不能以别的方式思维这种系统的统一性；但这个对象却不能通过任何经验被给予，因为经验永远不给予一个完美的系统统一性的实例。这个理性存在者（ens rationis ratiocinatae［推论出来的理性的存在者]）虽然是一个纯然的理念，因而并不绝对地、**就自身而言**被假定为某种现实的东西，而是仅仅或然地被当做基础（因为我们不能通过任何知性概念达到它），以便如此看待感官世界种种事物的一切联结，就**好像**它们在这个理性存在者里面有其根据似的，但却仅仅是为了在此之上建立系统的统一性，这种统一性对于理性来说是不可或缺的，虽以所有的方式促进经验性的知性知识，却绝不能妨碍这种知识。 B709

如果有人把这个理念视为主张，哪怕仅仅是预设一个现实的事物，想把系统的世界状态的根据归之于该事物，那就立刻误解了这个理念的意义；毋宁说，系统的世界状态的这个避开我们概念的根据就自身而言具有什么样的性状，人们是让它悬而未决的，而且仅仅为自己把一个理念设定为观测点，惟有从这观测点出发，人们才能展开那个对于理性来说如此根本的、对于知性来说如此有利的统一性；一言以蔽之：这个先验的事物纯然是那个范导性原则的一个图型，理性通过它尽其所能地把系统的统一性扩展到一切经验。

B710

我自己，纯然作为能思维的本性（灵魂）来看，就是这样一个理念的第一个客体。如果我想寻找一个能思维的存在者自身以之实存的属性，我就必须审问经验，我甚至不能把所有范畴中的任何一个运用于这个对象，除非在范畴的图型在感性直观中被给予的情况下。但我绝不因此就达到内感官的一切显象的一种系统的统一性。因此，理性采用一切思维的经验性统一的概念来取代不能引导我们走远的经验概念（关于灵魂实际上是什么的概念），并通过把这种统一思维成为无条件的和源始

〔450〕

的，来用这个概念形成关于一个单纯的实体的理性概念（理念），这个实体就自身而言是不变的（人格上同一的），与它之外的其他事物处于共联性之中；一言以蔽之：关于一个单纯的、独立的理智的理性概念。但在这里，它所关注的无非是说明灵魂的显象时的系统统一性的原则，即把一切规定视为在一个惟一的主体之中的，把一切力量尽可能地视为从一个惟一的

B711

基本力量派生的，把一切变迁视为属于同一个持久的存在者的各种状态的，并且把空间中的一切**显象**表现为完全有别于**思维**的行动的。实体的那种单纯性等等应当只是这种范导性原则的图型，不是被预设得好像它是灵魂属性的现实根据似的。因为这些灵魂属性也可以依据完全不同的根据，这种根据我们根本不认识，就像我们真正说来也不能通过这些假定的谓词就自身而言认识灵魂一样，尽管我们想让它们对灵魂绝对有效；因为它们构成一个纯然的理念，这个理念是根本不能具体地表现的。从这样一个心理学的理念中，只要人们小心不要让人把它

视为某种多于纯然的理念，亦即仅仅相对于我们灵魂的显象方
面系统的理性应用的东西，能够产生的就只有好处。因为在这
里，没有完全属于另类的有形显象的经验性规律混杂进对仅仅
属于**内**感官的东西的解释；这里不允许有关于灵魂的产生、毁
灭和轮回等等的虚妄假说；因此，对内感官的这一对象的考察
是完全纯粹地、不混杂异类属性地进行的，此外，理性的研究
集中在尽可能地把这一主体中的解释根据引导到一个惟一的原
则之上；凡此种种，都是通过这样一个图型——它**好像**是一个   B712
实在的存在者似的——极佳地，甚至独一无二地实现的。除了
一个范导性的概念的图型之外，这个心理学的理念也不能意味
着任何别的东西。因为如果我也只是想问，灵魂是否就自身而
言具有精神的本性，那么，这个问题就根本没有意义。因为通   〔451〕
过这样一个概念，我不仅去除了有形的本性，而且也完全去除
了一切本性，也就是说，去除了任何一个可能经验的一切谓
词，从而去除了为这样一个概念设想一个对象的一切条件，但
毕竟惟有给它设想一个概念，才使得人们说它有一种意义。

　　纯然思辨理性的第二个范导性理念是一般的世界概念。因
为自然真正说来只不过是惟一被给予的使理性需要范导性原则
的客体罢了。这个自然是双重的：要么是能思维的自然、要么
是有形体的自然。然而对于后者来说，要根据其内在的可能性
来思维它，也就是说，要规定范畴在它上面的应用，我们并不
需要任何理念，亦即不需要任何超越经验的表象；就它来说，
也没有任何理念是可能的，因为在这里只以感性直观为指导，
而不像在心理学的基本概念（自我）中那样，后者先天地包含
着思维的某种形式，亦即思维的统一性。因此，对于纯粹的理
性来说，给我们剩下来的无非是一般而言的自然和自然中符合   B713
某一个原则的条件的完备性。这些条件的序列在推导它的各环
节方面的绝对完备性是一个理念，这个理念虽然在理性的经验

性应用中永远不能完全实现，但毕竟被用做我们就这一序列而言应当如何行事的规则，也就是说，在解释被给予的显象时（在回溯或者上溯中）应当如此行事，就**好像**序列自身是无限的亦即 in indefinitum［不限定的］似的；但是，在理性本身被视为进行规定的原因的地方（在自由中），因而就实践原则而言，则要如此行事，就**好像**我们面临的不是感官的客体，而是纯粹知性的客体似的；在这里，条件不能再被设定在显象的序列中，而是被设定在该序列之外，而各种状态的序列就**好像**可以被看做绝对地（通过一个理知的原因）开始似的；凡此种种都证明，宇宙论的理念无非是范导性的原则罢了，并且远远不是仿佛建构性地设定这样一些序列的一个现实的总体性。其余的东西人们可以参见纯粹理性的二论背反之下的相关部分。

[452]
B714

纯粹理性的第三个理念包含着对一个存在者——作为一切宇宙论序列的惟一的和极为充足的原因——的一种纯然相对的假定，它是关于**上帝**的理性概念。我们没有丝毫的根据来绝对地假定（**就自身而言假定**）这一理念的对象；因为如果没有一个世界，惟有与它相关这一假定才能是必然的，还有什么使我们能够，或者哪怕仅仅使我们有权利相信或者主张一个存在者具有最高的完善性，而且在其本性上是绝对必然的呢？而在这里清楚地表现出，这样一个存在者的理念，与所有其他思辨理念一样，所想说的无非是：理性要求按照一个系统的统一性的原则来看待世界的一切联结，因而就**好像**它们全都产生自作为至上的和极为充足的原因的一个惟一的、无所不包的存在者似的。由此可见，理性在这里引以为意图的，只能是它自己在扩展它的经验性应用时的形式规则，而绝不是一种**超越经验性应用的一切界限**的扩展，所以，在这一理念之下没有隐藏着任何其针对可能经验的应用的建构性原则。

仅仅依据理性概念的那种最高的形式统一性，是事物的**合**

目的的统一性，而且理性的思辨旨趣使得有必要如此看待世界上的一切安排，就**好像**它出自一个至高无上的理性的意图似的。也就是说，这样一个原则为我们被运用于经验领域的理性打开了全新的视域，即按照目的论的规律来联结世界的种种事物，并由此达到事物最大的系统统一性。因此，一个至上的理智是世界整体的独一无二的原因这一预设——当然仅仅在理念中——在任何时候都对理性有用，而永远不会有损。因为如果我们就地球的形状（圆而有点扁平的形状①）、山脉和海洋的形状而言预先假定纯属一个创造者的智慧意图，那么，我们沿着这条道路就能够得出大量的发现。只要我们停留在这个作为一条纯然**范导性的**原则的预设上，那么，即便是失误也无损于我们。因为能够由此产生的事情充其量也不过是，在我们期望一种目的论的联系（nexus finalis［目的的联系］）的地方，只发现一种机械的或者物理的联系（nexus effectivus［效果的联系］），由此我们在这样一种情况下只是没有多发现一种统一性，但并没有损害理性在其经验性应用中的统一性。但即便是这种横阻也不能在普遍的和目的论的方面影响规律本身。因为尽管一个解剖学家在把一个动物躯体的某一肢体与一个目的联系起来，而人们能够清楚地指出从中不能得出这个目的时，能够被证明犯了一个错误，但是，毕竟也完全不可能在一个实例

B715

〔453〕

B716

---

① 地球的球状带来的好处是尽人皆知的；但却很少有人知道，惟有它作为回转椭球的扁率才防止了下面这种情况，即如果地球在赤道上的隆起不是一座如此巨大的山脉，任何其他山脉的推动都绝不能显著地改变它相对于地轴的位置的话，那么，陆地的凸起，或者也许还有由地震堆砌的较小的山就将不断地并且在不太长的时间里可观地移动地球的轴。而人们毕竟是毫不迟疑地从地球过去液态团块的均衡来解释这一智慧的安排的。

中证明一种自然安排——无论它是什么样的自然安排——完全没有任何目的。因此，就连（医生们的）生理学也通过仅仅由纯粹理性提供的原理来如此扩展它关于一个有机物体的结构的目的那十分有限的经验性知识，以至于人们在这里毫无顾忌地假定，动物身上的一切都有其用途和适当的意图，这种假定获得了一切明智之士的赞同；这种预设如果应当是建构性的，就远远地超过了迄今的观察所能够给予我们的权利；由此可以看出，它无非是理性的一条范导性的原则，为的是凭借着上世界原因的合目的的因果性的理念，就**好像**这个世界原因作为最高的理智按照最智慧的意图是一切事物的原因似的，来达到最高的系统统一性。

B717　　但是，如果我们忽视对理念的这种限制，即限制在纯然的范导性应用上，那么，理性就被以如此多种多样的方式导入歧途了，因为在这种情况下，它就离开了毕竟必然包含着它的行程标志的经验基地，冒险越过它走向不可理解不可探究的东西，在此高度上它必然头脑晕眩，因为它从这种东西的观测点出发，发现自己被完全断绝了一切与经验一致的应用。

〔454〕　　由人们不仅范导性地，而且（这是与一个理念的本性相悖的）建构性地使用一个最高的存在者的理念所产生的第一个错误就是怠惰的理性（ignava ratio）①。任何原理，使得人们把

B718　自己的自然研究——无论在什么地方——视为已绝对完成，因而理性开始歇息，就好像它已经完全成就了自己的工作似的，人

---

① 古代辩证法家就是这样称谓一种错误推论的，这种错误推论如下：如果你命中注定从这场病中痊愈，那么，无论你是否就医，你都将痊愈。**西塞罗**说道，这种推论方式之所以获得这一名称，乃是因为如果人们遵照它，在人生中就根本没有给理性剩下任何应用了。就是出自这一原因，我用这同一个名称来命名纯粹理性的这一诡辩论证。

们都可以这样称谓它。因此，即便是心理学的理念，如果它被当做一个建构性的原则用于解释我们的灵魂的显象，此后被用于把我们对这个主体的知识扩展到一切经验之外（扩展到其死后的状态），就虽然使理性感到很惬意，却也完全败坏和毁灭了理性根据经验的指导所做的一切自然应用。独断的唯灵论者就是这样从他相信在自我中直接知觉到的能思维的实体的统一性出发来解释历经各种状态的一切变迁而常驻不变的人格统一性、从我们思维主体的非物质本性的意识出发来解释我们对于在我们死后才应当发生的事情的旨趣，等等，摆脱了从物理的解释根据出发对我们的这些内在显象的原因的一切自然研究，因为他仿佛是通过一种超验理性的命令为了自己的安逸而忽视经验的内在知识源泉，但却是损害了一切洞识。这种有害的后果在我们关于一个最高理智和错误地建立在这种理智之上的神学自然体系（自然神学）的理念的独断论那里更为清晰地映入眼帘。因为在这里，所有在自然中显露出来的、经常只是由我们本身为此制造的目的被用来使我们在对自然的研究中轻松惬意，也就是说，不是在物质的机械性的普遍规律中去寻找原因，而是直截了当地诉诸最高智慧的无法探究的意旨，并且在摆脱理性的应用的情况下，把理性的努力视为已经完成了的；其实，除了在自然的秩序和变化的序列根据其内在的和普遍的规律为我们提供一根导线的地方之外，理性的应用在任何地方都找不到一根导线。如果我们不仅从目的的观点出发考察一些自然的部分，例如陆地的分布及其结构、山脉的性状及其位置，或者哪怕是植物王国和动物王国里的有机组织，而且还与一个最高理智相关使自然的这种系统的统一性成为**完全普遍的**，这种错误就可以避免。因为在这种情况下，我们是按照普遍的自然规律以一种合目的性为基础，没有特殊的安排是这些规律的例外，而是或多或少可认识地由它们为我们标识出来；

B719

〔455〕

我们有一种目的论联结的系统统一性的范导性原则，但我们并不事先规定这种联结，而只可以在对这种联结的期待中按照普遍的规律追寻自然机械论的联结。因为只有这样，合目的的统一性的原则才在任何时候都扩展经验方面的理性应用，而不是在某一种情况下损害它。

B720

由对上述系统统一性的原则的误解而产生的第二个错误，是颠倒了的理性（perversa ratio，υστεπον προτεπον rationis）的错误。系统统一性的理念应当只被用来作为范导性的原则在事物的结合中按照普遍的自然规律来寻找这种统一性，并且在沿着经验性的道路能够发现某种东西的程度上，也相信人们接近了其应用的完备性，尽管人们永远达不到这种完备性。人们不是这样，而是把事情颠倒过来，并且从把合目的的统一性的原则的现实性当做实体性的而奠定为基础，即把这样一个最高理智的概念奠定为基础开始，因为这个概念就自身而言是完全不可探究的，是以神人同形同性论的方式规定的，并且强横专擅地把种种目的强加给自然，而不是合理地沿着物理学研究的道路寻找它们，以至于不仅本来只应当被用于按照普遍的规律补充自然统一性的目的论如今毋宁说导致取消这种统一性，而且理性也为此损失了自己的目的，即按照这条原则从自然出发证明这样一个理智的至上原因的存在。因为如果人们不能在自然中先天地预设最高的合目的性，即预设它属于自然的本质，那么，又想怎样要求人们去寻找它，并沿着它的阶梯接近作为一种必然的，从而可以先天地认识的完善性的一个创造者的最高完善性呢？范导性原则要求绝对地预设作为不仅经验性地被认识、而且先天地——尽管还不确定地——被预设的**自然统一性**的系统统一性，因而是预设为出自事物的本质的。但是，如果我事先以一个最高的进行安排的存在者作为基础，那么，自然统一性实际上就被取消了。因为它对于事物的本性来说是完全

B721

〔456〕

异己的和偶然的，也不能从事物的普遍规律出发来认识。因此就产生了一种错误的循环论证，因为人们预设了本来应当证明的东西。

把自然的系统统一性的范导性原则当做一个建构性的原则，并且实体性地把仅仅在理念中被奠定为理性的一致应用之基础的东西预设为原因，这就叫做使理性混乱。自然的研究仅仅遵循自然原因的链环按照自然原因的普遍规律走自己的路，尽管按照创造者的理念，但却不是为了从创造者推导出它到处追查的合目的性，而是为了从这种在自然事物的本质中，可能的话也在一切事物的本质中寻找的合目的性出发，从而把创造者的存在认识为绝对必然的。无论这后一件事是否能够成功，这个理念始终是正确的，而且它的应用只要被限制在一个纯然范导性的原则的条件上，也就同样是正确的。 B722

完全的合目的的统一性就是完善性（绝对地来看）。如果我们不是在构成经验亦即我们一切客观有效知识的整个对象的事物之本质中，从而不是在普遍的和必然的自然规律中找到它，那么，我们还想怎样由此恰恰推论到一个作为一切因果性之起源的元始存在者的最高的、绝对必然的完善性的理念呢？最大的系统统一性，因而也是合目的的统一性，是人类理性的最大应用的学校，甚至是它的可能性的基础。因此，这种统一性的理念是与我们理性的本质不可分离地结合在一起的。故而，恰恰这一个理念，对我们来说是立法的，于是，假定一个与它相应的立法的理性（intellectus archetypus［作为原型的理智］），把它作为我们理性的对象，从它能够推导出自然的一切系统的统一性，就是十分自然的了。 B723

〔457〕

我们借讨论纯粹理性的二论背反之机已经说过：纯粹理性所提出的一切问题都必须是绝对可回答的，而且在这里不能允许以我们知识的局限为借口（这种借口在许多自然问题中是既不可避免又合情合理的），因为在这里，给我们提出的并不是关于事物本性的问题，而是仅仅由理性的本性提出并且仅仅关于理性的内部结构的问题。现在，我们能够就纯粹理性最为关切的两个问题来证实这种乍一看颇为鲁莽的主张，并由此全部完成我们对纯粹理性的辩证法的考察。

B724　　**第一**，如果有人问道（就一种先验神学而言①）：是否存在着某种与世界有别的东西按照普遍的规律包含着世界秩序及其联系的根据，那么回答就是：**毫无疑问**。因为世界是一个显象的大全，所以它必定是显象的一个先验的，仅仅对纯粹知性来说可思的根据。**第二**，如果问题是：这个存在者是否是实体，是否具有最大的实在性，是否是必然的，等等，那么我的回答是：**这个问题根本没有意义**。因为我试图关于这样一个对象形成一个概念所凭借的一切范畴，除了经验性的应用之外都别无用途，而且在它们不是被运用于可能经验的客体，即不是被运用于感官世界时，就根本没有意义。除了这个领域之外，它们只是人们所承认的概念的名称，但人们由此也不能理解任何东西。最后**第三**，如果问题是：我们是否可以至少按照与经验对象的一种**类比**来思维这个与世界有别的存在者，那么回答是：**当然**，但只是作为理念中的对象，而不是实在性中的对象，也就是说，只是就它是世界安排的系统统一性、秩序和合

B725

〔458〕目的性——理性必须把这些东西作为其自然研究的范导性原则——的一个不为我们所知的基底而言的。不仅如此，我们还

---

① 前面关于心理学理念及其作为纯然范导性的理性应用之原则的本真规定所说过的东西，使我无须再详尽地讨论实体性地表现内感官的一切杂多性的那种系统统一性所依据的先验幻觉了。这方面的行事方式与神学理想方面的批判所遵循的行事方式十分类似。

可以在这一理念中毫不畏惧地、无可指责地允许某些有益于上述范导性原则的神人同形同性论。因为它始终只是一个理念，这个理念根本不直接与一个和世界有别的存在者相关，而是与世界的系统统一性的范导性原则相关，但惟有凭借这种统一性的一个图型，即一个至上的理智，它按照智慧的意图而是世界的创造者。由此而被思维的，应当不是世界统一性的这个始基就自身而言是什么，而是我们应当如何相对于理性在世界事物方面的系统应用来利用这个始基，或者毋宁说利用它的理念。

　　但以这样的方式，我们就**能够**（如果有人继续追问的话）假定一个惟一的、智慧的和万能的世界创造者了吗？**毫无疑问**，不仅仅是如此，而是我们**必须**假定这样一个世界创造者。但在这种情况下，我们就把自己的知识扩展到可能经验的领域之外了吗？**绝对没有**。因为我们只是预设了一个某物，关于它就自身而言是什么（一个纯然先验的对象），我们根本没有任何概念；但是，在与我们研究自然时必须预设的世界大厦的系统的、合目的的秩序的关系中，我们只是按照与一个理智（一个经验性的概念）的**类比**来思维那个不为我们所知的存在者，也就是说，就以那个存在者为根据的种种目的和完善性而言，恰恰把按照我们理性的条件能够包含着这样一种系统统一性的根据的那些属性赋予它。因此，这个理念**相对于**我们理性的**世界应用而言**是完全有根有据的。但如果我们想赋予它绝对客观的有效性，则我们就会忘记我们所思维的仅仅是一个理念中的存在者；而由于我们在这种情况下是从一个根本不能通过世界考察来规定的根据开始的，我们就会由此不能与经验性的理性应用相适合地运用这一原则。 B726

　　但（如果有人进一步追问）以这样的方式，我可以在理性的世界考察中运用一个最高的存在者的概念和预设吗？可以，真正说来这个理念也是为此而被理性奠定为基础的。然而，我 〔459〕
B727

可以通过从神的意志——尽管凭借的是特别为此在世界中建立在神的意志之上的结构——中推导出种种类似目的的安排，来把它们视为意图吗？是的，你们也可以这样做，但要使得无论有人说神的智慧把一切都这样安排成自己的至上目的，还是说最高智慧的理念就是自然研究中的范导，而且即便在我们不能发觉神的智慧的地方，也仍然是依据普遍自然规律的系统的和合目的的统一性的原则，对你们来说必须是效用相同的；也就是说，在你们发觉这种统一性的地方，是说上帝睿智地要它如此，还是说自然睿智地如此安排它，都完全是一回事。因为你们的理性要求当做范导性原则奠定为一切自然研究的基础的这种最大的、系统的和合目的的统一性，正是使你们有权利把一个最高的理智作为范导性原则的一个图型而奠定为基础的东西；而你们按照这条原则在世界中发现有多少合目的性，你们也就在多大程度上证实了你们的理念的合法性；但是，既然上述原则的意图无非是寻找必然的和最大可能的自然统一性，所以虽然就我们达到自然统一性而言，我们应当归功于一个最高存在者的理念，但要不陷入自相矛盾，却不能忽视自然的普遍规律（这一理念被奠定为基础，其意图仅在于这些普遍规律），

B728 以至于把自然的合目的性在其根源上视为偶然的和超自然的，因为我们没有权利在自然之上假定一个具有上述属性的存在者，而是只能以这个存在者的理念为基础，以便按照一种因果规定的类比把种种显象视为系统的和彼此联结的。

正因为此，我们也有权利在理念中并不仅仅按照一种微妙的神人同形同性论（没有这种神人同形同性论，对于那个存在者就根本不能思维任何东西）来思维世界原因，也就是说，把它思维成为一个具有知性、喜悦和反感，以及与此相符合的欲望和意志的存在者等等，而且把无限的完善性归于这个存在者，所以这种完善性远远超过了我们通过对世界秩序的经验性

认识能够有权利达到的那种完善性。系统统一性的范导性规律
希望我们应当如此研究自然，就**好像**虽有最大可能的杂多性，
却到处都会无限地发现系统的和合目的的统一性似的。因为虽 〔460〕
然我们将只是略微发现或者达到这种世界的完善性，但我们理
性的立法毕竟需要到处寻找和猜测这种完善性；按照这一原则
着手自然考察，必定在任何时候都对我们有好处，而绝不可能
有害处。根据被奠定为基础的一个最高的创造者的理念的这种
表象，显而易见的是：我奠定为基础的不是这样一个存在者的 B729
存在和知识，而仅仅是它的理念，因而真正说来也没有从这个
存在者推导出任何东西，而是仅仅从它的理念，也就是说按照
这样一个理念从世界的种种事物的本性推导出某种东西。对我
们这一理性概念的真正应用的某种——尽管不发达的——意识
看起来已经诱发了一切时代的哲学家们谦逊而且合理的语言，
因为他们谈到自然的智慧和筹谋与谈到神的智慧的时候是把它
们当做同等涵义来表述的，只要涉及的是思辨的理性，他们偏
重于采用第一种表述，因为它抑制了一种比我们有权作出的更
大的主张的僭妄，并同时使我们的理性返回到它自己独有的领
域，即返回到自然。

所以，一开始似乎仅仅向我们许诺把知识扩展到经验的一
切界限之外的纯粹理性，如果我们正确地理解它，所包含的就
无非是范导性的原则，这些原则虽然规定了比经验性的知性应
用所能达到的更大的统一性，但正由于它们把知性接近的目标 B730
推得如此之远，而通过系统的统一性使知性与自身的一致达到
最高的程度，但如果人们误解了它们，把它们视为超验知识的
建构性原则，就通过一种虽然灿烂夺目但却骗人的幻相而造成
臆信和自负的知识，但由此也造成永恒的矛盾和争执。

※　　　　※　　　　※

是以一切人类知识都从直观开始，由此进至概念，而结束

于理念。尽管它们就这三种要素而言都有先天的知识源泉，这些知识源泉乍一看似乎蔑视一切经验的界限，但毕竟一种完满

〔461〕 的批判坚信，一切理性在思辨的应用中都永远不能以这些要素超越可能经验的领域，这种至上的知识能力的真正使命就是：使用一切方法及其原理，仅仅是为了按照所有可能的统一性原则——其中目的的统一性是最重要的统一性——来探究自然，直至其最内在的东西，但永远也不飞越自然的界限，**对于我们来说**，在这界限之外无非是空的空间。尽管在先验分析论中，

B731 对一切可能把我们的知识扩展到现实经验之外的命题所作的研究已经使人相信，它们永远不能导致多于一种可能经验的某种东西；而且如果人们甚至并不对最清晰的、抽象的、普遍的学说也心存怀疑，如果不是一些诱人的、表面上的景色引诱我们摆脱这些学说的强制，我们当然就能够避开质询一种超验理性为了自己的僭妄请出的所有辩证证人的辛劳；因为我们事先就已经完全确信地知道，超验理性的一切行为虽然也许是意在真诚，但却必定是绝对没有价值的，因为它们所关涉的是一种没有一个人在某个时候能够获得的知识。然而，由于如果人们不深入到甚至最有理性之士都被蒙骗的幻相的真正原因背后，这种言说毕竟将无休无止，而且把我们的一切超验知识分解成其要素（作为对我们的内在本性的研究）就自身而言亦价值不菲，而对于哲学家来说甚至就是义务，所以，详细地将思辨理性的这整个虽然空洞的研究一直追索到它的最初的源泉，就不仅是必要的，而且既然辩证的幻相在这里不仅在判断上是骗人

B732 的，而且还由于人们在这里对判断的旨趣而是诱惑人的、在任何时候都是自然的，并将永远保持如此，所以为了防止未来出现类似的失误，有必要仿佛是详尽地撰写这一讼案的卷宗，并将之存放在人类理性的档案馆中。

第二部
先验方法论

导论

〔465〕 如果我把纯粹的和思辨的理性的一切知识的总和视为我们
至少在自己心中已有其理念的一座建筑，那么我就可以说：我
B735 们在先验要素论中已经估算了建筑材料，并且规定了它们够建
造一座什么样的建筑，够建造多高和多么坚固。当然可以发现，
尽管我们打算建造的是一座参天的高塔，但材料的储备却毕竟
只够一座住宅，其宽敞恰恰够我们在经验的层面上的工作需要，
其高度恰恰够俯瞰这些工作；但是，那个大胆的计划就由于缺
乏材料而不得不搁浅了，更不用说语言的混乱必然不可避免地
使工人们对计划产生分歧，而分散到世界各地，各自按照自己
的设计专门为自己营造了。现在，我们所讨论的不是材料，而
毋宁说是计划，而且由于我们受到过警告，不得以一种也许会
超出我们全部能力的任意的、盲目的计划而冒险从事，但尽管
如此却不能放弃建造一座坚固的住宅，所以就要设计一座与被
给予我们，同时又适合我们的需求的材料储备相称的建筑。

B736 因此，我把先验的方法论理解为对一个完备的纯粹理性体
系的形式条件的规定。我们怀着这一意图将探讨纯粹理性的**训
练、法规、建筑术**，最后还有其历史，而在先验方面提供就一
般知性应用而言以**实用逻辑**的名称在各个学派中寻找过，但却
少有成就的东西，因为既然普遍的逻辑并不局限于知性知识的
〔466〕 任何特殊的方式（例如不局限于纯粹的知性知识），不局限于
某些对象，所以它不从别的科学借取知识，除了提出**可能方法**
的名称和人们在一切科学中的体系性的东西方面所使用的，使
初学者事先熟悉一些名称、其意义和应用应当将来才学习的专
业表述之外，就不能再做任何事情了。

第一篇
纯粹理性的训练

不仅在形式上而且在内容上都是否定的判断，鉴于人们的求知欲而不受特别重视；人们干脆把它们看做是我们不断追求扩展的知识欲的嫉妒心强的敌人，哪怕是要为它们赢得宽容，也差不多需要一番辩护，更不用说为它们赢得好感和尊重了。

人们尽管可以**在逻辑上**随意否定地表达一切命题，但就我们一般知识的内容而言，无论知识是通过一个判断得到扩展还是受到限制，否定的命题的特有任务却仅仅是**阻止错误**。因此，应当阻止一种错误认识的否定命题，在毕竟永远没有错误可能的地方，虽然是十分正确的，但却毕竟没有意义，也就是说，根本不适合它的内容，也正因为此而是可笑的；例如那个学院演说家的命题：亚历山大如果没有军队就不能征服各国。

但是，在我们的可能知识的限制十分狭窄、作出判断的诱惑十分强烈、呈现出来的幻相十分骗人，而从错误产生的害处又十分显著的地方，仅仅被用来保护我们避免错误的传授，其**范导**就比我们的知识由以能够获得增长的一些积极教导更为重要。人们把用来限制、最终根除偏离某些规则的经常倾向的那种强制称为**训练**。训练有别于**教化**，教化应当只造成一种**技能**，并不去除另一种已经存在的相反技能。因此，对于一种已经独自具有表现的冲动的才能的形成来说，训练所作出的是一

B737

〔467〕

B738

种消极的贡献①，而教化和学说所作出的则是一种积极的贡献。

每一个人都很容易承认，乐于允许自己有一种自由而不受限制的行动的气质以及才能（例如想象力和机智）在许多方面都需要一种训练。但是，真正说来负责给其他一切努力规定训练的理性，自身却还需要这样一种训练，就确实显得令人惊奇了；而在事实上，它之所以迄今一直免受这样一种屈辱，正是因为它现身时的那种庄严和周密的样子，使得没有人会轻易怀疑它竟然轻率地用想象代替概念，用语词代替事物。

理性在经验性的应用中无须批判，因为它的原理在经验的试金石上经受着一种连续的检验；此外在数学中也毋须批判，在数学中它的概念必须在纯直观上立刻具体地表现出来，而任何没有根据的和任意的东西都由此而马上显露无遗。但是，在既无经验性的直观又无纯粹的直观将理性保持在一个可见的轨道之内的地方，也就是说，在纯然根据概念的先验应用中，它就十分需要一种训练来约束它那把自己扩展到可能经验的狭窄界限之外的倾向，并阻止它放纵和失误了，甚至纯粹理性的全部哲学都是仅仅与这种否定的效用相关的。个别的误入歧途可以通过**审查**来清除，其原因可以通过批判来清除。但是，例如在纯粹理性中，在遇到欺骗和幻象相互联结并在共同的原则下统一成为一个完整的体系的地方，就显得需要一种独特的——尽管是否定性的——立法，来以**训练**的名义从理性及其纯粹应用的对象的本性出发，建立一个审慎和自我检验的体系；面对

B739

〔468〕

---

① 我清楚地知道，人们在学院用语中习惯于在同等含义上使用**训练**这个名称和传授这个名称。然而与此相反，在其他许多场合，前一个表述作为**管教**被慎重地与作为**教导**的后一个表述区别开来，而事物的本性也要求对于这种区别来说保留惟一合适的表述，所以我希望，人们绝不允许在别的意义上使用训练这个词，而仅仅在否定的意义上使用它。

这个体系，任何错误的玄想幻相都无法存身，而是不管有什么理由来掩饰它，都立刻暴露出来。

但应当注意的是：我在先验批判的这第二个部分中，并不是把纯粹理性的训练集中于出自纯粹理性的知识的内容，而是仅仅集中于其方法。前者在要素说中已经从事过了。但是，理性应用不管它被运用于什么对象，都有如此之多的相似之处，而就它应当是先验的而言，却毕竟同时与所有其他的应用有如此根本的区别，以至于没有一种特别为此提出的训练的告诫性范导学说，就无法避免那些肯定必然地从不适当地遵循这样一些虽然通常适合理性，但在这里却不适合的方法而产生的错误。

B740

第一章

纯粹理性在独断应用中的训练

数学提供了一种无须经验的帮助就自行成功地扩展自己的纯粹理性的光辉实例。实例是能传染的，尤其是对于那种在一个场合享有了成功就自然而然地自夸在其他场合也有同样的成功的能力来说。因此，纯粹理性在先验的应用中希望像在数学的应用中成功那样，同样顺利地和缜密地扩展自己，尤其是当它在先验的应用中运用在数学的应用中有如此明显的效用的方法的时候。因此，我们非常重视的是知道：达到不容置疑的确定性的方法——在后一门科学中被称为数学的——与人们在哲学中寻找同一种确定性所使用的方法是否是一回事；而这种方法在哲学中必须被称为**独断的**。

B741

〔469〕

哲学的知识是出自概念的**理性知识**，而数学的知识则是出自概念之**构造**的理性知识。但是，**构造**一个概念，也就是先天地展示与该概念相应的直观。因此，一个概念的构造需要一种**非经验性**的直观，这种直观因此之故作为直观是一个**单个的**客体，但尽管如此作为一个概念（一个普遍的表象）的构造却必须在表象中表达对属于同一个概念的一切可能直观的普遍有效性。例如我构造一个三角形，我或者通过纯然的想象在纯直观中表现与这个概念相应的对象，或者在想象之后也在纸上、在经验性的直观中表现它，但两次都是完全先天地表现，无须从某一个经验借来它的范型。个别画出的图形是经验性的，但尽管如此却被用来表达概念而无损于它的普遍性，因为在这种经验性的直观中，所关注的始终只是构造概念的行动，而对这个概念来说，诸如量、各边和各角都是无所谓的，因而就抽掉了不改变三角形概念的这些差异。

B742

　　因此，哲学的知识只是在共相中考察殊相，而数学的知识则在殊相中，甚至在个相中考察共相，尽管如此却是先天地、借助于理性考察的，以至于如同这一个相是在构造的某些普遍的条件下被规定的一样，这一个相仅仅作为其图型而与之相应的概念，其对象也必须被思维成为被普遍地规定的。

　　因此，这两种理性知识的根本差别就在于这种形式，而不是依据其质料或者对象的差别。那些说哲学仅仅以**质**为客体，而数学则仅仅以**量**为客体，认为由此就把哲学与数学区分开来了的人，乃是倒果为因。数学知识只能涉及量，其原因是它的形式。因为只有量的概念才可以构造，也就是说，先天地在直观中表现，而质却除了经验性直观之外不能在任何别的直观中表现。因此，关于质的理性知识惟有通过概念才是可能的。除了从经验中之外，没有人能够从别处得到一个与实在性的概念相应的直观，但绝不能先天地从自身并且先于经验性意识享有这种经验。人们无须经验性的帮助，仅仅按照概念就能够直观

〔470〕

B743

地形成圆锥体的形状，但这个圆锥体的颜色却必须是之前在这个或者那个经验中被给予的。除了根据经验给予我的一个实例之外，我不能以任何方式在直观中表现一个一般原因的概念，如此等等。此外，哲学同样讨论量，就像数学也讨论总体性、无限性等等一样。数学也讨论线和面作为具有不同的质的空间的无限性，讨论广延作为空间的一种质的连续性。但是，尽管它们在这些场合有一个共同的对象，但在哲学考察中和在数学考察中通过理性处理这个对象的方式却毕竟是完全不同的。哲学考察仅仅依据普遍的概念，而数学考察靠纯然的概念则不能做成任何事，而是立刻就奔向直观；在直观中它具体地考察概念，但毕竟不是经验性地考察它，而是纯然在它先天地展示的一种直观中考察它，也就是说构造它，而且在这种直观中，从构造的普遍条件产生的东西，也必然对被构造的概念的客体普遍地有效。 B744

人们给予一位哲学家一个三角形的概念，并且让他按照自己的方式弄明白三角形各角之和与直角会是什么关系。除了被围在三条直线之中的一个图形的概念和这个图形有同样三个角的概念之外，他一无所有。不管他反思这个概念多久，也不能得出任何新的东西。他可以分析直线或者一个角或者三个角的数字的概念，并使之明晰，但却不能达到根本不包含在这些概念之中的其他属性。不过，让几何学家来处理这个问题。他立即开始构造一个三角形。由于他知道两个直角之和正等于在一直线上从一个点出发能够引出的所有邻角之和，所以他把自己的三角形的一条边延长，得到两个邻角，等于两个直角之和。现在，他通过引出三角形对边的一条平行线，来分割这些角的外角，并且发现，这里产生了一个等于一个内角的外邻角，如此等等。他以这样的方式通过一个推论序列，始终以直观为指导，就达到了对问题的完全明晰的，同时又是普遍的解决。 [471]

B745

　　但是，数学不仅像在几何学中那样构造量（quanta），而且还像在代数中那样构造纯然的量（quantitatem）。在代数中，数学完全抽掉了应当按照这样一个量的概念所思维的对象的性状。在这种情况下，它选择一般的量（数字）的一切构成的某种符号，即加、减、开方等等的符号；而且在它按照各种量的不同关系也标记量的普遍概念之后，它就在直观中按照某些普遍的规则来展示通过量产生和变化的一切运算；在一个量被另一个量所除时，它就按照除法的标记形式把二者的符号结合在一起，如此等等，并因此而借助一种象征的构造与几何学按照（对象本身的）一种明示的或者几何学的构造同样好地达到了论证的知识凭借纯然的概念所绝不能达到的结果。

B746　　两个理性艺术家中一个按照概念来进行，另一个则按照自己先天地根据概念展示的直观来进行，二者所处的这种不同处境的原因会是什么呢？在上面讲过先验的基本学说之后，这一原因就水落石出了。在这里，关键不在于通过对概念的纯然分析而能够产生的分析命题（在这里哲学家毫无疑问比他的竞争者占有优势），而是在于综合命题，而且是应当被先天地认识的综合命题。因为我不应当关注我在我的三角形概念中实际上

〔472〕所思维的东西（这种东西无非是纯然的定义）；毋宁说，我应当超越我的概念达到不包含在这个概念之中，但毕竟属于这个概念的那些属性。现在，除非我或者按照经验性直观的条件或者按照纯直观的条件来规定我的对象，否则这是不可能的。前一种行事方法只会提供一个不包含任何普遍性，更不包含必然性的经验性命题（通过测量它的各个角），这里所说的根本不是诸如此类的命题。而后一种行事方法则是数学的构造，而且在这里就是几何学的构造，借助这种构造，我在一个纯直观中，与在经验性直观中一样，附加上属于一个一般三角形的图型，从而属于它的概念的杂多，普遍的综合命题当然必须是由

此构造的。

因此，对三角形进行哲学思维，也就是说，对它以论证的
方式进行反思，我就会徒劳无功，除了达到我必须合理地由以
开始的纯然定义之外，不能前进一步。固然有完全从概念出发
的先验综合，这种综合又只有哲学家才能做到，但它所涉及的
却绝不多于一个一般的事物，即该事物的知觉在什么条件下能
够属于可能的经验。然而在数学的课题中，问题根本不在于
此，也根本不一般地在于实存，而是在于仅仅就对象与它们的
概念相结合而言它们的种种属性。

在上述例证中我们仅仅试图澄清，在按照概念进行的论证
的理性应用和通过构造概念进行的直观的理性应用之间可以发
现什么样的重大差别。如今问题自然而然地在于，使这样一种
双重的理性应用成为必然的那个原因是什么，以及人们能够根
据哪些条件来辨识所发生的是第一种应用还是第二种应用。

我们的一切知识毕竟归根结底与可能的直观相关；因为惟
有通过直观，一个对象才被给予。现在，一个先天概念（一个
非经验性的概念）要么在自身中已经包含着一种纯直观，而且
在这种情况下它可以被构造；要么所包含的无非是并未先天地
被给予的可能直观的综合，而且在这种情况下，人们固然可以
通过该概念综合地和先天地进行判断，但却只是论证地、按照
概念进行判断，而绝不是直观地、通过概念的构造进行判断。

现在，在所有的直观中，除了显象的纯然形式亦即空间和
时间之外，没有任何直观先天地被给予；要么作为量的空间和
时间的概念可以与它们的量（它们的形状）同时被展示亦即构
造，要么仅仅是它们的量（同类的杂多的纯然综合）可以通过
数字先天地在直观中被展示亦即构造。但是，**事物**由以在空间
和时间中被给予我们的显象的质料，却只能在知觉中、因而后
天地被表象。惟一先天地表象显象的这种经验性内容的概念，

就是**一般事物**的概念，而关于这种一般事物的先天综合知识却只能提供知觉可以后天地给予的东西之综合的纯然规则，但绝不能提供实在的对象的先天直观，因为这种直观必须必然地是经验性的。

关涉其直观根本不能先天地被给予的一般**事物**的综合命题都是先验的。据此，先验的命题绝不能通过概念的构成被给予，而是只能按照先天概念被给予。它们所包含的仅仅是经验性地寻找不能先天直观地被表现的东西（知觉）的某种综合统一所应当遵循的规则。但是，它们不能先天地在某一个实例中展示它们的概念中的任何一个，而是只能后天地、借助按照那些综合原理才可能的经验来展示它们。

B749

如果应当对一个概念作出综合的判断，那么，人们就必须走出这个概念，而且达到这个概念在其中被给予的直观。因为如果人们停留在概念中所包含的东西上，那么，判断就会纯然是分析的，是按照现实地包含在思想中的东西对思想的一种解释。但是，我能够从概念前进到与它相应的纯直观或者经验性直观，以便在这种直观中具体地考虑它，并且先天地或者后天地认识属于概念的对象的东西。前者是通过概念之构造的理性的和数学的知识，后者是纯然的经验性（机械性）知识，它绝不能给予必然的和不容置疑的命题。所以，我尽可以分析我关于黄金的经验性概念，由此所获得的却无非是能够列举我在这个词中实际上所思维的一切，这样一来在我的知识中虽然发生了一种逻辑上的改进，但却没有获得增长和添加。但是，我拿起以这个名称出现的物质，从它开始着手进行知觉，这些知觉将给我提供不同的综合的，但却是经验性的命题。我可以构造，也就是说先天地在直观中给出一个三角形的数学概念，并且沿着这条道路获得一种综合的，但却是理性的知识。但是，如果被给予我的是一种实在性、实体性、力量等等的先验概

〔474〕

B750

念，那么，它所表示的就既不是一种经验性的直观，也不是纯直观，而仅仅是经验性直观的综合（这种综合因此是不能先天地被给予的）；所以，由于综合不能先天地达到与它相应的直观，从它也就不能产生任何作出规定的综合命题，而是只能产生一种可能的经验性直观之综合的原理。① 因此，一个先验命题乃是按照纯然概念的一种综合的理性知识，所以是论证的，因为惟有通过它，经验性知识的一切综合统一才是可能的，但通过它却不能先天地给予任何直观。

这样，就有一种双重的理性应用，它们虽然共有知识的普遍性及其先天的产生，但在进程中却大异其趣，而且是因为在一切对象由以被给予我们的显象中有两种成分：完全能够先天地被给予和规定的直观形式（空间和时间）和质料（物理的东西）或者内容，这内容意味着一个在空间和时间中被发现的，从而包含着一种存在并与感觉相应的某物。就除了经验性地之外绝不能以确定的方式被给予的后者而言，我们不能先天地拥有任何东西，除非是种种感觉就（在一个可能的经验中）属于统觉的统一性而言的综合之未被规定的概念。就前者而言，我们可以在先天直观中规定我们的概念，因为我们在空间和时间中凭借齐一的综合，通过把对象本身仅仅视为量来为自己创造它们。前一种应用叫做按照概念的理性应用，在这种应用中，我们所能够做的只是把种种显象置于概念之下而已，而概念却不能以别的方式被规定，除非是经验性地亦即后天地（但却是

B751

〔475〕

----

① 借助原因的概念，我实际上走出了一个事件（此时发生了某种事情）的经验性概念，但是并没有达到具体地展示原因概念的直观，而是达到能够按照原因概念在经验中找到的时间条件。因此，我仅仅是按照概念行事，而不能通过概念的构造行事，因为概念是知觉之综合的规则，知觉并不是纯直观，因而不能先天地被**给予**。

按照那些作为一种经验性综合的规则的概念）被规定；后一种
应用则是通过概念之构造的理性应用，在这种应用中，概念既
然已经关涉到一种先天直观，就也因此而能够先天地、无须任
何经验性材料在纯直观中确定地被给予。对一切存在的东西
（一个空间中或者时间中的事物）作出考虑，看它是否以及在
多大程度上是一个量，以至于必须表象它里面的一种存在或者
阙如，看这个某物（填充空间和时间的某物）在多大程度上是
一个最初的基底或者纯然的规定，其存在与作为原因或者结果
的某种别的东西有一种关系，以及最后，就存在而言是孤立的
还是处在与其他事物的相互依赖之中，对这种存在的可能性、
现实性和必然性或其反面作出考虑，这一切都属于出自概念
的理性知识，这种知识被称为**哲学的**。但是，在空间中规定一
种先天直观（形状），划分时间（存续），或者仅仅认识时间和
空间中同一事物的综合中的共相以及由此产生的一个一般直观
的量（数字），这是通过概念之构造的**理性工作**，而且叫做**数
学的**。

理性凭借数学所取得的巨大成功，完全自然而然地造成了
一种猜想，也就是说，即使不是它自身，毕竟它的方法也将在
量的领域之外，通过它将自己的所有概念都付诸它先天地给予
的直观而取得成功，而且它可以说由此成为自然的行家；而与
此相反，纯粹哲学却以先天的论证概念在自然中错误百出，不
能使这些概念的实在性成为先天直观的，并由此成为可信的。
对于这门艺术的大师们来说，在他们致力于此的时候，似乎根
本不缺乏对自己的信心，而公众似乎对他们的技巧也根本不缺
乏极大的期望。因为既然他们几乎从未对他们的数学进行过哲
学思维（一件困难的工作！），所以他们也根本想不到一种理性
应用与另一种理性应用的特殊区别。对他们来说行之有效的不
是公理，而是他们从平常理性借来的通行的、经验性地应用的

B752

〔476〕
B753

规则。他们毫不关心他们从何处得来自己所研究的空间和时间（作为惟一源始的量）的概念；同样，研究纯粹知性概念的起源，并由此研究它们的有效性的范围，对他们来说实为无用之举，他们只考虑使用这些概念。凡此种种，只要他们不逾越自己被指定的界限，即**自然**的界限，他们就做得完全正确。但是，他们不经意间从感性的领域陷落到纯粹概念乃至先验概念的危险地基上，这里的地基（instabilis tellus［不能站立的大地］，innabilis unda［不能游渡的水域］）既不允许他们站立，也不允许他们游渡，只能使他们仓促就道，时间没有留下他们丝毫的足迹；与此相反，他们在数学中的行进，却造成了即便是最久远的后世子孙也可以信心十足地行走的康庄大道。 B754

既然我们把精确可靠地规定纯粹理性在先验应用中的界限作为我们的义务，但这种追求却自有它的特殊之处，即不顾最有力最清晰的警告，在人们完全放弃越过经验的界限进入理智的东西的诱人领域这种企图之前，一直让自己被希望所拖累，所以，有必要仿佛是清除一种异想天开的希望的最后支撑，并且指出，在这种知识中遵循数学的方法不能带来丝毫的好处，除非是更清楚地暴露这种方法的弱点：几何学与哲学尽管在自然科学中携手并进，但却是两种完全不同的事物，因而一方的行事方式不能为另一方所模仿。 〔477〕

数学的缜密性依据的是定义、公理、演证。我将满足于指出：这些东西在数学家采用它们的意义上，没有一个能够为哲学所提供，也不能为它所模仿；几何学家按照自己的方法在哲学中所实现的无非是空中楼阁，而哲学家按照自己的方法在数学的领地则只能产生废话，尽管哲学正是在于知道自己的界限；而且即便是数学家，如果他的才能不是已经被自然所限并局限于自己的专业，也不能拒绝接受哲学家的警告，亦不能对它漠然视之。 B755

一、关于**定义**。**下定义**，就像这一表述本身所说明的那样，真正说来无非是在一个事物的界限内部源始地展示它的详尽概念。①按照这样一种要求，一个**经验性的**概念就根本不能被定义，而是只能被阐释。因为既然我们在它那里只有某一种感官对象的一些特征，所以，人们在表示同一个对象的语词下是否会有时设想它的更多的特征，有时设想它的较少的特征，则绝不是有把握的。例如，在**黄金**的概念中，一个人除了重量、颜色、坚韧之外还可能想到它不生锈的属性，而另一个人则也许对此一无所知。人们只是在某些特征足以作出区分的时候才使用它们；与此相反，新的说明则除去它们并附加另一些特征；因此，概念永远不是处在确定的界限之间。而且，例如当谈到水及其属性的时候，既然人们不停留在就水这个语词所思维的东西，而是前进到试验，而该语词连同依附于它的少数特征只构成一个**名称**，而不是构成事物的概念，从而所谓的定义只不过是语词规定而已，所以，对这样一个概念下定义，又有什么用呢？其次，精确地说，也没有一个先天地被给予的概念，例如实体、原因、权利、公道等等，能够被定义。因为除非我知道一个（尚模糊地）被给予的概念的清晰表象与对象相符，我就绝不能肯定它得到了详尽的阐明。既然该对象的概念就其是被给予的而言可能包含着许多隐晦的表象，尽管我们在运用时总是利用这些表象，但在分析时却忽略了它们，所以，对我的概念的分析的完备性就总是可疑的，只有通过多种多样适切的例证才能使其**盖然地**确定，但绝不能使其**不容置疑地**确

① **详尽性**意味着特征的清晰和充足；**界限**意味着精确，即特征并不多于详尽的概念所需；而**源始地**则意味着，这一界限规定不是从某处推导出来的，因而还需要一个证明，这证明会使所谓的解释不能位于对一个对象的所有判断之首。

定。我不用定义这个表述，而宁可使用**阐释**这个总还是谨慎的表述，而且在某位批判家那里，定义在一定程度上得到承认，但毕竟因为详尽性而还受到怀疑。因此，既然无论是经验性地被给予的概念还是先天地被给予的概念都不能定义，所以剩下来能够让人们试验这种技艺的就只有任意想出的概念了。我在这样的情况下任何时候都能够定义我的概念；因为既然我自己有意地形成这一概念，而且它既不是通过知性也不是通过经验被给予我的，所以我毕竟必然知道我想思维的是什么，但我却不能说，我由此定义了一个真正的对象。因为如果概念依据的是经验性的条件，例如舟船的时钟，那么，对象及其可能性就还没有通过这个任意的概念被给予；我甚至由此不知道它是否在任何一个地方有一个对象，而我的解释与其说是一个对象的定义，倒不如说是（我的设计的）一种表明。因此，除了包含着一种能够被先天地构造的任意综合的概念之外，就没有别的概念适合于定义了，因此，只有数学才有定义。因为数学也把自己思维的对象先天地在直观中展示出来，而且这个对象所包含的可以肯定地既不多于也不少于概念，因为这个对象的概念 B758
是通过解释源始地被给予的，也就是说，无须从任何地方推导出解释。对于**阐释、说明、表明和定义**来说，德语只有解释一 〔479〕
词；因此，在我们拒绝给予哲学的解释以定义的荣誉称号时，我们必须已经对要求的严格性有所放弃，并且想把这整个说明限制在：哲学的定义只是被给予的概念的阐释，而数学的定义则是源始地形成的概念的构造，前者只是通过分解（它的完备性并不是不容置疑地确定的）而分析地实现的，后者则是综合地实现的，因此是**形成**概念，而前者则相反，只是**解释**概念。由此得出：

1. 人们在哲学中不必像纯粹为了做试验那样，模仿数学把定义放在前面。因为既然定义是对已被给予的概念的分析，所以这些概念就是先行的，尽管它们还只是混乱的，而不完备的阐释先行于完备的阐释，以至于我们在达到完备的阐释亦即达到定义之前，就能够从我们得之于一种尚不完备的分析的一些特征中事先推论出某些东西；一言以蔽之，在哲学中定义作为精确的明晰性必须宁可是结束工作，而不是开始工作。① 与此相反，我们在数学中根本没有先行于定义的概念，概念惟有通过定义才被给予，因此，数学必须并且能够在任何时候都从定义开始。

〔480〕　2. 数学的定义永远不会犯错误。因为既然概念通过定义才被给予，它所包含的就恰恰只是定义通过它所想思维的东西。但是，尽管在内容上没有任何不正确的东西能够出现在定义中，毕竟有时——尽管很罕见——可能在（表达的）形式上出现错误，也就是说在精确性方面。例如，圆的通常解释是说：圆是一条曲线，它的所有点都与一个惟一的点（圆心）距离相等。这个解释的错误就是：曲的规定是不必加进去的。因为必须有一条从定义推论出而且轻而易举地就可以证明的定理：任何一条线，其所有的点都与一个惟一的点距离相等，这条线就是曲的（没有一个部分是直的）。与此相反，分析的定义可能以许多方式犯错误，要么是由于它引入了实际上并不包

① 哲学充斥着错误的定义，尤其是那些虽然确实包含着定义的要素，但却尚不完备的定义。如果人们不等到对一个概念下了定义之后就根本不能从它开始做任何事情，那么，一切哲学思维的境况就糟糕透顶了。但是，既然就（分析的）种种要素所及，总是可以很好且可靠地利用它们，所以有缺陷的定义，亦即真正说来还不是定义，但除此之外却是真实的，从而是向定义的接近的命题，就可以得到有益的应用了。定义在数学中是 ad esse［既定的］，而在哲学中则是 ad melius esse［有待改善的］。达到定义是一桩美事，但却常常是困难的。法学家们还在为它们关于权利的概念寻找一个定义。

含在概念中的特征，要么是缺乏构成一个定义的根本要素的详尽性，因为人们并不能够完全确定其分析的完备性。因此之故，数学在定义上的方法在哲学中是不可模仿的。

二、关于**公理**。公理，就其是直接确定的而言，都是先天综合原理。现在，不能把一个概念与另一个概念综合地而且毕竟是直接地结合起来，因为要使我们能够走出一个概念，就必须有第三种中介的知识。既然哲学仅仅是按照概念的理性知识，在它里面就不能发现任何一个原理理应得到一个公理的名称。与此相反，数学能够有公理，因为数学凭借在对象的直观中构造概念而先天地并且直接地把对象的谓词联结起来，例如 B761 三个点在任何时候都处在一个平面上。与此相反，一个仅仅从概念出发的原理绝不能是直接确定的，例如"凡发生的事情都有其原因"这个命题；在这里，我必须寻觅一个第三者，也就是说，寻觅一个经验中的时间规定的条件，而不能径直地、直接地仅仅从概念出发来认识这样一个原理。因此，论证的原理完全是与直观的原理亦即公理不同的东西。前者在任何时候都还要求一种演绎，而后者则完全可以没有演绎；而且既然后者正因为这个理由是自明的，而这一点是哲学的原理无论如何确 〔481〕 定都永远不能自称的，所以，纯粹的、先验的理性的任何一个综合命题都远远不能像**二乘二等于四**的命题那样显而易见（像人们习惯于固执地表述的那样）。虽然在分析论中，我也曾在纯粹知性的原理表中设想过某些直观的公理，但那里列举的原理本身却不是公理，而是被用来说明一般公理之可能性的原则，本身只不过是出自概念的原理而已。因为甚至数学的可能性在先验哲学中也必须予以展示。因此，哲学没有公理，也绝不可以如此绝对地规定它的先天原理，而是必须承认通过缜密的演绎来为它就这些先天原理而言的权限作辩护。 B762

三、关于**演证**。只有一种不容置疑的证明，就其是直观的而言，才可以叫做演证。经验告诉我们什么在场，但并不告诉我们它根本不能是别的样子。因此，经验性的证明根据并不能造成任何不容置疑的证明。但是，从（论证的知识中的）先天概念出发永远不能产生直观的确定性亦即自明性，哪怕判断在其他方面是不容置疑地确定的。因此，惟有数学才包含着演证，因为数学不是从概念，而是从概念的构造，也就是说从能够按照概念先天地被给予的直观中推导出自己的知识的。甚至代数通过归约从方程式中得出真值连同证明，其程序虽然不是几何学的构造，但却也毕竟是符号学的构造；在这种构造中，人们根据符号在直观中展示概念，尤其是量的关系的概念，甚至不关注启迪性的东西，通过把每一个推论都置于眼前而保证它们免于错误。与此相反，哲学的知识就必然缺乏这种优点，因为它在任何时候都必须抽象地（通过概念）来考察普遍的东西，而数学就能够具体地（在单个的直观中），而且毕竟是通过纯粹的先天表象来考虑普遍的东西，此时任何错误都是显而易见的。因此，我宁可把前者称为**口授的**（论证的）**证明**，因为它可以完全通过语词（思想中的对象）来进行，而不称它为**演证**，演证如同这个术语已经说明的那样，是在对象的直观中进行的。

从所有这一切就可以得出：为一种独断的程序所充斥、用数学的名称和绶带来装饰自己，这并不适合于哲学的本性，尤其是在纯粹理性的领域里；哲学毕竟不属于数学的行列，尽管它有一切理由希望与数学结成姊妹关系。这种结合是虚荣的僭妄，它绝不可能得逞，毋宁说必然取消哲学的意图，即揭露一种错认其界限的理性的幻象，并凭借充分地澄清我们的概念来把思辨的自负引回到谦虚但又缜密的自知之明上。因此，理性在其先验的尝试中将不能如此信心十足地朝前看，就好像它走过的道路是如此笔直地通向目标似的，而且也不能如此大胆地

指望自己作为基础的前提，以至于没有必要经常回顾，并且留
意在推论的进程中是否暴露出在原则中被忽视，因而使得或者
进一步规定这些原理或者完全更改它们成为必要的一些错误。 B764

　　我把一切不容置疑的命题（无论它们是可证明的还是直接
确定的）划分为**独断教理**和**学理**。一个出自概念的直接综合的
命题是**独断教理**，与此相反，一个通过概念之构造而来的诸如
此类的命题则是**学理**。分析判断关于对象教给我们的，真正说
来并不多于我们关于该对象所有的概念自身已经包含的对象，
因为它并不把知识扩展到主体的概念之外，而仅仅是说明这一
概念。因此，这些判断没有理由能够叫做独断教理（这个词也
许可以翻译为**教义**）。但是，在上述两种先天综合命题中，按
照习惯用语，只有属于哲学知识的命题才使用这个名称，而人
们很难把算术或者几何学的命题称为独断教理。因此，这种用
法证实了我们作出的解释，即只有出自概念的判断才能叫做独
断的，而出自概念之构造的判断则不能叫做独断的。

　　现在，整个纯粹理性在其纯然思辨的应用中不包含任何一 〔483〕
个出自概念的直接综合的判断。因为它就像我们已经指出的那
样，根本不能通过理念作出具有客观有效性的综合判断；但通
过知性概念，它虽然建立起可靠的原理，却根本不是直接地从
概念出发，而始终只是间接地通过这些概念与某种完全偶然的 B765
东西，亦即与**可能的经验**的关系来建立的；在这里，它们虽然
在这种经验（某种作为可能经验的对象的东西）被预设时当然
是不容置疑地确定的，但就其自身而言（直接地）却根本不能
被先天地认识。这样，就没有人能够仅仅从这些被给予的概念
缜密地看出"凡是发生的事情都有其原因"这一命题。因此，
这个命题并不是独断教理，尽管它从另一观点看来，也就是说
从它的可能应用的惟一领域看来，亦即从经验看来，能够完全
地并且不容置疑地得到证明。但是，它叫做**原理**而不叫做**教**

理，尽管它之所以必须得到证明，乃是因为它具有特殊的属性，即它自己使得自己的证明根据亦即经验成为可能并且在进行经验时必须始终预设它。

于是，如果在纯粹理性的思辨应用中也在内容上根本没有独断教理，那么，一切**独断的**方法，无论它是借自数学家还是借自一种特别的风格，就都是不适当的。因为它们只是掩盖错误和失误、迷惑哲学罢了，而哲学的真正意图则是使理性的一切步骤都处在其最明亮的光照下。尽管如此，方法永远能够是

B766 **系统的**。因为我们的理性（在主观上）本身是一个体系，但是在它的纯粹应用中，借助纯然的概念，它却只是一个按照统一性的原理进行研究的体系而已，惟有经验才能为这种研究提供材料。但在这里，关于一种先验哲学的特有方法却不能说什么，因为我们所要做的只是对我们的能力状态的一种批判，看我们是否在任何地方都能够进行建筑，以及我们用自己拥有的材料（纯粹先天概念）能够把我们的建筑物建多高。

第二章

〔484〕 ## 纯粹理性在其争辩应用方面的训练

理性在其一切行动中都必须经受批判，并且不能以任何禁令损害批判的自由而不同时损害它自身并为自己招致一种有害的怀疑。在这里，没有任何东西在其用途上如此重要，没有任何东西如此神圣，可以免除这种铁面无私、一丝不苟的审查。甚至理性的实存所依据的就是这种自由，理性没有独裁的威望，相反，它的裁决在任何时候都无非是自由公民的赞同，自

B767 由公民的每一个都必须能够言无不尽地表达他的疑虑乃至否决。

但是，尽管理性绝不能**拒绝**批判，但它毕竟在任何时候都没有理由**惧怕**批判。不过，纯粹理性在其独断的（不是数学的）应用中并没有如此充分地意识到对其至上法律的最严格的遵循，以至于它不必羞怯地，甚至完全放弃一切僭妄的独断威望而出现在一个更高的、进行裁决的理性的批判性目光之前。

当理性所要对付的不是法官的审查，而是其同国公民的要求，而且应当针对这些要求为自己辩护时，情况就完全不同了。因为既然这些要求在否定上与它在肯定上是同样独断的，所以一种防免一切损害并提供一种不惧怕任何外来僭妄的合法占有权的辩护 χατ' αυθρωπον［就人而言］是成立的，尽管这种占有权 χατ' αληθειαν［就真理而言］并不能得到充分的证明。

所谓纯粹理性的争辩应用，我把它理解为针对对其命题的独断否定来为它们作出辩护。这里重要的不是其主张是否也许是错误的，而仅仅是没有人能够在某个时候以不容置疑的确定性（哪怕只是以较大的凭据）主张相反的东西。因为在我们面临一种——尽管不充足的——对它们的依法要求时，我们毕竟不是靠乞求来维护自己的占有权的，而且也完全可以确定，没有人能够证明这种占有权不合法。

纯粹理性有一种反论，而且毕竟扮演着一切争执的至上法庭的纯粹理性竟然陷入与自身的争执，这是件令人担忧、令人沮丧的事情。尽管我们在上面已经面临过它的这样一种表面上的反论；但显然，它所依据的是一种误解，也就是说，人们按照通常的成见把显象当成了物自身，然后以这种或者那种方式要求其综合的一种绝对完备性（但这种完备性以两种方式都是不可能的），而这是根本不能期望显象提供的。因此，就**"被给予的显象的序列自身有一个绝对最初的开端"**和**"这个序列绝对地以及就自身而言没有任何开端"**这两个命题来说，当时并不存在**理性**与自身的现实**矛盾**；原因在于：两个命题完全可

B768

〔485〕

以共存，因为就存在（作为显象）而言的**显象自身**根本不是什么东西，也就是说，是某种自相矛盾的东西，因而预设这样的显象自然而然一定会引起自相矛盾的结论。

B769 　　但是，如果一方以有神论的观点主张**有一个最高的存在者**，而另一方则以无神论的观点主张**没有一个最高的存在者**；或者在心理学中一方主张凡是思维的东西都具有绝对的、持久的统一性，因而有别于一切转瞬即逝的物质统一性，而另一方则与此对立，主张灵魂不是非物质的统一性，不能当做转瞬即逝性的例外；那么，就不能把这样一种误解当做口实，并由此来调解理性的争执。因为在这里，问题的对象不具有任何与它的本性相矛盾的异类的东西，知性与之打交道的是**事物自身**，而不是显象。因此，如果纯粹理性要站在否定一方说出某种接近一种主张的根据的东西，当然就会发现一种真正的冲突了；因为就对独断地作出肯定的人的证明根据作出批判而言，人们
〔486〕 尽可以承认这种批判，而无须因此就放弃这些毕竟至少具有理性特殊旨趣的命题，反对者根本不能援引这一点。

　　关于我们纯粹理性的两个基本命题，即"有一个上帝"、"有一种来生"，一些杰出而且思虑深远的人士（例如**苏尔策**）由于感觉到迄今为止的证明的薄弱，而经常表达一种意见，认为人们可以希望有朝一日还将发现一些自明的演证；虽然，这
B770 种意见我并不苟同，毋宁说我确信这永远不会发生。因为对于这样一些不与经验的对象及其内在可能性发生关系的综合主张，理性要到哪里去获得根据呢？但是，永远不会出现某一个人，能够以最起码的凭据主张**相反的东西**，更不用说独断地主张它了，这也是不容置疑地确定的。因为既然他只能通过纯粹理性来阐明这一点，他就必须着手证明：一个最高的存在者是**不可能的**，在我们里面作为纯粹理智的思维主体是**不可能的**。但是，他要从哪里获得知识，使他有权利对超出一切可能的经

验之外的事物作出如此综合的判断呢？因此，我们完全可以不用担忧某人有朝一日将证明相反的东西，因而我们也没有必要考虑合乎学院规范的证明，而是无论如何都接受那些命题，它们与我们理性在经验性应用中的思辨旨趣联系密切，此外又是把这种旨趣与实践旨趣统一起来的惟一手段。对于论敌（这里必须不仅仅视其为批判者）来说，我们已准备好了我们 non liquet［不明所以］这句话，这必定会使他不知所措，然而我们并不拒绝他对我们反唇相讥，因为我们始终还保留着理性的主观准则，这种准则是论敌必然缺乏的，在这种准则的保护 B771下，我们就可以泰然自若地看待他的一切徒然的进攻。

以这样的方式，真正说来根本不存在纯粹理性的反论。因为这种反论的惟一战场应当在纯粹神学和心理学的领域里去寻找；但这一领地上并没有装备精良、手持令人惧怕的武器的斗士。他只能以讥讽和自夸来出现，这可以当做儿戏而一笑置之。这是一种令人慰藉的说明，可以重新鼓起理性的勇气；因 〔487〕为如果惟有理性才有资格荡涤一切谬误，而理性却在自身中遭到破坏，不能希望和平与宁静的占有，理性除此之外还想信赖什么呢？

凡是大自然本身所安排的东西，对任何一种意图来说都是好的。即便是毒物也被用来克制在我们自己的体液中产生的其他毒物，因而在药品的完备搜集（药房）中是不可或缺的。针对纯然的思辨理性的那些信念和自负的种种异议，本身是通过这种理性的本性被给予的，因此必然有其良好的使命和意图，切不可把它们当做耳旁风。天意把一些虽然与我们的最高旨趣有联系的对象置放得如此之高，使得我们几乎只能够以一种不清晰的，连我们自己都怀疑的知觉来发现它们，由此探索的目 B772光多受刺激而少有满足，这是为了什么目的呢？就这样一些景观冒昧作出放肆的规定是否有用，这至少是可疑的，也许干脆是有害的。但无论如何，而且也毫无疑问，将探究和审查的理性置于完全的自由之中，以便它能够不受阻碍地照料自己的旨趣，是大有裨益的；无论是通过它为自己的洞识设置限制，还是通过它扩展自己的洞识，这种旨趣都将得到促进；而每当有外来的力量干涉，指挥理性违背自己的自然进程而追求强加的意图时，这种旨趣就会蒙受损失。

据此，且让你们的论敌展示理性，而你们也只用理性的武器与他斗争。此外，无须顾忌（实践旨趣的）好处，它根本不卷入纯然思辨的争执。在这种情况下，争执所揭示的无非是理性的某种二论背反，而这种二论背反既然所依据的是理性的本性，也就必须得到倾听和审查。争执通过对理性对象的考察而在两个方面培养理性，并通过限制它的判断来纠正它的判断。这里有争议的东西不是**事情**，而是**语气**。因为尽管你们必须放弃知识的语言，但你们仍保有足够的机会来使用一种坚定的**信仰**在最苛刻的批判面前得到辩护的语言。

B773

〔488〕

如果人们询问冷静的、天性适宜于作出平静判断的**大卫·休谟**：是什么推动你们通过苦思冥想出来的疑虑来削弱对人们来说如此带来慰藉和有用的信念——即人们的理性洞识足以达到一个最高存在者的主张和确定概念——的呢？他会回答说：无非是增进理性的自知之明的意图，同时是对人们由于以理性自夸，又阻止理性坦率承认自己在审查自身时显露给它的种种弱点而想加给理性的强制感到的某种愤懑。与此相反，如果你们询问仅仅顺从**经验性的**理性应用的原理、对一切超验的思辨不感兴趣的**普里斯特利**，他以什么动机来拆毁我们灵魂的自由和不死（来生的希望在他那里只是对复活这种奇迹的期待而已）这一切宗教的两大柱石，而他自己则是一个虔诚的、热心的宗教教师呢？他所能够作出的回答无非是：理性的旨趣；由于人们想使某些对象摆脱物质自然的那些我们惟一能够精确地认识

和规定的规律，这种旨趣就会丧失。普里斯特利是知道把自己
背谬的主张与宗教意图结合起来的；责骂他而使一个善意的人 B774
感到痛苦，似乎显得不公道，因为他一旦从自然学说的领域走
出而迷失方向，就找不到路了。但是，这种惠爱必须也用于同
样善意的，就其道德品质而言无可指责的**休谟**，他之所以不能
离开自己的抽象思辨，乃是因为他正确地主张，抽象思辨的对
象完全处于自然科学的界限之外，处于纯粹理念的领域之中。

在这里，尤其是鉴于似乎由此出发而威胁着公众利益的危
险，应当怎么办呢？没有比你们因此而必须作出的那种决定更
自然、更合理的了。且让这些人去做吧；如果他们显示出才
能，如果他们显示出深刻的新颖研究，一言以蔽之，只要他们
显示出理性，在任何时候就都是理性的胜利。如果你们采用的
办法不同于一种不受拘束的理性的办法，如果你们高呼叛逆，
像为了救火一般召集根本不熟悉如此精微的探究的普通公众，
那么，你们就使自己成为笑柄了。因为这里所谈的，根本不是 〔489〕
其中什么对于普通公众来说是有益的或者有害的，而仅仅是理
性在其抽掉一切旨趣的思辨中究竟能够走多远，以及人们是必
须指望这种思辨提供某种东西，还是宁可放弃它以取得实际的 B775
东西。因此，你们不必在其中持剑格斗，而毋宁说要在批判的
安全席上平心静气旁观这场争斗，它对于斗士来说是艰辛的，
但对于你们来说则是轻松愉快的，而且就一种肯定兵不血刃的
结局而言，对于你们的洞识来说结果必定是大有裨益的。因为
期待理性有所启蒙却又事先规定它必须必然地倾向于哪一方，
这是十分背谬的事情。此外，理性已经自行由理性严加管束，
拘束在限制之内，以至于你们根本不必召集巡逻队，以公民的
抵抗来对付其令人忧虑的优势看起来对你们有害的一方。在这
种辩证法中，不存在使你们有理由忧心忡忡的胜利。

理性也非常需要这样一场争斗，但愿它早日进行，而且是

在不受限制的社会允许下进行。因为当争斗双方学会认识令他们发生冲突的假象和成见的时候，一种成熟的批判就会早日实现，而随着它的出现，所有这些争斗就必然自行终止。

在人类的本性中，存在着某种虚妄。它像一切由自然而来的东西一样，归根结底必然包含着一种善良目的的禀赋，也就是说，一种掩饰自己真正的意向并卖弄某种虚假的、人们视为善良可敬的意向的偏好。毫无疑问，人们通过这种既掩饰自己又伪装一种对人们有利的假象的倾向不仅使自己**开化**，而且使自己逐渐地在某种程度上**有道德**，因为没有一个人能够看穿彬彬有礼、正直可敬、谦和端庄的面饰，从而就在他于周围看到的善事的自以为真实的例证上，为自己找到一个从善的学校。然而，这种伪装得比人们更好、表现出人们不具备的意向的禀赋，只是仿佛**临时性地**用来使人脱离野蛮状态，首先使人至少接受他所知道的善良**风格**；因为在此之后，在真正的原理已经发展，并且成为思维方式之后，那种虚妄就必须逐渐地遭到坚决的反对，因为若不然，它就会败坏心灵，使善良的意向因外貌秀美的杂草丛生而无法生长。

在思辨的思维方式中，人们公正坦白地、毫不掩饰地承认自己的思想，毕竟障碍要少得多，而且甚至不乏好处，但令我遗憾的是，即便在它的种种表现中也看到同样的虚妄、做作和伪装。因为还有什么能比甚至一味虚假地彼此传递思想、掩饰我们对我们自己的主张所感到的怀疑，或者给不能令我们自己满意的证明根据以自明性的外表，对于认识更有害呢？然而，只要纯然的私人虚荣心造成这种不可告人的诡计（在不具有特别的旨趣并且不能轻而易举地获得不容置疑的确定性的思辨判断中，通常就是这种情况），毕竟就有别人的虚荣心**凭借公众的许可**与之对立，事情最终将达到最纯正的意向和正直——尽管早得多地——要使它们达到的结果。但是，在普通公众认为

B776

〔490〕

B777

吹毛求疵的玄想家们所做的无非是动摇公众福祉的基础的地方，宁可凭借虚假的根据来赞助美好的事情，也不给美好事情的所谓敌人留下好处，把我们的声调降低到一种纯然实践信念的节制态度，并迫使我们自己承认缺乏思辨的和不容置疑的确定性，这不仅是明智的，而且也是允许的，甚至是值得称赞的。然而，我应当想到，世界上再也没有比诡计、做作、欺骗更不能与维护一件美好事情的意图相容了。在衡量一种纯然的思辨的理性根据时一切都必须真诚地进行，这是人们所能够要 B778
求的最低限度。但是，要是人们能够可靠地指望这点小事情的话，那么，思辨理性关于上帝、（灵魂的）不死以及自由这些 〔491〕
重要问题就要么早已作出裁决，要么很快就可以了结了。其实，意向的纯正常常与事情本身的顺利成反比，而且事情所拥有的正直诚恳的反对者也许比正直诚恳的捍卫者还要多。

因此，我以读者们不愿意看到以不义来捍卫正义的事情为前提条件。就读者们而言，按照我们的批判原理，如果人们所关注的不是发生的事情，而是应当合理地发生的事情，那么真正说来就必定根本不存在纯粹理性的争辩，这是断然无疑的。因为关于一个事物，双方中任何一方都不能在一种现实的或者哪怕是可能的经验中展现其实在性，他惟一苦思冥想的是该事物的理念，为的是从中得出比理念**更多的东西**，即对象本身的现实性，两个人怎么可能对它进行一场争论呢？既然双方的任何一方都不能使自己的事情直截了当地为人所理解和确定，而只能攻击和否定其对方的事情，它们还想用什么办法走出争论呢？因为纯粹理性的一切主张的命运就是：既然它们都超越了一切可能经验的条件，而在这些条件之外又不能在任何地方发 B779
现真理的确证，但它们尽管如此又都利用知性的规律，这些规律仅仅是为经验性应用规定的，没有它们在综合思维中便寸步难行，所以，它们在任何时候都可能把漏洞暴露给对方，并相互利用对方的漏洞。

人们可以把纯粹理性的批判视为纯粹理性一切争辩的真正法庭；因为它并不卷入这些直接关涉客体的争辩，而是旨在按照其最初使命的原理来规定和判断一般理性的合法因素。

没有这种批判，理性就仿佛是处在自然状态中，并且除了通过**战争**之外，就不能以其他方式来提出或者保障自己的主张和要求。与此相反，批判从其自身之确立的基本规则获得一切决定，这些基本规则的威望是没有一个人能够怀疑的，所以，批判就为我们创造了一种法治状态的安宁。在这种状态中，除了**诉讼**之外，我们不应当以别的方式来进行我们的争执。在前

B780

〔492〕

一种状态中结束争执的是双方都自夸的**胜利**，而继这种胜利之后，大多数情况下是调停的权力建立的一种不大可靠的和平；而在第二种状态中，结束争执的则是**判决**，它由于在这里涉及争执的根源，就必然保证一种永久的和平。一种纯然独断的理性的无休无止的争执，也就迫使人们最终在这种理性本身的某种批判中、在一种建立在批判之上的立法中寻求安宁；正如**霍布斯**所言：自然状态是一种无法和暴力的状态，人们必须离开这种状态，而服从法律的强制，惟有这种强制才把我们的自由限制在能够与任何一个他人的自由，并正是由此而与公共利益共存的地步。

属于这种自由的，还有公开地展示自己的思想和自己不能解决的怀疑以供评判，而不会因此被人骂成不安分守己的危险公民的自由。这已经包含在人类理性的源始权利之中，除了本身又是每一个人都在其中有发言权的普遍人类理性之外，人类理性不承认任何别的法官；而既然我们的状态能够获得的一切改进都必须来自这种普遍的人类理性，所以这样一种权利就是神圣的、不可侵犯的。至于某些大胆的主张或者对已经获得大部分公众或者公众中最优秀部分赞同的主张的放肆攻击，宣布

它们是危险的，这种做法也是非常不智的；因为这意味着给予它们以它们根本不应当具有的重要性。如果我听说，一个非凡的人否证了人的意志的自由、一种来生的希望和上帝的存在，那么，我就会渴望读这本书，因为我期望他的才能会增进我的见识。我事先已经完全确定地知道他在所有这些事情上将毫无建树；这并不是因为我相信自己已经拥有对这些重要命题的不容置疑的证明，而是因为向我揭示我们纯粹理性的全部存货的先验批判使我完全相信，就像纯粹理性在这个领域完全不足以作出肯定的主张一样，它也同样所知甚少，甚至更少，不能对这些问题否定地断言某种东西。因为所谓的自由精神要从何处获得例如没有一个最高存在者的知识呢？这个命题处在可能经验的领域之外，因而也处在一切人类洞察力的界限之外。至于反对这个敌人为美好事情做独断辩护的人，我根本不会读他的东西，因为我事先就知道，他之所以攻击他人的虚假根据，只是为了给他自己打开入门通道，此外，一种平庸的幻相毕竟不如一种新奇的、巧妙构思出来的幻相，为新的说明提供如此之多的材料。与此相反，按照自己的方式也独断地反对宗教的人，却会给我的批判提供所期望的工作和更多的纠正批判的原理的机缘，而丝毫不会因他而担心什么东西。

但是，毕竟至少应当警告被托付给大学教育的青年提防诸如此类的作品，在他们的判断力成熟或者毋宁说人们要在他们心中建立的学说根深蒂固，能够有力地对抗不管来自何处的相反主张的劝说之前，应当阻止他们早知道如此危险的命题吗？

如果在纯粹理性的事情上坚持独断的行事方式，真正说来以论战的方式，也就是说人们自己加入战斗，用相反主张的证明根据武装自己，如此来打发对手，那么，**就当前而言**，当然没有任何东西比在一段时间内将青年的理性置于监护之下，而且至少在这段时间内保护他免受诱惑更为可取了，但同时，**就**

久远而言，也没有任何东西比这更无价值、更为无益了。如果以后或者是好奇心，或者是时代的流行格调将诸如此类的作品送到青年的手中，在这种情况下，那种年轻的信念还经得起考验吗？仅仅手持独断的武器来抵抗其论敌的进攻、不懂得阐发同样蕴藏在他自己和他的对立面的胸中的隐秘辩证法的人，所看到的是具有新颖性优势的虚假根据出来反对不再具有新颖性优势，而毋宁说是令人怀疑其滥用青年的轻信的虚假根据。他相信，再也没有比抛弃那些善意的警告能够更好显示他已经长大成人而不再需要童年的管教了；而且由于独断的习惯，他把独断地毁坏他的原理的毒药一饮而尽。

B783

在大学的教学中，必须施行恰恰与人们在此所提建议相反的东西，当然只是在一种纯粹理性批判的缜密教育的前提条件下。因为要使批判的原则尽早地付诸实施，并且显示它们在辩证幻相达到极度时的充足性，就绝对需要把在独断论者看来如此可怕的攻击对准他那虽然孱弱，但已经由批判启蒙了的理性，让他尝试逐一地根据那些原理检验那些没有根据的主张。让这些主张化为乌有，可能对他来说毫无困难，这样，他就及早地感觉到他自己完全保护自己防免有害幻象的力量，这些幻象最终必将对他失去一切光泽。尽管摧毁敌人建筑物的同一些打击，对他自己的思辨建筑物——如果他打算建起诸如此类的建筑物的话——也必然是同样毁灭性的，但他毕竟对此毫不担忧，因为他根本不需要居住在里面，而是还可以寄希望于实践领域，在那里，他有理由能够希望找到一块更坚实的地基，以建立他的理性的、有益的体系。

〔494〕

B784

据此，在纯粹理性的领域里没有真正的论战。双方都是在与自己的影子角斗的虚假斗士，因为他们都超出了自然，在那里，对于他们独断的把握来说，没有任何东西可抓可握。他们卖力争斗；他们劈开的影子就像奥丁神接待战死者英灵的殿堂中的英雄们一样，瞬间就又长到了一块儿，以便让他们能够重新在不流血的格斗中消遣取乐。

但是，纯粹理性也没有一种可以容许的怀疑论应用，可以称为其一切争执中的**中立性**原理。煽动理性反对自己，从两方面给它提供武器，然后平心静气地、冷嘲热讽地旁观其猛烈的格斗，这从一种独断的观点来看不是妥当的，而是本身有一种幸灾乐祸的和阴险的性情的样子。然而，如果人们看一看那些不愿意让任何批判来节制自己的玄想家们抑制不住的妖言惑众和大言不惭，那么，也委实没有别的办法，惟有让一方的大言不惭与另一种依据同样权利的大言不惭相互对立，以便让理性由于一个敌人的抵抗而至少起点疑心，对自己的僭妄有所怀疑，倾听批判的意见。然而，一味安于这种怀疑，并由此而想推崇，对自己的无知的相信和承认不仅是治疗独断的自负的药方，而且是终止理性与自身冲突的方式，这是一种完全徒劳的举动，而且绝不可能适宜于给理性创造一个歇息地，而至多是把它从独断美梦中唤醒，以便更仔细地审查自己的状态的一种手段。然而，既然这种摆脱令人讨厌的理性争执的怀疑论风格看起来仿佛是达到一种持久的哲学安宁的一条捷径，至少是那些在对所有这一类的研究的冷嘲热讽中想装出一副哲学样子的人们乐于选择的大道，所以，我认为有必要尽量地展示这种思维方式的特点。

B785

〔495〕

论以怀疑论的方式满足
与自己冲突的理性的不可能性

B786

对于我的无知的意识（如果这种无知并不同时被认为是必然的）并不应当终止我的研究，而毋宁说是唤醒这些研究的真正原因。一切无知，都要么是对事物的无知，要么是对我的知识的规定和界限的无知。如果无知是偶然的，那它就必然推动我作出研究，在第一种情况中**独断地**研究事物（对象），在第二种情况中**批判地**研究我的可能知识的界限。但是，至于我的无知是绝对必然的，因而使我无须任何进一步的研究，这不能经验性地从**观察**出发来澄清，而是只能批判地通过**探究**我们知识的最初源泉来澄清。因此，我们知识的界限规定只能按照先天根据来进行；但是，知识的限制——它是对一种永远不能消除的无知的一种尽管并不确定的知识——则也可以后天地、通过我们无论知道什么也还有待我们去知道的东西来认识。因

B787　此，对无知的前一种通过对理性本身的批判才成为可能的知识是**科学**，而后一种则无非是人们不能说推论本身可以达到什么程度的**知觉**而已。如果我把地球表面（根据感性外表）想象成一个圆盘，我并不能知道它延伸到什么程度。但是经验教导

〔496〕　我：无论我往哪里去都在自己的周围看到一个空间，我可以继续往那里去；因此，我知道我每次现实的地球知识的限制，但却不知道一切可能的地理学的界限。但是，如果我毕竟达到了如此程度，即知道地球是一个球体，它的表面是一个球面，那么，我就也能够确定地并且按照原则先天地从它的一个小部分——例如经纬度的大小——出发认识直径，并通过直径认识地球的整个边界，即它的表面；而尽管我就这个表面所可能包含的种种对象而言是无知的，但我毕竟就它所包含的范围、它的大小和限制而言不是无知的。

我们知识的一切可能对象的总和在我们看来是一个具有其明显视界的平面，也就是说，是包含着这些对象的全部范围、被我们称为无条件的总体性的理性概念的东西。经验性地达到这个概念，是不可能的事情，一切按照某一个先天原则来规定它的尝试都是徒劳的。然而，我们纯粹理性的一切问题毕竟都

B788　是指向可能处于这个视界之外，或者充其量处在它的边界线上

的东西的。

　　著名的**大卫·休谟**是人类理性的地理学家之一，他自以为通过把那些问题推移到人类理性的视界之外，就已经充分地把那些问题全都了结了，而这个视界却毕竟是他未能规定的。尤其是，他讨论了因果性原理，对它作出了完全正确的说明，即人们不能把它的真理性（甚至一般作用因的概念的客观有效性也不行）建立在任何洞识亦即先天知识之上，因而也根本不是这个规律的必然性，而仅仅是它在经验进程中的一种普遍可用性和由此产生的一种他称之为习惯的主观必然性，构成了这个规律的全部威望。从我们理性无能对这一原理做一种超越一切经验的应用出发，他推论出理性超越到经验性东西之外的一切僭妄的无效用性。

　　人们可以把这一类的行事方式，即让理性的所作所为经受 〔497〕检验，需要的话经受责难，称为理性的**审查**。毫无疑问，这种审查将不可避免地导致对原理的一切先验应用的**怀疑**。然而这只是第二步，还远远不能完成工作。在纯粹理性的事情上标志 B789着它的童稚时代的第一步是**独断的**。上述第二步是**怀疑的**，证明由于经验而学乖了的判断力的谨慎。但还需要有第三步，它属于成熟了的、成年的判断力，这种判断力以可靠的、在其普遍性上已得到证明的准则为基础，也就是说，不是让理性的所作所为，而是让理性本身根据其全部能力和对纯粹先天知识的适应性来经受评价；这不是理性的审查，而是理性的**批判**，由此不仅仅是理性的**限制**，而且是理性的**界限**，不仅仅是在这一部分或者那一部分的无知，而是某一类的一切可能问题方面的无知，都不仅是被猜测，而且是从原则出发被证明。这样，怀疑论就是人类理性的一个歇息地，在这里人类理性能够思索自己的独断历程，勾画自己所处的区域，以便能够以更多的可靠性来进一步选择自己的道路，但它并不是固定居留的住所；因为这样的住所只能以一种完全的确定性来发现，要么是对象本身的知识的确定性，要么是我们关于对象的一切知识都被包围在其中的界限的确定性。

我们的理性不是一个延展之远无法确定、其限制人们只能一般而言地认识的平面，相反，毋宁说它必须被比做一个球体，其半径可以从其表面的弧的曲度（先天综合命题的本性）来得出，而由此也可以准确地说明它的体积和界限。在这个球体（经验的领域）之外，没有任何东西能够是它的客体；即便是关于诸如此类自以为的客体的问题，也仅仅涉及对能够在这个球体内部的知性概念中间出现的种种关系作出完全规定的主观原则。

〔498〕

就像预先推定经验的知性原理所说明的那样，我们确实拥有先天综合知识。如果有人根本不能理解这些原理的可能性，那么，他虽然可能一开始就怀疑这些原理是否确实先天地为我们所固有，但他还不能就把这宣布为这些原理不可能贯穿纯然的知性力量，宣布理性按照这些原理的准绳所采取的所有步骤都是无效的。他只能说：如果我们能够看出这些原理的起源和真实性，那么，我们就会能够规定我们理性的范围和界限；但在做到这一点之前，后者的一切主张都是盲目冒险的。而以这样的方式，对一切无须理性的批判本身就在进行的独断哲学的完全怀疑就是完全有根有据的了；但理性毕竟不能因此就被完全否认有这样一种进步，如果这种进步是由更好的奠基来作准备和保障的话。因为纯粹理性呈现给我们的一切概念，乃至一切问题，都不在经验中，而是本身又在理性中，因而必须能够被解决，并且根据其有效性或者无效性来把握。我们也没有权利以我们的无能为借口而拒绝这些课题、拒绝进一步研究它们，就好像它们的解决实际上在事物的本性之中似的，因为理性只是在自己的母腹中产生出这些理念本身，因而它有义务对这些理念的有效性或者辩证幻相作出说明。

　　独断论者不对其源始的客观原则设置任何怀疑，也就是说，不做任何批判，神气活现地昂首阔步。一切怀疑的论战真正说来都只是针对独断论者的，仅仅为的是改变他的思路，使他有自知之明。就自身而言，这种自知之明在我们能够知道和我们不能够知道的东西方面完全不能澄清什么东西。理性的一切落空了的独断尝试都是经受审查总归有益的所作所为。但是，对于理性希望其未来的努力有更好的成就并在此之后提出种种要求的期待来说，这并不能决定任何东西；因此，纯然的审查绝不能终结关于人类理性的合法性的争执。 〔499〕

　　既然**休谟**也许是所有怀疑论者中间最有头脑的怀疑论者，而且就怀疑方法对唤醒一种缜密的理性检验所能够施加的影响而言毋庸置疑是最杰出的怀疑论者，所以只要与我们的意图相适合，就值得花费力气去弄清楚他的推论过程和一位如此明察秋毫而又可敬的人物的失误，他的推论毕竟是沿着真理的轨迹开始的。

　　休谟虽然从未完全阐明，但他也许想到：我们在某类判断中超出了我们关于对象的概念。我把这类判断称为**综合的**。我如何能够借助经验超出我迄今所有的概念，这是没有疑问的。经验本身就是知觉的综合，这种综合通过其他附加的知觉而扩大了我借助一个知觉拥有的概念。然而，我们相信也能够先天地超出我们的概念并扩展我们的知识。我们试图这样做，或者 B793 就至少能够是一个**经验客体**的东西而言通过纯粹的知性，或者就事物绝不能在经验中出现的属性，乃至绝不能在经验中出现的对象的存在而言甚至通过纯粹的理性。我们这位怀疑论者并没有像他本应当做的那样区分这两类判断，径直把概念从自身出发的这种扩大，以及可以说把我们知性（连同理性）无须通过经验受胎的自行生殖视为不可能的，从而把理性的一切自以

B792

为的先天原则都视为想象出来的，并认为它们无非是一种从经验及其规律产生的习惯，从而是纯然经验性的，也就是说就自身而言偶然的规则，而我们却把一种自以为的必然性和普遍性归于这些规则。但是，为了维护这一令人吃惊的命题，他诉诸众所周知的因果关系原理。因为既然没有一种知性能力能够把我们从一个事物的概念导向由此普遍必然地被给予的某种别的东西的存在，所以他相信由此就可以推论出：没有经验，我们就没有任何东西能够扩大我们的概念并使我们有权利作出这样一种先天地扩展自身的判断。照射蜡的阳光同时使蜡融化，但又使陶土坚硬，没有知性能够从我们事先关于这些事物已有的概念出发猜出这些事情，更不用说按照规律推论出它们了，惟有经验才能教给我们这样一条规律。与此相反，我们在先验逻辑中却已经看到：尽管我们绝不能**直接地**超出被给予我们的概念的内容，但我们毕竟能够完全先天地，但却是与一个第三者相关——亦即与**可能的**经验相关，从而毕竟是先天地——来认识与其他事物联结的规律。因此，尽管没有经验我就既不能先天地、无须经验的教导就确定地从结果出发认识到原因，也不能先天地、无须经验的教导就确定地从原因出发认识到结果，但如果之前变硬的蜡融化，我就能够先天地认识到，必定有某种先行的东西（例如太阳的热），这件事是按照一条固定的规律继之而起的。因此，他错误地从我们**按照规律**作出规定的偶然性推论出**规律**本身的偶然性，把超出一个事物的概念到达可能的经验（这是先天地发生的，并构成概念的客观实在性）与现实经验的对象的综合（这当然在任何时候都是经验性的）混为一谈；但这样一来，他就把位置在知性之中并陈述必然的联结的亲合性原则变成了一条联想的规则，后者仅仅在进行模仿的想象力中才被发现，并且只能表现偶然的结合，根本不能表现客观的结合。

〔500〕
B794

B795

　　但是，这位通常极为敏锐的人物的怀疑论失误，主要产生自他毕竟与一切怀疑论者共有的一种缺陷，即他没有系统地综观先天知性综合的一切方式。因为那样的话，他就会——无须提及其他原理——发现**持久性的原理**乃是这样一条与因果性原理一样预先推定经验的原理。由此他就会也能够给先天地扩展自身的知性和纯粹的理性划出一定的界限。但是，既然他只是**限制**我们的知性，而不给它**设置界限**，而且造成了一种普遍的怀疑，但却没有造成对我们不可避免的无知的某种确定的知识；既然他让我们知性的一些原理接受审查，却并不就这种知性的全部能力而言将它置于批判的试验天平上，而且在他否认知性具有它实际上不能提供的东西时继续前进，否认知性有先天地扩展自己的任何能力，尽管他并没有评估过这整个能力；所以，他也遭遇到了在任何时候都击败怀疑论的那种东西，即他本人也遭到怀疑，因为他的责难所依据的仅仅是偶然的事实，但却不是能够使人必然放弃作出独断主张的权利的原则。 〔501〕

　　既然他在知性有根据的要求和他的攻击本来主要针对的理性的辩证僭妄之间不知道有任何区别，所以，其极为特有的热情在这里没有受到丝毫干扰，而只是受到阻碍的理性，就觉得其扩张的空间并没有被关闭，而且即使它的尝试在这里或者那里受到挫折，也绝不能使它完全停止这些尝试。因为人们武装起来抵抗攻击，更为固执地坚持贯彻自己的要求。但是，对他的能力的全盘评估以及由此产生的鉴于更高的要求无效用而对一个狭小疆域的确定性的信念，将取消一切争执，并推动人们心平气和地满足于一种受限制的，但却无争议的产业。

　　非批判的独断论者没有测量过自己的知性的疆域，从而没有按照原则规定过他的可能知识的界限，所以他并非事先已知道自己能够有多少知识，而是想通过纯然的尝试来弄清这一点。对于这样的独断论者，这些怀疑论的攻击就不仅是危险

B796

的，而且对他来说甚至是毁灭性的。因为只要他在哪怕仅仅一个他不能为之辩解，但也不能从原则出发阐明其幻相的主张上被击中，怀疑就会落到所有的主张头上，不管这些主张通常是怎样有说服力。

这样，怀疑论者就是独断的玄想家的管教师傅，敦促他对知性和理性本身作出一种健康的批判。如果他做到了这一点，他就不必再惧怕任何攻击了；因为他在这种情况下就把自己的财产与完全处在他的财产之外的东西区分开来了；他对后者不提出任何要求，也不可能被卷入关于后者的争执。这样，虽然怀疑的方法就自身而言对于理性的问题来说并不是**令人满意的**，但却毕竟是**预备性的**，为的是唤起理性的谨慎，并指示能够确保理性合法财产的周密手段。

第三章
纯粹理性在假说方面的训练

由于我们通过我们理性的批判最终知道的就是，我们在理性纯粹的和思辨的应用中事实上不能知道任何东西，所以，批判岂不是应当为**假说**开辟一个更为宽广的领域吗？因为即便不允许断言，至少也允许有所创见和有所意见。

如果想象力应当不是**空想**，而是在理性的严格监视下**有所创见**，那么，就必须总是事先有某种东西是完全确定的，不是虚构的或者纯然的意见，而这就是对象本身的**可能性**。在这种情况下，就允许关于对象的现实性而求助于意见，但是，意见只要想不是毫无根据的，就必须把现实地被给予，从而确定的东西当做解释根据而与之相联结，而且在这种情况下就叫做**假说**。

　　既然我们对于力学联结的可能性不能先天地形成丝毫的概念，而且纯粹知性的范畴不是被用来臆造诸如此类的联结，而是被用来当它在经验中被发现时去理解它，所以我们不能根据一种新的、不能经验性地说明的性状来按照这些范畴原初地想出任何一个对象，并把这种性状作为允许的假说的基础；因为这意味着加给理性的不是事物的概念，而是空洞的幻觉。这样，臆造某些新的源始力量，例如一种能够无须感官而直观其对象的知性，或者一种没有任何接触的扩张力，或者一种新的实体，例如没有不可入性而在空间中在场的实体，这都是不允许的，因而不允许的还有各实体的一种与经验所给予的任何共联性都不同的共联性，一种不同于在空间之中的在场，一种不同于仅仅在时间之中的存续。一言以蔽之，对我们的理性来说，惟有把可能经验的条件当做事物可能性的条件来使用才是可能的，但完全不依赖于后者来创造前者是绝对不可能的，因为诸如此类的概念虽然没有矛盾，但却也不会有对象。〔503〕 B799

　　如以上所说，理性概念是纯然的理念，当然没有在某一经验之中的对象，但并不因此就表示被创制出来，同时被假定为可能的对象。它们是仅仅或然地设想的，为的是在与它们（作为启迪性的虚构）的关系中建立知性在经验领域里的系统应用的范导性原则。如果脱离这一点，它们就是纯然的思想物，其可能性就不可证明，因而它们也不能通过一种假说被奠定为现实显象的基础。把灵魂**思维**成单纯的，这是完全允许的，为的是按照这个**理念**把一切心灵力量的一种完备的和必然的统一性——尽管人们不能具体地认识它——奠定为我们判断其内部显象的原则。但是，**假定**灵魂是单纯的实体（一个超验的概念）则是一个不仅不可证明（像许多物理学假说那样），而且也是任意盲目地冒险提出的命题，因为单纯者根本不能在任何一个经验中出现，而且如果人们在这里把实体理解为感性直观 B800

的持久客体，那么，一种**单纯的显象**的可能性是根本看不出来的。不能凭借理性的任何有根据的权限把纯然理知的存在者或者纯然理知的事物属性假定为意见，尽管（因为人们对它们的可能性或者不可能性没有任何概念）也不能通过任何自以为更好的洞识来独断地拒斥它们。

为了说明被给予的显象，除了按照显象已知的规律被设定在与被给予的显象的联结之中的事物和解释根据之外，不允许援引任何别的事物和解释根据。在一个**先验假说**中，一个纯然的理性理念被用来解释自然事物，因此，这个先验假说根本不是解释，因为这是以人们根本不理解的东西来解释人们根据已知的经验性原则不能充分理解的东西。这样一种假说的原则真正说来也只会被用来满足理性，但却不能用来促进就对象而言的知性应用。自然中的秩序和合目的性必须又从自然根据出发并按照自然规律来解释，而且这里即便是最放肆的假说，只要它是自然的，也比一种超自然的假说——例如诉诸人们为此目的预设的属神创造者——更可忍受。因为后者是怠惰的理性（ignava ratio）的一条原则，即一下子略过人们就其实在性而言，至少就其可能性而言还可以通过进一步的经验来认识的一切原因，以便在一个对理性来说十分惬意的纯然理念那里歇息。但是就原因序列中解释根据的绝对总体性来说，这在种种世界客体方面并不造成任何障碍，因为既然这些世界客体无非是显象，在它们那里也就绝不能希望条件序列的综合中有什么完成了的东西。

理性的思辨应用的先验假说和为弥补自然解释根据的匮乏而必要时使用超自然的解释根据的自由，是根本不能被允许的，这部分是因为由此根本没有促进理性，而毋宁说切断了它的应用的整个进程，部分是因为这种许可最终必然使理性丧失耕耘自己特有的田地亦即经验的田地所得的一切果实。因为当

〔504〕

B801

自然的解释在这里或者那里对我们来说有困难时，我们手边总是有一种超验的解释根据，它使我们免除那种研究，而且不是通过洞识，而是通过一个事先已经如此想出，使之必然包含着绝对最初者的概念的原则之全然不可理解性来结束我们的探索。

值得接受一种假说的第二个必要因素，是假说的充足性，即足以从它出发先天地规定被给予的后果。如果人们为此目的被迫援引一些辅助性的假说，它们就给人以一种纯然的虚构的嫌疑，因为它们中的每一个都需要被奠定为基础的思想所必需的同一种辩护，从而不能提供可靠的见证。即使通过预设一个不受限制的完善的原因，不再缺乏世间存在的一切合目的性、秩序和伟大的解释根据，但鉴于至少按照我们的概念毕竟显示出来的偏差和灾难，那个预设要对付这些作为反驳的偏差和灾难而得到维护，却还需要新的假说。如果人类灵魂的那种被奠定为灵魂种种显象之基础的单纯的自主性，由于其类似于物质种种变化（生长与衰退）的现象这些困难而受到攻击，那么，就必须求助于新的假说，这些假说虽然不无可信，但却除了被假定为主要根据的那种意见给予它们的证明之外，毕竟没有任何证明，而它们尽管如此却本应当是来支持那种意见的。

如果这里当做实例所援引的理性主张（灵魂非形体的统一性和一个最高存在者的存在）不应当被视为假说，而应当被视为已先天地证明了的独断教理，那么，在这种情况下就根本不谈它们。但在这样的场合人们就要留意，证明具有一种演证的不容置疑的确定性。因为要使这样的理念的现实性成为仅仅**盖然的**，则与人们想仅仅盖然地证明一个几何学命题一样是一个荒唐的意图。与一切经验隔离的理性只能先天地认识一切，并且认其为必然的，或者就不能认识任何东西；因此，理性的判断绝不是意见，要么是放弃一切判断，要么是不容置疑的确定性。关于属于事物的东西的意见和盖然的判断只能作为现实地

B802

〔505〕

B803

被给予的东西的解释根据，或者作为按照经验性规律出自现实地作为基础的东西的后果出现，从而仅仅在经验对象的序列中出现。在这个领域之外，**有所意见**只不过是思想游戏而已，除非人们对于一条不可靠的判断道路还有一种意见，即沿着它还能够找到真理。

B804　　但是，就纯粹理性的纯然思辨问题而言，虽然没有任何假说成立，让人把命题建立在它上面，然而为了在必要的时候维护这些命题，假说还是完全允许的，也就是说，虽然不是在独〔506〕断的应用中，但毕竟在争辩的应用中是完全允许的。不过，我并不把维护理解为增多其主张的证明根据，而是仅仅理解为驳斥论敌的那些应当损害我们主张的命题的虚假认识。但是，所有出自纯粹理性的综合命题都自身具有特殊之处，即如果主张某些理念的实在性的人所知绝不足以确证他的这个命题，但另一方面，论敌所知也同样地少，不足以主张相反的东西。人类理性命运的这种平等虽然在思辨知识中并不偏袒双方中的任何一方，而且这里也是永远无法调停的争执的真正战场。但后面将表明，就**实践应用**而言理性有一种权利，即假定它在纯然思辨的领域里没有充足的证明根据就没有权限以任何方式预设的东西，因为所有这样的预设都将损害思辨的完善性，而实践的旨趣则根本不考虑这种完善性。因此，理性在实践应用中是占有的，它无须证明这种占有的合法性，而且事实上它也不能证明这种合法性。因此，论敌应当作出证明。但是，既然论敌为阐明被怀疑的对象不存在，关于该对象所知与主张该对象的现实性的前者所知一样少，所以这里就表现出主张某种东西是实践上必要的预设这一方的优势（melior est conditio possidentis〔占有者的地位更优越〕）。也就是说，他可以随意仿佛是出自正当防卫而为自己的美好事物使用论敌用来攻击这一事物的同样手段，即假说，假说根本不是用来加强对他的事物的证明，

B805

而只是要表明论敌关于争执的对象所理解的太少，使他不能自夸对我们拥有思辨洞识的优势。

因此，在纯粹理性的领域里，假说只是作为战斗的武器才被允许，不是为了在它上面建立一种权利，而仅仅是为了维护一种权利。但是，我们在这里任何时候都要在我们自身中寻找论敌。因为思辨的理性在其先验应用中**就自身而言**是辩证的。应当惧怕的反对意见就在我们自己里面。我们必须立刻搜寻出陈旧的，但绝不失效的要求，以便在对它们的否定上建立起永久的和平。外表的宁静只是徒有其表。蕴藏于人类理性的本性之中的争斗根苗必须被根除；但是，如果我们不给它以自由乃至营养使其长出枝叶，以便由此彰显出来，然后把它们连根拔掉，我们怎么能够根除它呢？因此，你们要想出任何论敌还没有想到的反对意见，甚至给他提供武器，或者允许他拥有他梦寐以求的最有利地位！在此没有任何可惧怕的东西，而是要有希望，也就是说，你们将为自己创造一份永远不会再受搅扰的产业。

〔507〕

B806

因此，属于你们的全面装备的，还有纯粹理性的假说，这些假说虽然只是铅制的武器（因为它们没有经过经验规律的锤炼），但却与任何论敌用来攻击你们的武器同样有效。因此，如果你们就灵魂（在某种别的、非思辨的考虑中）被假定的非物质的、不服从任何形体变化的本性而言遇到困难，即尽管如此经验似乎是证明我们精神力量的振作或者错乱纯然是我们器官的不同变状，那么，你们就可以这样来削弱这种证明的力量，即你们假定，我们的肉体无非是在现在的状态中（在此生中）感性以及一切思维的全部能力都以之为条件而与之相关的基础显象。与肉体的分离是你们的认识能力的这种感性应用的结束和理智应用的开端。因此，肉体不是思维的原因，而是思维的一种纯然限制条件，因而虽然应当被视为感性生命和动物

B807

性生命的促进，但却更多地被视为纯粹生命和精神性生命的障碍，而前者对形体性状的依赖丝毫不证明整个生命对我们各器官的状态的依赖。但你们还可以继续前进，发现全新的、要么没有被提出过要么没有被充分展开的怀疑。

生育无论在人这里还是在无理性的造物那里，都取决于机遇，此外还经常取决于生计，取决于政府及其情绪和想法，甚至经常取决于坏习惯，其偶然性使得一种其生命首先在如此微不足道的，而且完全听任我们自由的状况下开始的造物延伸到

〔508〕

无限的存续极为困难。至于整个类（在此尘世）的存续，这种就类而言的困难是微乎其微的，因为在个别事物中的偶然事件仍然服从在整体中的规则；但就每一个个体而言期待如此微不足道的原因产生如此强有力的结果，则当然是令人生疑的。但是，你们可以提出一种先验的假说来反驳之：一切生命真正说

B808

来都只是理知的，根本不服从时间的变化，既不由于生而开始，也不由于死而结束；这种生命无非就是一种纯然的显象，也就是说，是关于纯粹的精神生命的一种感性表象，而整个感官世界则纯然是飘浮在我们现在的认识方式面前的一幅图画，像一场梦那样就自身而言没有客观的实在性；如果我们应当**如其所是**地直观事物和我们自己，我们就会在一个种种精神自然的世界中看到自己，我们与这个世界的惟一真实的共联性既不由于生而开始，也不由于肉体死亡（作为纯然的显象）而终止，如此等等。

尽管我们对于我们在这里以假说的方式提出来应付攻击的这一切都一无所知，也不是认真地这样主张，就连理性理念也不是，仅仅是为自卫而**设想出来的**概念而已，我们在这里也毕竟是完全按照理性行事的，因为我们只是向由于错误地把其经验性条件的缺乏说成是我们所相信的东西之全然不可能性的一种证明，就认为穷尽了一切可能性的论敌指出：就像我们在经

验之外不能以有根据的方式为我们的理性获得任何东西一样，他也不能通过纯然的经验规律就囊括可能事物自身的整个领域。某人针对肆无忌惮地作出否定的论敌的僭妄提出这样的假说性反对意见，不得被认为好像他自己把这样的反对意见当做他自己的真实意见来采用似的。一旦他处置了自己论敌的独断自负，他就会放弃这些意见。因为如果某人对他人的主张一味采取拒斥和否定的态度，则无论看起来是怎样的谦逊和委婉，一旦他想使自己的这些反对意见成为对立面的证明，这种要求在任何时候都是同样傲慢和自负的，就好像他选择了肯定立场及其主张似的。 〔509〕

B809

可见，在理性的思辨应用中假说作为意见自身并没有有效性，而是仅仅相对于相反的超验僭妄才具有有效性。因为可能经验的原则扩张到一般事物的可能性，这与主张这样一些除了在一切可能经验的界限之外就不能在任何地方发现其对象的概念的客观实在性一样是超验的。纯粹理性断然地作出判断的东西，必定（与理性所认识的一切东西相同）是必然的，或者它就什么也不是。据此，纯粹理性事实上不包含任何意见。但是，上述假说只是或然性的判断，它们至少是不能被驳倒的，尽管它们当然也不能被任何东西所证明，因此它们是纯粹的私人意见①，但毕竟为了抵御时常发生的疑虑（甚至为了内心的

B810

---

① 哈滕施泰因把 keine［不是］改为 reine［纯粹的］，也被我接受，其正确性特别遭到戈尔德施密德和许恩德弗尔（Schöndörffer）的否定。但是，两位诠释者没有留意语法语境；无论是前面的"因此它们是"，还是后面的"但毕竟……不可或缺的"，都要求做出改动。实际上，除了 B807 的上下文和需要正确解释的"论意见、知识和信念"之外，B809 与真实意见的对立就已经作出裁定了。——科学院版编者注

安宁）可以说是不可或缺的。但是，人们必须把它们保持在这种品格之中，小心提防它们就自身而言可信地出现，有了某些绝对的有效性，使理性沉溺于虚构和幻象。

第四章
纯粹理性在其证明方面的训练

先验的和综合的命题的证明，在一种先天综合知识的所有证明中间自有其特别之处，即理性在前一些证明中不可以凭借其概念径直地转向对象，而是必须先天地阐明概念的客观有效性及其综合的可能性。这并不仅仅是必不可少的审慎规则，而是涉及证明自身的本质和可能性。如果我应当先天地超出关于一个对象的概念，离开一个特殊的、处在这个概念之外的导线，这就是不可能的。在数学中，是先天直观在引导着我的综合，在这里，一切推论都可以直接地根据纯直观来进行。在先验知识中，只要它仅仅与知性的概念打交道，这种准绳就是可能的经验。也就是说，证明并不表明被给予的概念（例如关于所发生的事情的概念）径直导向另一个概念（一个原因的概念）；因为诸如此类的过渡是一种根本不能为自己辩解的飞跃；相反它表明，经验本身以及经验的客体没有这样一种联结就是不可能的。因此，证明必须同时表明综合地和先天地达到事物的某种并不包含在其概念之中的知识的可能性。不注意这一点，证明就将像决堤之水，四处泛滥，直奔隐蔽的联想倾向偶然地把它们导向的地方。信念的这种以联想的种种主观原因为依据，并被视为对一种自然亲和性的洞识的外表，根本不能与合情合理地对诸如此类的冒险步骤必然产生的疑虑匹敌。因

〔510〕
B811

此，一切证明充足理由律的尝试，行家们普遍承认是徒劳无功的；而在先验的批判出现之前，人们既然毕竟是不能放弃这一原理，就宁可固执地诉诸健全的人类知性（这是一种遁词，它在任何时候都证明理性的事情已经绝望），也不愿意尝试新的独断证明。 B812

　　但是，如果应当证明的命题是纯粹理性的一种主张，而且我甚至想凭借纯然的理念来超出我的经验概念，那么，这种证明在自身中就必须更多地包含着对这样一个综合步骤（只要它是可能的）的辩护来作为其证明力的一个必要条件。因此，无论从统觉的统一性出发对我们思维实体的单纯本性的所谓证明如何显而易见，毕竟不可避免地面临着一种疑虑：既然绝对的单纯性毕竟不是一个能够直接地与知觉相关的概念，而是必须作为理念纯然地推论出来，所以就根本看不出，包含在或者至少能够包含在**一切思维**之中的纯然意识，尽管它就此而言是一 〔511〕个单纯的表象，却应当如何把我导向一个在**其**里面只能包含思维的事物的意识和知识。因为如果我表象我处于运动之中的肉体的力量，则肉体就此而言对我来说是绝对的统一体，而且我关于它的表象是单纯的；因此，我也可以通过一个点的运动来表达这个表象，因为肉体的体积在这里毫无干系，可以毫不减弱力量而任意地小，因此也可以被设想为处在一个点中。但我毕竟不能由此推论：如果除了肉体的运动力之外没有任何东西 B813被给予我，它就能够被设想为单纯的实体，因为它的表象抽掉了其体积的一切大小，从而是单纯的。抽象中的单纯者与客体中的单纯者是完全不同的，第一种意义上的我**在自身中**根本不包含任何杂多性，而第二种意义上的我，既然它意味着灵魂本身，就能够是一个十分复杂的概念，也就是说，**在自身之下包**含着并且表示着非常多的东西，由此我就发现了一个谬误推论。然而，要想事先预见这种谬误推论（因为没有这样一种暂时性的猜测，人们就会对证明不抱任何怀疑），就绝对必须手头有这样一些应当证明多于经验所能给予的东西的综合命题之可能性的常备标准，这种标准就在于：证明不被径直地导向所要求的谓词，而是惟有凭借一条先天地把我们被给予的概念扩展到理念，并把这些理念实在化的可能性的原则才导向这些谓词。如果始终运用这种审慎，如果人们在尝试证明之前就预先明智地自己考虑能够如何以及以什么样的希望根据来期待经由纯粹理性的这样一种扩展，考虑在诸如此类的场合要从何处获得这些既不能从概念出发阐明也不能在与可能经验的关系中预先推定的洞识，那么，人们就能够省去许多困难而又毫无成果的劳累，因为人们不再苛求理性任何显然超出其能力的东西，或者毋宁说使由于其思辨的扩展欲而不愿意受到限制的理性经受节制的训练。

B814

因此，**第一条**规则就是：不事先考虑以及说明人们要从何处得到打算把先验证明建立于其上的那些原理，以及人们有什么权利能够期望从它们得出好的推论结果，就不尝试任何先验证明。如果这是些知性的原理（例如因果性原理），那么，凭借它们来达到纯粹理性的理念就是徒劳无益的；因为那些原理只是对可能经验的对象有效。如果这应当是些出自纯粹理性的原理，那么，这又是白费力气。因为理性虽然有纯粹理性的原理，但作为客观的原理它们却全都是辩证的，充其量只能像有系统联系的经验应用的范导性原则那样有效。但是，如果诸如此类的所谓证明已经存在，那么，你们就要以你们成熟的判断力的 non liquet［不明所以］来对抗这种骗人的游说；而且尽管你们还不能看透诸如此类的证明的幻象，你们毕竟有充分的权利要求对其中所运用的原理进行演绎，如果这些原理是纯然出自理性的，就绝不能给你们作出这种演绎。而这样一来，你们就根本不必致力于任何一种幻相的阐发和驳斥了，相反，你

〔512〕

B815

们可以在一种要求法律的理性的法庭上一下子把所有诡计层出不穷的辩证法通通予以拒斥。

先验证明的**第二种**特性就是：只能为任何一个先验的命题找到**惟一的一种**证明。如果我不是从概念出发，而是从与一个概念相应的直观出发进行推论，不管它是像在数学中那样是纯直观，还是像在自然科学中那样是经验性直观，那么，作为基础的直观就给我提供综合命题的杂多材料，我能够以不止一种的方式来联结这些材料，而且由于我可以从不仅一个点出发，也能够沿着不同的道路达到同一个命题。

但现在，一个先验命题纯然是从**一个**概念出发的，并且按照这个概念来肯定对象可能性的综合条件。因此，证明根据只能是一个惟一的证明根据，因为在这个概念之外没有别的任何东西能用来规定对象，所以证明除了按照这个概念——这个概念也是一个惟一的概念——对一个一般对象的规定之外，不能包含任何别的东西。例如在先验分析论中，我们得出"凡是发生的东西都有一个原因"的原理，乃是从一个关于一般而言发生的东西的概念之客观可能性的惟一条件出发的，即对一个时间中的事件的规定，从而也就是把这个（事件）规定为属于经验的，除了服从这样一条力学规则之外，是不可能的。这也是惟一可能的证明根据；因为只有通过借助因果性规律为概念规定一个对象，所表象的事件才具有客观的有效性，也就是说，才具有真理。人们虽然还尝试过关于这个原理的其他证明，例如从偶然性出发的证明；然而，在仔细地考察这一原理时，人们却除了**发生**，亦即对象的一种不存在在此之前先行的存在之外，不能发现偶然性的任何征兆，因而总是又返回到同一个证明根据。如果应当证明"凡是思维的东西都是单纯的"这一命题，人们就不顾思维的杂多，而是仅仅坚持"我"这个单纯的、一切思维都与之相关的概念。上帝存在的先验证明也是同

B816

〔513〕

样的情况，它所依据的仅仅是最实在的存在者与最必然的存在
B817　者两个概念的可互代性，舍此不能到任别的任何地方去寻找。

通过这种警示性的说明，对种种理性主张的批判的范围已
经被大大缩小。在理性仅仅通过概念来推进自己的工作的地
方，如果确有某种证明是可能的话，那也只有惟一的一种证明
是可能的。因此，如果人们已经看到独断论者拿出十种证明
来，人们就可以确信他根本没有任何一种证明。因为如果他有
一种无可争辩地进行证明的证明（如在纯粹理性的事情上必然
如此那样），他干吗还需要别的证明呢？他的意图不过是像那
种议会提案人的意图罢了：对这个人是这一种论证，对那个人
是那一种论证，为的是利用他的裁决者们的弱点，这些裁决者
并不去深入了解，而是想快点了事，就抓住最先引起他们注意
的东西，据此作出决定。

纯粹理性就其在先验证明方面经受一种训练而言的**第三条**
特有规则是：它的证明从来都不是**迂回的**，而必须在任何时候
都是**明示的**。直接的或者明示的证明在任何种类的知识中都是
把对真理源泉的洞识与真理的信念相结合的证明。与此相反，
迂回的证明虽然能够产生确定性，但却不能产生真理在与其可
〔514〕　能性的种种根据的联系方面的可理解性。因此，后者更多的是
B818　一种应急措施，而不是一种满足理性一切意图的方法。不过，
它与直接的证明相比有一种自明性的优点，即矛盾在任何时候
都比最好的联结表现得更为清晰，从而更为接近一种演证的直
观性。

在不同的科学中应用迂回的证明的真正理由就是上述理
由。如果某种知识应当由以推导出来的种种根据过于杂多或者
隐蔽得太深，人们就尝试，是否能够通过后果来达到这些根
据。于是，从一种知识的后果推论到该知识的真理性的 modus
ponens〔肯定式〕，就只有在由此产生的一切后果都真实的情

况下才是允许的；因为在这种情况下，对这些后果来说就只有惟一的一个根据才是可能的，这个根据也就是真正的根据。但是，这种方法是不可行的，因为洞察某一个假定的命题的所有可能后果，这超出了我们的力量；但是，在涉及仅仅把某种东西证明为假说的时候，人们毕竟还是使用这种推论方式，虽然要有某种谅解，因为人们承认按照类比进行的推论：如果人们所尝试的诸多后果都与一个假定的根据一致，那么，所有其余的可能后果也将随之一致。因此缘故，一个假说绝不能通过这条道路转变为得到演证的真理。从后果推论到根据的理性推论的 modus tollens［否定式］所做的证明不仅极为严格，而且也绝对容易。因为即使从一个命题只能得出惟一的一个错误后果，这个命题就是错误的。人们不是在一个直接的证明中经历种种根据的整个序列，这个序列能够凭借对其可能性的完备洞识导向一种知识的真理性，而是只可以在从这种知识的反面得出的种种后果中间发现惟一的一种后果是错误的，这个反面就也是错误的，从而人们要证明的知识就是真的。 B819

但是，迂回的证明方式惟有在不可能把我们表象的主观东西强加给客观东西，亦即**强加**给对象中的东西的知识的那些科学中才是允许的。但在常见这种强加的地方，就必然经常发生这样的情形：或者某个命题的反面仅仅与思维的主观条件相矛盾，但并不与对象相矛盾，或者两个命题仅仅在一个被误以为是客观条件的主观条件下相互矛盾，而且既然条件是错误的，所以两个命题就可能都是错误的，不能从一个命题的错误推论到另一个命题的真实。 ［515］

在数学中，这种偷换是不可能的；因此，迂回的证明方式在数学中也有其真正的位置。在自然科学中，由于一切都以经验性的直观为根据，所以那种偷换大多数可以通过诸多可比较的观察来避免；但尽管如此，这种证明方式在大多数情况下并 B820

不重要。不过，纯粹理性的先验尝试全都是以辩证幻相为中介进行的，也就是说，是以主观的东西为中介进行的，主观的东西在理性的前提中对理性呈现为客观的，或者甚至是强使理性认其为客观的。在这里，就综合命题而言，根本不能允许通过反驳对立面来为自己的主张作辩护。因为或者这种反驳无非是相反意见与为我们理性所理解的主观条件相冲突的纯然表象，而这根本无助于责难事物本身（例如，就像一个存在者的存在中无条件的必然性绝对不能为我们所理解，因而**主观上**有理由与一个必然的至上存在者的思辨证明相抵触，但却没有理由与这样一个元始存在者**就自身而言**的可能性相抵触），或者无论是肯定一方还是否定一方，双方都为先验幻相所骗，都以关于B821 对象的一个不可能的概念为基础，而且在这里生效的是这样一条规则：non entis nulla sunt praedicata ［不存在者没有任何属性］，也就是说，无论人们关于对象是肯定地还是否定地主张什么，二者都是错误的，所以人们不能通过反驳对立面来迂回地达到真理的认识。例如，如果预设感官世界**就自身而言**在其总体性上被给予，那么，说它必然在空间上**要么**是无限的**要么**是有限的和有界限的，就是错误的，原因在于二者都是错误的。因为毕竟**就自身而言**（作为客体）被给予的显象（作为纯〔516〕然的表象）是某种不可能的东西，而这个想象出来的整体的无限性虽然是无条件的，但却（由于显象中的一切都是有条件的）与毕竟在概念中预设的量的无条件的规定相矛盾。

迂回的证明方式也是真正的幻象，在任何时候都能吸引住对我们独断的玄想家们的缜密性感到惊赞的人们，它仿佛是一位斗士，要证明自己所选择的党派的荣誉和不可置疑的权利，于是自告奋勇地与任何一个要对此有怀疑的人决斗；尽管通过这种大言不惭在事情上并没有澄清任何东西，只是在敌对双方的相对力量上有所澄清而已，而且也只是在采取攻势一方有所

澄清而已。旁观者由于看到每一方都次第时而是胜利者，时而
又落败，经常从中获得理由以怀疑论的方式怀疑争执本身的客
体。但是，敌对双方却没有理由这样做，而大声告诉他们 non
defensoribus istis tempus eget［时间并不需要这样的维护者］
就够了。每一方都必须凭借一种通过证明根据的先验演绎来进
行的合法证明，亦即直接地从事自己的事情，以便人们看出他
的理性要求自身能够援引什么。因为如果它的敌对者所依据的
是主观的根据，那么反驳他当然是轻而易举的事情，但对独断
论者却没有什么好处，独断论者通常都同样依赖判断的主观原
因，同样被其论敌逼入困境。但如果双方都纯然是直接地进行
的，则要么他们就会自行发现找到他们的主张的权利是困难
的，甚至是不可能的，最终只能诉诸失去时效，要么批判将轻
而易举地揭露独断的幻相，迫使纯粹理性放弃它在思辨应用中
过于夸张的僭妄，退回到它特有的领地亦即实践原理的界限
之内。

〔517〕
B823

第二篇
纯粹理性的法规

人类理性在自己的纯粹应用中一事无成，甚至还需要一种训练来约束自己的放纵，并防止由此给它带来的幻象，这对它来说是耻辱的。但另一方面，使它重新振奋并给它以自信的是，它能够并且必须自己实施这种训练，不允许对自己进行一种别的审查，此外它被迫为自己的思辨应用所设置的界限，同时也限制着任何一个对手的玄想的僭妄，从而能够确保一切从它以前过分的要求中还可以给它剩下的东西免受任何攻击。因此，纯粹理性的一切哲学的最大的，也许是惟一的用途大概只是消极的，也就是说，因为它不是作为工具论被用来扩展，而是作为训练被用来规定界限，而且不是揭示真理，而是只有防止错误的默默功绩。

然而，毕竟肯定在某个地方存在着属于纯粹理性领域的积极知识的根源，这些知识也许只是由于误解才为错误提供了诱

B824 因，但事实上却构成了理性努力的目标。因为若不然，又该把这种无法抑制的、绝对要超出经验的界限在某个地方站稳脚跟的欲望归于哪种原因呢？理性预感到对于它来说具有重大旨趣的对象。它踏上纯然思辨的道路，为的是接近这些对象；但是，这些对象却逃避它。也许，它可以希望在还给它剩下的惟一道路上，也就是说在**实践**应用的道路上，会有对它来说更好的运气。

我把法规理解为某些一般认识能力的正确应用之先天原理的总和。于是，普遍逻辑在其分析的部分就是知性和理性的法

规，但这只是就形式而言的，因为它抽掉了一切内容。先验分析论是纯粹知性的法规；因为惟有纯粹知性能够得出真正的先天综合知识。但是，在不可能有对一种知识能力的正确应用的地方，也就不存在任何法规。现在，按照迄今所作出的一切证明，纯粹理性在其思辨应用中的一切综合知识都是完全不可能的。因此，根本不存在纯粹理性的思辨应用的任何法规（因为这种应用完全是辩证的），相反，一切先验逻辑在这方面都无非是训练而已。所以，如果某个地方有纯粹理性的一种正确应用，在这种情况下也必定有纯粹理性的一种法规的话，那么，这种法规将不涉及思辨的理性应用，而是涉及**实践的理性应用**，因而我们现在就要探讨这种应用。

〔518〕

B825

第一章
论我们理性的纯粹应用的终极目的

理性为其本性的一种倾向所驱使，超出经验应用之外，冒险在一种纯粹应用中并且凭借纯然的理念突破一切知识的最后界限，惟有在完成自己的循环时，在一个独立存在的系统整体中才歇息下来。那么，这种努力的根据纯然是其思辨的旨趣，还是毋宁说仅仅是其实践的旨趣呢？

现在，我想把纯粹理性在思辨方面取得的成功搁置一旁，仅仅追问这样一些任务，它们的解决构成理性的终极目的，而不管理性现在是否能够达到这一目的，对它来说其他一切目的都仅仅具有手段的价值。这些最高的目的按照理性的本性又都必然具有统一性，以便联合起来去促进人类不再从属于任何更高旨趣的那种旨趣。

B826

理性在先验应用中的思辨最终导致的终极意图涉及三个对象：意志自由、灵魂不死和上帝存在。就所有这三个对象而言，理性的纯然思辨的旨趣十分微薄，鉴于这种旨趣，一种令人疲倦的、与连续不断的障碍作斗争的先验研究工作也许会是

〔519〕

难以接受的，因为对于在这方面可能作出的一切发现，人们都毕竟不可能有任何具体的，亦即在自然研究中证明其用途的应用。即使意志是自由的，但这毕竟仅仅关涉到我们意愿的理知原因。因为就意志的种种表现的现象亦即行动而言，我们必须按照一条不可违反的基本准则（没有这条准则，我们就不能在经验性的应用中施展理性），永远像对待其余一切自然显象那样，也就是说，按照自然的不变规律来解释它们。第二，即使能够洞察灵魂的精神本性（并且随之洞察它的不死），但也毕

B827

竟既不能指望它在此生的显象方面作为一个解释根据，也不能指望来世状态的特殊性状，因为我们关于非形体自然的概念纯然是否定的，丝毫也不扩展我们的知识，也不为推论提供适用的材料，除了会为那些只能被视为虚构、但却不为哲学所允许的推论提供适用的材料以外。第三，即使证明了一个最高理智的存在，我们也虽然可以由此在宏观上解释世界安排和秩序中的合目的的东西，但却绝对没有权限由此推导出任何一种特殊的部署和秩序，或者在它们未被知觉到的地方大胆地推论到它们；因为理性的思辨应用的一条必要的规则就是：不要跳过自然原因和放弃我们通过经验能够学到的东西，而从完全超越我们的一切知识的东西中推导出我们知道的某种东西。一言以蔽之，这三个命题在任何时候对于思辨理性来说都依然是超验的，根本没有任何内在的，亦即对于经验的对象来说允许的，从而对我们来说以某些方式有用的应用，相反，它们是我们理性的就自身而言完全多余的，而且在这方面还极为沉重的劳动。

据此，如果这三个基本命题对我们来说根本不为**知识**所必

需，尽管如此还被我们的理性迫切地推荐给我们，那么，它们
的重要性真正说来必定仅仅关涉到**实践的东西**。 B828

凡是通过自由而可能的东西，就都是实践的。但如果我们 〔520〕
自由的任性施展的条件是经验性的，那么，理性在这方面除了
范导性的应用之外就不能有别的应用，并且只能用于造成经验
性规律的统一。例如，在明智的教导中，把我们的偏好给我们
提出的一切目的统一在一个惟一的目的亦即**幸福**中，并使达到
幸福的种种手段协调一致，就构成了理性的全部工作，理性因
此缘故只能提供自由行为的**实用**法则，以达到感官向我们推荐
的目的，因而不能提供完全先天地规定的纯粹规律。与此相
反，纯粹的实践法则，其目的由理性完全先天地给予，不是经
验性地有条件的，而是绝对地发布命令的，它们将是纯粹理性
的产物。但是，诸如此类的法则就是**道德的**法则；因此，惟有
这些法则才属于纯粹理性的实践应用，并允许有一种法规。

因此，在人们可以称之为纯粹哲学的这种探究中，理性的全
部装备事实上都是针对上述三个问题。但是，这三个问题本身
又都有其更为深远的意图，也就是说，如果意志是自由的，如果
有一个上帝，有一个来世，那么**应当做什么**。既然这涉及我们 B829
与最高目的相关的行为，所以睿智地照料我们的自然在设立我
们的理性时，其终极意图真正说来就只是着眼于道德的东西。

但必须慎重从事的是，当我们把自己的注意力投向一个对
于先验哲学来说陌生的对象①时，一方面不要过分说题外话而

---

① 一切实践的概念都指向愉悦或者反感的对象，也就
是快乐和不快的对象，因而至少间接地指向我们情
感的对象。但是，既然情感不是事物的表象能力，
而是处于全部认识能力之外，所以，我们的判断只
要与快乐或者不快相关，从而也就是实践判断，其
要素就不属于先验哲学的范围，先验哲学仅仅与纯
粹的先天知识打交道。

〔521〕

损害系统的统一，另一方面也不要对自己的新话题说得太少而使其缺乏清晰性和说服力。我希望通过尽可能切近地求助于先验的东西，并把在这里可能是心理学的亦即经验性的东西完全搁置一旁来做到这两点。

而且此处首先要说明的是：我如今只是在实践的意义上使用自由概念，而在这里把先验意义上的自由概念搁置一旁；后者不能被经验性地预设为显象的解释根据，而本身对于理性来说是一个问题，这是上面已经解决过的。也就是说，有一种任

B830

性是纯然**动物性的**（arbitrium brutum［动物性的任性］），它只能由感性冲动来规定，也就是说，**从生理变异上来规定**。但那种不依赖于感性冲动，因而能够由仅仅为理性所表现的动因来规定的任性，就叫做**自由的任性**（arbitrium liberum），而一切与这种任性相关联的东西，无论是作为根据还是作为后果，就都被称为**实践的**。实践的自由可以通过经验来证明。因为不仅刺激的东西，亦即直接刺激感官的东西，规定着人的任性，而且我们还有一种能力，能通过本身以更为远离的方式有用或者有害的东西的表象，来克服在我们感性欲求能力上造成的印象；但是，对那种就我们的整体状况而言值得欲求的东西，亦即好的和有用的东西的这些考虑，依据的是理性。因此，理性也给予一些法则，它们是命令，也就是说，是客观的**自由法则**，它们说明**什么应当发生**，尽管它也许永远不发生，而且在这一点上它们有别于仅仅探讨**发生的事情**的**自然法则**，因而也被称为实践的法则。

B831

但是，理性本身在它由以制定法则的这些行动中是否又为别的方面的影响所规定，亦即就感性冲动而言叫做自由的东西在更高的和更遥远的作用因方面是否又会是自然，这在实践的东西中与我们毫不相干，在实践的东西中我们只是首先向理性征询行为的**规范**；相反，它是一个纯然思辨的问题，只要我们

的意图所针对的是所为或者所弃，我们就可以把它搁置一旁。因此，我们通过经验认识到，实践的自由是自然原因的一种，也就是理性在规定意志方面的一种因果性，而先验的自由却要求这种理性本身（就其开始一个显象序列的因果性而言）不依赖于感官世界的一切规定性原因，并且就此而言看起来与自然规律，从而与一切可能的经验相抵触，从而依然是一个问题。不过，这个问题并不归属实践应用中的理性，因此我们在纯粹理性的法规中只探讨两个关涉到纯粹理性的实践旨趣的问题，就这两个问题而言，纯粹理性应用的一种法规必须是可能的；这两个问题就是：有一个上帝吗？有一种来世吗？有关先验自由的问题仅仅涉及思辨的知识，我们完全可以在讨论实践的东西时把它当做完全无所谓的而搁置一旁，而且在纯粹理性的二论背反中，这个问题已经得到了充分的探讨。

〔522〕

B832

第二章
论作为纯粹理性终极目的之规定
根据的至善理想

理性在其思辨应用中引导我们经过经验的领域，并且由于这个领域对于理性来说永远不能发现完全的满足，就把我们由此引导到思辨的理念，但思辨的理念最终又把我们引回到经验，从而以一种虽然有用，但却根本不符合我们的期望的方式实现了自己的意图。现在，给我们剩下的还有一种尝试，也就是说，在实践的应用中是否也可以发现纯粹的理性，纯粹理性在实践的应用中是否也导向实现我们上面提到的纯粹理性最高目的的理念，因而纯粹理性是否能够从其实践旨趣的观点出发，提供它就思辨旨趣而言根本拒绝给予我们的东西。

我的理性的全部旨趣（既有思辨的旨趣，也有实践的旨趣）汇合为以下三个问题：

B833

1. 我能够知道什么？
2. 我应当做什么？
3. 我可以希望什么？

〔523〕第一个问题是纯然思辨的。我们（如我可以自夸）已经穷尽了对这一问题的所有可能回答，而且最终找到了理性虽然必须满足，而且在它不是着眼于实践的东西时也有理由满足的回答，但离纯粹理性的全部努力真正说来所指向的两大目的却同样遥远，就好像我们出自安逸一开始就拒绝了这一工作似的。因此，如果涉及知识，则至少有把握和确定了的是，我们在那两个问题上永远不能分享知识。

第二个问题是纯然实践的。它作为这样一个问题虽然归属纯粹理性，但在这种情况下却毕竟不是先验的，而是道德的，因而我们的批判就自身而言并不研究它。

第三个问题是：如果我如今做我应当做的，那么我在这种情况下可以希望什么？它既是实践的又同时是理论的，以至于实践的东西只是作为导线来导向对理论问题的回答，而且如果理论问题得到解决，就导向对思辨问题的回答。因为一切**希望**都是指向幸福的，而且希望在实践的东西和道德法则方面，恰恰就是知识和自然规律在事物的理论知识方面所是的同一东西。前者最终导致的结论是：某物**存在**（它规定着终极的可能目的），**乃是因为有某物应当发生**；后者最终导致的结论则是：某物**存在**（它作为至上原因起作用），**乃是因为有某物发生**。

B834

幸福是我们一切偏好的满足（既**在广度上**就满足的杂多性而言，也**在深度上**就程度而言，还**在绵延上**就存续而言）。出自**幸福**动机的实践法则我称之为实用的法则（明智规则）；但如果有这样一种实践法则，它除了**配享幸福**之外不以别的任何东西为动机，我就称它为道德的（道德法则）。前者建议我们，如果我们要享有幸福的话就应当做什么；后者则命令我们，我们应当如何行事以便配享幸福。前者建立在经验性原则之上；因为除了凭借经验之外，我既不知道有哪些要得到满足的偏好，也不知道什么是能导致其满足的自然原因。后者抽掉了偏好和满足它们的自然手段，仅仅考察一个一般理性存在者的自由和这种自由惟有在其下才与幸福按照原则的分配相一致的必要条件，因而至少**能够**以纯粹理性的纯然理念为依据，并被先天地认识。 〔524〕

我假定，实际上有纯粹的道德法则，它们完全先天地（不考虑经验性的动机，即幸福）规定着一个一般理性存在者的所为所弃，即其自由的应用，而且这些道德法则**绝对地**（不是仅仅假言地、在其他经验性目的的前提条件下）发布命令，因而在一切方面都是必然的。我可以有理由预设这一命题，因为我不仅诉诸最贤明的道德学家们的证明，而且还诉诸每一个人的道德判断，如果他愿意清晰地思考一条诸如此类的法则的话。 B835

因此，纯粹理性尽管不是在其思辨的应用中，但却毕竟在某种实践应用中，也就是在道德的应用中包含着**经验可能性**的原则，即根据道德规范**有可能**在人的**历史**上发现的这样一些行动的原则。因为既然道德法则命令这样一些行动应当发生，它们也就必须能够发生，因此某个特殊种类的系统统一性，即道德的系统统一性，必须是可能的，然而系统的自然统一性**按照**理性的**思辨原则**却是不能证明的，因为理性虽然就一般自由而言具有因果性，但并不是就整个自然而言具有因果性，而道德的理性原则虽然能够产生自由的行动，但并不能够产生自然规律。据此，纯粹理性在实践应用中，尤其在道德应用中的原则具有客观的实在性。 B836

我把符合一切道德法则的世界（如同它按照有理性的存在者的自由所**能够**是的那样，亦即按照**道德性**的必然法则所**应当**是的那样）称为一个**道德的世界**。这个世界由于其中抽掉了一切条件（目的），甚至抽掉了道德性在这些条件中的一切障碍（人类本性的软弱和不纯正）而纯然被设想为一个理知的世界。

[525]

就此而言，它是一个纯然的理念，但毕竟是一个实践的理念，它能够并且应当现实地影响感官世界，使其尽可能地符合这个理念。因此，一个道德世界的理念具有客观的实在性，不是好像它指向一种理知直观的对象（诸如此类的对象我们根本不能思维），而是指向感官世界，但这个感官世界是作为纯粹理性在其实践应用中的一个对象，作为有理性的存在者在感官世界中的一个 corpus mysticum［奥秘团体］，只要他们自由的任性在道德法则之下既与自己本身，也与每一个其他有理性的存在者的自由具有完全的系统统一性。

对纯粹理性涉及实践旨趣的两个问题中第一个问题的回答是：**去做那使你配享幸福的事情吧**。现在，第二个问题问道：

B837

如果我现在如此行事，使我并非不配享幸福，我如何也可以希望由此能够享有幸福呢？对这个问题的回答取决于：先天地制定这一法则的纯粹理性的原则是否也必然地把这种希望与这一法则联结起来。

据此我说：正如按照理性来看在其**实践**应用中道德原则是必要的一样，按照理性来看在其**理论**应用中也同样有必要假定，每一个人都有理由依照他在其行为中使自己配享幸福的同等程度来希望幸福，因此，道德性的体系与幸福的体系密不可分地结合在一起，但却惟有在纯粹理性的理念中才是如此。

如今，在一个理知的世界里，也就是在一个道德的世界里，在一个我们从其概念抽掉了一切道德性的障碍（偏好）的世界里，这样一个与道德性相结合成正比的幸福的体系也可以被设想为必然的，因为部分地为道德法则所推动、部分地为其所限制的自由就会是普遍的幸福的原因，因而有理性的存在者在这些原则的指导下本身就会是其自己的，同时也是别人的持久福祉的创造者。但是，自己酬报自己的道德性的这个体系只是一个理念，它的实现依据这样的条件，即**每一个人都做他应当做的**，也就是说，有理性的存在者们的所有行动都如此发生，就好像它们是出自一个把所有的私人任性都包括在自身之中或者自身之下的至上意志似的。但是，既然即使别的人都不按照道德法则行事，出自这一法则的义务对自由的每一种特殊的应用也依然有效，所以无论是从世上事物的本性出发，还是从行动本身的因果性及其与道德性的关系出发，都未确定行动的后果与幸福将如何相关；如果我们仅仅以自然为基础，则获得幸福的希望与使自己配享幸福的不懈努力的上述那种必然的联结就不能通过理性来认识，而是惟有在一个按照道德法则发布命令的**最高理性**同时作为自然的原因被奠定为基础的时候才可以希望。

　　我把这样一种理智的理念称为**至善的理想**；在这一理念中，与最高的永福相结合的道德上最完善的意志就是世间一切幸福的原因，只要这幸福与道德性（作为配享幸福）处于精确的比例之中。因此，纯粹理性惟有在这个至高的**源始的**善的理想中才能发现至高的派生的善，也就是一个理知的亦即**道德的**世界的两种要素在实践上必然联结的根据。既然我们必须以必然的方式通过理性把自己表现为属于这样一个世界的，即使感官呈现给我们的只是一个显象的世界，我们也必须假定那个世界就是我们在感官世界中的行为的一个后果，而既然感官世界并未向我们呈现这样一种联结，我们就必须假定那个世界是一个对我们来说未来的世界。因此，上帝和来世是两个按照纯粹理性的原则与同一个纯粹理性让我们承担的义务不可分割

B838

〔526〕

B839

的预设。

道德性自身构成一个体系，但幸福则不如此，除非它精确地按照道德性被分配。但是，这惟有在隶属一个智慧的创造者和统治者的理知世界中才是可能的。理性发现自己不得不假定这样一个智慧的创造者和统治者，连同在这样一个我们必须视之为来世的世界中的生活，或者它就把道德法则视为空洞的幻觉，因为没有那种预设，道德法则的必然后果——是同一个理性把它与道德法则联结起来的——就必然被取消。因此，即便每个人都把道德法则视为**诫命**，但如果道德法则不先天地把适当的后果与它们的规则联结起来，从而自身带有**应许**和**威胁**的话，道德法则也就不能是诫命。但是，如果道德法则不蕴涵在一个作为至善的必然存在者之中的话，它们也不能做到这一点，惟有至善才能使这样一种合目的的统一成为可能。

〔527〕

B840

莱布尼茨曾把人们在其中只注意有理性的存在者及其在至善的统治下按照道德法则的联系的那个世界称为**神恩王国**，并把它与**自然王国**区分开来；在自然王国中，有理性的存在者虽然从属于道德法则，但却除了按照我们感官世界的自然进程之外，并不期待别的结果。因此，把自己看做处于神恩王国之中，在那里，除非我们由于不配享幸福而自己限制我们的幸福份额，一切幸福都在等待着我们，这就是理性的一个在实践上必要的理念。

实践的法则如果同时成为行动的主观根据，亦即主观的原理，那就叫做**准则**。对道德性在纯粹性和后果上的**判断**是根据**理念**进行的，对其法则的**遵循**则是按照**准则**进行的。

使我们的整个生活方式都从属于道德准则，这是必要的；但是，如果理性不把一个作用因与是一个纯然理念的道德法则联结起来，这也同时是不可能发生的；这个作用因给按照道德法则的行为规定了一种与我们的最高目的精确相符的结局，不

B841

管是在今生还是在来世。因此，没有一个上帝和一个我们现在看不见，但却希望着的世界，道德性的这些美好的理念虽然是赞许和叹赏的对象，但却不是立意和实施的动机，因为它们并未实现那对每一个理性存在者来说都是自然的、通过同一个纯粹理性先天地规定的、必然的全部目的。

仅仅幸福，对于我们的理性来说还远远不是完备的善。如果幸福不与配享幸福亦即道德上的善行结合起来，理性则并不赞同这样的幸福（无论偏好如何期望这种幸福）。但仅仅道德性，以及随之还有配享幸福，也远远不是完备的善。要完成这样的善，那不曾行事不配享幸福的人就必须能够希望分享幸福。甚至没有任何私人意图的理性，即便它不考虑自己的私利而置身于一个应当给其他存在者分配幸福的存在者的地位上，也不能作出另外的判断；因为在实践的理念中，这两种成分是在本质上结合在一起的，尽管结合的方式是道德意向作为条件首先使分享幸福成为可能，而不是反过来幸福的前景首先使道德意向成为可能。因为在后一种情形中，道德意向就会不是道德的，从而就不配享有全部幸福；对于理性来说，除了产生自我们自己的不道德行为的限制之外，幸福没有别的任何限制。 〔528〕 B842

因此，幸福只有与理性存在者的道德性精确相称、理性存在者由此配享幸福时，才构成一个世界的至善；我们必须完全按照纯粹的，但却是实践的理性的种种规范置身于这个世界，这个世界当然只是一个理知的世界，因为感官世界并没有从事物的本性中给我们应许诸如此类的系统统一性，这种统一性的实在性也不能建立在任何别的东西之上，而只能建立在一个至高的源始的善的预设之上，在这里，用一种至上的原因的所有充足性装备起来的独立理性，按照最完善的合目的性建立、维持和完成事物的普遍秩序，虽然这种秩序在感官世界中对我们来说是隐蔽很深的。

这种道德神学与思辨神学相比具有独特的优点：它不可避免地导致一个**惟一的、最完善的、理性的**元始存在者的概念，思辨神学就连从客观的根据出发**指示**这一概念也不能，就更不用说使我们确信了。因为无论在先验神学中还是在自然的神学中，不管理性在其中把我们引领到多么远，我们都找不到一个重要的根据，来哪怕是假定一个**惟一的**存在者，使我们有充足的理由把它置于一切自然原因之前，同时使自然原因在一切方面都依赖于它。与此相反，如果我们从作为一条必然的世界规律的道德统一性的观点出发，来考虑那惟一能够给予这一规律以相应的效果，从而也给予它以对我们有约束力的力量的话，那就必然有一个惟一的至上的意志，它自身包含着所有这些规律。因为我们想怎样在不同的意志中间发现目的的统一性呢？这个意志必须是全能的，以便整个自然及其与世间的道德性的关系都服从于它；它必须是全知的，以便认识意向的最内在的东西及其道德价值；它必须是全在的，以便直接满足要求最高的世间福祉的一切需求；它必须是永恒的，以便在任何时间里都不缺少自然与自由的这种协调一致；如此等等。

但是，种种理智的这个世界虽然作为纯然的自然只能被称为感官世界，但作为自由的体系却可以被称为理知世界，也就是道德世界（regnum gratiae［神恩王国］）；在这个世界里，种种目的的系统统一性也必然导致种种事物的合目的的统一性（种种事物构成这个大全，依照的是普遍的自然规律，就像前一种统一性依照的是普遍必然的道德法则一样），并把实践理性与思辨理性结合起来。世界如果应当与这种理性应用（没有这种理性应用，我们就会认为自己不配拥有理性），也就是道德的理性应用（道德的理性应用是绝对依据至善的理念的）相一致的话，就必须被表现为出自一个理念。这样一来，一切自然研究就获得了朝向一个目的体系的形式的方向，并在其扩张

B843

〔529〕

B844

到极点时成为自然神学。但是，由于这种自然神学毕竟是从作为一种基于自由的本质的，并非通过外在的诫命偶然地建立起来的统一性的道德秩序开始的，所以它就把自然的合目的性引导到必然先天地与事物的内在可能性不可分地联结在一起的根据，引导到一种**先验神学**，这种先验神学以最高的本体论的完善性这一理想作为按照普遍的和必然的自然规律把一切事物联结起来的系统统一性原则，因为一切事物的起源都在一个惟一的元始存在者的绝对必然性之中。

如果我们不把目的置于前面，我们能够对我们的知性甚至在经验方面作出一种什么样的应用呢？但是，最高的目的就是道德性，而且只有纯粹理性才能把道德性供我们认识。具备了这些目的，并依照它们的导线，我们并不能在自然本身没有表现出合目的的统一性的地方，对自然知识本身作一种就知识而言的合目的的应用；原因在于，没有这种合目的的统一性，我们自己甚至就会没有任何理性，因为我们就会没有理性的学校，也没有通过给这样的概念提供材料的对象而来的教养。但是，前一种合目的的统一性是必然的，并且是基于任性本身的本质的，因此，包含着前一种的具体运用之条件的后一种合目的的统一性也必须是必然的；这样，对我们的理性知识的先验提升就不是纯粹理性加给我们的实践合目的性的原因，而仅仅是它的结果。

因此，我们也在人类理性的历史中发现，在道德概念充分被纯化、被规定，而种种目的的系统统一性按照这些概念，并且从必然的原则中被洞察之前，自然的知识，甚至理性在诸多别的科学中可观程度的教养，有时只能产生关于神性的一些粗糙的和飘忽不定的概念，有时留下一种令人惊赞的对这一问题根本无所谓的态度。因我们宗教极为纯粹的道德法则而成为必然的对种种道德理念的更深入探讨，曾通过迫使理性对对象发

B845
〔530〕

生的旨趣而使理性对于该对象更加敏锐；而且既不是扩展了的

B846 自然知识，也不是正确可靠的先验洞识（诸如此类的洞识在任何时代都是有缺陷的）对此作出了贡献，而是道德理念实现了关于神性存在者的一个概念，我们如今把这个概念视为正确的概念，并不是因为思辨理性使我们确信它的正确性，而是因为它与种种道德的理性原则完全一致。这样，归根结底毕竟始终只是纯粹理性——但仅仅在其实践应用中——立下了这一功劳，即把纯然思辨只能臆猜但却不能使之有效的知识与我们的最高旨趣联结起来，而且由此虽然没有使它成为演证了的独断教理，但毕竟使它就纯粹理性最根本的目的而言成为一个绝对必要的预设。

　　但是，在实践理性现在达到了这个高度，也就是达到了一个作为至善的惟一元始存在者的概念之后，它万万不可冒险以为它已经超越了这个概念的运用的一切经验性条件，高升到了对新对象的直接知识，要从这个概念出发，从它推导出道德法

〔531〕 则本身。因为恰恰是这些道德法则，其内在的实践必然性把我们引领到一个独立原因或者一个智慧的世界统治者的预设，为的是给予那些法则以效用；因此，我们不能根据这种效用又把道德法则视为偶然的、派生自纯然的意志的，尤其是不能视为

B847 派生自这样一个意志，我们对于这个意志根本没有任何概念，除非是我们根据那些法则来形成其概念。就实践理性有权利引领我们而言，我们之所以把行动视为义务性的，将不是因为它们是上帝的诚命，相反，我们之所以把它们视为神的诚命，乃是因为我们在内心中感到对此有义务。我们将在根据理性原则的合目的的统一性之下研究自由，并且仅仅就我们使理性从行动本身的本性出发教给我们的道德法则保持神圣而言，才相信自己是符合神的意志的，而且也惟有通过我们在我们身上和别人身上促进世界福祉，才相信自己在为神的意志效劳。因此，

道德神学只具有内在的应用，也就是说，通过我们适应一切目
的的体系来实现我们在此世的使命，而且不狂热地或者干脆渎
神地离开一种在道德上立法的理性在善良生活方式中的导线，
以便把这种生活方式直接地与最高存在者的理念联结起来；这
将会提供一种超验的应用，但正如纯然思辨的超验应用一样，
它必将颠倒理性的终极目的并使之破灭。

第三章
论意见、知识和信念 B848

视之为真，是我们知性中的一件事情，它可以依据客观的
根据，但也要求在此作判断的人心灵中的主观原因。如果它对
每一个只要具有理性的人都是有效的，那么，它的根据就是客
观上充足的，而视之为真在这种情况下就叫做**确信**。如果它仅
仅在主体的特殊性状中才有自己的根据，那么，它就被称为 〔532〕
臆信。

臆信是一种纯然的幻相，因为仅仅蕴藏于主体之中的判断
根据被看做是客观的。因此，这样一个判断也只有私人有效
性，而且这种视之为真是不能传达的。但是，真理所依据的是
与客体的一致，因此就客体而言，每一个知性的种种判断都必
须是一致的（consentientia uni tertio consentiunt inter se〔凡
与一个第三者一致者，相互之间也一致〕）。因此，检验视之为
真是确信还是臆信的试金石在外部是传达它的可能性，以及发
现这种视之为真对每个人的理性都有效的可能性；因为在这种
情况下至少就有一种猜测，即一切判断尽管主体相互之间的差 B849
异仍相一致的根据将依据共同的根据，即依据客体，因此这些判

断将全都与客体一致，并由此证明判断的真理性。

据此，虽然当主体仅仅把视之为真看做是他自己心灵的显象时，臆信就不能与确信区别开来；但是，人们用视之为真对我们有效的那些根据在别的知性上进行试验，看它们对别的理性是否会与对我们的理性产生同样的结果，这毕竟是一种——尽管是主观的——手段，虽然并不造成确信，但毕竟揭示出判断纯然的私人有效性，也就是说，揭示出判断中某种是纯然臆信的东西。

此外，如果人们能够展示我们认为是判断客观**根据**的判断主观**原因**，并因此而把错误的视之为真解释为我们心灵中的一件事情，为此并不需要客体的性状，那么，我们就揭露了幻相，不再为它所蒙骗，尽管在幻相的主观原因与我们的本性相关的时候，还总是在某种程度上受其诱惑。

除了产生确信的东西之外，我不能**断言**任何东西，也就是说，不能把任何东西当做对任何人都必然有效的判断说出来。

B850 我可以为自己保持臆信，如果我这样感觉不错的话，但我不能也不应当想使它成为在我之外有效的。

视之为真或者判断的主观有效性在与确信（它同时是客观地有效的）的关系上有以下三个阶段：**意见、信念**和**知识**。**意**

〔533〕 **见**是一种自觉其既在主观上又在客观上都不充分的视之为真。如果视之为真只是在主观上充分，同时被视为客观上不充分的，那它就叫做**信念**。最后，既在主观上又在客观上充分的视之为真叫做**知识**。主观上的充分叫做**确信**（对我自己来说），客观上的充分叫做**确定性**（对任何人来说）。对如此容易领会的概念，我就不再费时说明了。

如果不至少对某种东西有**知识**，我绝不可以冒昧地有所**意见**；凭借这某种东西，就自身而言仅仅或然的判断就获得与真理的一种联结，这种联结虽然并不完备，但毕竟胜于任意的虚构。此外，这样一种联结的规律必须是确定的。因为如果我就这种规律而言所拥有的也无非是意见，那么，一切都只不过是想象的游戏罢了，与真理没有丝毫关系。在出自纯粹理性的判断中，是根本不允许有**意见**的。因为既然这些判断不是基于经验的根据，而是一切都应当先天地被认识，在这里一切都是必然的，所以联结的原则要求普遍性和必然性，从而要求完全的确定性，否则就根本找不到通往真理的管道。因此，在纯粹数学中有所意见是荒谬的；人们必须有知识，要么就放弃一切判断。道德性的种种原理也是同样的情况，在这里人们不可以仅仅对"某物是**允许的**"有意见就贸然行动，而是必须对此有知识。

与此相反，在理性的先验应用中，说有意见当然是太少了，但说有知识却未免太多。因此，在纯然的思辨方面，我们在这里根本不能作出判断；因为视之为真的主观根据就像能够产生信念的主观根据一样，在思辨的问题上不值得任何赞同，在这里它们离开一切经验性的帮助就无法立足，也不能在同样的程度上传达给别人。

但是，任何地方都惟有在**实践的关系**中，理论上不充分的视之为真才能被称为信念。现在，这种实践的意图要么是**技巧**的意图，要么是**道德性**的意图，前者关涉任意的和偶然的目的，后者则关涉绝对必然的目的。

一旦把一种目的置于前面，那么，达到该目的的条件就也假设为必然的了。这种必然性是主观的，但只要我根本不知道有达到该目的的其他条件，它就毕竟是相对而言充分的；然而，如果我确切地知道，没有人能够认识导致所设定的目的的其他条件，它就是绝对充分的，并且对每个人来说都是充分的。在前一种情形中，我对某些条件的预设和视之为真是一种仅仅偶然的信念，而在第二种情形中则是一种必然的信念。医

B851

〔534〕
B852

生对一个处于危险中的病人必须有所作为，但他并不了解病情。他观察显象，并且由于他并不知道更进一步的东西而判断这是肺结核。他的信念甚至在他自己的判断中也仅仅是偶然的，另一个医生可能会更好地作出判断。我把诸如此类偶然的，但却为现实地运用手段于某些行动奠定基础的信念称为**实用的信念**。

对于某人所断言的东西，看其是否是纯然的臆信，或者至少是否是主观的确信，通常的试金石是**打赌**。某人经常以如此深信不疑的和难以驾驭的固执说出自己的命题，以至于看起来他完全摆脱了失误的担忧。打一个赌就使他起了疑心。有时可以发现，他虽然足足具有可以被估价值一个杜卡特的臆信，但却不具有值十个杜卡特的臆信。因为对于第一个杜卡特他还敢赌，而对于十个杜卡特来说他才意识到他此前没有注意的事情，即毕竟也可能是他自己错了。如果人们在思想中想象应当以终生的幸福打赌，则我们趾高气扬的判断就会大为减色，我们将变得十分谨慎，第一次发现我们的信念并没有达到如此程度。因此，实用的信念仅仅具有一种根据在赌博中出现的利益之差异可大可小的程度。

但是，尽管我们在与客体的关系中根本不能有所行动，因而视之为真纯然是理论的，但由于我们毕竟在许多情形中仍然能够在思想上把握和想象一种行动，我们自以为对这一行动有充足的根据，如果有一种手段来澄清事情的确定性的话，所以，在纯然理论的判断中有一个**实践判断的类似物**，纯然理论判断的视之为真是适合于**信念**一词的，我们可以把这种信念称为**学理的信念**。如果有可能通过某种经验来澄清的话，我愿意以我的一切来打赌，赌至少在我们所见的行星中的某一个上面有居民。因此我说，也存在有别的世界的居民，这并不仅仅是意见，而是坚强的信念（对于它的正确性我已经以生活的诸多好处作赌注了）。

现在，我们必须承认，关于上帝存在的学说就属于学理的 B854
信念。因为尽管我就理论的世界知识而言不能**指定**任何东西，
来必然地预设这一思想是我解释世界显象的条件，而毋宁说不
得不这样来使用我的理性，就好像一切都只不过是自然似的，
但合目的的统一性毕竟是把我们的理性运用于自然的一个如此
重大的条件，此外经验又给我呈现出这方面丰富的例证，以至
于我根本不能忽略它。但对于这种统一性，我不知道任何别的
条件来使它成为自然研究的导线，除非我预设一个最高的理智
按照最智慧的目的如此安排了一切。因此，为了在对自然的探
究中有一种指导而预设一个智慧的世界创造者，这是一种虽然
偶然的，但毕竟并非不重要的意图的一个条件。我的研究的结
果也如此经常地证实这一预设的可用性，没有任何东西能够以
断然的方式被援引来反驳这一预设，以至于我如果要把自己的
视之为真称为一种意见，就说得太少了；相反，甚至在这种理
论的关系中可以说，我坚定地相信一个上帝；但在这种情况
下，这种信念在严格的意义上依然不是实践的，而是必须被称 B855
为一种学理的信念，它是自然的**神学**（自然神学）必定在任何
地方都必然地造成的信念。就同一种智慧而言，鉴于人类本性
的杰出装备和与此极不匹配的短暂生命，同样可以为人类灵魂
的来世生活的学理信念找到充分的根据。

在这样一些事例中，信念这一表述是在**客观**方面的谦逊态
度的表述，但毕竟同时是在**主观**方面的笃信态度的表述。即使
我在这里把纯然理论上的视之为真仅仅称为我有权利接受的假
说，由此我也已经会自告奋勇地对于一个世界原因和另一个世
界的性状，较之我实际上能够指出的那样更多地拥有概念了；
因为无论我把什么仅仅当做假说来接受，我都对它至少在其属 〔536〕
性上知道如此之多，以至于我可以虚构**不是它的概念**，而**仅**

仅是它的存在。但是，信念一词仅仅关涉一个理念给予我的指导，关涉对我的理性行动之促进的主观影响，这种促进使我坚守这个理念，尽管我在思辨方面没有能力对它作出解释。

但是，纯然学理的信念自身具有某种摇摆不定的东西；人们经常由于在思辨中出现的困难而失去它，尽管人们不可避免地又一再返回到它那里。

道德的信念则全然不同。因为在这里，某种事情必须发生，也就是说，我在一切方面都必须服从道德法则，这是绝对必然的。目的在这里是不可回避地确立了的，而且按照我的一切洞识，这一目的与所有全部目的在其下相互联系并由此具有实践的有效性的条件，只可能有惟一的一个，即有一个上帝和有一个来世；我也完全确定地知道，没有人认识在道德法则之下导致种种目的的这种统一性的其他条件。但是，既然因此之故道德规范同时是我的准则（正如理性命令它们应当是我的准则一样），我将不可避免地相信上帝和一个来世的存在，并且肯定没有任何东西能够摇动这一信念，因为那样一来我的道德原理本身就会被倾覆，而我不可能放弃这些道德原理而不在我自己的眼中是可憎的。

以这样的方式，在一种超出一切经验的界限之外四处漫游的理性的一切沽名钓誉的意图都破灭之后，还给我们留下了足够的东西，即我们有理由在实践方面对此感到满足。尽管当然没有人能够自诩说，他**知道**有一个上帝和一个来生；因为如果他知道这一点，那他恰恰就是我长期以来所找的人。一切**知识**（如果它们涉及纯然理性的一个对象的话）人们都可以传达，因此我也将会能够希望看到我的知识通过他的教诲以如此值得惊赞的方式扩展。不会的，这种确信不是逻辑的确信，而是**道德上的**确定性，而且既然它依据的是（道德意向的）主观根据，所以我甚至不能说：有一个上帝等等，**这是在道德上确定**

的；而是只能说：**我是**在道德上确信等等。这就是说：对一个 〔537〕
上帝和一个来世的信念与我的道德意向是如此交织在一起，以
至于就像我没有丧失后者的危险一样，我也同样不担心前者在
某个时候被从我这里夺走。

这里存在的惟一令人疑虑的东西就是：这种理性信念是建
立在道德意向的预设之上的。如果我们忽略这一点，并且假定
一个人在道德法则方面完全无所谓，那么，理性所提出的这个
问题就完全成为思辨的一个课题，而且在这种情况下虽然还能
够得到出自类比的有力根据的支持，但却不能得到最冥顽不灵
的怀疑癖也不得不顺从的那些根据的支持。① 但是，没有一个
人在这些问题上没有任何旨趣。因为尽管他可能由于缺乏善的 B858
意向而被与道德旨趣隔绝，但即使在这种情形中也毕竟还剩下
足够的东西来使得他**惧怕**一种神性的存在和来世。因为要做到
这一点不再要求别的，只要他至少不能借口没有**确定性**，即**没
有**这样一种存在者和**没有**来生能被发现；由于这必须借助纯然
的理性，从而不容置疑地来证明，所以他为此就必须要阐明二
者的不可能性，而这肯定是没有一个有理性的人能够接受的。
这将会是一种**消极的**信念，它虽然并不造成道德性和善的意
向，但毕竟能够造成它们的类似物，也就是说，能够有力地遏
制恶的意向的发作。

但是，有人会问，这就是纯粹理性通过在经验的界限之外

---

① 人的心灵对道德性有一种自然的旨趣（我相信，这
在每一个有理性的存在者身上都必然会发生），尽管
这种旨趣并不专一和在实践上占优势。请巩固和扩
展这种旨趣，你们将发现理性是好学的，甚至更为
开明，可以还把思辨的旨趣也与实践的旨趣结合起
来。但是，如果你们不注意你们此前至少已处在造
就好人的半途中，你们就永远不会使他们成为虔信
的人。

展现前景所达到的一切吗？除了两个信条之外就没有别的了
〔538〕
B859
吗？就连平常的知性也能够达到这种程度，用不着就此请教哲
学家！

我在这里并不想赞扬哲学通过其批判的艰苦努力而为人类
理性所立下的功劳；就算它即便在结论上也应当被认为是纯然
消极的；因为在下一章还将有所论及。但是，你们真的要求一
种关涉所有人的知识应当超越平常知性，并且仅仅由哲学家揭
示给你们吗？恰恰你们所责备的，就是迄今的主张的最好证
实，因为它揭示出人们一开始不能预见的东西，也就是说，在
人们毫无差别地关切的事情上，不能指责自然在分配人们的禀
赋时有所偏袒，而最高的哲学在人类本性的根本目的方面，除
了自然也赋予最平常的知性的那种指导以外，也不能再造就更
多的东西。

第三篇
纯粹理性的建筑术

B860

我把一种**建筑术**理解为种种体系的艺术。由于正是系统的统一性最初使平常的知识成为科学，也就是说，用知识纯然的集合体构成一个体系，所以建筑术就是我们一般知识中的科学性因素的学说，从而必然属于方法论。

在理性的统治下，我们一般而言的知识不可以构成一个集合体，而是必须构成一个体系，惟有在体系中，它们才能够支持和促进理性的根本目的。但是，我把体系理解为杂多的知识在一个理念之下的统一。这个理念是关于一个整体的形式的理性概念，乃是就不仅杂多性的规模，而且各部分相互之间的位置都通过这一概念而先天地被规定而言的。因此，科学性的理性概念包含着与它一致的整体的目的和形式。一切部分均与其相关，而且在其理念中也彼此相关的目的的统一性，就使得在知识中每一个部分都会因缺少其余的部分而若有所失，而且不出现偶然的附加，或者完善性没有先天规定的界限，其大小不确定。因此，整体是有分支的（articulatio［组合］），而不是堆积的（coacervatio［堆砌］）；它虽然可以内在地（per intussusceptionem［通过内部的摄取］）生长，但不能外在地（per appositionem［通过附加］）生长，就像一个动物的身体，其生长并不增加一个新肢体，而是比例不变地使每一个肢体都对自己的目的变得更强有力、更有效用。

理念为实现而需要一个**图型**，也就是说，需要各个部分的

〔539〕

B861

一种先天地从目的原则出发规定的杂多性和秩序。不是根据一个理念，亦即从理性的主要目的出发，而是经验性地、按照偶然呈现的种种意图（其数量人们不能预知）而设计的图型，提供的是**技术性的**统一，而仅仅遵循理念产生的图型（在这里，理性先天地提出目的，而不是经验性地等待目的），所建立的则是**建筑术的**统一。我们称为科学的那种东西，其图型必须包含着整体的轮廓（monogramma）及其依照理念之划分，亦即先天地划分为各个环节，并且确定无疑地和按照原则把这个整体与其他一切整体区别开来，这种东西就不能以技术的方式由于杂多的相似性或者为种种任意的外在目的对知识的具体偶然应用而产生的，而是以建筑术的方式由于亲缘关系和从一个惟一的、至上的和内在的目的派生而产生的，惟有这个目的才使得整体成为可能。

B862

没有人不以一个理念为基础而企图建立一门科学。然而在拟制这门科学时，图型乃至他一开始为这门科学给出的定义，则罕有符合其理念；因为这一理念就像一个胚芽一般蕴藏在理性中，在这个胚芽中，所有的部分都还深藏不露，即便用显微镜观察也几乎无法辨识。因此缘故，既然各门科学毕竟都是从某种普遍的旨趣的观点出发而设想出来的，所以人们就必须不是按照其创立者对它们所做的描述，而是按照人们从他汇集起来的各部分的自然统一性出发，发现根据在于理性本身的那个理念来解释和规定它们。因为在这里将发现，创立者以及经常还有其最晚的追随者都还在摸索一个理念，他们自己没有搞清楚这个理念，因而也就不能规定这门科学的独特内容、组合（系统的统一性）和界限。

〔540〕

糟糕的是，惟有在我们按照潜藏在我们心中的理念的暗示，长时间胡乱地搜集许多与此相关的知识之后，甚至在经历很长时间以技术的方式把它们装配在一起之后，我们才有可能更为清楚地看出理念，并按照理性的种种目的以建筑术的方式设计一个整体。各种体系看起来一开始就像是一堆蛆虫那样，由于一种出自搜集而来的概念的纯然汇合的 generatio aequivo-ca［多元发生论］而残缺不全，逐渐地才得到完善，尽管它们全都在纯然展开着的理性中有其作为源始胚芽的图型，并因此而不仅每一个体系都独自按照一个理念划分，而且所有的体系还都为此相互之间在一个人类知识体系中又作为一个整体的种种环节合目的地结合起来，从而允许有一种所有人类知识的建筑术；目前，既然已经搜集了如此之多的材料，或者能够从已经倾覆的旧建筑的废墟中获取如此之多的材料，这种建筑术就不仅是可能的，而且也根本不困难。在这里，我们满足于完成我们自己的工作，即仅仅设计出自**纯粹理性**的一切知识的**建筑术**，而且仅仅从我们的认识能力的总根分权并长出两个主干的那个点开始，这两个主干的一个就是**理性**。但是，我在这里把理性理解为全部高级认识能力，因而把理性的与经验性的对立起来。

如果我在客观上来看抽掉知识的一切内容，则一切知识在主观上就要么是历史的，要么是理性的。历史的知识是 cogni-tio ex datis［出自被给予的东西的知识］，理性的知识则是cognitio ex principiis［出自原则的知识］。一种知识尽可以是源始地被给予的，无论它来自何处，但就拥有这种知识的人而言，如果他所知道的在程度上和数量上只不过是从别处给予他的，那么，这种知识就毕竟是历史的；不管这种知识被给予他，是通过直接的经验，还是通过讲述，还是通过（普遍知识的）传授。因此，真正说来学习了一个哲学体系——例如**沃尔夫哲学体系**——的人，尽管他脑子里已经有了所有的原理、解说和证明，连同整个学说体系的划分，并且能够掰着手指列举它们，他所拥有的也只不过是**沃尔夫哲学**的完备的**历史**知识而

B863

B864

〔541〕

已；他所知道和判断的，只不过是被给予他的那么多。如果你们否定他的一个定义，他就不知道应当从何处获取另一个定义。他是按照别人的理性增长知识的，但模仿的能力并不是生产的能力，也就是说，知识在他那里不是产生自理性，而尽管这种知识客观上当然是一种理性知识，但它毕竟在主观上纯然是历史的。他正确地领会、保持了，也就是说学会了，但却是一个活人的石膏模子。客观的、（也就是说，一开始）只能产生自人自己的理性的理性知识，惟有在它们是从理性的普遍源泉，亦即从原则汲取而来的时候，才可以也在主观上使用这一名称；就连批判，甚至对学到的东西的抛弃，也可以产生自理性的这一普遍源泉。

B865

一切理性知识都要么是出自概念的知识，要么是出自概念的构造的知识；前者叫做哲学的，后者叫做数学的。我在第一篇中已经讨论过二者的内在区别。据此，一种知识可以在客观上是哲学的，而在主观上却是历史的，就像在大多数初学者以及在所有目光永不超出学校而终生是学徒的人那里一样。但特殊之处在于，人们已经学会的数学知识毕竟还能够在主观上被视为理性知识，而且在数学知识这里，并不像在哲学知识那里那样出现这样一种区别。原因在于，教师惟一能够汲取知识的那些知识源泉，不在别处，只是在理性的根本的和真正的原则里面，从而不能为初学者从别处获得，还可以说是不容置疑的；而且也是因为，理性的应用在这里只是具体地发生的，但尽管如此又是先天地发生的，也就是说，是根据先天的、正因为此而正确无误的直观发生的，并且排除了一切蒙蔽和失误。因此，在一切（先天的）理性科学中，人们只能学习数学，但永远不能学习哲学（除非是以历史的方式学习），而就理性而言，至多只能学习**哲学思维**。

〔542〕

B866

一切哲学知识的体系就是**哲学**。如果人们把它理解为判断一切哲学思维尝试的原型，它应当用于判断每一种其体系往往如此多种多样并且如此多变的主观哲学的话，那么，人们就必须把它当做客观的。以这种方式，哲学就是一门可能科学的纯然理念，这门科学不能在任何地方具体地被给予，但人们可以沿着种种途径来试图接近它，直到发现惟一的一条为感性所遮掩的道路，而且成功地使迄今不适当的模仿在人们被允许的程度上与原型相同为止。在此之前人们不能学习哲学；因为哲学在哪里呢？谁拥有哲学呢？根据什么来认识哲学呢？人们只能学习哲学思维，也就是说，遵循理性的普遍原则在现存的尝试上施展理性的才能，但始终保留理性的权利，即甚至就其源泉而言来研究和证实或者抛弃那些尝试。

但是，迄今为止哲学的概念只不过是一个**学院概念**，也就是说，是关于仅仅被当做科学来寻求的知识的一个体系的概念，所当做目的的无非是这种知识的系统统一性，从而只是知识**在逻辑上的**完善性。但还有一种**世界概念**（conceptus cosmicus），它在任何时候都被当做上述称谓的基础，尤其是当人们把它仿佛是人格化，并且在**哲学家**的理想中把它表现为一个原型的时候。就此而言，哲学就是关于一切知识与人类理性的根本目的（teleologia rationis humanae［人类理性的目的论］）的关系的科学，而且哲学家不是一个理性艺人，而是人类理性的立法者。在这样的意义上，自称为一个哲学家，并且自以为已经与仅仅蕴涵在理念中的原型等同，则委实是大言不惭。

数学家、自然科学家、逻辑学家，无论前二者在理性知识上，后二者尤其在哲学知识上进展多么出色，他们毕竟只是理性艺人。在理想中还有一位教师，安排所有这些人，把他们当做工具来使用，以促进人类理性的根本目的。惟有这位教师，人们才必须称为哲学家；但是，既然他本人无处可见，而他的立法的理念却在任何人类理性中都被发现，所以我们就要仅仅

B867

〔543〕

B868

依据这一理念，并且更精确地规定，哲学按照世界概念①从种种目的的立场出发指定了什么样的系统统一性。

根本目的并不因此就是最高目的，它们中间（就理性完善的系统统一性而言）只能有一个惟一的最高目的。因此，它们要么是终极目的，要么是作为手段必然属于终极目的的从属目的。前者不是别的，就是人的全部规定，而探讨这种规定的哲学就叫做道德。由于道德哲学与其他一切哲学相比所拥有的这种优越性，在古人那里，人们在任何时候都把哲学家同时并且尤其理解为道德学家；通过理性而自制的外部表现甚至使得人们即便在今天也按照某种类比称某人为哲学家，即使他的知识有限。

人类理性的立法（哲学）有两个对象，即自然和自由，因而既包含自然规律，也包含道德法则，一开始以两个专门的哲学体系，最终则以一个惟一的哲学体系。自然哲学关涉**存在**的一切，道德哲学则关涉**应当存在**的一切。

但是，一切哲学都要么是出自纯粹理性的知识，要么是出自经验性原则的理性知识。前者叫做纯粹哲学，后者叫做经验性哲学。

B869

〔544〕

纯粹理性的哲学要么是在一切纯粹知识方面先天地研究理性能力的**预科**（预备性练习），并且叫做**批判**，要么第二，是纯粹理性的体系（科学），它在系统联系中研究出自纯粹理性的全部（既包括真实的也包括虚假的）哲学知识，并叫做**形而上学**；尽管这个名称也可以赋予整个纯粹哲学，包括批判在内，以便既概括对一切在某个时候能够被先天地认识的东西的

---

① **世界概念**在这里是指涉及每一个人都必然有旨趣的那种东西的概念；因此，如果一门科学只是被视为关于达到某些任意的目的的技巧的科学，我就按照**学院概念**来规定它的意图。

研究，也概括对构成这个类型的纯粹哲学知识体系，但与一切经验性的理性应用有别，同样与数学的理性应用有别的东西的阐述。

形而上学分为纯粹理性的**思辨**应用的形而上学和其**实践**应用的形而上学，因而或者是**自然形而上学**，或者是**道德形而上学**。前者包含关于一切事物的**理论认识**的一切出自纯然概念的纯粹理性原则（因而排除数学）；后者包含先天地规定**所为所弃**并使之成为必然的原则。于是，道德性就是行为惟一能够完全先天地从原则推导出来的合法则性。因此，道德形而上学真正说来就是纯粹的道德，在它里面并不以人类学（不以经验性的条件）为基础。思辨理性的形而上学就是人们**在狭义上**习惯称为形而上学的东西；但是，就纯粹的道德学说毕竟仍然属于出自纯粹理性的人类知识，而且是哲学知识的特别主干而言，我们还想为它保留那种称谓，尽管我们在这里以它并非我们**现在的**目的而把它搁置一旁。 B870

把就其类别和起源而言彼此有别的知识**隔离**开来，并小心翼翼地防止它们与其他在应用中通常相结合的知识混为一体，这是非常重要的。化学家在分解物质时、数学家在其纯粹的量的学说中所做的事情，哲学家更有责任勉力为之，以便能够准确无误地规定一个特殊种类的知识在四处漫游的知性应用那里所占的份额、其自身的价值和影响。因此，人类理性自从开始思维或者毋宁说开始反思以来，就从来不能缺少一种形而上学，但尽管如此，也未能以充分清除一切异类因素的方式阐述过它。这样一门科学的理念与思辨的人类理性同样古老；哪一种理性不或者以经院哲学的方式或者以通俗的方式进行思辨呢？然而人们必须承认，我们知识的两种要素，其一种完全先天地在我们掌握之中，另一种则只能后天地自经验获得，二者的区分即便在职业思想家那里也依然是很不清楚的，因而从未 〔545〕 B871

能实现一种特殊种类的知识的界限规定，从而也未能实现一门
如此之久且如此程度地使人类理性思考的科学的理念。当人们
说形而上学是关于人类知识种种第一原则的科学时，人们由此
并没有说明一个完全独特的种类，而是仅仅说明了一个普遍性
方面的等级，故而并不能由此把它与经验性的东西清晰地区别
开来；因为即便在经验性的原则中间，也有一些比另一些更普
遍，从而更高级；而在这样一种归属的序列中（在这里，人们
并未把完全先天地认识的东西与只能后天地认识的东西区分开
来），人们应当在何处分界，把**前一**部分和至上的环节与**后一**
部分和从属的环节区分开来呢？如果时间的计算只能这样来表
示世界的各个时代，即它把各个时代划分为最初的世纪和继之
而起的世纪，人们对此会说什么呢？人们就会问：第五世纪、
第十世纪等等也属于最初的世纪吗？我同样要问：有广延的东
西的概念属于形而上学吗？你们回答说：是的！那么，物体的

B872　概念呢？是的！而液态物体的概念呢？你们犯疑了，因为如果
照这样下去，一切都将属于形而上学。由此可见，仅仅归属的
程度（特殊的东西从属于普遍的东西）并不能规定一门科学的
界限，相反，在我们的事例中是完全的异类性和起源的不同在
规定着界限。但是，还在另一个方面遮蔽形而上学的基本理念
的东西，曾是它作为先天知识表现出与数学的某种同类性，这
种同类性就先天起源而言确实使二者彼此接近；但是，就前者
出自概念的认识方式与后者通过概念的构造而先天地作出判断
的方式相比而言，从而就一种哲学知识与数学知识的区别而
言，就表现出一种明显的异类性，人们虽然在任何时候都仿佛
是感觉到这种异类性，但却从来未能将它付诸清晰的标准。这
样一来就发生了这样的情形，即由于哲学家们甚至在阐发其科

〔546〕　学的理念时还有所欠缺，对这门科学的研究就不可能有确定的
目的和正确无误的准绳，而且他们由于一种如此任意作出的设

计，对于他们应当选取的路径一无所知，对每一个人沿着自己的路径作出的发现又任何时候都相互争执，所以就使自己的科学首先在其他人那里，最终甚至在他们自己那里都受到轻视。

因此，一切纯粹的先天知识都由于特殊的认识能力——惟 B873
有在这种能力中，它才能够有自己的位置——而构成一种特殊的统一性，而形而上学就是应当在这种系统的统一性中阐述纯粹的先天知识的那种哲学。哲学曾优先享有这一名称的思辨部分，亦即我们称为**自然形而上学**，并且从先天概念出发就其**存在**来思考一切（不是思考应当存在的东西）的哲学，以如下的方式被划分。

狭义上如此称谓的形而上学由**先验哲学**和纯粹理性的**自然学**组成。前者仅仅在与一般对象相关的一切概念和原理的体系中考察**知性**和理性本身，并不假定曾被给予的客体（Ontologia［本体论］）；后者考察**自然**，即**被给予的**对象（无论它们是被给予感官的还是——如果人们愿意说的话——被给予另一种直观的）的总和，因而是**自然学**（尽管只是 rationalis［理性的］）。但是，理性在这种理性的自然考察中的应用要么是自然的要么是超自然的，或者准确地说要么是**内在的**要么是**超验的**。前者在其知识能够（具体地）在经验中应用的程度上关涉自然，后者则关涉经验之对象的那种超越一切经验的联结。因 B874
此，这种**超验的**自然学要么以一种**内部的**联结为对象，要么以一种**外部的**联结为对象，但二者都超越了可能的经验；前者是整个自然的自然学，也就是说，是**先验的世界知识**，后者是整个自然与一个自然之上的存在者的联系的自然学，也就是说，是**先验的上帝知识**。

与此相反，内在的自然学是把自然当做一切感官对象的总 〔547〕
和，从而是像这些对象被给予**我们**的那样，但仅仅按照它们在其下能够被给予我们的先天条件来考察自然。但是，内在的自然学的对象只有两种：1. 外感官的对象，即有形体的自然；2. 内感官的对象，即灵魂，而且按照它的基本概念也就是**能思维的自然**。有形体的自然的形而上学就叫做**物理学**，但由于它只应当包含其先天知识的原则，所以叫做**理性物理学**。能思维的自然的形而上学就叫做**心理学**，而出自上述理由，它在这里只能被理解为心理学的**理性知识**。

据此，形而上学的整个体系由四个部分组成：1. **本体论**。2. **理性自然学**。3. **理性宇宙论**。4. **理性神学**。第二个部分，即纯粹理性的自然学说，包含着两个分支，即 physica rationalis ［理性物理学］① 和 psychologia rationalis ［理性心理学］。

B875

一种纯粹理性哲学的源始理念规定着这种划分本身；因此，它是**建筑术**的，即是符合其根本目的的，而不是纯然**技术的**，即按照偶然知觉到的亲缘关系，仿佛是碰运气作出的，但正因为此它也是不可变更的和立法的。但在这里，还有几点可能引起疑虑，并且削弱对其合法性的确信。

首先，就对象被给予我们的感官，从而是后天地被给予的而言，我如何能够期待关于对象的一种先天知识，从而期待一种关于对象的形而上学呢？而且，按照先天原则认识事物的本

---

① 不要认为我把它理解为人们通常称为 physica genera-lis ［普通物理学］，与其说是自然哲学倒不如说是数学的那种东西。因为自然的形而上学完全脱离了数学，也远远不像数学那样提供如此之多的扩展性洞识，但就能够运用于自然的纯粹知性知识的批判而言毕竟是很重要的；缺少了它，就连数学家也会由于贪恋某些普通的，但事实上却是形而上学的概念而不知不觉地用种种假说来拖累自己的自然学说；而这些假说在这些原理遭到批判时就会消失，但由此毕竟丝毫也不损害数学在这一领域的应用（这种应用是完全不可或缺的）。

性并达到一种**理性**自然学，这是如何可能的呢？回答是：我们
从经验中所取得的，不外是必要的东西，即**给予**我们一个客
体，有时是**外感官**的客体，有时是**内感官**的客体。前者是纯然
通过物质概念（不可入的、无生命的广延）发生的，后者是通
过一个能思维的存在者的概念（在经验性的内在表象中：我
思）发生的。此外，在这些对象的整个形而上学中，我们必须
完全放弃那些为判断超出这些对象的某种东西而要在概念之上
还附加上某种经验的一切经验性原则。

其次，**经验性心理学**究竟留存在何处呢？经验性心理学历
来维护其在形而上学中的位置，而且在我们的时代里，在人们
放弃了先天地确立某种适用的东西的希望之后，人们为澄清形
而上学而对经验性心理学抱有很大期望。我的回答是：经验性
心理学属于必须确立真正的（经验性的）自然学说的地方，也
就是说，属于**应用**哲学方面；纯粹哲学包含着应用哲学的先天
原则，因而与应用哲学密切相关，但虽然如此，却切不可与之
混杂。因此，必须把经验性心理学完全从形而上学中逐出，而
且它已经由于形而上学的理念而被完全从中排除了。尽管如
此，按照学院习惯，人们却还必须一直允许它在形而上学中占
有一席之地（尽管只是作为插曲），而且还是出自家政学的动
因，因为它还没有如此丰富，以至于独自形成一种研究，但又
毕竟太重要了，使人们不可以完全排斥它，或者把它强放在别
的地方，在那里，它比在形而上学中更难以发现亲缘关系。因
此，这是一个久已被接受的异乡客，人们允许它再居留一些时
间，直到它能够在一门详尽的人类学（经验性自然学说的对称
物）中获得它自己的住处为止。

因此，这就是形而上学的普遍理念；既然人们一开始所苛
求它的多于能够合理地要求它的，而且有一段时期还以惬意的
预期自得其乐，所以当人们发现在希望上受骗时，它就最终陷

入了普遍的蔑视。从我们的批判的整个进程出发，人们将已经确信：尽管形而上学不能是宗教的基础，但它却必然在任何时候都保持是宗教的堡垒，而且人类理性已经由于自己本性的方向而是辩证的，它绝不能缺少这样一门科学来约束它，并通过一种科学性的和完全清晰的自知之明来防止一种无法无天的思辨理性通常肯定会在道德和宗教中造成的破坏。因此，人们可以确信，无论不知道按照一门科学的本性，而是仅仅从其偶然结果出发来判断它的人们如何作出一副冷淡和蔑视的样子，人们在任何时候都将返回到形而上学那里，就像是返回到一个曾与我们反目的爱人那里一样，因为既然这里涉及根本的目的，理性就必然不遗余力地要么致力于缜密的洞识，要么致力于摧毁已经现存的良好洞识。

〔549〕

B878

因此，真正说来惟有形而上学，无论是自然形而上学还是道德形而上学，尤其是**以预习的方式**（以预科的方式）走在前面的对贸然鼓起自己双翼的理性的批判，才构成我们在真正的意义上能够称之为哲学的东西。哲学把一切与智慧联系起来，但却是通过科学的道路，这是惟一的一条一经开辟就永不荒芜且不允许迷失的道路。数学、自然科学，甚至人的经验性认识，都具有很高的价值，大多是作为人类偶然目的的手段，但归根结底却毕竟是作为人类必然的、根本的目的的手段，而在这种情况下，就只能通过一种出自纯然概念的理性知识的中介，这种知识人们可以随意地称谓它，真正说来却无非是形而上学而已。

正因为此，形而上学也是人类理性的一切**教养**的完成；形而上学是不可或缺的，即使人们把它作为科学对某些确定的目的的影响搁置一旁。因为它是按照理性甚至必然作为一些科学的**可能性**和一切科学的应用的基础的那些要素和准则来考察理性的。至于它作为纯然的思辨不是用于扩展知识，而是用于防

B879

止错误，这无损于它的价值，而毋宁说赋予它尊严和威望，因为审查保障着科学共同体的普遍秩序与和谐乃至福祉，并防止其勇敢且有益的探究远离重要的目的，即普遍的幸福。

第四篇
纯粹理性的历史

　　此处设立这一标题，仅仅是为了标识出体系中还剩下且今后必须完成的一个部分。我满足于从一个纯然先验的观点出发，亦即从纯粹理性的本性出发，向迄今为止对这种本性所做的种种探究的整体投去匆匆的一瞥；当然，这一瞥使我的眼睛看到的虽然是建筑物，但却只不过是废墟而已。

　　人们在哲学的童年时代是从我们现在宁可结束的地方开始的，也就是说，首先研究关于上帝的知识，研究对于另一个世界的希望，或者干脆说另一个世界的性状，这是值得充分注意的，虽然也自然而然不能不如此发生。无论从各民族的野蛮状态遗留下来的古老习俗引入了哪些粗糙的宗教概念，这也毕竟并不妨碍较开明的人士献身于对这一对象的自由研究，而且人

们很容易看出，除了良好的生活方式以外，不可能有彻底的和更为可靠的方式来让统治世界的不可见力量所喜悦，以便至少在另一个世界里获得幸福。因此，神学和道德是以后人们在任何时候都致力从事的抽象理性研究的两种动机，或者准确地说是其两个关联点。然而，真正说来正是前者将纯然思辨的理性逐渐地纳入后世以形而上学的名义而如此著名的工作之中。

　　我现在并不想区分形而上学的这种或者那种变化所遇到的各个时代，而只想简略地概述理念的那种引发主要的革命的差异。而且在这里，我发现了一个三重的观点，在这个争执的舞台上的最重要的变化都是在这个三重观点中实现的。

1. 就我们一切理性知识的对象而言，一些人纯然是感觉论哲学家，另一些人纯然是理智论哲学家。伊壁鸠鲁可以被称为最重要的感性哲学家，柏拉图则可以被称为理智论者的最重要的哲学家。两个学派的这种区别无论多么难以琢磨，却是在最早的时代里就已经开始了，并且长期以来保持不断。前一个学派的哲学家们主张，惟有在感官的对象中才有现实性，其余的一切都是显象；后一学派的哲学家们则与此相反，主张在感官中只有幻相，惟有知性才认识真实的东西。不过，前一些人毕竟并不否认知性概念有实在性，但这种实在性在他们那里只是逻辑的，而在后一些人那里则是神秘的。前者承认理智的概念，但是只接受感性的对象。后者则要求真正的对象是理知的，并且主张一种通过不为任何感官伴随的、在他们看来只是被其搅乱的纯粹知性的直观。

2. 就纯粹理性知识的起源而言，它们或者是自经验中派生的，或者是不依赖于经验而在理性中有其源泉。亚里士多德可以被视为经验论者的领袖，柏拉图则可以被视为理性论者的领袖。近代洛克追随亚里士多德，而莱布尼茨则追随柏拉图，他们在这场争执中仍然不能作出任何决定。至少，伊壁鸠鲁在自己那方面按照其感性体系来说比亚里士多德和洛克（尤其是后者）更为坚持不渝（因为他绝不以自己的推论超出经验的界限），而洛克在从经验推导出一切概念和原理之后，却在这些概念和原理的应用中走得如此之远，以至于他断言，人们能够像证明任何一个数学定理那样清晰地证明上帝的存在和灵魂的不死（尽管这两个对象完全处在可能经验的界限之外）。

3. 就方法而言。如果人们应当把某种东西称为方法，那么，它就必须是一种按照原理进行的程序。现在，人们可以把在这个研究领域中流行的方法分为自然主义的方法和科学性的方法。纯粹理性的自然主义者奉为原理的是：经由无须科学的平常理性（他把这种理性称为健全的理性），就可以在构成形而上学的任务的那些最崇高的问题上比经由思辨有更多的建树。因此他断言，人们按照目测比绕道数学能够更可靠地确定月球的大小和距离。这纯粹是把厌恶学问当做原理，而最为荒唐的是把对一切人为方法的忽视誉为扩展知识的一种**独特方法**。因为就自然主义者从诸多洞识的**缺乏**出发而言，人们也不可能有理由深责他们。他们追随平常的理性，并没有自诩其无知是一种方法，包含着从德谟克利特的深井中汲取真理之秘诀。Quod sapio，satis est mihi，non ego curo esse quod Arcesilas aerumnosique Solones，Pers.〔我满足于我所知道的，我并不想成为阿尔凯西劳和忧患重重的索伦们。——佩尔修〕这就是他们的格言，他们以这一格言自得其乐，过着值得赞同的生活，不去操心科学，也不扰乱科学的事务。

至于**科学性**方法的遵循者，他们在这里的选择是要么**独断地**行事，要么**怀疑地**行事，但无论如何他们都不得不**系统地**行事。如果我在这里就前者而言提到著名的**沃尔夫**，就后者而言提到**大卫·休谟**，按照我目前的意图我就无须再提他人了。惟有**批判的**道路尚无人行走。如果读者乐意并且有耐心与我一起走这条道路，他现在就可以作出判断，是否——这随他的便——贡献出自己的力量，使这条小路变成康庄大道，许多个世纪未能成就的事业也许在本世纪终结之前就可以达到，也就是说，使人类理性在其求知欲任何时候都致力从事但迄今一无所成的事情上得到完全的满足。

中德人名对照表

阿尔凯西劳	Arcesilas	门德尔松	Mendelssohn
鲍姆嘉登	Baumgarten	牛顿	Newton
贝克莱	Berkeley	佩尔修	Persius
彼得	Petrus	普里斯特利	Priestley
柏拉图	Plato	施塔尔	Stahl
博奈特	Bonnet	索伦	Solo
布鲁克尔	Brucker	苏尔策	Sulzer
策德利茨	Zedlitz	泰勒士	Thales
笛卡尔	Cartes	托里拆利	Torricelli
第欧根尼	Diogenes	沃尔夫	Wolff
哥白尼	Copernicus	西塞罗	Cicero
哈勒	Haller	谢格奈	Segner
霍布斯	Hobbes	休谟	Hume
伽利略	Galilei	亚历山大	Alexander
莱布尼茨	Leibniz	亚里士多德	Aristoteles
兰贝特	Lambert	伊壁鸠鲁	Epikur
洛克	Locke	芝诺	Zeno
马兰	Mairan		

图书在版编目（CIP）数据

康德著作全集：注释本. 第 3 卷，纯粹理性批判：
第 2 版 / 李秋零主编. --北京：中国人民大学出版社，
2024.8. -- ISBN 978-7-300-33081-5

Ⅰ. B516.31

中国国家版本馆 CIP 数据核字第 2024N56P24 号

康德著作全集（注释本）

第 3 卷　纯粹理性批判（第 2 版）

李秋零　主编

Kangde Zhuzuo Quanji

出版发行	中国人民大学出版社			
社　　址	北京中关村大街 31 号		**邮政编码**	100080
电　　话	010 - 62511242（总编室）		010 - 62511770（出版部）	
	010 - 82501766（邮购部）		010 - 62514148（门市部）	
	010 - 62515195（发行公司）		010 - 62515275（盗版举报）	
网　　址	http://www.crup.com.cn			
经　　销	新华书店			
印　　刷	北京联业盛业印刷股份有限公司			
开　　本	890 mm×1240 mm　1/32		**版　次**	2024 年 8 月第 1 版
印　　张	17.875 插页 4		**印　次**	2024 年 8 月第 1 次印刷
字　　数	428 000		**定　价**	138.00 元